教师教育精品教材·学前教育专业系列　i教育·融合创新一体化教材

学前儿童数学教育与活动指导
微课版
第四版

黄 瑾 ◎ 编著

华东师范大学出版社
上海

图书在版编目(CIP)数据

学前儿童数学教育与活动指导/黄瑾编著.—4版.—上海:华东师范大学出版社,2021
ISBN 978-7-5760-1607-9

Ⅰ.①学… Ⅱ.①黄… Ⅲ.①学前儿童-数学教学-高等学校-教材 Ⅳ.①G613.4

中国版本图书馆CIP数据核字(2021)第078799号

学前儿童数学教育与活动指导(第四版)

编　　著　黄　瑾
责任编辑　余思洋
特约审读　劳律嘉
责任校对　廖钰娴　时东明
版式设计　俞　越　庄玉侠
封面设计　庄玉侠

出版发行　华东师范大学出版社
社　　址　上海市中山北路3663号　邮编 200062
网　　址　www.ecnupress.com.cn
电　　话　021-60821666　行政传真 021-62572105
客服电话　021-62865537　门市(邮购)电话 021-62869887
地　　址　上海市中山北路3663号华东师范大学校内先锋路口
网　　店　http://hdsdcbs.tmall.com

印 刷 者　浙江临安曙光印务有限公司
开　　本　787毫米×1092毫米　1/16
印　　张　22.5
字　　数　486千字
版　　次　2021年6月第4版
印　　次　2025年7月第11次
书　　号　ISBN 978-7-5760-1607-9
定　　价　49.00元

出版人　王　焰

(如发现本版图书有印订质量问题,请寄回本社客服中心调换或电话021-62865537联系)

阅读说明

本书的学习内容中包含了丰富的拓展资源，以支持学习者更深入地理解学前儿童数学教育及数学活动的设计与实施。

集体活动

结合学习内容的重难点，详细呈现了包括"活动目标""活动准备""活动过程"在内的幼儿园集体数学教育活动方案，以使学习者更好地领会和掌握学前儿童数学教育在幼儿园中的实施。

区角活动

根据学前儿童数学学习的特点，完整提供了包含材料、玩法的幼儿园区角活动方案，帮助学习者体会不同教育活动形式共同促进学前儿童数学学习的意义与方法。

日常活动

从幼儿园课程的整合性和学前儿童数学学习的生活性出发，特别收集了学前儿童数学教育在生活中的渗透与运用，为学习者更好地理解学前儿童数学教育提供思路。

案例分享

针对学习内容进行实践性阐释，全面展示了活动观察记录、活动开展实录等学前儿童数学教育过程中的具体案例，为学习者在理论与实践之间搭建桥梁。

微课资源 （扫描正文中的二维码观看）

为贴近幼儿园教学实际，精心挑选了 7 个幼儿园数学活动实录，展现了学前儿童数学学习核心经验的学习与获得。

猜糖果（小班）	核心经验：集合	第 141 页
多变的模式（大班）	核心经验：模式	第 142 页
饮料商店（中班）	核心经验：数概念	第 198 页
老狼老狼几点了（大班）	核心经验：数运算	第 199 页
玩图形（小班）	核心经验：空间形体	第 264 页
双层巴士（中班）	核心经验：空间方位	第 264 页
好玩的橡皮泥（小班）	核心经验：空间量概念	第 265 页

目录

第一章 学前儿童数学教育概述 / 1

第一节　学前儿童数学教育的意义 / 1
第二节　学前儿童的早期数学认知发展 / 4
第三节　学前儿童数学教育的任务 / 10

第二章 学前儿童数学教育的目标和内容 / 14

第一节　学前儿童数学教育的目标 / 14
第二节　学前儿童数学教育的内容 / 23

第三章 有关学前儿童数学教育的理论流派与研究动向 / 28

第一节　列乌申娜的数学教育思想与苏联的学前儿童数学教育 / 28
第二节　皮亚杰的儿童数学学习研究与建构主义数学教育 / 36
第三节　蒙台梭利与蒙台梭利课程中的数学教育 / 42
第四节　凯米、格里芬的数学教育思想与美国的学前儿童数学教育 / 48
第五节　有关学前儿童数学教育的发展和研究动向 / 59

第四章 学前儿童数学教育的途径与方法 / 65

第一节　学前儿童数学教育的途径 / 65
第二节　学前儿童数学教育的方法 / 80
第三节　学前儿童数学教育的环境创设 / 89

第五章 学前儿童感知集合与模式的发展和学习 / 100

第一节 关于集合与模式的基本知识 / 100
第二节 学前儿童感知集合发展的特点 / 105
第三节 学前儿童有关集合概念的感知与学习 / 111
第四节 学前儿童模式概念发展的特点 / 131
第五节 学前儿童有关模式概念的感知与学习 / 133

第六章 学前儿童数概念与运算能力的发展和学习 / 143

第一节 关于数与运算的基本知识 / 143
第二节 学前儿童数概念发展的特点 / 147
第三节 学前儿童有关数概念的感知与学习 / 152
第四节 学前儿童运算能力发展的特点 / 180
第五节 学前儿童有关加减运算的感知与学习 / 184

第七章 学前儿童空间与时间概念的发展和学习 / 200

第一节 有关空间、时间的基本知识 / 200
第二节 学前儿童空间形体概念的发展与学习 / 207
第三节 学前儿童空间量概念的发展与学习 / 228
第四节 学前儿童空间方位概念的发展与学习 / 247
第五节 学前儿童时间概念的发展与学习 / 255

第八章 学前儿童数学教育的评价 / 267

第一节 学前儿童数学教育评价概述 / 267
第二节 学前儿童数学能力发展的评价 / 275
第三节 学前儿童数学教育活动的评价 / 285

第九章 幼儿园数学教育活动的设计与实施 / 300

第一节 幼儿园数学教育活动设计的依据和原则 / 300

第二节　幼儿园数学教育活动设计的取向 / 304

第三节　幼儿园数学教育活动设计的基本过程 / 306

第四节　幼儿园数学教育活动的组织与实施 / 316

附录　学前儿童数学教育课程教学（考试）大纲 / 336

主要参考文献 / 348

后记 / 350

第一章 学前儿童数学教育概述

党的二十大报告指出,全面贯彻党的教育方针,落实立德树人根本目标,培养德智体美劳全面发展的社会主义建设者和接班人。学前儿童数学教育是儿童全面发展教育的一个重要组成部分。它是将幼儿探索周围世界的数量关系、空间形式等自发需求纳入有目标、有计划的教育程序中,通过幼儿自身的操作和建构活动,以促进他们在认知、情感、态度、习惯等方面的整体、和谐发展。它是幼儿在教师或成人的指导下(直接指导或间接影响),通过他们自身的活动,对客观世界中的数量关系及空间形式进行感知、观察、操作、发现并主动探究的过程;是幼儿积累大量有关数学的感性经验,主动建构表象水平上的初步数学概念,学习简单的数学方法和技能,发展思维能力(特别是初步的逻辑思维能力)的过程;是发展幼儿好奇心、探究欲、自信心,得到愉快的情绪体验,产生对数学活动的兴趣以及培养良好的学习习惯的过程。

第一节 学前儿童数学教育的意义

一、有助于幼儿形成对生活和周围世界的正确认识

幼儿从呱呱坠地到牙牙学语再到蹒跚学步,生活的环境逐步从家庭、邻居扩大到托儿所、幼儿园、公园、商店、街道等。在他们生活的现实环境中,每样东西都以一定的形状、大小、数量和位置呈现在幼儿面前,如幼儿见到自己母亲的脸是圆圆的,两只眼睛是大大的;自己的一只小手有五个手指,粗细、长短各不一样;玩具皮球是圆的,积木盒是长方形的;知道小白兔有两只长长的耳朵、两只眼睛、三瓣嘴唇、四条腿,还有一条短短的尾巴,等等。幼儿在自己生活的环境中,不断感知着数、量、形、类别、次序、空间、时间等数学知识,在认识客观事物、与人交往、解决生活中遇到有关问题时都不可避免地要和数学打交道。因此,向幼儿进行初步的数学教育,既是幼儿生活的需要,又是其认识周围世界的需要。

二、有助于培养幼儿的好奇心、探究欲及对数学的兴趣

幼儿天生就有好奇心,好奇心驱使他们去注视、观察、摆弄、发现、探索、了解周围事物和环境。它是幼儿学习的内驱力,是幼儿学习获得成功的先决条件。这种好奇心和探究欲往往需要通过某些活动方式,如观察、操作、提问等表现出来。例如,在和幼儿玩二进制猜数游戏时,他们会被一个个神奇的二进制猜数玩具吸引,会对教师或同伴猜中的数字或物品产生极大的好奇心,会迫切地提问:"你是怎么猜出来的?"在这样的认数活动中,幼儿的好奇心得到了展现。也正是这种好奇心和探究欲,引发了孩子对数学活动的兴趣,并由此形成对周围世界积极的态度。

学前儿童数学教育为幼儿提供了多种形式的数学活动,不仅保护了幼儿的好奇心,促使其发展,同时也避免了从现实物质世界中抽象出来的"数学"知识过于枯燥化和模式化的弊端。学前儿童数学教育不仅可以使幼儿学得轻松愉快,感受到心理的满足,对数学学习产生积极的态度,同时还能对幼儿对待生活、对待周围事物的态度产生良好的影响。因此,有目的、有计划的数学启蒙教育,为幼儿参与各种数学活动并从中得到积极的反馈提供了良好的机会,能够诱发幼儿主动学习,提高探索数学的天赋能力和创造能力,进而逐渐产生并保持对数学的持久兴趣。

三、有助于幼儿思维能力及良好思维品质的培养

发展幼儿的思维能力是多途径的,向幼儿进行初步的数学教育是发展幼儿思维能力的一个重要而有效的途径。许多心理学家和教育家注意到,最基本的数学结构和幼儿的运算思维结构之间有着非常直接、密切的联系。苏联教育家加里宁曾经指出:数学是思维的体操。由于数学本身具有抽象性、逻辑性、辩证性以及广泛的应用性等特点,即使是让幼儿掌握粗浅数学概念和学习简单的运算,也需要他们把感知到的材料,经过一番分析与综合、抽象与概括、判断与推理的过程,由感性认识逐步上升到理性认识。在这个过程中,就可以发展幼儿的智力(观察力、记忆力、思维力、注意力等),尤其是逻辑思维能力。所以,学前儿童数学教育能较大程度地满足幼儿思维发展的需要,起着与其他学科不同的特殊作用。

(一)激发幼儿思维的积极性和主动性

思维的积极性和主动性通常是指幼儿愿意动脑筋思考问题。它是幼儿获得数学知识、形成数学技能、发展思维能力的基本前提。幼儿数学教育为幼儿创设了良好的环境和条件。充分的数学教育内容,丰富、具体、形象的物质材料,生动有趣的活动形式,使幼儿在主动的探索和学习过程中,自己发现问题、提出问题、解决问题,养成对待智力活动的良好态度和主观愿望。

(二)促进幼儿抽象思维能力和推理能力的初步发展

思维按其抽象性可分为直觉行动思维、具体形象思维和抽象逻辑思维。具体形象思维是幼儿期的主要思维方式,它是在直觉行动思维的基础上发展起来的,同时又成为了抽象逻

辑思维的基础。因此,培养幼儿初步的抽象逻辑思维必须充分依靠幼儿的具体形象思维。数学本身具有抽象性,例如自然数3,它可以代表3个皮球、3只小鸡、3架飞机、3朵花等一切数量为3的具体事物的集合。3就是从元素为3的具体物体集合中舍去了皮球、小鸡等具体特点,仅抽象出其数量关系的结果。幼儿在初步数学概念的获得及进行简单的运算过程中,经过分析与综合、抽象与概括、判断与推理,由对感知到的材料的感性认识逐步上升到理性认识。例如,运用不同材料,通过各种活动形式,让幼儿反复多次感受同样数量的多种物体,在取得丰富感性经验的基础上,初步抽象出它们在数量方面的共同特征,会正确点数并说出总数,从而达到初步理解某数实际意义的目的。这个过程不仅使幼儿的具体形象思维得到了进一步发展,而且也通过幼儿的具体形象思维的发展,促进了幼儿抽象逻辑思维和推理能力的初步发展。

(三) 培养幼儿思维的敏捷性和灵活性

敏捷性、灵活性是思维在智力品质上的特点,是衡量思维水平的标志之一。敏捷性通常指思维活动的速度,即反应的快与慢;灵活性是指思维的灵活程度,即是否善于改变思维的方向,从不同方面思考问题,灵活运用知识。在学前儿童数学教育活动中,有许多活动内容可以体现出对幼儿良好思维品质的培养。例如,让幼儿根据物体的某一特征(颜色、大小、形状或其他不同特征)进行多角度的分类、排序活动;用不同的方法使两排数量相差1的物体变得一样多;10以内的加减运算等。这些活动均要求幼儿改变思维方向,能从不同方面对同一对象进行观察、思考,加快思维活动的速度,进而提高幼儿思维的敏捷性和灵活性。

总之,在学前儿童数学教育过程中,幼儿所能接受的数学知识是很有限的,但是在幼儿获取数学知识的过程中,对其思维能力及品质的有意识培养却能对幼儿日后的学习和成长起到长期而积极的作用。

四、有助于幼儿日后的小学数学学习

数学不仅是现代科学技术的基础和工具,而且是普通教育中一门重要的基础课程,所以在幼儿入学前进行数学启蒙教育将有利于他们顺利地在小学阶段学习数学,即为日后的数学学习打下基础,并有效提高数学学习的水平。

通过幼儿周围的生活环境和设计含有数学内容的游戏活动,让幼儿接触和认识一些粗浅的数学基本知识,逐渐积累有关数学的感性经验,同时运用数学与其他学科间的横向联系,形象化地让幼儿感知数学的美(如科学美、抽象美、创造美),数学的真实、正确、新奇、普遍和有用,能够为幼儿以后形成正确的数学观念和概念打下基础。

在美国,曾有纵向研究表明,儿童在幼儿园阶段的数学经验能极大地预测其在3—8年级的数学学业成绩和阅读成绩,两者呈现出显著的相关性;在我国甘肃省,学者曾对农村边远山区和一些少数民族地区的一年级学生进行抽样调查,结果显示入学前受过学前启蒙教育的儿童在语文、数学两门主要学科的成绩上要远远高于未受过学前启蒙教育的儿童。另外，国外也有相关研究资料表明，如果对学龄前儿童进行过初步的数学启蒙和训练，在他们十三四岁时，其数学成绩比未受过学前期训练的同龄人要优秀。由此可见，学龄前的幼儿数学启蒙教育不仅可以使幼儿掌握一些有关数学的粗浅知识，发展其初步的抽象逻辑思维，而且能对其进入小学甚至中学后的数学学习产生积极的影响，创造有利的条件。

第二节 学前儿童的早期数学认知发展

数学是什么？数学学习的本质是什么？儿童是如何学习数学的？数学概念是怎样获得的？这些问题看似简单，其实却不然。儿童数学概念的获得并不如一般人所认为的，是在不经意间学会了数数，进而学会数的运算。事实上，儿童数学概念的获得往往要经历一个较复杂的过程，这正是因为数学知识本身具有抽象性和相对复杂性。

一、数学知识的本质

皮亚杰曾经把知识分为三种不同类型：物理知识、逻辑数理知识和社会知识。所谓社会知识，就是依靠社会传递（如教师的传授）而获得的知识。而物理知识、逻辑数理知识则需要人们通过与物体的相互作用来获得。其中，物理知识是有关事物性质的知识，它来源于对事物本身的直接的抽象，皮亚杰把它称之为"简单抽象"；逻辑数理知识所反映的不是事物本身的性质，而是事物之间的关系，它所依赖的是作用于物体的一系列动作之间的协调的抽象，被皮亚杰称之为"反省抽象"。虽然物理知识和逻辑数理知识都依赖于个体与物体的作用，但物理知识来源于物体的外部特征和动作，逻辑数理知识则来源于物体的内在关系。例如，一个红色的塑料球，它的重量与颜色就是它的物理属性，这种特性是可以通过一个外部的观察动作得到的，这就是物理知识。当一个红色塑料球与另一个蓝色塑料球同时出现，我们会发现两者之间的不同，对这种差异的认识就需要逻辑数理知识了。因为对这种差异的辨别，需要个体在比较两者之间关系的基础上才能完成。这种差异既不个别存在于红色的塑料球内，也不单独存在于蓝色的塑料球中。除非我们将两者加以比较，否则这种差异并不自然存在。可见，个体正是通过协调物体之间的关系，持续地建构着其逻辑数理知识。因此，我们可以说，数学是对事物之间关系的一种抽象。正如卡西尔所言："数学是一种普遍的符号语言——它与对事物的描述无关，而只涉及对关系的一般表达。"[①]

[①] [德]恩斯特·卡西尔.人论[M].甘阳,译.上海:上海译文出版社,1985:275.

幼儿对数学知识的掌握，就其实质而言，就是一种高度抽象化的逻辑数理知识的获得。例如数目概念的获得，需要学前儿童能够数出 4 朵花，对"4 朵"这个数量的认识并不来自任何一朵花，这个数量的属性存在于它们的相互关系中，即所有的花构成了一个数量为"4"的整体。幼儿要获得"4"这一数目概念，不是通过简单直接的感知，而是通过一系列动作的协调而得到物体的总数的。这种协调至少体现出三种逻辑关系：对应关系——手点的动作和口数的动作相对应，如手点到第 3 朵花，口中说出"3"；序列关系——口中数的数和手点的物是连续而有序的，如 1 朵、2 朵、3 朵、4 朵的次序；包含关系——知道最后一个数表示的是一个总数，是一个总体，它包含了其中的所有个体，如数到第 4 朵后，能说出总数，知道总数是"4"。

综上可见，一个数字不仅仅是一个名称的代表，而且是一种抽象的逻辑关系的体现。关系不存在于实际的物体之中，而是更抽象的、超出物体现实之上的。这种关系能够表明某个数字在一个次序中的位置，还能够表明一组物体中具体包含多少数量的物体，而且不管在空间上如何重新排列和出现，它都是稳定的。

从数学知识的高度抽象性和逻辑性本质来看，学前儿童要掌握和获得数学知识，必须具备一定的逻辑思维能力，它是儿童学习数学知识的重要准备。那么，学前儿童的思维发展为学习数学知识提供了怎样的逻辑准备？儿童逻辑思维的发展有些怎样的特点呢？

二、学前儿童逻辑思维发展的特点

皮亚杰认为，儿童通过反省抽象所获得的知识正是其逻辑思维的来源，儿童的逻辑包含了两个层面：动作的层面和抽象的层面。儿童逻辑思维的发展遵循着从动作的层面向抽象的层面转化的规律，所以学前儿童逻辑思维发展具有以下四个特点。

（一）学前儿童逻辑思维的发展依赖于动作

学前儿童逻辑思维有很大的局限性，比如儿童序列观念的建立——要完成长短排序的任务，往往需要建立在多次操作的基础上，甚至需要经过无数次尝试。这就说明儿童序列观念是建立在具体事物和动作的基础上的。如果脱离了具体的形象和动作，问儿童"小红的岁数比小明大，小亮的岁数比小红大，他们三个人，谁的岁数最大"这类问题，他们将会感到非常困难。可见，对于较直接的或与外化的动作、形象相联系的问题，儿童更有可能解决；而对于较为间接的，需要内化于头脑的问题，儿童就显得无能为力了。这正是由儿童逻辑思维的发展特点所决定的。

皮亚杰认为，儿童的思维起源于动作，抽象水平的逻辑思维能力来自对动作水平进行具有逻辑意义的概括和内化。事实上，儿童在 2 岁前就已具备了在动作层次上解决实际问题的能力。但是，要在头脑中完全达到一种逻辑的思考，则大约在 10 岁以后。因为儿童不仅需要将动作内化于头脑中,还要将这些内化了的动作在头脑中自如地加以逆转,达到一种可逆性,从而形成一个内化的、可逆的运算结构。这对于儿童来说,就不是一件容易的事了。因此,儿童的逻辑思维是以其对动作的依赖为特点的,抽象的逻辑必须建立在对动作内化的基础上。

(二) 学前儿童逻辑思维的发展依赖于具体事物

学前儿童逻辑思维的形成和建立,不仅依赖于动作,同时还依赖于具体的形象。4岁左右的儿童还不能真正理解类包含的观念。例如,教师指着一盆栽有5朵红花、3朵白花的花盆,问儿童是花多还是红花多。他们会回答红花多,或者摇头不答。直到教师反复强调花指的是所有的花,而不是剩下的白花,他们才有可能作出正确的回答。但是,他们并不是靠逻辑的判断来回答的,而是通过一一点数,即红花是5朵、花是8朵来回答的。在儿童的头脑中,整体与部分之间并没有形成包含关系,而是并列的两个部分的关系。他们是借助于具体的形象来理解包含关系的,而此时其思维中并不存在抽象的类包含的逻辑观念。

虽然我们承认儿童的逻辑思维对具体事物的依赖性,但这并不是说儿童的抽象逻辑思维是借助于具体事物的形象和头脑中的心理表象发展起来的。虽然心理表象在儿童的逻辑思维中起重要的作用,但儿童的逻辑思维并不是表象的结果。相反,表象是思维的产物,表象从属于思维。如尚未理解数目守恒的儿童对两排一样多但所占空间悬殊的物体,往往容易形成错误的表象,由此说明儿童的表象是受其思维影响的,没有充分理解就不会产生正确的心理表象。幼儿期的心理表象是完全静态的表象,是在头脑中保持静止的图像,属于思维的图像方面;而思维的运算方面,即对主体的外部动作和内部动作的协调,才是构成逻辑思维的基础。

(三) 学前儿童逻辑思维的发展依赖于社会性互动

脑与认知科学的最新研究结果表明,数学认知是一个多成分、多系统的复杂的认知系统,既有种系进化的基础,也与个体发展与学习有关。[1] 大量的研究也充分表明,在儿童早期数学逻辑思维的发展中,社会文化环境起着重要的影响作用。在儿童的早期数学认知发展中,与环境、成人、同伴的相互合作、共同学习和社会性交往是促进儿童学习和发展的必要和关键条件。

从社会建构主义的理论看来,个体是在与他人的相互作用中建构起自己的认识和知识的,这种知识建构的活动是在社会文化的背景之中,作为个人的认识活动通过与社会文化情境的交互作用所形成的。它不是封闭在个人的系统之中的,而是在向社会开放的系统之中寻求与他人相互作用的一种知识建构活动。因此,儿童在数学学习中的逻辑思维发展也并

---

[1] 董奇,张红川,周新林.数学认知:脑与认知科学的研究成果及其教育启示[J].北京师范大学学报(社会科学版),2005(03):40—46.

不是以一种个体孤立的方式和状态存在的,它不是一个孤零零的认知过程,而是一种合作、交往的活动,是儿童与同伴、成人进行社会协商、互动合作并共同建构和分享的活动。数学知识的建构过程不仅是一个心理过程,更是一个包含合作、沟通、协商、争论、妥协等因素的社会过程。

发生在儿童数学学习中的社会性交往包括家庭中、伙伴间、学校内的交往等,它们为儿童数学概念的早期发展提供了一种双向的、带有社会协商性质的、能更好地观察、思考的、具有合作性学习性质的机会。例如,对于家庭中家长和孩子共同参与的数学学习和互动活动,美国加里福尼亚大学的杰弗里·莎克斯教授曾经进行过一系列相关研究,他的研究发现[①]:(1)在家长和儿童共同参与的社会性活动中,关于数的活动目标是儿童和成人双方协商调整的结果,它是和数活动的环境、儿童对数的理解以及对活动的文化界定相联系的;(2)在家长与孩子共同参与的社会性互动的数活动中,儿童可能会比在没有成人帮助的环境下获得更好的数概念发展;(3)儿童与成人共同参与的数活动可以帮助儿童获得具有实际意义的、高层次思维方法的示范,从而在相应的操作转换中理解数的功能。可见,儿童的学习离不开社会环境,当我们把儿童置于一定的社会情境之中时,往往更能增加引起儿童认知冲突的可能性,刺激其逻辑思维过程,因为"社会性交往能帮助儿童对文化工具——更成熟的思维方式和更成熟的解决问题的方法进行内化"。[②]

(四) 学前儿童逻辑思维的发展依赖于日常生活情境

关于儿童早期数学认知能力的发展,当前的研究结果表明,个体存在着两套数学认知系统:一个是先天赋予的概略表征系统,另一个是后天学习获得的精确表征系统。前者是后者的基础和前提,在前者向后者过渡和发展的过程中,日常生活情境对日常生活中的数学非正式学习情境和问题解决具有重要的作用,它有助于两者的协同和配合。[③] 儿童的早期数学逻辑思维发展和数学学习,不仅需要社会性互动和共同建构,也需要有儿童的社会文化活动参与以及与日常生活情境相联系的学习背景。

对学前儿童来说,数学就存在于周围现实生活中,能从真实的生活和游戏中感受事物的数量关系并体验到数学的重要和有趣,于他们是一种最自然、轻松且愉快的学习。因此,把儿童的数学学习活动置身于有意义的、真实的日常生活情境与背景之中,不仅可以激发儿童主动建构的动机,引起意义建构的心向,促进儿童以已有的知识和经验去归属和巩固新知识,从而赋予其某种意义;而且,真实情境也为儿童提供了将数学知识与其他知识加以整合,

---

① Geoffrey B Saxe, Steven R Guberman, Maryl G, et al. Social Processes in Early Number Development [J]. Monographs of the Society for Research in Child Development, 1987,52(2):162.
② 周欣.儿童数概念的早期发展[M].上海:华东师范大学出版社,2004:52.
③ 董奇,张红川,周新林.数学认知:脑与认知科学的研究成果及其教育启示[J].北京师范大学学报(社会科学版),2005(03):40—46.

实现"生活化数学""应用性数学"的过程。

事实上,儿童相当多的数学学习正是发生在非正式的学习情境和日常生活问题背景之中的,换言之,来自儿童的社会生活情境中的数学问题才是儿童重新发明算术的背景。如发生在幼儿园日常生活事件中的"整理玩具""统计人数""玩沙玩水游戏"等,发生在家庭日常生活事件中的"购物""逛街""玩扑克牌或下棋"等,都是与数学及逻辑思维密切相关的,它们大多蕴含着数量、空间位置、分类、排序等相关的数学逻辑问题。借助这些日常生活情境,把数学放在一个真实的背景问题中,能够使儿童在情境思考和问题解决的过程中进一步感知和增强数的意识、促进数的思维、加快对数学知识的理解与概念的获得。因此,对于儿童早期的数学逻辑思维发展来说,提供与日常生活相联系的真实背景是十分重要且必要的,儿童的社会与文化生活是与他们数学思维能力的发展交织在一起的,为儿童的数学思维营造一个充满挑战和无限想象的,能刺激和引发其发现问题、提出问题、分析问题并解决问题的情境,一方面能使学习者借助学习者共同体(成人或其他同伴)的帮助,利用必要的学习材料,在已有知识结构的基础上,通过意义建构的方式获得数学思考;另一方面,更能把数学学习镶嵌于真实的应用情境中,使学习者在解决真实情境问题的思维过程中发展其思维的逻辑性、变通性和灵活性。

三、学前儿童学习数学的心理特点

儿童逻辑思维的发展为学习数学提供了一定的心理准备。同时,儿童逻辑思维发展的特点又使儿童在建构抽象数学知识时遇到困难。为此,必须借助具体的事物和形象在头脑中逐步建构一个抽象的逻辑体系,必须不断努力摆脱具体事物的影响,使那些和具体事物相联系的知识能够内化于头脑中,成为具有一定概括意义的数学知识。这样,儿童学习数学的心理特点就具有一种过渡的性质,具体表现为以下几点。[①]

(一) 从具体到抽象

学前儿童的思维是以形象思维为主的,对物体的认识往往需要借助具体直观的材料,但数学知识却是一种高度抽象的知识,需要摆脱具体事物的其他无关特征才能获得。它与幼儿对于数学知识的理解恰恰需要借助具体的事物,并且容易受到具体事物的影响的特点正是一对矛盾体。这种矛盾在低龄幼儿身上表现得更加突出。例如,小班幼儿往往能说出家里有爸爸、妈妈、爷爷、奶奶、自己,但却不容易数出家里一共有几个人;有些幼儿在学习数的组成时,也会受日常经验中平分观念的影响,如某个幼儿认为"3"不能分成 2 份,"因为它不好分,除非多出一个来"。由此说明,幼儿还不能从事物的具体特征中摆脱出来,从而抽象出数量特征,这种由事物的具体特征而带来的干扰,将随着他们对数学知识的抽象性质的理解而逐渐减少。

---

① 王志明,张慧和.科学[M].南京:南京师范大学出版社,1997:7—11.

（二）从个别到一般

学前儿童数学概念的形成，不仅存在一个逐渐摆脱具体形象达到抽象水平的过程，同时也存在一个从理解个别具体事物到理解其一般和普遍意义的过程。例如，有些幼儿在按数取物的活动中，往往会认为与一张数字卡（或点数卡）相对应时，只能取放一张画有相同数量物体的卡片，把数字与个别物体相对应，而没有理解为可以取多张，只要总数相对应就行。再如，有些幼儿刚开始学习数的组成时，对分合关系的理解往往停留在它所代表的那一种具体事物上。只有随着数的组成学习的逐渐深入，才能慢慢认识到这些具体事物之间的共同之处，即它们所表示的数量是相同的，因而也就可以用一个相同的分合式子来表示。实际上，对于其他数学知识的学习，幼儿也经历了同样的概括过程。

（三）从外部动作到内部动作

我们经常可以观察到，有些低龄幼儿在完成数数的任务时往往要借助外显的动作，如用手——点数，扳手指数等；有些幼儿在理解数的分合关系以及简单的数运算时，也需要借助对物体的具体操作动作才能够完成，如对低龄幼儿来说，涉及数运算的列式计算就有困难，但若是采用实物操作进行简单的数运算就比较容易。而到了大班，随着年龄的增长和数经验的逐渐积累，一般幼儿都能在理解符号基本意义的基础上学习10以内的列式运算。当然，这种不借助动作而内化完成的心理运算是与幼儿初期所经历的有关数运算的外部演示操作密切相关的。这种充分摆弄操作实物的外部动作过程对于他们进一步理解数字中的抽象关系是不可或缺的，它能够很好地帮助幼儿理解加减之间的数量关系，如符号所代表的"合起来"与"剩下"等意义以及整体与部分的关系。可见，对于学前儿童而言，对数概念的理解和学习是一个从外显的、具体的动作运算水平逐步向内化的、抽象的心理运算水平过渡的过程。对某些数概念和能力发展较迟缓的幼儿来说，这一过渡的过程可能更持久、更缓慢。同时，也可以看到，应当给学前儿童尽可能提供动作水平上的操作，因为它既符合幼儿学习数学的心理需要，也有助于幼儿对数概念的理解与掌握。

（四）从同化到顺应

皮亚杰认为，同化和顺应是儿童适应外部环境的两种不同形式。所谓同化，是指个体将外部环境纳入自身已有的认知结构中；所谓顺应，则是指个体改变已有的认知结构去适应外部环境。在儿童与环境的相互作用中，这两种反应形式是同时存在的，有时同化占主导，有时顺应占主导。可以说，个体的认知发展正是一个以同化和顺应为机制的自我调节的平衡过程。

在幼儿学习数学、理解抽象数概念的过程中，同化和顺应的反映形式也是其心理特点的显现特征之一。当幼儿在完成一个涉及数的任务，如幼儿在比较两组物体数量多少的过程中，往往是以其原有的认知图式和结构去同化它，采用目测的认知策略去解决这一问题，当获得成功时,也就是其认知获得平衡的过程。但若这一策略不能解决当前的问题情境(如比较的两组物体的空间排列位置并非一一对应,其大小或排列间隔有较大悬殊)时,则无法通过同化来完成,而需要通过改变自身的认知图式,重新调整已有的认知结构,采用一一对应或点数的策略去顺应这一问题情境,从而使认知过程达到由不平衡向平衡的转化。可见,由同化到顺应的自我调节是幼儿在不断积累数的相关经验,并重新建构其数概念的过程。

(五)从不自觉到自觉

所谓自觉,指的是对自己的认知过程的意识。幼儿往往对自己的思维过程缺乏自我意识,这主要是因为其动作还没有完全内化,他们对事物的判断还停留在具体动作的水平上,而没有上升到抽象的思维水平。换言之,其思维的自觉程度是和其动作的内化程度相关的。不自觉的特点往往在低龄幼儿身上显现得更为突出。如有些幼儿在用语言归纳或表述自己的"数行动"或操作结果时,其自我意识,即自觉程度较差,会出现手口不一致的状况。这正是因为这个年龄的幼儿在掌握数概念的过程中尚未能从具体的事物中抽取出其本质的、抽象的特征来理解,而是停留在具体经验上、外部动作上。没有思维和语言上抽象内化的支持,幼儿在抽象、概括的表述上是有困难的。作为教师,应当了解学前儿童这一心理发展的特点,充分认识到语言,尤其是抽象、概括的数学语言在数概念获得中的关键价值,鼓励幼儿在操作活动中运用语言概括、表达、交流,以不断提高幼儿对其动作、思维的意识程度,促进幼儿思维的内化,帮助幼儿认知由不自觉向自觉过渡。

(六)从自我中心到社会化

正是因为学龄前儿童认知和思维的自觉意识程度不高,其概括和内化水平有限,也就由此表现出他们在思维上的"自我中心"化特点,只关注自己的动作且不能很好地内化,更不可能关注到同伴的"数思维"或与同伴产生基于合作、交流的、有效的"数行动"。因此,帮助幼儿在发展数认知能力的过程中,"去自我中心"、提高社会化程度是非常重要和关键的。

对于学前儿童来说,"去自我中心",从自我中心到"社会化"是其思维抽象性发展的重要标志之一。当幼儿能够在头脑中思考自己的动作,并具有越来越多的意识时,他才能逐渐克服思维的"自我中心",努力理解同伴的思想,从而产生真正的交流和合作,并在交流与互学中得到启发。

第三节 学前儿童数学教育的任务

认识自然界的各种数量关系和形状、空间概念,是人类认识自然界的一个重要方面,而幼儿期正是积累有关数的感性认识和经验的关键时期。在这个时期为幼儿创设良好的环境，运用适当的方法进行数学启蒙教育是十分关键的。作为学前机构的教师和启蒙者，应当明确这个阶段数学教育的基本任务，为培养全面发展的社会主义建设者和接班人奠定坚实基础。

一、培养幼儿对数学的兴趣和探究欲

好奇、好问、好动、渴望通过自己的探索来了解世界是孩子的天性，也是孩子学习兴趣的源泉。对于幼儿而言，这个阶段最重要的事不是学习，而是让他们逐渐了解外部世界，逐步学会如何与周围人相处，进而培养良好的习惯和兴趣。通过自由的游戏和玩耍，让他们更多地亲近大自然，和外部世界有更多的交流和接触，获得更丰富的人生体验，这些才是这个阶段孩子成长过程中最宝贵的财富。同样，即使是这个年龄阶段必要的学习，也只有以孩子的学习兴趣为前提，才能让他们在学的过程中专心致志、自发交流、主动参与且乐此不疲。

数学作为一门研究客观世界中的数量关系和空间形式的学科，其知识本身带有一定的抽象性、概括性和逻辑性。相对于幼儿年龄阶段思维发展的特点和规律而言，这类学习若没有正确的定位和恰当的方法，可能就会让幼儿感到害怕、拒绝，甚至产生"数学焦虑"(Mathematics Anxiety)，进而影响其今后的数学学习。因此，虽然数学知识本身具有严密的逻辑性和系统性，且通过儿童自身的活动和体验帮助他们获得粗浅的数学知识是必要的，但是教育者应当明白，过分强调数学知识的传授和技能的获得而忽略培养孩子对数学的兴趣，是极其危险且不利于幼儿可持续发展的。对于学前阶段的数学启蒙教育而言，其首要的任务就是培养幼儿对数学的兴趣和主动探究的愿望，激发儿童的好奇、好问、猜想和思考，引导他们步入数学的神秘世界。作为教师，应当更多地考虑如何激发幼儿对数学学习的兴趣和探究的愿望；如何利用有效的环境和恰当的情境、方法调动幼儿的学习兴趣，以促进幼儿对数学问题的思考和主动解决。

二、发展幼儿初步的逻辑思维能力和解决问题的能力

数学智能是人类智能结构中最重要的基础能力之一。数学知识本身的逻辑性、抽象性、概括性和应用性的特点，决定了儿童早期的数学学习应以培养初步的逻辑思维能力和解决问题的能力为主要任务。所谓初步的逻辑思维能力，是指能够对事物或现象进行分类、比较、匹配、对应、排序、概括和简单推理的能力。而数学学习的过程本身就包含了这样一系列逻辑活动，因此，早期数学学习的最终目的不在于掌握多少数学知识和概念，而在于通过数学学习的过程培养幼儿的逻辑思维能力以及思维的准确、灵活、敏捷、发散性等。

所谓解决问题的能力，是指通过对一个不确定的情境问题的发现、探究和思考，进而求得解答的过程。这个过程也是儿童将数学的相关概念和知识应用于实际的问题情境之中，进行思考、分析和推理的过程，它既是检验儿童对数学相关概念的理解和有效运用的主要方

面,也是判定儿童是否真正掌握数学知识的重要标志。事实上,幼儿一天生活中与"数学"接触的机会无处不在,"数学"就在儿童的周围生活之中,如今天是几号、家住几层楼、家中有几人、家庭的电话号码、每天的班级人数统计、玩具的整理分类、积木的形状比较等。将数学知识与他们的实际生活相联系,能够很好地锻炼和提高幼儿的思维能力和思维品质,更能够促使幼儿自觉地、有意识地运用数学的相关概念解决实际生活情境中的问题。

当前,在我国的教育制度背景下,这种早期数学教育的价值认识和任务定位显得尤为重要。这是因为不少针对早期学习的研究结果表明,"高分低能"已经成为在传统教育模式下一个不容忽视的群体现象,学生的自主思考能力、动手能力以及相应的解决实际问题的能力都相对薄弱。而在数学领域中,在数学奥林匹克竞赛中,我国选手可以蝉联几届冠军,可是在数学专业领域中,我们却从未与菲尔兹奖等数学国际大奖有缘。这种现状和对比足以引起我们的警醒,数学教育的真正价值和主要任务应当体现在对思维能力、思维方式和解决问题能力的足够重视上。

三、为幼儿提供和创设促进其数学学习的环境和材料

数学是一种高度抽象的逻辑数理知识,它不同于社会知识,可以通过教师的传递习得,而必须依赖幼儿作用于物体的一系列动作及其之间的协调才能建构。在皮亚杰等建构主义理论看来,算术是儿童重新发明的,儿童的数学思维来自动作,它是儿童主动建构的结果。因此,在早期的数学启蒙教育中,为儿童提供并创设数学学习的环境和材料就显得尤为重要。

作为教师,应当在充分认识环境与材料在儿童数学学习中的重要作用的前提下,积极地为儿童创设环境、提供材料。首先,要为幼儿创设真实而丰富的数学学习环境。真实,体现在环境是与儿童的生活紧密相连的。数学知识本身抽象枯燥,如果单纯以数字、运算等形式呈现给幼儿,则很难激发幼儿的学习兴趣;若与幼儿生活实际中的事、物相联系,则能够引起他们的注意,使其回忆相关经验,建立一定联系,在体验中提升经验、建构概念。丰富,体现在环境的创设是充分利用幼儿园整个空间的,不仅包括活动室、墙面,还包括操场、栏杆、楼梯、窗户,甚至卫生间、橱柜等各种空间设施。例如,贴一些用不同形状拼成的卡通人物、动物、植物;每一个台阶标记一个数字;用不同的颜色表示长度不等的栏杆,等等。这样,抽象的数学知识就巧妙地隐藏在幼儿生活中的每一处,浸没于幼儿生活中的每一点。

此外,要为幼儿提供可供其动手操作的多种感性材料,这种材料应当体现出寓教于乐、生动有趣、多种功能等特点。尽可能使用图画、图表和操作纸等平面材料向儿童传递数学信息,调动儿童的多种感官,引发其兴趣和注意力,为他们提供与教师和同伴互动的机会。也可以利用简单而实用的实物材料进行操作活动,如用塑料瓶可以进行多种功能的数学游戏:不同大小的塑料瓶,用不同颜色的纸在瓶盖贴上数字,瓶身贴上相对应的圆点,就可以根据数字与圆点的匹配关系玩拧瓶盖游戏;还可以玩按数放豆的游戏以及根据瓶子的颜色、大

小、高矮进行分类或排序的游戏等。当然,在材料的提供中,教师也需要注意无论是材料的选择还是制作,都应当体现以游戏为主,而不是机械地操作,应当为幼儿创造一个愉悦的学习环境,让幼儿在游戏中操作、学习,有足够的时间、空间去探索、发现、思考和建构。同时,宽松愉悦的学习环境和开放多样的操作材料,也能够促进幼儿逐步形成主动学习、自主探索的意识并养成习惯。

四、促进幼儿对粗浅数学知识和概念的理解

数学是研究现实世界的空间形式和数量关系的科学。人的生活实践(衣、食、住、行)几乎都离不开数学,在幼儿的现实生活中,幼儿园、公园等场所和玩具、小动物、书本等物体都有各自的位置、大小、数量和形状,幼儿在生活中不断地感知着数、量、形状、类别、次序、空间、时间等数学概念。因此,掌握数学知识正是幼儿认识事物和生活的需要,在学前阶段的数学启蒙教育中,让幼儿掌握初步的数学知识和概念是十分必要的。

儿童早期的数认知能力结构一般由五个维度组成,即数、计算、测量、空间(几何)、模式。其中,数是理解物体抽象特征的基础和准备;计数是抽象和概括事物之间普遍关系所必备的;测量是把一个待测定的量与一个标准的同类量进行比较;空间(几何)是认识事物的重要方面,涉及图形知识和空间关系;模式是指对物体间内在关系的认识,是对具有隐蔽性、抽象性的规则特征的认识。它们之间虽然具有特异性,但也表现出一定的关联性。因此,在幼儿阶段的数学学习所要掌握的初步概念一般包括:10以内的数概念及加减运算;认识几何体;辨认空间方位;掌握简单的时间观念;量的比较与测量等。数学思维的能力一般包括:空间成分(理解空间图形、形状,记忆空间形状,进行空间组合);逻辑成分(理解、记忆和独立发现概念,根据逻辑法则得出结论和找到证据);数的成分(形成数的概念,记忆数字、数值解答);符号成分(理解各种符号,记忆各种符号,用各种符号进行运算)。但是,无论是哪一方面的知识或能力培养,对于学前儿童来说,都是粗浅的、基础的、多面的,重在兴趣性、启蒙性、生活性、应用性等方面的培养,旨在让孩子在生活和游戏中体验数学的重要和有趣,并掌握相应的数学知识和概念,为日后的数学学习奠定良好的基础。

 复习与思考

1. 如何理解早期数学教育对儿童发展的价值与作用?
2. 结合实际,谈谈你对"数学是思维的体操"的理解与认识。
3. 简述学前儿童逻辑思维发展的特点。
4. 在学前儿童的早期数学学习中,其心理发展呈现出的过渡性质特点具体表现在哪些方面?
5. 如何理解学前儿童数学教育的任务?

第二章　学前儿童数学教育的目标和内容

第一节　学前儿童数学教育的目标

教育是国之大计、党之大计。培养什么人、怎样培养人、为谁培养人是教育的根本问题。教育是人类一种自觉的、有目的、有计划的社会实践活动。它的自觉性、目的性和计划性首先表现在教育实施之前就对其结果有了一种期望,这种预先期望就是教育目标。教育目标是伴随着教育实践而同步产生的,它不仅影响着教育内容、方法、手段和教育活动的组织形式,指导和支配着教育的实施过程,同时也制约着教师的教育观念和行为,进而决定着儿童的发展。因此,制定教育目标是教育的重要前提。

学前儿童数学教育是借助直观教具和材料,通过儿童自身的活动,对客观世界中的数量关系和空间形式进行感知、操作、发现并主动探究的过程;是帮助儿童主动建构表象水平上的初步数学概念,发展思维能力以及产生对数学活动的兴趣、培养良好的学习习惯的过程;是促进儿童全面发展教育的一个重要组成部分。因此,学前儿童数学教育的目标不仅体现并规定了对儿童进行数学教育的目的和要求,同时还是对儿童进行数学教育的依据和准则。它可以明示教育进展的方向,界定教育计划的范围,影响教育活动的设计,决定教育评价的依据。有了明确的教育目标,才有可能选择相应的教育内容,即为儿童选择所需要的学习经验,才能够依据目标评价数学教育的效果。由此可见,学前儿童数学教育目标的确定是十分重要的。

一、学前儿童数学教育目标制定的依据

教育目标是教育者制定的。不同时代、不同国家所制定的教育目标不同;同一时代、同一国家中的不同教育组织或实践者,也会制定出不同的教育目标。这是不同的社会发展需要在不同的目标制定者头脑中反映的结果,也是儿童不同方面发展规律和需要在不同的目标制定者头脑中反映的结果。教育者要想制定出相对更为合理的教育目标,就必须不断深入全面地了解社会发展及儿童发展的需要和规律,使教育目标的制定、实施、检验、调整等活

动成为一个开放的动态过程。①

在确定学前儿童数学教育目标时,既要考虑当代社会以及学前教育总目标对学前儿童数学教育的要求;还必须研究儿童身心发展的特点、水平以及儿童由当前的发展阶段过渡到下一个发展阶段的过程、方式和规律;同时要研究学前儿童数学教育本身的特点。只有综合研究这几个方面的因素,合理处理好彼此间的关系,才有可能提出较为适宜的学前儿童数学教育目标,并以此指导学前儿童数学教育的实践。下面就影响学前儿童数学教育目标制定的依据和因素分述如下。

(一) 儿童的发展

儿童作为教育对象,其发展有着某些共同的特点与规律。有关儿童发展的科学研究成果,使我们可以预知儿童生长变化的普遍性顺序,选择适应不同阶段的关键经验。因此,研究儿童的发展,把握儿童的发展需要和发展规律,能使教育者获得有关教育目标制定的有用信息。如儿童数概念的发展、初步逻辑思维的发展有着从具体操作层面逐步向抽象层面过渡的特点,由此可以启示教育者以此为一个教育方面的依据,在制定学前儿童数学教育目标时考虑到"帮助儿童获得有关物体数量、形状、空间、时间等方面的感性经验,并由此逐步形成一些基本的数学概念"。

儿童身体、心理的发展是互相影响、密切相关的。儿童的认知发展与其身体的、社会的、情感的发展是相互促进、相辅相成的。培养"完整儿童"是现代学前儿童教育的新观念。② 所谓"完整儿童",指的是一个全面发展、和谐平衡的儿童,是指儿童身体的、社会的、情感的、认知的和道德的整合性发展。当代学前儿童教育的相关研究已表明,儿童认知能力的发展与其兴趣、情感、态度、个性等方面是密切联系的。儿童如果对事物具有浓厚的兴趣,对自己的能力充满了信心,在学习过程中就会积极地进行探索,主动地发现问题,并寻找解决问题的办法。此时,儿童的整个心理状态是积极的、主动的。同样,在这种状态下,他的认知能力、情感、态度和意志力都会得到较好的发展。由此说明,对儿童进行任何一方面的教育,都必须重视从儿童整体发展的观念出发。也正是基于上述这些认识,我们在制定学前儿童数学教育目标时,不仅要从儿童认知发展的特点和规律上来把握,而且要以儿童整体发展为依据,提出既包括认知,也包括情感、态度、个性及社会性发展等方面的,综合性、整体性的教育目标。

(二) 社会的要求

教育总是受制于一定的社会文化历史背景的,一个国家的政治、经济、科学文化等因素构成了影响教育目标制定的客观依据。任何社会总是要将自己的理想角色作为教育所追求的目标,因而教育目标也就会或多或少地打上时代的印记,直接或间接地反映着社会的需

---

① 许卓娅.学前儿童音乐教育[M].北京:人民教育出版社,1996:137—138.
② 王志明,张慧和.科学[M].南京:南京师范大学出版社,1997:35.

要。当然,学前儿童数学教育也不例外。社会的需要、社会发展的现状和趋势以及对人才培养的要求理所当然地会影响到学前儿童数学教育目标的制定。由于不同时代、不同社会对人才培养的要求不同,所提出的教育目标也会有所区别。如50年代至70年代的教育,虽然在总目标中反复强调坚持全面发展的方向,但在各个不同时期的具体教育目标中,仍可以看出不同的偏向性,在目标的落实过程中偏差则更大。反映在学前儿童数学教育目标中,就是比较重视基本知识、基本技能的掌握,重视开发、发展儿童的智力。而80年代以后,特别是进入90年代以来,随着社会、科学、经济发展的日新月异,人们认识到时代的发展对教育提出了更高的要求。因此,在数学教育目标中除重视儿童智力发展、思维的培养,还应重视培养儿童良好个性等整体发展,以使儿童适应未来社会的需要。

(三) 学科的特性

对于学前儿童数学教育而言,数学学科本身的知识体系、学科结构、学习规律、教育价值等都是数学教育目标制定的主要依据,它能够给教育目标的制定工作提供十分重要的参考信息。

当代科学与技术、经济与生产的迅猛发展,表明数学已成为现代科学技术的基础和工具。任何科学的探索和发明,都有可能涉及数学方法的运用,反之,成功地运用数学的原理和方法将有可能促使一门学科达到近乎完美的境地。同时,作为基础教育中一门重要的课程,数学不仅能教给学生从事各种实践活动的必要基础知识,还能通过数学教育促进学生智慧的增长。儿童的数学活动与儿童的语言活动、游戏活动、艺术活动等,同样重要地作为儿童人格形成、素质发展所不可或缺的基本生态"链条"中的一个环节或一个基本构成要素。由此可见,数学不单是一种知识、一种工具,也是一种文化。正是基于学科本身的这一特点,才使我们在构建儿童数学教育目标过程中,以发展思维为数学教育的核心,提出了要发展儿童初步逻辑思维能力及培养良好的思维品质。

(四) 学习心理学的理论

要比较科学而客观地审定一个教育目标体系,除了上述提到的几个影响因素以外,广袤的心理学领域,特别是学习心理学的有关理论可以使教育目标制定者获得许多重要的启发。认知心理学派代表皮亚杰认为,儿童的思维起源于动作,抽象水平的逻辑来自对动作水平的逻辑的概括和内化。对于处于前运算水平阶段的儿童,学习数学能帮助他们更好地向具体运算水平过渡。他的这些原理基于实验研究并反复受到实践的检验,从而使得"通过儿童自身的感知、操作等活动获得一些粗浅的数概念"成为学前儿童数学教育的目标之一。另外,皮亚杰在如何促进儿童数学学习的问题中指出:应组织和创设一个合适的环境,让儿童在其中尽其所能、充分发展。这个环境既包括各种数学的材料、工具、空间和时间,还包括儿童之间适当的交流与合作。他认为:没有与他人在思想上的相互交流与合作,个体永远不能把他们的运算集合成一个连贯的整体。为此,他提出了"活动法""自我发现法""冲突法"和"同伴影响法"等学前儿童数学教育方法,他的这些方法和理论已直接或间接地对儿童数学教育目标的制定起到了深远影响。

二、学前儿童数学教育目标的结构分析

一个教育目标体系总是按一定的有序结构组织起来的。从纵向看,学前儿童数学教育具有一定的层次结构;从横向看,学前儿童数学教育有着不同的分类结构。

(一)学前儿童数学教育目标的层次结构

学前儿童数学教育目标是一个有机的整体,它可以分解为数学教育目标、年龄阶段目标和数学教育活动目标三个不同的层次。这个层次结构是儿童全面发展任务目标在数学领域中的具体体现,它能使教育最终目标得以落实,并更好地促进儿童的发展。学前儿童数学教育目标是学龄前儿童数学教育总的任务要求;年龄阶段目标一般以小、中、大班为界,指一年内的阶段发展目标;而教育活动目标既可作为"系列活动"目标,即一组需要连续地逐步达到的目标,也可视作"独立活动"目标,即在一次教育活动中所应追求的主要目标。

教育目标具有不同的层次,因而可以针对不同层次的目标采用不同的表述方法。对数学教育目标的表述,可以从《幼儿园工作规程》《幼儿园教育指导纲要(试行)》《3—6岁儿童学习与发展指南》等一系列纲领性文件出发,在方向性、概括性、原则性上指明学前儿童数学教育应涵盖的内容、范围以及对儿童发展的期望;而年龄阶段目标和数学教育活动目标则可以表述得更为具体且更具可操作性。布鲁姆认为,一个恰当的教学目标的表述应该具有两个特征:必须详细说明目标内容;应当用特定的术语描述教学后学生应能做的但以前不能做的行为。他给出的这一关于目标表述的"模型"可以为我们思考低层次目标的表述提供借鉴;在对阶段目标和具体活动目标表述的过程中,一方面与上层目标的关系要密切,另一方面表述要明确并较直接;目标的涵盖面要广,应包括知识的学习、能力的培养、操作技能和情感态度方面的学习;目标要有代表性,每一条均是单独的内容,不要有交叉重叠;不宜将手段写成目标。[1] 确实,教育目标的确定和表述已经被作为一个重要的研究课题并得到广泛关注。由此分析,我们可以看到,学前儿童数学教育的目标是通过层层具体化而逐步落实到每一个教育环节和层面上的。因此,教育者在整个教育实践过程中,都必须依据不同的教育目标,逐步地加以实现,即通过低层次目标的实现而最终达到高层次目标的实现。

(二)学前儿童数学教育目标的分类结构

学前儿童数学教育目标的层次结构从深度上体现了目标体系的有序性,而分类结构则

---

[1] 陈帼眉,刘焱. 学前教育新论[M]. 北京:北京师范大学出版社,1996:93.

在广度上体现了目标体系的有序性。虽然目标分类的角度可以是多种多样的,但是作为一个最终由教育实践者来具体实施的目标体系,在进行分类时必须要考虑到可理解性、可把握性和可操作性。我们可以从以下两个不同角度来对学前儿童数学教育的目标进行分类。

1. 按心理活动的不同领域来分

目标具有导向的作用。儿童数学教育目标的分类应涵盖儿童发展的各个领域,且各领域间要平衡,既不能偏重某一方面,也不能遗漏某一方面,以促进儿童各方面素质的全面、和谐发展。布鲁姆曾经在《教育目标分类学》一书中以心理活动的不同领域作为分类的出发点,把教育目标分为三大领域:认知领域,包括知识的掌握和认知能力的发展;情感领域,包括兴趣、态度、习惯、价值观念和社会适应能力的发展;动作技能领域,包括感知动作、运动协调、动作技能的发展。每一领域又按其性质由简到繁、由易到难、由具体到抽象、由低级到高级分为若干层次。据此,我们可以把学前儿童数学教育的目标分为认知、情感与态度、操作技能三个方面。在认知领域中,学前儿童数学教育的目标主要包括帮助儿童学习一些粗浅的数学知识,积累生活经验和发展思维能力;在情感与态度领域中,学前儿童数学教育的目标主要包括培养儿童对数学活动的兴趣、参与活动的良好态度、习惯及健康的人格等;在操作技能方面,学前儿童数学教育目标主要包括培养儿童正确操作和使用材料的能力及习惯。

2. 按数学教育的不同内容来分

以数学活动的不同内容为分类的出发点,学前儿童数学教育目标包括:集合与分类、模式与排序、数概念与运算、几何与空间、比较与测量等方面。从这个角度来组织和表述学前儿童数学教育的目标,有利于教育者选择具体的教育活动内容、活动材料、活动模式以及活动组织方式与手段等。

三、学前儿童数学教育目标的内容

(一) 学前儿童数学教育的总目标

2001年7月,由教育部颁布的《幼儿园教育指导纲要(试行)》明确规定了科学领域的总目标。

第一,对周围的事物、现象感兴趣,有好奇心和求知欲。

第二,能运用各种感官,动手动脑,探究问题。

第三,能用适当的方式表达、交流探索的过程和结果。

第四,能从生活和游戏中感受事物的数量关系并体验到数学的重要和有趣。

第五,爱护动植物,关心周围环境,亲近大自然,珍惜自然资源,有初步的环保意识。

以上总目标阐述的是该领域所追求的发展目标。数学作为科学领域中的一个重要部分,其总目标也同样涵盖了儿童发展的认知、情感与态度以及操作技能三个方面,具体表述如下。

1. 认知方面的目标

（1）帮助儿童能从生活和游戏中感受事物的数量关系，获得有关物体形状、数量以及空间、时间等方面的感性经验，体验数学的重要性和趣味性。

（2）培养儿童运用数的相关经验解决问题的能力，发展儿童初步的逻辑思维能力以及用适当的方式表达、交流操作和探索的过程及结果的能力。

2. 情感与态度方面的目标

（1）培养儿童对周围生活中事物的数、形、量、空间与时间等的兴趣，喜欢参与数字活动和游戏，具有好奇心、探究欲。

（2）初步培养儿童形成交流、合作的意识。

3. 操作技能方面的目标

（1）培养儿童正确使用数字活动材料的技能。

（2）培养儿童养成做事认真、仔细、坚持、克服困难等良好的学习习惯。

2012年10月教育部正式颁布了《3—6岁儿童学习与发展指南》（以下简称《指南》），在科学领域的目标阐述中写道："幼儿科学学习的核心是激发探究欲望，培养探究能力。成人要善于发现和保护幼儿的好奇心，充分利用自然和实际生活机会，引导幼儿通过观察、比较、操作、实验等方法，学会发现问题、分析问题和解决问题，帮助幼儿不断积累经验，并运用于新的学习活动，形成受益终身的学习方法和能力。"同时，《指南》明确将科学领域的学习与发展分为"科学探究"和"数学认知"两个部分。在"数学认知"中，对学前儿童的数学教育提出了三条总目标，即"初步感知生活中数学的有用和有趣"、"感知和理解数、量及数量关系"及"感知形状与空间关系"。

（二）学前儿童数学教育的年龄阶段目标

虽然年龄阶段目标是对总目标架构下的具体化、典型性表现的阐述，但由于儿童在数学认知发展上的个体差异性和数学本身的抽象性，幼儿园阶段的数学教育年龄阶段目标并不是绝对化的标准，它只是一个可供教师参照的一般化、典型化的文本描述，在执行的过程中可视儿童的发展状况和幼儿园实际条件作相应的调整。

1. 数学教育年龄阶段目标表述

在王志明、张慧和主编的《科学》教材中，将幼儿园数学教育的年龄阶段目标有下列具体表述。[①]

在小班阶段：

（1）学习按物体的一个特征进行分类。

---

① 王志明,张慧和.科学[M].南京：南京师范大学出版社,1997：37—40.

(2) 学习按物体量(如大小、长短)的差异进行 4 个以内物体的排序,学习按物体的某一特征进行排序。

(3) 认识"1"和"许多"及其关系。

(4) 学习用一一对应的方法比较两组物体的数量,感知多、少和一样多。

(5) 学习手口一致地从左到右点数 4 个以内的实物,能说出总数,能按实物范例和指定的数目取出相应数量的物体,学习一些常用的量词。

(6) 认识圆形、正方形、三角形。

(7) 学习以自身为中心区分上下、前后、里外的空间方位,认识早、晚的时间概念,知道早、晚有代表性情节的日常变化。

(8) 听懂教师的话,学习按照游戏规则进行活动;大胆地回答问题,初步学习用语言讲出操作活动的过程和结果。

(9) 愿意参加数学活动,喜欢摆弄、操作数学活动材料;能在教师帮助下学习按要求拿取、摆放操作材料。

在中班阶段:

(1) 认识 10 以内的数字,理解数字的含义,会用数字表示物体的数量。

(2) 学习 10 以内的基数:顺着数、倒着数、学习目测数群,学习不受物体空间排列形式和物体大小等外部因素的干扰,正确判断 10 以内的数量,感知和体验 10 以内自然数列中相邻两数的等差关系。

(3) 学习 10 以内的序数。

(4) 认识长方形、梯形、椭圆形。

(5) 学习按某一特征的肯定与否定进行分类;学习概括图形的两个特征;能按两个特征对同一类物体进行逐级分类。

(6) 学习按物体量(如粗细、高矮等)的差异进行 6 以内的正逆排序;学习按特定的规则排序。

(7) 能听清楚教师的话,能按照要求进行活动,并学习按照要求检查自己的活动。

(8) 能安静地倾听教师和同伴的讲话;学习用语言表述自己的操作活动过程和结果。

(9) 观察、比较、判断 10 以内的数量关系,逐步建立等量观念;运用已有的知识经验,解决新的问题,学习新的知识,促进初步的推理和迁移能力的发展。

(10) 能自己选择小组活动,即能根据各个小组的活动情况,确定自己去哪组活动;在日常生活中,喜欢选择参加数学游戏活动。

(11) 能主动、专心地进行数学操作活动,并对自己的活动成果感兴趣;能在教师的引导下,注意和发现周围环境中物体的量的差异、物体的形状以及它们在空间中的位置等。

在大班阶段:

(1) 学习 10 以内的单数、双数、相邻数并认识零。

(2) 学习 10 以内数的分解和组成,体验总数与部分数之间的等量关系,部分数与部分数之间的互补和互换关系。

（3）学习10以内数的加减，认识加号、减号，理解加法、减法的含义，初步掌握10以内加减运算的技能，体验加减的互逆关系。

（4）学习按物体两个以上特征或特性进行分类，并学习按标记进行逐级分类。

（5）初步感知集合的交集、并集及包含关系。

（6）能按物体量的差异和数量的不同进行10以内的正逆排序，初步体验序列之间的传递性、双重性及可逆性关系。

（7）认识几种常见的立体图形（如正方体、球体、长方体、圆柱体）；能根据形体特征进行分类；体验平面图形与立体图形之间的关系。

（8）学习等分实物或图形；学习自然测量。

（9）学习以自身为中心和以客体为中心区分左右；会向左或向右方向运动。

（10）能认识时钟，学会看整点、半点；学习看日历，知道年、月、星期的名称和顺序。

（11）能听清楚若干操作活动的规则，能按规则进行活动，按规则检查活动的过程和结果，并能参加较多的小组活动。

（12）能清楚地讲述操作活动过程和结果。

（13）能在教师的帮助下归纳、概括有关的数学经验；学习从不同角度、不同方面观察与思考问题；能通过观察、比较、类推、迁移等方法解决简单的数学问题。

（14）积极、主动地参加数学问题的讨论；学习有条理地摆放、整理活动材料。

（15）能与同伴友好地进行数学游戏，能采取轮流、适当等待、协商等方法协调与同伴的关系。

2.《指南》中的数学教育年龄阶段目标

在《指南》中，对"数学认知"三条核心目标下的年龄阶段目标（或称年龄阶段典型性表现）表述如下。

在3—4岁阶段：

（1）感知和发现周围物体的形状是多种多样的，对不同的形状感兴趣。

（2）体验和发现生活中很多地方都用到数。

（3）能感知和区分物体的大小、多少、高矮等量方面的特点，并能用相应的词表示。

（4）能通过一一对应的方法比较两组物体的多少。

（5）能手口一致地点数5个以内的物体，并能说出总数。能按数取物。

（6）能用数词描述事物或动作，如我有4本图书。

（7）能注意物体较明显的形状特征，并能用自己的语言描述。

（8）能感知物体基本的空间位置与方位，理解上下、前后、里外等方位词。

在4—5岁阶段：

（1）在指导下，感知和体会有些事物可以用形状来描述。

(2) 在指导下,感知和体会有些事物可以用数来描述,对环境中各种数字的含义有进一步探究的兴趣。

(3) 能感知和区分物体的粗细、长短、厚薄、轻重等量方面的特点,并能用相应的词语描述。

(4) 能通过数数比较两组物体的多少。

(5) 能通过实际操作理解数与数之间的关系,如5比4多1,2和3合在一起是5。

(6) 会用数词描述事物的顺序和位置。

(7) 能感知物体的形体结构特征,画出或拼搭出该物体的造型。

(8) 能感知和发现常见几何图形的基本特征,并能进行分类。

(9) 能使用上下、前后、里外、中间、旁边等方位词描述物体的位置和运动方向。

在5—6岁阶段:

(1) 能发现事物简单的排列规律,并尝试创造新的排列规律。

(2) 能发现生活中许多问题都可以用数学的方法来解决,体验解决问题的乐趣。

(3) 初步理解量的相对性。

(4) 借助实际情境和操作(如合并或拿取)理解"加"和"减"的实际意义。

(5) 能通过实物操作或其他方法进行10以内的加减运算。

(6) 能用简单的记录表、统计图表示简单的数量关系。

(7) 能用常见的几何形体有创意地拼搭和画出物体的造型。

(8) 能按语言指示或根据简单示意图正确取放物品。

(9) 能辨别自己的左右。

(三) 数学教育活动目标

数学教育活动的目标应满足具体、可以操作,并尽量用行为化的语言加以描述等要点,这样就更能为教师所把握,使得教师能够在活动中观察到儿童掌握目标的情况,观察、判断儿童的发展状况,同时又使教师能依据对这一活动的评价来设计后面的教育活动,并提出相应的、更上一层的教育目标。在表述数学教育活动目标时,可以从教师角度出发提出教育目标(如培养儿童的数数能力),也可以从儿童角度出发提出发展目标(如学习5以内的数数),还可以从评价的需要出发提出评价目标(如能手口一致地点数5个以内的实物)。为了让教师在教育活动中将注意的焦点集中在关心儿童变化、研究儿童发展上,在制定教育活动目标时,我们尽可能采用发展目标来表述。同时,数学教育活动目标的提出还应与活动的知识内容紧密联系,也就是说,教师在引导儿童学习某一知识内容时,应充分调动儿童学习的主动性和积极性,让儿童在活动中通过自己的探索与发现,获得有关的数学经验。在探索与发现的过程中,儿童的认知能力、情感与态度、操作技能也就能获得相应的发展。此外,数学教育活动目标还要与数学教育的总目标、年龄阶段目标相一致,只有相互衔接,才能使儿童在数学活动中获得更好的发展。

总之，学前儿童数学教育活动目标不仅要与活动内容相联系，体现系统性和逻辑性，也要与活动方式相联系，体现多样性和灵活性。广大教师在教育实践中应不断地探索和研究数学教育活动目标，使其与儿童的发展特点相适应，更好地促进儿童的发展。

第二节　学前儿童数学教育的内容

学前儿童数学教育的内容是实现学前儿童数学教育目标的媒介和保证，是将目标转化为儿童发展的重要中间环节，也是教育活动设计和实施的主要依据。

一、选择学前儿童数学教育内容的依据

选择学前儿童数学教育内容是一项极具目的性和科学性的工作。它既要贯彻当今社会及未来社会对儿童发展的要求，又要根据《幼儿园工作规程》《指南》等文件的精神，同时更要考虑到学科本身的知识体系和儿童对数学概念认知发展的特点及规律。因此，我们应科学而合理地选择和安排学前儿童数学教育的内容。

（一）符合学前儿童数学教育的目标

学前儿童数学教育目标是根据《幼儿园工作规程》《指南》等文件精神，以促进儿童全面、整体发展及适应未来社会发展而提出的。在《幼儿园工作规程》中明确规定了幼儿园保育教育的主要目标，它是根据我国全面发展的教育目的和儿童身心发展的规律而制定的，为我们确立学前儿童数学教育目标体系提供了具有方向性和指导性的依据。我们在建构数学教育的目标体系中必须思考：如何使数学教育促进儿童的全面发展——数学教育不仅要重视儿童智力的发展、思维的培养，同时还必须重视儿童良好的个性素质的整体发展；如何体现教育面向未来的思想。儿童是未来社会的主人翁，学前儿童数学教育要着眼于培养适应和创造未来社会的复合型人才。这种人才不仅要拥有丰富的知识技能，更要具备探索发现的能力以及人际交往的能力等。因此，在数学教育目标体系中也要体现对儿童开拓、探索、竞争精神以及合作、交往、宽容等健康心理品质的培养。以数学教育目标为依据选择数学教育的内容，不仅能更切实、有效地保证目标的达成，而且更能确保以促进儿童思维发展为核心来实施数学教育。

（二）遵循数学知识本身的科学性、系统性

学前儿童数学教育内容的选择，首先必须体现数学学科的特征。数学是一门逻辑性、科学性较强的基础学科，其知识本身是相互关联、系统有序的。由此，学前儿童数学教育的内

容应从数学学科的特点出发,考虑、安排相关的知识,内容不仅仅涉及粗浅的数概念,还应包括量、形、时间、空间等方面的简单知识。

(三) 考虑儿童的认知发展特点和规律

在选择数学教育内容时,不仅应符合数学知识本身的科学性、系统性,还应注意考虑儿童的认知发展特点。儿童的认知发展在某个阶段会出现不同的发展规律和特点,而这些规律和特点,一方面制约了早期儿童数学学习的内容,另一方面也为儿童掌握初步的数学知识提供了可能性。例如,早期儿童在数概念的理解和掌握上就带有普遍的规律性与年龄差异性,因此,在选择教育内容时必须遵循儿童在这些方面的认知发展特点及规律。

(四) 结合儿童的生活经验与背景

建构主义的数学教育观认为,儿童数概念的获得离不开其生活的背景与环境。周围生活环境为儿童建构数概念提供了重要的背景。因此,在选择数学教育内容时,不仅应当结合数学教育的目标,从学科本身的逻辑结构和知识特性出发,更应当考虑与儿童的生活经验紧密相联,真正将数学教育的内容融入儿童的生活之中,融入与生活化、情境化的主题式课程相一致的背景中,寻找渗透于儿童生活背景、情境中的,有关数、量、形、时间、空间等的概念,作为早期儿童数学启蒙教育的适宜内容。多选择幼儿感兴趣、实用、密切联系其生活的内容,如统计一月中的阴天、晴天、雨天;统计幼儿最爱玩哪类游戏;统计大家家里的楼层号码;研究家具的摆放归类方法,等等。

二、学前儿童数学教育的内容及各年龄段的要求

(一) 学前儿童数学教育的内容

1. 集合与分类

(1) 感知集合及其元素,进行物体的分类。

(2) 以对应的方法比较两个物体数量的相等和不等。

2. 模式与排序

(1) 发现和识别物体排列的规律。

(2) 运用不同的方式和材料(如图画、实物或动作等)表征有规律的模式。

3. 数概念与运算

(1) 掌握 10 以内的基数(包括数的实际意义、认数、数的守恒、相邻数和 10 以内自然数列的等差关系等)和序数。

(2) 学会数数(如唱数、点数、目测数、按群数)。

(3) 理解 10 以内数字符号的意义。

(4) 掌握 10 以内数的组合与分解。

(5) 理解 10 以内数量的变化(相加和减去)。

4. 几何与空间

(1) 认识平面图形：圆形、正方形、三角形、长方形、半圆形、椭圆形、梯形。

(2) 认识立体图形：球体、圆柱体、正方体、长方体。

(3) 掌握图形的组合与分解。

(4) 认识空间方位：上、下；前、后；左、右；里、外；远、近等。

(5) 认识空间运动方向：向前、向后；向左、向右；向上、向下等。

5. 比较与测量

(1) 比较大小、长短、粗细、高矮、厚薄、宽窄、轻重、容积等量的特征。

(2) 理解量的相对性和传递性。

(3) 掌握自然测量。

(二) 各年龄段学前儿童数学教育的内容与要求

各年龄段学前儿童数学教育的内容与要求是各不相同的，具体见表 2-1。

表 2-1　各年龄段学前儿童数学教育的内容与要求

内容＼年龄班	小班	中班	大班
集合与分类	1. 能根据物体的某一外部属性特征进行匹配。 2. 能按照物体的某一种外部属性特征(如颜色、大小、形状、种类等)对物体进行分类。 3. 能对数量差异明显的两个集合进行多少的比较。	1. 能按功用将生活中常见的物体进行分类，如将文具和玩具分类。 2. 能从不同角度将同样的物体进行分类。 3. 能尝试说出分类的理由。 4. 能对数量在 10 以内的两个集合进行多少的比较。	1. 能按照给定的标准(概念水平)对熟悉的物体进行分类，如将蔬菜和水果分类。 2. 能按照物体的两种及两种以上的属性特征对物体进行分类。 3. 能按照物体是否具有某一特征进行分类。
模式与排序	1. 能识别所提供物体的排列模式。如 ABABAB 模式、AABBAABBAABB 模式。 2. 能对所提供的简单模式(如 ABABAB 模式)进行复制。	1. 能识别相对复杂的排列模式，如 ABCABCABC 模式、AABAABAAB 模式、ABBABBABB 模式等。 2. 能对所提供的相对复杂的模式进行复制和扩展。 3. 能发现并说出环境中事物排列的简单规律，如衣服上的条纹是按红绿红绿的规律排列的。	1. 能认识构成模式的单元，如出示一排 ABBABBABB 的模式的物品，能指出该模式的核心单元是 ABB。 2. 能运用不同的方式和材料(如图画、实物或动作等)表征有规律的模式。 3. 能运用所提供的材料自己创造一定的模式规律。

续 表

内容＼年龄班	小班	中班	大班
数概念与运算	1. 能进行10以内的唱数。 2. 能通过点数说出10以内物体的数量。 3. 能采用目测的方式直接说出3个以内物体的数量。 4. 能根据所出示物体的数量（5个以内）从一堆物体中拿出数量相符的物体。 5. 能认识10以内的数字。	1. 能进行20以内的唱数。 2. 能进行10以内的倒着数，接着往下数。 3. 能手口一致地点数15个以内物体的数量。 4. 能理解10以内基数的含义，会按物取数和按数取物。 5. 能运用图画或其他符号表示10以内的数量。 6. 能指出一排物体（10以内）中任意一个物体是第几个。 7. 能理解日常生活中常见的数字符号所表达的意义，如电话号码、门牌号码、星期几。	1. 能不受物体摆放形式的影响，通过点数说出20个以内物体的数量。 2. 能按群计数，如用2个2个数或5个5个数的方式数数。 3. 能用书面数字符号正确表示10以内的数量。 4. 能理解日常生活中数字符号所表达的不同意义，如年月日、钟表上的时间、温度计上的数字、钱币等。 5. 能进行10以内数的分解与组合。 6. 能够用算式来表示生活中遇到的数量变化和加减问题，如用$2+3=5$来表示2个糖果和3个糖果放在一起的事情。 7. 能对一定数量的物体进行等分，如二等分和四等分。
几何与空间	1. 能认识并区分圆形、正方形和三角形。 2. 在提供一种几何形状轮廓图的情况下，用至少3块几何形状拼板拼出这个简单图形。 3. 能正确区分上下、前后、里外的方位。 4. 能按含有方位词（上下、前后、里外）的指令行动。	1. 能认识并区分长方形、椭圆形、半圆形、梯形。 2. 能借助几何形状组合范例图，用拼板拼出这个组合图形。 3. 在提供一种几何形状轮廓图的情况下，用至少5块几何形状拼板拼出这个简单图形。 4. 能辨认简单图形（如长方形、三角形、梯形等）改变方位后还是同一种图形。 5. 能区分远近、中间、旁边的方位。 6. 能按指令（如远近、中间、旁边）行动。 7. 能用简单的方位语言描述位置，如小鸟在树的上面、我站在红红前面等。	1. 能认识并区分球体、正方体、长方体和圆柱体。 2. 能认识并找出平面图形和立体图形之间的关系，如圆形和圆柱体。 3. 能用小几何图形（如正方形、长方形、三角形等）拼成一个大几何图形。 4. 能以自身为中心区分左右的方位。 5. 学习用方位语言描述简单的路径，如：向前走到玩具店，往左拐，再往前走，就到学校了。

续　表

内容\年龄班	小班	中班	大班
比较与测量	1. 能用直接比较的方法判断两个物体的大小、长短、高矮。 2. 能在比较的基础上给3—4个物体按照量的差异特征（如大小、长短、高矮）排序。	1. 会用直接比较的方法判断物体的粗细、轻重、厚薄、宽窄等。 2. 能在比较的基础上给5—6个物体按照量的差异特征（如粗细、轻重、厚薄、宽窄）排序。	1. 能在比较的基础上给7—8个物体按照量的差异特征（如高矮、宽窄、粗细等）排序。 2. 能在比较过程中体验量的相对性，如记号笔比铅笔粗，比胶棒细。 3. 能在比较过程中，体验量的守恒，如一块方形的橡皮泥搓成长条后，重量不变。 4. 能用生活中的物体作为工具进行简单的测量，如用绳子、扭扭棒、手掌等作为量具测量桌子的长度。

 复习与思考

1. 如何理解学前儿童数学教育的目标？
2. 学前儿童数学教育目标分为哪几类？其选择的依据是什么？
3. 学前儿童数学教育包括哪些方面内容？其选择的依据是什么？
4. 各年龄段数学教育包含哪些内容？
5. 如何理解《幼儿园教育指导纲要（试行）》对科学领域目标和要求的定位？结合实例或幼儿园实地所见，谈谈你的认识。

第三章　有关学前儿童数学教育的理论流派与研究动向

从学前儿童有关数学的概念的发生发展到早期的数学教育，无论是心理学界关于儿童数学认知发展的相关研究，还是教育界对儿童早期数学启蒙教育的理论研究和课程实践，国内外的众多学者进行了前赴后继的实证研究和理论构建。本章将对这一领域中较具代表性的理论流派和课程体系一一进行梳理和介绍，使我们能够在综观多种理论思想、理解理论精髓的基础上，本着借鉴、吸收、消化、思考的立场获得更多有益的经验，从而更好地思考和建构我国学前儿童数学教育的理论与实践。

第一节　列乌申娜的数学教育思想与苏联的学前儿童数学教育

一、列乌申娜的数学教育思想

列乌申娜是苏联著名的幼儿教育专家、教授、教育学博士，在幼儿教育的专业领域中，她较早地致力于学前儿童数概念发展及教育方面的研究，并将其研究成果集中反映在她的代表性著作《学前儿童初步数概念的形成》一书中。该书系统地阐述了学前儿童初步数概念的形成和发展的理论与特点，并以年龄阶段为划分标准详尽地介绍了向3—7岁儿童进行初步数概念教育的具体方法、形式以及原则等。可以说，这是迄今为止较早、较全、较系统的一本既有理论又涉及实践的早期儿童数学教育专著，它为后来的数学教育理论和儿童数概念发展研究带来了很大的影响。1974年经苏联教育部批准为高等师范院校学前教育学和心理学专业的教学参考书，1982年由人民教育出版社首次出版中译本，成为流传较广的一本早期儿童数学教育专业著作。

（一）关于学前儿童数概念的形成与发展

1. 周围生活和客观现实是儿童数概念形成与发展的源泉

在《学前儿童初步数概念的形成》一书中，列乌申娜明确指出，儿童数概念的形成与发展离不开周围的生活环境和客观现实,儿童从婴儿时期就开始认识各种物体、声音和运动,并用不同的分析器(如视觉、听觉等)感知它们、比较它们,从数量上区分它们,而且儿童很早就开始根据大小、颜色、形状、空间位置和其他特征来区分物体。同时,随着儿童运动知觉的进一步发展,他们不但能学会判断不同的大小,而且能运用相应的词汇正确地用语言反映自己的知觉和表象。[①] 而当幼儿开始行走的时候,实际上已经在自然地感知和认识物体的空间位置,比如靠近某件物体,远离另一件物体,站在某件物体的前面(或后面)等,幼儿会凭借着对自身的认识来判定这些空间位置;而在与成人的日常交往中,幼儿也形成了一定的时间感觉并获得渐渐学会用语词来表达的机会。日常的生活交往,不仅为学前儿童提供了理解表示时间意义的具体事件,促进他们在成人的帮助下了解了时间的流动性、延续性和周期性,而且也在感知和认识时间的过程中促进了儿童对表示时间意义的词汇的快速掌握,在词汇发展和运用的同时,更培养和发展了学前儿童的概括和抽象思维能力。因此,可以毫不夸张地说,周围的客观现实就是儿童基础数概念形成和发展的重要源泉,儿童正是在这样的客观环境中无时无刻、无处不在地感知着数、量、形等概念。

2. 感知觉的发展是儿童数概念形成与发展的基础

感觉过程是幼儿认识事物和现象的质量与数量特征的基础,而幼儿在生活中用眼睛观察物体、用手触摸物体等感知觉活动都涉及对具体物的考察,它与儿童的生活、游戏等密不可分。因此,从儿童很多常见的感知觉活动中可以看出,感知觉过程正是儿童最初数概念形成的基础。例如,在比较各种具体量的多少、比较两个线条的长度或比较正方形和长方形差异等活动中,都需要感知觉作为基础参与其中。

在列乌申娜看来,儿童在感知觉活动中进行着形状、大小、数量等的比较,并在比较中把它们与过去的经验进行对比。因此,组织儿童积累经验,教会他们使用公认的标准和最合理的做法进行比较是非常重要的。[②] 例如,在向儿童介绍四边形和它的基本特征时,在儿童的经验中已经有了正方形和长方形的知识。因而,在转向儿童的经验时,一方面建议儿童从自己所熟悉的图形中找出和说出有相同特征(如四条边、四个顶点和四个角)的图形,并且能把它们列入四边形中,另一方面建议儿童寻找具有四边形形状的物体或物体的组成部分,这一类具体化的工作将加深儿童关于四边形的认识。[③]

(二)关于促进学前儿童数概念发展的教育教学

1. "教学必须走在发展前面"的观点

在关于儿童的发展和教育教学之间关系的问题上,苏联的心理学家和教育学家提出了

[①] [苏联]A·M·列乌申娜. 学前儿童初步数概念的形成[M]. 曹筱宁,成有信,朴有馨,译. 北京:人民教育出版社,1982:23—24.
[②] [苏联]A·M·列乌申娜. 学前儿童初步数概念的形成[M]. 曹筱宁,成有信,朴有馨,译. 北京:人民教育出版社,1982:27.
[③] [苏联]A·M·列乌申娜. 学前儿童初步数概念的形成[M]. 曹筱宁,成有信,朴有馨,译. 北京:人民教育出版社,1982:28.

一个鲜明而肯定的观点:教学引导着发展,教学是发展的源泉。该理论观点根据马克思列宁主义学说,视发展为人类社会历史经验的一个过程,并在高度关注儿童发展的基础上提出"教学必须走在发展前面"的明确观点。为此,苏联著名心理学家维果茨基提出了"最近发展区"的观点和主张,他认为"我们能够考虑的不只是今天已经结束的发展过程,不只是已经完成的发展周期,不只是已经完成的成熟的过程,同时也应考虑这样的过程,这个过程正处在形成的状态,刚刚在发展、刚刚在成熟"。① 换言之,以维果茨基为代表的儿童发展和教育理论强调教学的作用,认为在儿童初步了解知识和真正掌握知识之间还要经历相当长的时间,儿童从不知到知的过程是一个内部的心理发展过程,但学前儿童的发展并不是一个自发的过程,更需要有教学,需要有严格的、符合儿童身心发展特点的教学大纲,需要有教师运用发展的教学方法促进儿童的智能发展,因此,教师在儿童的教学中占有主导地位。

在这种理论和观点的影响下,列乌申娜明确提出应重视学前儿童的数学教育。据大量有关早期儿童数学认知发展的研究表明,在一定的教学条件下学前儿童达到了比平常更高的区分颜色、形状、大小等客体特征的水平。儿童在掌握序列中每一个元素大小的相对性(如比前一个大和比后一个小)时,还顺利地掌握了排序。② 心理学的相关研究通过侧面证明了一般5—6岁的正常儿童都能掌握数的概念,并能够从物体的所有其他空间—质量特征中把数量抽象出来,也能够通过观察和比较逐渐发展为对全集与子集、总数与部分数之间从属关系的初步认知。总之,为了更好地促进儿童的数理逻辑智能的发展,数学的早期教育是非常重要且必要的。

2. 儿童早期数学教育的内容、方法和原则

列乌申娜指出,儿童的数学教育内容应当是一个结构完整的知识体系,它应当包括数前的有关集合概念的教学、数概念与计数的教学以及空间与时间概念的教学。一个结构完整的数学知识体系,有利于培养儿童的逻辑概括能力和发现事物之间关系与联系的能力。这种能力的培养,不是仅仅靠停留在经验水平上的概括就能够获得和实现的,它需要在一系列表象水平进而在更抽象的概念水平(符号水平)上的概括才能实现,而这正是数学知识内容的表征形式和特点。因此,数学知识结构的特点、数学教育内容的系统构建,充分体现了以揭示事物规律性联系的知识为核心,将其他的零星知识按层次、系列结合形成完整体系的特点。

确定了数学教育的内容,列乌申娜紧接着提出要寻找有效的教学方法和形式。这些方法和形式主要是:(1)游戏:在数学教学中首先要重视调动儿童的学习兴趣,激发儿童形成良好的参与数学学习活动的动机,因此,通过儿童最接近、最喜爱的游戏形式和手段,将数学的知识和概念在游戏的情境与游戏的情节中得到体现,借助游戏的形式帮助儿童体验和获得

---

① [苏联]列夫·维果茨基.心理学研究选集(俄文版)[M].俄罗斯:俄罗斯联邦教育科学院出版社,1956:448.
② [苏联]A·M·列乌申娜.学前儿童初步数概念的形成[M].曹筱宁,成有信,朴有馨,译.北京:人民教育出版社,1982: 22—23.

相关的数概念。(2)操作:应当充分让儿童活动,与不同的材料进行感知和操作,在儿童动手体验和发现的过程中积累相关的数的经验,为数概念的获得和提炼提供感性经验与前提。(3)小实验:小实验也是促进儿童在感知活动中体验数以及数之间关系的一种有效活动形式,通过小实验,可以增加儿童主动发现问题、解决问题的能力,在体验的过程中进一步促进儿童的思维和认知。

关于数学教育的原则,列乌申娜提出了七条原则:第一,发展的(教育性)原则,此原则强调教学的重要性,强调在掌握知识的过程中发展儿童的思维,培养儿童对数学的兴趣和参与活动的积极性。第二,科学性和联系生活的原则,此原则的科学性意味着选择教材和挑选教学方法时要与教育教学目的相适应,联系生活意味着数学教育的任务是使儿童学会观察与发现周围现实生活中的数量、空间和时间关系。第三,教学的可接受性原则,此原则认为儿童可接受的知识内容和可接受的教学方法是由儿童智力发展水平与特点所决定的,因此,教学应当由易到难、由已知到未知、由简单到复杂、由近及远。第四,直观性原则,此原则要求教学中利用直观的教具,如模型、标本、图解、图表等形式,促进儿童直观思维和逻辑思维的互相联系。第五,教学的系统性、连贯性和掌握知识的巩固性原则,教学的系统性、连贯性原则就是必须在严格的逻辑顺序中安排教育内容,学习数学知识,并培养儿童行动和思维的组织能力、自我监督能力,消除盲目模仿。第六,个别对待的原则,要求在教学中尊重个别差异,正确做到个别对待。第七,掌握知识的自觉性和积极性原则,自觉性原则要求在教育过程中注意感性认识和理性认识的同时,懂得对新知识内容的具体化和概括化,积极性原则要求在教学中始终注意保持儿童的学习积极性。

二、苏联学前儿童数学教育大纲及特点

1984年苏联教育部批准并颁布了新的《幼儿园教育和教学标准大纲》。新大纲反映了之前一二十年间学前儿童教育等学科中的研究成果及对实现80年代提出的"使幼儿教育工作最优化"目标的思想。大纲中有关数学教育的目标和内容主要包括以下几部分。[①]

(一) 小班——发展初步的数学观念

根据物体组包括的数量,形成各组物体数量相等和不相等的观念。

1. 第一季度

数量——教幼儿根据所提供的范例,将某些物体分组。从一组中拿出一个物体;区别"许多"和"一个";找出室内哪些物体有许多、哪种物体只有一个。

大小——教幼儿运用较长些、较短些、一样长(长度相同)、较宽些、较窄些、一样宽(宽度

---

① 林嘉绥,李丹玲.学前儿童数学教育[M].北京:北京师范大学出版社,1994:35—42.

相同)等词汇比较物体的长和宽。在测定物体大小时,一边比较物体的某一指定特征,一边教儿童使用重叠法和并置法。

几何形体——教幼儿区别和说出圆形与正方形;教幼儿通过触觉、运动觉和视觉考察几何图形的方法。

空间定向——教会幼儿区别和说出右手与左手,用右手自左至右地安放物品(玩具)。

时间定向——教幼儿区别和说出白天、黑夜、早晨、晚上等时间观念。

2. 第二季度

数量——教会幼儿根据各组物体所包含的数量区分两组物体数量上的相等与不相等,依次地把一个物体放在另一个物体之上,或者把一个物体放到另一个物体之下,从而教幼儿把一组物体与另一组物体相比较。

教幼儿理解并在语言中运用以下词汇:这么多、那么多、一样多、多些、少些。理解数量问题中"几个"的意义。

大小——教幼儿比较高度和厚度不同或相同的物体,用词表示比较的结果,如高些、矮些、一样高(同样高),厚些、薄些、一样厚(同样厚)。

教会幼儿利用重叠法和并置法比较物体的长和宽。在确定物体大小时,按指定的一个特征比较物体。

几何形体——教会幼儿区别和说出下列几何图形:圆形、正方形、三角形;教他们通过触觉、运动觉和视觉认识几何图形的方法。

空间定向——教幼儿从自身出发来确定方向:向前(在前面)、向后(在后面)、向右(在右面)、向左(在左面)、向上(在上面)、向下(在下面)。

时间定向——继续教幼儿区别白天、黑夜、早晨、晚上,并说出这些时间的名称。

3. 第三季度

数量——教会幼儿利用重叠法和并置法确定两组物体在数量上的相等与不相等。理解关于数量问题的意思并作出正确回答。

大小——教会幼儿使用大些、小些、一样大(同样大小)等词汇比较物体(不同尺寸的和同样尺寸的)大小;运用重叠法与并置法比较物体的长短、宽窄、高低、厚薄。

几何形体——练习区分熟悉的几何图形并说出它们的名称:圆形、正方形、三角形。

空间定向——教给幼儿从自身出发的空间定向方法:向前、向后、向左、向右、向上、向下。

时间定向——培养幼儿区别一昼夜的各段时间(早晨、晚上、白天、黑夜),并说出这些时间名称的能力。

4. 第四季度

在第四季度不进行数学作业。在日常生活中(在游戏中,在练习中,在散步时),巩固幼儿在作业中已获得的知识和技能。

（二）中班——发展初步的数学观念

形成关于 5 以内数的观念。

1. 第一季度

数量和计数——教幼儿利用正确的方法，计数数量在 3 以内的物体。指着排成一列的物体按顺序说出数词。使数词的性、数、格与名词相一致。知道最后一个数词代表整组物体的总数量（如一共 3 个球）。认识 5 以内的数字。

练习比较两组物体的数量（如"1，2，一共 2 个蘑菇""1，2，3，一共 3 只小兔""3 个多些，而 2 个少些"）。教幼儿给数量少的一组物体补上不足数量的物体（或者从多的一组物体中取出多余数量的物体），使两组物体之间的数量相同（如"这里有 3 根胡萝卜，这里有 3 只蘑菇，胡萝卜和蘑菇一样多"）。

大小——继续用一个放在另一个上面的方法教幼儿比较物体的长、宽、高。

几何形体——训练幼儿区别圆形、正方形、三角形的物体。向幼儿介绍长方形，教他们区别和说出几何图形：长方形、正方形、三角形、圆形。

空间定向——继续教幼儿确认方向：向前、向后、向上、向下、向左、向右。

时间定向——明确关于一昼夜的几部分时间的观念：白天、黑夜、早晨、晚上。

2. 第二季度

数量和计数——教幼儿利用正确的方法，数 5 个以内的物体。指着排成一列的物体，按顺序说出数词。数字的性、数、格与名词相一致。知道最后一个数词代表整组物体的总数量（如共 4 个球）。认识 5 以内的数字。

教 5 以内的序数。区别基数词和序数词，正确地回答问题："一共有多少个？第几个？按次序是哪一个？"

练习比较两组物体（如"1，2，3，一共 3 个蘑菇""1，2，3，4，一共 4 只小兔""4 只多些，而 3 只少些"）。教幼儿给较少的那组物体补上不足数量的物体（或者从较多的组里取走多出的物体），使两组物体之间的数量相等（如"这里有 5 根胡萝卜，这里有 5 个蘑菇，胡萝卜和蘑菇数量一样多"）。

教幼儿按样本或指定的数目计数物体（如"数出和我的盘子一样多的勺子""这张图片上有多少个杯子，你就数出多少个蘑菇，再把它们拿来""数出 3 只鸭子、5 只鸭子"）。

大小——教幼儿借助第三个物体（假定的尺寸），比较两个物体。

几何形体——教幼儿区别立体图形并说出其名称：立方体、球体、圆柱体。训练幼儿通过触觉和视觉考察物体的形状。

空间定向——教幼儿用词标出这个或那个物体和自身相对的空间位置（如前面是桌子，后面是衣柜；右边是门，左边是窗；上面是天花板，下面是地板；远处是墙壁，近处是椅子）。

时间定向——教幼儿区分"昨天、今天、明天"的概念,并正确使用这些词汇。

3. 第三季度

数量和计数——教会幼儿数 5 个以内的物体,教会他们确定几组处于不同距离或不同大小、不同放置方式的物体在数量上的相等或不相等。

大小——教幼儿借助第三个物体(假定的尺寸),比较两个物体。教他们把物体按长、宽、高逐渐增加或逐渐减少的次序排列(如最宽的、窄些、更窄些、最窄)。

几何形体——形成关于几何形体可以有大小的观念(如大圆、小圆、小圆柱体、大圆柱体等)。

空间定向——教幼儿向指定的方向走(如向前、向后,向左,向右,向上、向下)。

时间定向——教会使用"昨天、今天、明天"等词汇。以具体例子揭示"快""慢"的观念。

4. 第四季度

不进行数学教学作业。

在幼儿的日常生活中(在游戏中,在练习中,在散步时),巩固他们已获得的知识和技能。

(三)大班——发展初步的数学观念

形成 10 以内数的观念和 10 以内序数之间关系的观念。

1. 第一季度

数量和计数——在多种操作和借助假定的尺寸测量的基础上,形成关于 7 以内的数的观念,在 7 以内计数。区别和说出 0—7 的数字。教 7 以内的序数,区别基数和序数。培养正确回答几个、第几个等问题的能力。

大小——教幼儿借助假定尺寸确定物体的大小(如长、宽、高),液体及颗粒体的体积。

几何形体——教幼儿区别和说出椭圆和圆。练习区别和说出几何图形的名称(如正方形、圆形、三角形、长方形)和几何体的名称(如球体、立方体、圆柱体)。

空间定向——巩固和深化空间观念(如在左面、在右面,在上面、在下面,在前面、在后面,远、近)。

时间定向——巩固和深化时间观念(如白天、黑夜、早上、晚上、昨天、今天、明天)。

2. 第二季度

数量和计数——形成 10 以内数的观念。继续教幼儿 10 以内的计数。区别 10 以内的数字,比较 10 以内的序数词。教幼儿如何使不相等变成相等(如 8 比 7 多,如果 7 加上 1,那就是 8,就一样了;7 比 8 少,这里少一个 1,从 8 里减去 1,那么两个数都是 7,就一样了)。练习区分 10 以内的基数和序数。

大小——教幼儿找出相当于假定标准(尺寸)的物体的那部分,确定被测量的客体等于假定标准的几倍。

几何形体——给幼儿关于四边形及其特征的观念:四个角、四条边(以各种类型的四边形为例)。

空间定向——教幼儿判定所指定的方向,按给予的条件确定自己所处的地点(如要这样站:使你的左边有个娃娃,前面有辆汽车)。

时间定向——教幼儿依次说出一周7日的名称。

3. 第三季度

数量和计数——练习10以内的计数。教幼儿区别和说出10以内的数字。形成数量的多少不依赖物体大小、物体之间的距离、物体的空间位置和计数物体的方向(从左向右或从右向左)的观念。

大小——教会幼儿借助约定标准测量和比较几何体的大小、颗粒体和液体的体积;教他们按物体的长、宽、高、厚和程度逐步增加及减少的方法排列物体(如最宽、窄些、再窄些……最窄)。

几何形体——教会幼儿在物体中看出几何形体(如球、西瓜——球体;盘子、碟子——圆形;桌面、墙、地板——长方形;手帕——正方形;三角头巾——三角形;茶杯——圆柱体等)。

空间定向——教会幼儿用言语判断某一物体相对另一物体的位置(如在娃娃的右面是兔子,娃娃的左面是马)。形成空间定向的技能,行走、跑步时改变运动方向的技能。

时间定向——教会幼儿确定昨天是星期几,今天是星期几,明天将是星期几。

4. 第四季度

不进行数学教学作业。在幼儿的日常生活中(在游戏中,在练习中,在散步时),巩固他们已获得的知识和技能。

(四)苏联学前儿童数学教育大纲的特点

从以上这份苏联的数学教育大纲中可以看出,大纲将学前儿童的数学教育定位在"发展幼儿初步的数字观念"这一核心上,从不同的年龄阶段层次(小班、中班、大班)着手,以时间单位为顺序,涵盖了数概念发展中有关数量、大小、几何形体、空间和时间定向等各个方面,大纲的编排体现了循序渐进、由浅入深、系统可行的特点。具体表现在以下方面。

1. 逻辑结构严密,层次分明。

大纲的编排结构层次分明,按纵、横向交错的结构来分布教育教学内容。从纵向结构上,体现出小班、中班、大班不同阶段教育内容要求的层级性、递进性;从横向结构上,包含了儿童数概念发展的五大方面,且每一个方面的内容都有承前启后、衔接巩固的特点,使每个年龄段的教育教学在确立重点内容的基础上,也有与前、后教育内容上的自然衔接和复习巩固。

2. 体现和尊重幼儿的年龄差异，注重发展性。

在这份大纲中，每个年龄阶段都有一个"促进幼儿初步发展数字观念"的关键性重点，如小班提出的是"根据物体组包括的数量，形成各组物体数量相等和不相等的观念"；中班是"形成关于 5 以内数的观念"；大班是"形成 10 以内数的观念和 10 以内序数之间关系的观念"。这些重点的制定充分体现了该年龄段幼儿的认识水平和思维发展特点。小班幼儿尚未发展起确切的数的观念，因而把重点放在数前的相关教育——集合间相等与不相等的比较、分类、区别"1 和许多"等。而从中班幼儿 5 以内的数的观念发展至大班幼儿 10 以内数的观念的教育；从小班幼儿认识圆形、三角形、正方形到中班认识长方形等，再到大班教给幼儿关于四边形的特征（四条边、四个角）等，都既体现了"量"上的递增，也反映了注重儿童认识水平和思维的发展性的特点。

第二节　皮亚杰的儿童数学学习研究与建构主义数学教育

皮亚杰是瑞士当代著名心理学家，毕生从事认识发展的跨学科研究。作为一名发生认识论的开创者，他的研究多涉及儿童期的概念获得和认识发生，尤其是在儿童物理知识和逻辑数理知识习得方面的研究给后人留下了宝贵的经验和成果，他的理论和研究不仅在国际心理学界引起高度重视，也在教育界产生了广泛的影响。

皮亚杰对儿童逻辑和数学概念发展的研究在其理论中占有重要地位，他系统地研究了儿童的逻辑发展、数概念、守恒概念、空间与时间概念等的发生发展，对儿童是如何获得这些概念的过程和特点作出了详尽的心理分析，并说明了影响儿童概念获得的因素。他有关数学概念的研究主要集中反映在以下五部著作中——《儿童的数的概念》（1952 年）、《儿童的几何概念》（1960 年）、《儿童的空间概念》（1956 年）、《儿童的时间概念》（1969 年）、《儿童的机遇观念的来源》（1975 年）。以下将对其理论要点和主要研究作简单介绍。

一、皮亚杰理论的基本要点

（一）关于知识的建构

皮亚杰创立的发生认识论是研究认识的发生和发展过程、结构及其心理起源的理论，其本质可以理解为是一种知识的建构理论。关于知识的建构，皮亚杰反对经验论和唯理论，他认为认识的发生、知识的建构是一种基于主、客体相互作用的过程，它是以相互作用的动作和活动作为认识的起点的。皮亚杰认为，儿童是以几个与生俱来的基本结构为起点，开始与他的环境相互作用，从而构建起这些结构并发展出新的结构的，这是一个能动的建构过程。知识不是从环境中被动地吸收的，也不是预先在儿童的头脑中形成并随着儿童的成熟随时出现的，而是由儿童通过他的心理结构与环境之间的相互作用构建起来的。知识建构的过程也就是智力发展的过程。皮亚杰强调，除了遗传本能行为外，认识的发生和知识的获得主要来自两类经验，即物理经验和逻辑数理经验。其中，物理经验的获得依赖于主体的个别动作，被皮亚杰称之为"简单抽象"；逻辑数理经验的获得则依赖作用于物体的一系列动作以及动作之间的协调，被皮亚杰称之为"反省抽象"。

（二）关于认知发展的过程和阶段

皮亚杰认为，生命是一种"由简单形态向复杂形态的不断创造的过程，也就是有机体与环境间实现各种不同形态的、向前推进的平衡过程"，[①]因此，智力发展的根本是个体对外界的不断适应。人的认知发展实际上就是一个由平衡到不平衡再到平衡的、连续不断的均衡发展的过程，这个平衡化过程是以同化和顺应为机制的自我调节的过程。当有机体遇到新的刺激时，总是以其原有的图式去同化外部刺激，若获得成功，则达到一种暂时的平衡；若原有的图式无法同化，则需要改变其原有的图式或重新建构新的图式以顺应外界刺激，达到一种新的平衡。这种平衡间的连续不断发展的过程就是整个认知发展的过程。

在皮亚杰的认知发展理论中，"平衡及平衡化过程"是一个重要的概念和术语，而另一个重要的术语就是图式（Schema）。所谓图式，从一般意义上来说，就是任何心理发展阶段的结构。皮亚杰认为，图式是人类认识事物的基础，是认知结构的起点和核心，正是图式的形成和变化才使认知不断地由低级向高级发展。

对于认知连续不断的发展过程，皮亚杰将其概括为四个阶段：(1)感知—运动阶段(0—2岁)，它是感觉输入和协调躯体动作时期，这一时期的婴儿通过积极地寻求刺激，将最初的反射结合成可重复的动作模式。虽然在这个阶段的后期，儿童也会出现一种"动作逻辑"，但由于语言尚未发展起来，加之象征功能的缺乏，这种结构和智力往往还是前言语的，表象或思维的中介作用还未启用。(2)前运算阶段(2—7岁)，被称为再现和前逻辑思维时期，这一时期的儿童开始出现模仿，开始运用象征符号，在他们的头脑中能够把两个事物建立一定的联系，通过象征性游戏，借助表象和语言的发展，这一阶段的儿童表现出早期的思维，但由于占主导的是再现和口头语言，因此，儿童的逻辑思维不可避免地带有局限性，缺乏某种灵活性，主要表现在三个方面：一是不能在头脑中颠倒身体动作，使物体恢复原状，即表现出思维的不可逆性；二是不能在头脑中同时保持两维的变化，即在研究客体时头脑中不能同时保持两个以上的变量，即表现出思维的中心化特点；三是不能考虑他人的观点，即表现出思维的自

[①] 左任侠,李其维.皮亚杰发生认识论文选[M].上海:华东师范大学出版社,1991:2.

我中心倾向。(3)具体运算阶段(7—11岁),是具体的逻辑思维时期。这一时期儿童的思维已经表现出与实物有关的逻辑思维,其标志是儿童的思维具有可逆性、守恒性、灵活性和去中心化的特点,儿童已具备了明确的数目、分类和序列等概念。(4)形式运算阶段(11—15岁),被称为无限制的逻辑思维时期,这个时期儿童的思维不再受具体事物的局限,获得形式思维,使儿童能通过命题、假设和词语陈述等进行逻辑推理,能充分理解符号的抽象,即能超出具体现实进行抽象思维。

二、关于儿童数概念发展的研究

(一) 关于守恒与数概念发展

1. 守恒与守恒概念的发展

在20世纪70年代,绝大多数有关儿童数概念发展方面的研究几乎都和皮亚杰的研究有直接的关系,其中不乏对其研究的重复和验证,可见皮亚杰关于儿童数学的研究所产生的广泛影响。而在其关于儿童数学方面的研究中,涉及儿童的逻辑、数量、几何、空间、时间等相关概念,其中有关"守恒"的概念以及儿童守恒概念发展方面的研究极具经典性、开创性。

守恒,是指个体能够不因物体的外在形状的变化或空间位置的改变而正确地感知物体的数、量、形。皮亚杰应用实验法、临床法在大量的儿童身上进行有关守恒概念的研究,其中对于数量的守恒,皮亚杰做了一个经典实验,即向儿童出示红、蓝两排同样数量的铜板并一一对应排放,要求儿童比较它们的多少以后,主试将两排铜板的排放位置稍作改变,将蓝色的铜板排得密集些,将红色的铜板排得放宽、拉长,然后问儿童两排铜板哪个多?哪个少?通过对不同年龄的被试儿童的测验结果的归纳,皮亚杰将儿童的守恒概念发展概括为三个阶段或三种水平:阶段一的儿童一般在4岁以下;阶段二的儿童在4—5岁,他们都处于前守恒水平,即会受到铜板空间排列位置的视觉影响,不能正确地意识到铜板数量的多少;阶段三的儿童一般在5—6岁甚至更年长些,他们已经达到了一种守恒水平,即能够不受外部干扰因素的影响正确地判定数量的多少。有趣的是,皮亚杰在临床法的实验进行中,在与儿童的交流中发现,若4—5岁的儿童回答"不一样多"后,在儿童面前演示将一排红色的铜板拉长、再缩回原位、再拉长的一个过程时,有些儿童会回答出"它们是一样的",皮亚杰把儿童的这种水平归纳为从阶段二向阶段三的过渡水平。皮亚杰认为,儿童守恒概念的掌握有三个标志。(1)恒同性(Identity),即能意识到红、蓝铜板的数量实际是一样的,如有的儿童在皮亚杰向儿童提出反问的时候能够给出正确的回答:"因为没有拿走任何一个,只是蓝的长度被压得紧一些……"(2)可逆性(Reversibility),即在回答"为什么红、蓝铜板的数量是一样的"这一问题时,儿童能够答出:"可以让蓝的再回到原来的样子,所以红的和蓝的铜板是一样的,没有多和少。"(3)补偿性(Compensation),即在回答"为什么红、蓝铜板的数量是一样的"这一问题时,儿童能够正确答出:"虽然红的看起来长,但是这是因为红的之间的位置比较大,它们的数目还是相同的。"从儿童的回答中可以判断出他们是否确切地意识到了数量比较中的恒同性、可逆性和补偿性。

2. 数概念与运算

在关于数概念的研究中,皮亚杰揭示了儿童对数的理解中所依靠的若干逻辑观念。他认为儿童的数概念起始于对物体的动作,逻辑数理知识要求心理活动和身体活动的协调,逻辑观念不可能直接由言语来传达,它必须由儿童通过自己对客体的动作来感知和建立。因此,儿童数概念的发生发展离不开对客体的动作操作。口头数数是儿童最早学到的关于数的概念之一,而对于数字,应当让儿童明确的是,一个数字不只是一个名称,它是事物与事物之间的一种相互关系,这种关系表明了它在一个次序中的位置,表示一组物体中包括多少物体。不管在空间上如何重新安排,它都是稳定的。而这种关系不存在于实际的物体之中,它是抽象的,是超出物质现实的。关于数概念的获得,皮亚杰认为:"假定幼儿只是从教学中获得数概念和其他数学概念,那是一种极大的错误。相反,在相当程度上,幼儿是自己独立地、自发地发展起这些观念和概念的……"①

皮亚杰的认知运算结构理论是其儿童数学能力发展理论中的一个重要部分,他认为儿童的认知运算结构正是他们数概念发展的基础,儿童在不同的年龄阶段具有不同的认知运算结构,认知结构水平制约着学习经验,可能对儿童数概念发展产生影响。因而,皮亚杰认为"数的建构和逻辑的发展是联系在一起的,前数水平阶段和前逻辑水平是相对应的,数学运算和逻辑思维因而组成了一个系统,数学运算来自逻辑思维的概括和整合"。②

皮亚杰对逻辑思维与数概念发展的紧密关系的论述还表现在对"心理运算"在数学上的特殊意义。皮亚杰认为,运算是知识的本质,它是一种内化了的改变外物的动作,而在数学中,这种运算有着特殊的含义:③运算是一种可以内化的动作,也就是说,它可以在外部物质上进行,也可以在内部思维中进行;运算是可逆的,它有两种类型,一种是反演的或否定的,如 $1-1=0$,另一种是互反的,如 $A=B$,则 $B=A$;一个运算总假定某些守恒性不变的存在,如在加法中,改变组合的加数的方式其总数结果不变,$4+3=5+2$;一个运算不能单独存在,因为它只是一个大的结构或运算系统的一部分,例如整数运算,它包括许多数学结构,如加法群以及结合性、交换性、传递性和封闭性等法则。因此,皮亚杰认为,运算的结构是人类自然的心理实体,它是认知和概念发展的基础。

---

① 朱家雄,张萍萍,杨玲.皮亚杰理论在早期教育中的运用[M].上海:世界图书出版公司,1998:141.
② Jean Piaget. The child's conception of number[M]. New York: W. W. Norton & Company, 1965.
③ [美]R·W·柯普兰.儿童怎样学习数学——皮亚杰研究的教育含义[M].李其维,康清镳,译.上海:上海教育出版社,1985:34.

(二) 关于空间与时间概念的发展

对于儿童的空间概念发展,在《儿童的空间概念》一书中,皮亚杰明确提出了"儿童最早的空间概念是拓扑性质的"这一观点。所谓拓扑,是一个几何学上的概念,它是针对欧几里得几何(标准几何)而言的,即图形在形状上不是刚性的或固定不变的,而是可以伸展或压缩成不同形状的,所以也把它称为"橡皮几何"。在"拓扑几何"中,图形没有曲直之分,而只有封闭和开放之分,像正方形、圆形、三角形等封闭图形几乎都是等价的,这也就是为什么要求一个2—3岁的幼儿画圆形、三角形或正方形时,他们画出来的图形是没有区分度的,都只是一个封闭的图形而已。皮亚杰认为,儿童在掌握了拓扑关系以后,还要经过一段相当长的时间,才能发展形成欧氏几何与投影几何的概念。[①] 拓扑数学中,存在着各种关系:邻近关系、分离关系、次序关系、包围关系等,对于这些关系的理解,低龄幼儿往往有困难,成人可以利用生活中相关的一些事件或现象帮助他们感知,也可以通过画画的方式让他们在视觉形象上加强直观的感受。对于各种拓扑关系,皮亚杰设计了一系列实验来研究儿童对各关系是如何理解的以及其理解的程度,从中发现各年龄段儿童的感知特点和困难所在。同时,皮亚杰也进行了儿童对空间形体表征能力方面的考察和研究,发现在认识和表征欧氏几何图形的过程中,儿童随年龄的增长在曲直线的区分、边角的感知、图形的再认等方面都有所进步和提高。皮亚杰的研究结果为我们的教学提供了启示:通过操作、摆弄等方式让儿童认识几何图形,而不是单纯依靠视觉判断和名称记忆;提供多种变式的几何图形给儿童感知;对相近或类似的几何图形进行比较;采用画画等方式观察儿童对图形的表征及表征特点。在《儿童的时间概念》一书中,皮亚杰论述了学前儿童时间概念发展的特点以及有关儿童时间概念发展的实验研究。皮亚杰认为,对时间概念的理解必须看儿童是否能够应用次序关系和绵延关系来协调两种运动。为此,皮亚杰设计了一个经典的实验:在两个容积相同的玻璃瓶Ⅰ和瓶Ⅱ中注入有颜色的水(如图3-1),每隔规定的时间,让一定量的水从瓶Ⅰ流入瓶Ⅱ。给儿童6至8张图纸,上面印有瓶Ⅰ和瓶Ⅱ的画面,要求儿童在每次水流动后记下每个瓶中水面的位置;把图片打乱,再要求按照次序排好;把剪开的瓶Ⅰ和瓶Ⅱ图纸次序打乱后,给瓶Ⅰ的图纸找到相对应的瓶Ⅱ图纸进行配对排列。在整个实验任务的完成过程中,可以记录学前儿童对时间的次序关系和绵延关系协调运动的理解。在此,次序关系是指能够把瓶Ⅰ各图和瓶Ⅱ各图依序加以排列,形成一种"共进序列"(皮亚杰认为它是时间的本质);绵延关系是指能够理解水从瓶Ⅰ中的一个标记到下一个标记所经过的时间是否与瓶Ⅱ中的一个标记到下一个标记所经过的时间相同,而儿童完成上述任务就标志着对两种运动的时间先后次序和时间

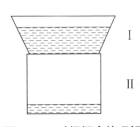

图 3-1 时间概念的理解

[①] Jean Piaget. How Children Form Mathematical Concepts[J]. Scientific American, 1953,189(5):74—49.

的绵延有了运算理解。除了有关时间概念理解的实验外,皮亚杰还设计了一系列其他实验来研究学前儿童在时间概念理解上的特点,并且得出了他们存在的共性特点:容易受知觉影响,将空间与时间混淆;容易受生活经验和具体事件的影响,表现出主观、含糊的特点等。

三、建构主义数学教育的基本主张

在逻辑数理概念的获得中,皮亚杰认为,认知发展是个体在环境中为解决认知上的不平衡或冲突,经过同化或顺应两种功能以建立一个新的认知结构的过程,逻辑数理知识既非存在于物体本身也非存在于主体的,而是主体在两者间复杂的交互作用过程中的一个自我建构。与皮亚杰一样持有建构主义理论的心理学家还有布鲁纳、第纳斯、狄恩斯等,其中:布鲁纳强调发现学习以及学习过程中理解的作用,并把概念的理解划分为三种层次——操作活动层次、映像层次、符号层次,提出在学习数学概念的习得中,应当遵循建构原理、符号原理、比较和变式原理以及关联原理;第纳斯的数学学习主张强调学习者的经验,让儿童通过游戏或实验得到经验,再通过顿悟与理解将经验整理成一个有意义的整体,最后加以练习和应用;而狄恩斯则认为,操作实物活动是儿童学习数学所必不可少的,并认为要真正理解一个新概念应涉及三个顺序阶段——自由游戏阶段、结构性经验阶段和再运用阶段,为此,他发明了多层算术积木,根据动态的原则,在自由游戏阶段儿童可无结构性地探索玩具,在结构性经验阶段进行建构式的思考,在再运用阶段则达到了一种分析性思考的程度。

可见,以皮亚杰为先锋的建构主义认为,数学究其本质是一种关系,是超出事物之外的抽象,数理逻辑概念不可能通过传递的方式复制给儿童,而是需要儿童通过自己与外界环境和材料的作用才能在经验感知的基础上得以建构。概括地说,建构主义数学教育的基本主张可以包含以下几方面。

(一) 提供实物操作

皮亚杰认为,动作是智慧发展的源泉,是联系主客体的桥梁,任何知识都发源于动作,因此,建构主义的数学教育主张在数学活动中提供一定的实物材料,创设相应的环境。通过儿童自身的实践,以作用于物体动作足够的经验和体验为基础,借助被操作的物体获得经验,并从类似的多种经验中提升概括,逐步建构起抽象的数学概念。皮亚杰曾经为教师提出三条相互关联的建议:①为儿童提供实物,让儿童自己动手去操作;帮助儿童发展提出问题的技能;教师应该懂得为什么运算对于儿童来说是困难的。在三条建议中,皮亚杰首先强调的就是数学学习中的实物操作过程,因为正是这些操作活动蕴含并渗透了大量的数学思想,儿童可以通过验证性的操作、探索性的操作和创造性的操作等形式在反复体验实物及材料的前

---

① 朱家雄,张萍萍,杨玲.皮亚杰理论在早期教育中的运用[M].上海:世界图书出版公司,1998:2.

提下建构起数的相关概念。

(二) 注重概念建构的过程

数学是一门抽象性、逻辑性很强的学科，儿童对逻辑数理知识的掌握不是来自被操作的对象本身，而是来自儿童的行动以及这些行动的协调。换言之，数概念的建构必须通过儿童主动活动的过程。从建构主义的观点出发，概念的获得不是一个"给予—吸收"的过程，而是学习者在适宜的环境下主动建构的过程。皮亚杰认为数学学习是原有认知结构与新知识之间联系的过程，在此过程中可以分为四个连续的阶段：输入阶段，即创设学习情境，提供给儿童新的学习内容；相互作用阶段，即原有认知结构与新知识之间的相互作用（表现为同化或顺应的形式）；操作阶段，即在上一阶段的基础上通过联系形成新的数学认知结构；输出阶段，即通过解决数学问题，使初步形成的新的认知结构达到巩固和完善。此四个阶段的关键在于原有认知结构与新知识之间建立联系的过程，也正是儿童逻辑数理概念主动建构的过程。

(三) 强调学习过程中的理解与顿悟

建构主义的数学教育在强调有意义操作的同时，还强调必须帮助儿童发展强有力的思考方法和思考工具，包括深刻的自我反省和对学习思维模式的理解。在这里必须指出，由于数学知识本身具有严谨的逻辑性和高度的抽象性、概括性，因此，在数学学习中，教师对儿童思维的激发和启发、儿童对知识的理解和经验的迁移都需要以儿童的理解与顿悟为前提。所谓理解，是指符号所代表的数学知识与儿童头脑中已有的知识建立实质性的联系；而顿悟是指在结构性思考中借助经验建构起概念即新知识的过程。数学学习必须重视儿童在学习过程中进行的探究、思考、发现和迁移等行为；必须重视原有认知水平与新知识之间的冲突和相互作用；必须重视对儿童顿悟潜能的培养。

第三节 蒙台梭利与蒙台梭利课程中的数学教育

玛丽亚·蒙台梭利是意大利著名教育家，也是世界最著名的学前教育家之一。她最初从事的是针对有身心缺陷儿童的治疗工作，后逐渐转向对低能儿童教育问题的研究。自1907年在罗马贫民区建立了第一所针对3—6岁儿童教育的"儿童之家"后，蒙台梭利开始了对学前教育的实践和研究。在"儿童之家"的教育实践中，蒙台梭利的教育观点和主张逐渐发展完善，并逐步制定了整套教材、教具和方法，创立了蒙台梭利教育法。1909年，随着她的专著《适用于儿童之家的幼儿科学教育方法》的问世，蒙台梭利新颖的教育观念和独创的教学模式也在世界范围内推广开来。

蒙台梭利对儿童以及他们的生活和学习进行了长期的、深入的观察和研究,指出了儿童发展的一些本质的特征,试图揭示出儿童的教育和发展之间的关系,为我们指明教育的目标、方法,并提供了一系列具体的教学措施。蒙台梭利教育思想对20世纪世界范围的教育产生了深远的影响。

一、蒙台梭利数学教育的基本思想

蒙台梭利的数学教育秉承了她的基本教育思想和方法,主张遵循自由教育、自我教育以及环境、感官教育、与教师相结合的教育原则,通过为儿童创设"有准备的环境",引导儿童按照自己的兴趣、需要和能力等选择适合的工作材料进行自由活动、自我作业。儿童从环境中获得独立工作、自主发展的机会,而教师则在观察儿童工作的基础上了解儿童的发展水平、兴趣和需要,从而协助儿童达到自我感官教育的目的。

蒙台梭利认为儿童本身具有一种吸收知识的自然能力,即所谓的"吸收性心智",他们"从周围环境中吸收各种信息,并将他们纳入自身"。[①] 由于儿童具有这种特质,蒙台梭利提倡在儿童的心理具有"吸收性"的时候,尽量为他们提供有准备的环境,促进他们的发展。这种有准备的学习环境既包括物理环境,也包括人文环境。

为儿童创造"有准备的环境是为了让儿童通过成功地操作和重复简单的工作,获得一种自我感觉、自我控制感以及对环境的掌握感"。[②] 而所谓的"简单工作"便是用蒙台梭利的方法操作学习材料,因此,丰富的工作材料成为有准备的环境中重要的组成部分。换言之,蒙台梭利的课程就是儿童操作教具的过程。

数学教育是蒙台梭利教学体系中初步知识教育的一部分。蒙台梭利认为对儿童进行初步知识的教育,应该遵循三个原则:一是教师的解说示范必须简单明了;二是教材要单纯;三是要通过实物,让儿童能看见和触摸。蒙台梭利认为数概念不是自然所赋予的,也不是教师所授予的,而是由操作教诲性的工作材料建构而成的,儿童只有通过手脑的实际活动与操作才能发展其数学心智。在蒙台梭利的数学教育课程中,无论从教学方法的使用,还是从教育内容、教具的设计上,都遵循和体现了这三条基本原则。其特色在于把抽象的数学逻辑思维变成大量可进行实物操作的具体活动,让儿童在动手操作的过程中发现和认识各种数学知识与原理,从而帮助儿童奠定稳固的数理基础和逻辑数理思维模式。

蒙台梭利的数学教育以帮助幼儿积累数学经验,形成初步的数学概念,掌握简单的数学运算为直接目的,从而促进幼儿的数学学习,其最终目的是激发幼儿学习数学的兴趣、培养

[①] Jaipavl L Roopnarine, James E Johnson. Approaches to Early Childhood Education (3rd ed.) [M]. NJ: Prentice Hall, 2000:191—220.
[②] 曹东. 蒙台梭利教育法在中国的实践与改革[D]. 济南:山东师范大学,2006:13.

其良好的学习品质、促进其逻辑思维能力与抽象判断等相关数学能力的发展。

二、蒙台梭利数学教育的内容和方法

蒙台梭利数学教育涵盖了算术、代数、几何三大方面的数学内容,其中又以数和量的认识、基本的四则运算为主要内容。具体包括以下两个阶段的数学教育。

(一) 数前教育内容

数前教育是数学教育的准备阶段,蒙台梭利将感官教育作为数学教育的基础。

蒙台梭利认为,数字是抽象的符号,数学是抽象的学科,要使幼儿学好数学必须使其具备相当丰富的感觉经验以培养逻辑思考的能力。在引导儿童认识数量以前,先要使他们掌握未被数值化的量(即没有单位的大小、重量、长度、多少等),通过感觉器官发现并清楚地了解物体属性的要素与关系,而操作感官教具可以使儿童不断地积累这些方面的感觉经验。儿童通过自己的操作和探索,逐渐从具体事物中抽象出初步的数概念,揭示与之有关的数学现象和原理,从而能动地发展和建构数学关系。感官教育中的"配对"(Pairing)、"等级"(Grading)、"分类"(Sorting)这三种基本操作是数学教育的预备课程,通过这些基本练习可以培养儿童明确事物或现象之间关系的能力。例如,儿童可以借助感官教育中的圆柱体组、视觉教具组、彩色圆柱体组等来进行分类活动,从而学习辨别物体的"相似性";而粉红塔、棕色梯与长棒等可以让儿童通过"比较"的练习来辨别物体在量的方面的差异和对比程度等。

数前教育的具体内容包括观察与描述、比较、分类、排列、一一对应、相等化、组合与分解、背诵式计数等,其目的是培养儿童初步的逻辑数理能力。与活动相关的教具有:插座圆柱体组、粉红塔、棕色梯、长棒、彩色圆柱体、几何图形嵌板、色板、构成三角形、分数小人及其他教具。[①]

(二) 数学教育内容

数学教育活动内容包括合理性计数,数的集合概念的形成,比较数的多少,建立数名、数量、数字统一的概念,了解 0 到 10 的基数的真正含义,学习 10 的合成,了解个位、十位、百位、千位数的表示方法,学会简单的加法、减法运算,学习记忆性计算(心算)等,其目的是使幼儿形成数概念,培养数的初步运算能力。[②]

以感官教育为基础,将感官教育的内容与数学教育相结合,可以说是蒙台梭利数学教育的经典内容和特色之处。数前练习时利用感觉教具进行序列、对应、分类的组合与分解的操

[①] 钱继芳.蒙台梭利幼儿数学教育[M].上海:上海第二军医大学出版社,2004:6.
[②] 钱继芳.蒙台梭利幼儿数字教育[M].上海:上海第二军医大学出版社,2004:6.

作。数量概念的基本练习是利用数棒、砂数字板、纺锤棒箱等进行的数量对应练习。十进位法(Ⅰ)、十进位法(ⅠⅠ)及十进位法(ⅠⅠⅠ)的并行练习都是利用教具进行的进一步的数概念练习。这一系列根据儿童数学思维发展特点而精心设计的循序渐进的教育内容,具有很强的连贯性和针对性,充分满足了儿童成长发展的需要。

(三) 数学教育方法

蒙台梭利数学教育主要使用的是其中的"三阶段教学"。"三阶段教学"是用来指导儿童将实物与其名称建立联系的一种方法,主要采用教师与儿童对话的形式。蒙台梭利认为,为了让儿童将得到的概念运用到现实生活中,使儿童更能适应周围环境,将认知与语言相结合是必要的。① 通过"三阶段教学法",教师使用形象、简洁、易于理解的数学语言来帮助儿童进行数学练习和语言练习,协助他们掌握基础的数学概念,理解数学语言,培养科学的数学思维方式。

"三段式教学"要求教师先选择三种要向儿童介绍的不同教具。首先要向儿童呈现三种教具,协助儿童将实物的名称和已有的经验结合;第二步是让儿童再认识三种教具,辨认并找出与名称对应的实物,并说出它们的名称,使儿童能够将实物同它们的名称统一起来;第三步则是让儿童通过自己的动手操作,对教师介绍的教具有概念性的认识,并记忆名称与实物,在教师的帮助下回忆名称与实物之间的对应关系。以数棒的教学为例(首先将数棒1、数棒2、数棒3与其他数棒分开):

第一阶段:"这是1、2、3。"并拿起数棒1、2、3,用手感知数量的不同。

第二阶段:"请问哪个是1、2、3?"用手示意儿童指出并说出。

第三阶段:用手指着数棒1、2、3,问:"请问这是几?"

三、蒙台梭利数学教育的教具

蒙台梭利数学教育的最大特点就是把抽象的数学逻辑思维变成了大量可操作的具体材料,并通过作业活动,对难以理解的数学加以分析,最后再加以整合,这是一个由简单到复杂、由具体到抽象的发展过程。基于此,蒙台梭利发明了一套科学的数学教具,并通过这套教具给予儿童科学性的刺激,促进儿童的心理成长。

蒙台梭利数学教育中所设计的工作材料是以"十进制"原理为中心的,都体现了一定的数学概念,并且遵循了从简到繁的数学学科规律性和系统性。通过这些教具,儿童可以认识10以内的数字,形成初步的数概念,然后进行10以内的四则运算,培养初步的计算能力。另外还有一些帮助儿童学习较高水平计算方法,如学习十、百、千位数的计算,建立平方、立方

---

① Maria Montessori. The Discovery of the Child[M]. Translated by Joseph Costlloe, New York: Ballantine Bookes, 1972:106.

的概念等的复杂教具。

蒙台梭利数学教育的教具中,帮助儿童认识数字的数棒、纺锤棒箱以及帮助儿童学习"十进位制"的金黄色串珠是比较能够体现蒙台梭利数学教具的设计思想的。

数棒是由10根截面是正方形的木棒组成的,最短的10厘米,每根的长度以10厘米为单位递增,最长的为1米。数棒的颜色以每10厘米为一个单位,以红蓝两色交替呈现。这一工具充分体现了蒙台梭利教具"十进制"的原理,通过以10为单位的量的有规律的变化,来让儿童学习数字1—10的名称,且知道它们的顺序,并了解它们代表的不同量的实际意义,认识到它们之间变化的规律性。

纺锤棒箱是帮助儿童认识数字,特别是认识0的另一个典型的教具。这是一种将正确的数量与数字配对的活动。数字是按0—4和5—10分别依次被固定在两个盒子里的,而数量为45的纺锤棒则是散落在另一个盒子里的。儿童依次按数字在格子里放上相应数量的纺锤棒。这个教具的作用是让儿童知道数字可以表示分开的物体的总量,并对"0"有一个感性的认识。

金黄色串珠是蒙台梭利设计的非常经典的学习"十进位制"的教具。它是由金黄色的珠子组成的固定数目的串珠。单个的珠子代表个位,10个珠子串成一排的串珠用来代表10,10个×10个的珠子组成的正方形代表100,而将10个百位正方形叠在一起所组成的立方体则代表1000。这套教具用来帮助儿童熟悉十进位所使用的单位(个、十、百、千)以及它们之间的进位关系,直观地演示后一单位是前一单位的十倍。[①] 这个教具还能够通过不同数量的珠子所组成的"点"(单个珠子)、"线"(十个珠子)、"面"(一百个珠子)、"体"(一千个珠子),帮助儿童初步认识"点""线""正方形""正方体"等概念,从而为儿童今后学习平面几何和立体几何建立基础。这件教具充分体现了蒙台梭利数学教具的设计理念以及她的教育思想,将抽象的概念转化为具体的实物,在数和量之间建立起对应关系,通过直观的教具和感性的教学法来帮助儿童学习抽象的数学概念。

不同的数学内容所涉及的教具主要还有[②]:

(1) 数量概念的基本练习——数棒、砂数字板、数棒和数字板、纺锤棒和纺锤棒箱、0的游戏(取数游戏)、数字与筹码(奇数与偶数),使用数棒的基本计算练习(加法和减法)。

(2) 十进法的教育。

① 十进法的导入——量(金黄色串珠)、数字卡片、量与数字卡。

② 十进法的并行练习——点的游戏(加法)、接龙游戏(加法)、邮票游戏(加法、减法、乘法、除法)、排列彩色串珠棒、使用彩色串珠棒的加法、使用彩色串珠棒的乘法。

(3) 连续的传统性称呼与排列。

---

① 张茌影.蒙台梭利教育思想与实践[M].石家庄:河北教育出版社,2006:247.
② 刘文.蒙台梭利儿童个性发展与教育理论[M].上海:第二军医大学出版社,2004:55—56.

① 塞根板(1、2)。
② 数字的排列。
③ 串珠链(100、1000)。

(4) 平方与立方(包含倍数)的初步导入。
① 正方形彩色串珠(串珠的平方)。
② 立方体彩色串珠(串珠的立方)。

(5) 使用记忆的加法、减法、乘法、除法。
① 加法组——加法板、定规尺、订正板、心算板、填空心算板。
② 减法组——减法板、订正板、心算板、填空心算板。
③ 乘法组——乘法板、订正板、毕氏板、填空毕氏板。
④ 除法组——除法板、心算板、填空心算板。

(6) 介绍初等教育的算术及教具。
① 几何及代数的导入——二项式$(a+b)^2$,三项式$(a+b+c)^3$。
② 算术教具——数数架(计数法与计算)、加法、减法、乘法、"分数小人"。

蒙台梭利数学教具的两个最主要的特点就是具有"订正错误"功能和"一物多用"功能。

蒙台梭利认为,错误是认知自我建构的基本工具,对"错误"的知觉可以促使儿童仔细观察分析现有的学习经验,通过材料与材料之间的认知对话,他们能看懂材料提供的反馈,并且能对这些反馈作出解释。在获得这个经验之后,儿童逐渐学会判断,从而可以在以后的操作中逐渐减少错误。错误存在于个体内部,是所有学习过程中有教育意义的成分。因此,她为儿童设计的每一个教具都有严格的错误订正标准,以便儿童在操作过程中对照该标准自己发现并自动纠正,从而提高儿童学习的自主性和独立思考的能力。例如,蒙台梭利所制作的圆柱体的摆放活动,教具是一块木板上有十个大小不等的孔,每个孔对应一个圆柱体,每个圆柱体的直径只相差一毫米。在利用这套教具进行训练时,要求儿童能正确地把混杂在一起的各个圆柱体放入相应的孔中。儿童如果把一个圆柱体放入一个比它小的孔时,则放不进去;如果把它放入一个比它大的孔中,最终至少会留下一个圆柱体放不进某一个孔里。儿童通过反复运用这套教具进行练习,不断比较判断,不断在尝试中发现并纠正错误,直到得到正确的结果为止。

另外,蒙台梭利虽然针对不同的数学教育内容设计了专门的教具,但每种教具却都有多重功能。例如,数棒不仅可以在学习认识数字时使用,还可以在排列、数字对应、奇数与偶数,以及学习10以内数的组成等内容上使用;"分数小人"既可以在数前教育中学习分类、组合和分解时使用,又可以在学习代数、几何时使用。教具的通用性大大丰富了数学教育的内容,也提高了数学教具的教育功能与教育价值。

第四节　凯米、格里芬的数学教育思想与美国的学前儿童数学教育

在皮亚杰儿童发展理论的影响下,20世纪产生了众多的早期教育课程和教育方案,其中,凯米的早期教育方案和主张颇具特色和影响,尤其是其在早期儿童数教育方面提出的课程理论和教育实践方案给后来探索幼儿教育的课程改革,特别是幼儿园的数学教育带来了不少启示和经验。

一、凯米的数学教育思想和课程方案

康司坦斯·凯米是一位研究早期儿童教育的教授,曾任教于美国的伯明翰大学。她是皮亚杰理论的忠实追随者,在她的研究工作中,始终致力于建构主义理论,尤其是从事关于儿童物理知识和逻辑数理知识获得的研究,并将建构主义的理论演绎成为早期儿童教育的课程方案(Program of Early Education,简称EEP),进而出版了《幼儿数的教育》(*Number in Preschool and Kindergarten*)一书,详细阐述了数的本质、数学教育的目标、数学教育的原则以及数学教育的情境和教师作用等理论与实践问题。

(一)关于数的本质

凯米关于数的本质的观点与皮亚杰是一致的。对于知识的三种分类——物理知识、社会知识和逻辑数理知识,凯米认为物理知识的获得是建立在对物体的经验性抽象化的基础之上的,逻辑数理知识的获得则是一种反省性抽象化,而社会知识是一种内容知识,需要一种逻辑数学架构帮助其同化与组织。数概念是属于逻辑数理知识,它既不同于社会知识的主观性,也不同于物理知识的可观察性,它并不存在于外在实体上,而是人类由创造与协调关系所建构而成。因此,数的逻辑结构是无法直接教导的,需要儿童通过操作和内心所创造的关系进行主体的自我建构,而作为教师,则需要鼓励儿童将事物归纳到各种关系之中,并引导他们积极思考,从而促进儿童的数认知结构发展。

(二)关于数学教育的目标

在对皮亚杰理论的演绎过程中,凯米本着建构主义的精神,制定了以知识建构为核心的教育方案。而作为一种课程模式,EEP将目标定位在促进儿童的一般性发展上,确立了以"自主"(Autonomy)为核心的目标体系。该目标包括认知目标和社会情感目标两个方面。

认知目标包括:让儿童提出种种想法和问题;让儿童把事物放在关系之中进行思考,注

意其相似性和差异性。社会情感目标包括:让儿童与成人保持一种非强制性的关系,逐渐增加自主性;要求儿童尊重他人的情感和权利,并开始与人合作(通过去自我中心和协调不同的观点);要求儿童养成机敏和好奇的品质,并能主动地满足自己的好奇心,具有相信自己解决问题的能力,并能自信地表达自己的思想。

从以上的目标可以看到,无论是认知目标还是社会情感目标,都充分体现了以儿童的自主性培养为核心的特点。在认知目标上,"让儿童提出种种想法和问题"与传统意义上要求儿童记住成人所要求的正确答案的目标显然是背道而驰的,而在儿童数概念的学习上,"让儿童把事物放在关系之中进行思考,注意其相似性和差异性"则更有着积极的意义,这个目标能够促使教师有意识地鼓励儿童主动地建构知识。在凯米看来,儿童在分类、排序、数概念、空间、时间等方面的发展虽然有着不同的特点,但在儿童的实际生活背景中,这些方面往往是不可分割的,如果儿童能够在蕴含着生活情境的一系列问题解决中学会"将事物放在关系之中进行思考",那么,数量的比较、运算等活动也就会自然地发生。而在社会情感目标上,这三条目标提出了儿童与成人之间、与同伴之间以及与学习之间的关系。在与成人的关系上,减少成人的权威性和过度的外部调节与制约,让儿童增加管理自己和构造自己内部规则的机会,就能更好地促进儿童的自主性发展;在与同伴的关系上,突出了社会交往对于儿童逻辑思维发展的重要性,强调儿童必须学会协调与他人的关系、他人的想法,这种协调意味着儿童能够主动考虑他人的立场和观点以及与自己的关系进行合作,在与他人的交互作用中学习比较和协调关系;在与学习的关系上,凯米强调培养儿童的机敏与好奇,因为这两者可以使儿童在活动中变得更主动、更自信。

(三) 关于数学教育的原则

凯米基于建构主义的立场,提出了与传统的教学原则截然不同的六条教学原则,这些原则具体而详细,提供给教师一个在实际教学中如何进行有关数学教育的明确说法,但这些原则的落实也依赖于教师对儿童建构和思考过程的充分关注与支持。

第一,鼓励儿童将各种事物归类到各种关系之中,并变换创造出各种不同的关系。

第二,当数字或数量对儿童而言是有意义时,鼓励他们对具体物的数字或数量加以思考。

第三,鼓励儿童将具体物合理地数量化,并比较其形式,而不是鼓励其去计算。

第四,鼓励儿童将可移动的具体物加以分组。

第五,鼓励儿童与同伴交换想法。

第六,预测儿童可能的想法,并根据儿童可能的思考方向加以辅导。

第一条原则涉及对各种关系的创造。凯米认为,日常生活中各种关系的建构是随时存在的。譬如,在幼儿园一个6岁的孩子不小心在吃饭的时候把一盘沙拉酱打翻了,当他找来扫帚却无法把黏在地毯上的沙拉酱弄干净时,教师建议他改用纸巾试试,由此情境问题,就可以启发儿童对沙拉酱、扫帚、纸巾之间的关系的思考,而且对各种关系的灵活思考会进一步激发儿童对更多事物或情境的探索以及在社会情境性问题上的自律思考。

第二、三、四条原则都关于具体物的数量。凯米提出,对学前阶段的儿童来说,应当在他们对数或数字感到需要或有兴趣时鼓励他们进行有关数量的思考,尤其是发生在自然情境、儿童的生活或游戏之中的数学问题则更能引起他们的兴趣,如在玩投掷保龄球游戏时的分合,在点蜡烛吃蛋糕时的计数,在翻看日历时的感知时间等,都能为儿童提供真实的感知和思考的有意义的数学背景。在数量的比较中,凯米认为,数学的逻辑思考本身比计数来得更重要,对于数学的问题,并不一定都要通过数数的方式或技巧才能解决,也可以引导儿童用一一对应的方式来解决数量的比较。而鼓励儿童对物体进行分组、归类和排序,则能使儿童在这些活动中调动逻辑的思考能力。

第五、六条原则主要反映在与同伴和教师的社会交往方面。凯米倡导教师应当支持儿童之间相互交换想法,这与传统教学中教师只是帮助幼儿巩固正确的答案或纠正错误的答案的做法是完全不同的。凯米认为不能把成人当作有效反馈的唯一来源,鼓励同伴交流、分享也很重要,相互交换想法可以促使儿童更积极地思考,通过自我尝试和协调、采纳他人的意见来建构新的知识和概念。而教师凭借对儿童行为的观察,可以敏锐地推断出儿童是在用直觉的、空间的还是逻辑的方法思考问题,以此评定儿童头脑中在想些什么,这样,教师就能够根据所涉及的知识的种类对儿童作出反馈,并及时地介入儿童的学习,通过建议、提携去影响儿童的思考过程,帮助儿童扩展自己的想法,从而为儿童寻找各种解决问题的方法提供有效的辅导。

(四) 关于数学教育的形式

凯米在《幼儿重新发明算术》(Young Children Reinvent Arithmetic)一书中详细介绍了运用日常生活情境和团体游戏(Group Game)是作为刺激儿童数思维发展的有效途径和形式。

1. 日常生活情境

凯米认为,"算术不是从书本、教师的解释或者计算机程序中来的,而是从每个儿童对其现实的逻辑数理化的思维中来的",[①]儿童真正的生活情境是他们重新发明算术的背景,日常生活情境中的问题能够自然地刺激儿童的数学思维,有效地促进儿童在环境的交互作用中建构起相应的数概念。凯米指出,"对这些情境的利用首先能够鼓励儿童对现实的逻辑数理化,其次能够促进其自主性的发展"。[②] 在日常生活中可以提供给儿童诸如分点心、数碗筷、上下楼梯、举手表决统计人数等各类蕴含数学问题的真实情境,使儿童始终处在一个自主和主动地思考和解决问题的状态下,这样的状态对儿童的概念建构是有利、有效的。

---

① Constance Kamii. Young Children Reinvent Arithmetic[M]. New York:Teachers College Press,1985:119.
② Constance Kamii. Young Children Reinvent Arithmetic[M]. New York:Teachers College Press,1985:119.

2. 团体游戏

团体游戏是凯米特别推崇的又一个儿童数教育的有效形式,她把团体游戏界定为"儿童根据约定的规则一起进行的游戏,具体地说,要达到某些预先规定的顶点(或一系列顶点),游戏者应承担独立的、对抗的和合作的角色"。① 凯米认为,团体游戏对促进儿童的认知和社会性发展有着独特的作用与价值,它"能为儿童提供一些有趣的和有挑战性的东西,让儿童思考如何游戏;能允许儿童对自己的成功作出判断,并让所有的儿童在游戏中积极参与"。② 同时,游戏的形式还能够弥补日常生活情境中的数学问题,能刺激数思维,但存在不能使儿童得到反复训练和练习的不足,在游戏的背景下儿童能进行操练,它又为结构化数学活动提供了有效途径。通过团体游戏,可以激发儿童的内在动机,主动地思考和牢记有关数的运算。

团体游戏一般可以分为八种类型:击目标游戏、赛跑游戏、追逐游戏、捉迷藏游戏、猜谜语游戏、涉及语言要求的游戏、卡片游戏、棋子游戏。这八种游戏类型从游戏者的身份来看,大致可以分为两大形式,即平行角色(如第一、二类游戏)和互补角色(如第三、四、五类游戏),这些游戏都有助于儿童对数学相关概念的感知和建构。如击目标游戏,将目标物体作为一个靶子,动作有投、扔、滚、踢等(如套圈游戏、投夹子游戏),此类游戏有利于儿童空间概念的建构,包括一种反思的抽象以及感知运动的协调;又如追逐游戏,有助于儿童的去自我中心化以及空间推理和解决问题能力的培养;再如第七、八类的卡片游戏和棋子游戏,能够帮助儿童发展数字、数序列、数运算等相关概念。

在组织儿童进行团体游戏的过程中,凯米还提出了两条原则:调整,即教师要及时地调整自己,应与儿童的思维方式相符合;减少成人的权威性,多鼓励儿童间的合作和交往。

二、美国的学前儿童数学教育

在美国的学前教育课程中,关于幼儿园阶段的数学教育历来比较主张通过日常生活和游戏等活动进行,正规的数学教学一般要在进入学前班或小学之后开展。在幼儿园和学前班,涉及儿童早期数教育的内容一般没有严格和统一的大纲与教材,学校享有较大的自主选择权,但大致的内容包括以下几方面。③

(一) 数前教育

数前教育是在幼儿学习计数、认数等最初的数概念之前,成人为幼儿组织的数学教育活动,如图 3-2 所示。

---

① Constance Kamii, Rheta DeVries. Group Games in Early Education[M]. New York: Natl Assn for the Education, 1980:2.
② 朱家雄,张萍萍,杨玲. 皮亚杰理论在早期教育中的运用[M]. 上海:世界图书出版公司,1998:55.
③ 林嘉绥,李丹玲. 学前儿童数学教育[M]. 北京:北京师范大学出版社,1994:46—48.

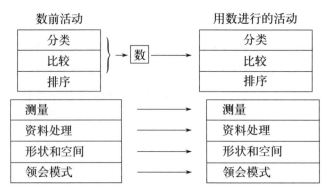

图 3-2 数前教育内容

图中左侧的数前活动分类、比较、排序是在未学习数之前进行的,右侧的这三项内容则是在学数以后用数来进行的,而测量、资料处理、形状和空间、领会模式等活动内容可以灵活安排。但不管什么时候进行,在开始学习这些内容时均先不要用数,然后再逐渐过渡到用数进行。

1. 分类

可以按照物体的颜色、形状、大小分类,也可以按物体之间的联系(如女孩子穿的裙子和男孩子穿的裤子)分类,还可以按类概念的名称分类。

2. 比较

包括连续量的比较和不连续量的比较。数前的比较活动主要用连续量进行(如长短、大小、高矮等),再用对应的方法比较两组物体的"多、少"和"一样多"(不要求幼儿说出数),以后再进行数的比较。

3. 排序

先进行连续量的排序,认数以后再用数排序。数排序时引导幼儿发现自然数列中各数之间的"多1"和"少1"的数量关系。

4. 测量

包括对大小、长度、容量、重量、时间和温度等的测量。

5. 资料处理

是指以图表的形式直观地表示数量。如让每个儿童选择一种自己喜爱的颜色,然后用表格统计,儿童根据表格就可知道喜欢这种颜色人数的多少(如图 3-3)。在这一过程中掌握相应的词汇,如"多些""少些""一样多""长些""短些""一样长""比较长""最长""一个也没有""许多"等。

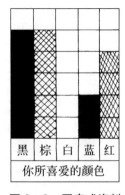

图 3-3 图表式资料处理

6. 形状和空间

主张在早期进行分类、比较和排序时就接触几何图形。5岁左右可先认识圆形、正方形、三角形,然后再认识长方形、菱形和椭圆形。认识空间位置,如上面、下面、里面、外面等;认识空间方向,如向上、向下、向前、向后等;认识空间距离,如远、近等。除此以外,还有有关认识时间的内容,包括认识早晨、下午、傍晚、晚上,以及认识时钟、日历、一星期7日的名称、一年12个月的名称及季节名称等。

7. 领会模式

模式无处不有,它是理解数学的基础。识别和运用模式的能力可为幼儿学习数学提供一种有效且具有深远意义的手段。让幼儿通过看、摆放、描述、画或模仿等活动识别模式,如观察并讨论装饰画的图案、编织的图案、各种树叶形状的模式;把木珠穿成2个红、1个绿、2个红、1个绿;将苹果、茄子、橙子、洋葱等横向切成两半,观察和讨论不同蔬菜和水果内部的结构模式等。

(二) 有关数概念的教育

1. 数概念教育内容的主要方面

美国发展幼儿数概念的教育,主要包括认数和计数两方面。

(1) 认数。一般在小学学前班中开始正式教幼儿认数,认数范围在10或12以内。认数方法,对4或5以内的数,通常用目测数数,而对超过数量为5的物体群则用计数的方法。

(2) 计数。计数是儿童认数的一种主要手段,包括点数、顺接数、倒接数、跳数(按群计数)。此外,发展数概念的教育在有的教材中还包括数守恒、序数、认识数字和书写数字。

2. 数概念教育内容的发展变化

近十年,美国的学前儿童数学教育也发生了较大的变化,最明显的特点就是加大了对早期数学教育的充分重视,主要标志是在2000年正式出版的《学校数学的原则和标准》中第一次加入了2—5岁儿童数学教育的标准,这个新标准是基于1991年和1995年的《数学教学的职业标准》和《学校数学的评估标准》的一种修订、反思和再思考,它给美国的学前儿童数学教育实践也带来了深刻的影响。在新标准中,仍然坚持了1991年提出的数学课程的五个能力目标,即让学生学会认识数学的价值;对自己的数学能力具有信心;具有数学的解决问题的能力;学会数学的交流;学会数学的推理。[1]

在坚持以上五个基本目标立场的基础上,新标准对整个从学前到十二年级应掌握的数学内容和能力给予了明确的细化,提出的细化标准涉及十个方面,其中五个关于数学教育的内容。

---

[1] 郑毓信. 美国《数学课程标准(2000)》简介[J]. 中学数学教学参考,1999(7):1.

（1）数和运算，即能理解数及数的表征方式、数之间的关系和数的系统；能理解运算的含义和相互之间的联系，并能进行熟练的计算和合理的估算。

（2）模式、函数和代数，即能根据不同特征进行分类、排序，能辨认、描述、扩展一些简单的形状和数的模式，并进行表征的转换；能用代数符号来表征和分析数的情境与结构；能用数的模型来表征和理解数量关系，并能分析各种情境中的变化。

（3）几何与空间感，即能分析二维和三维的几何形状并能提出几何关系的证明；能利用坐标几何和其他表征系统来明确位置与描述空间关系；能运用转换和对称去分析数的情境，并能运用视觉想象、空间推理和几何形状的演示解决问题。

（4）度量，即能理解物体的可度量的特征，度量的单位、系统和过程；能运用适当的技术、工具和公式进行测量。

（5）数据分析、统计与概率，即能提出可用数据来回答的问题，并能收集、组织和出示相关的数据来回答问题；能选择和运用合适的统计方法来分析数据；能根据数据来进行推断和预测，并能对这些推断和预测进行评价；能理解和应用基本的概率概念。

另五个是关于数学活动过程的能力。

（1）问题解决，即能运用多种方法解决多种数学问题，通过解决问题的过程来形成新的数学知识并检查解决数学问题的过程和对此过程进行反思。

（2）推理与证明，即能认识到推理与证明的一般意义；能进行数的推测、论证、评定和数的证明，并能运用多种类型的推理和证明方法。

（3）交流，即能与同伴、教师和其他人清楚地进行数学方面的交流；能分析和评价别人的数学思考并能用数学的语言精确地表达数的概念。

（4）联系，即能认识并运用数概念之间的联系，并能在数学以外的情境中认识和应用数学。

（5）表述，即能运用多种表征的手段来表达数学的概念；能运用数的表征方式来解决问题，演示及解释物质的、社会的和数学的现象。[①]

以上五个内容标准和过程标准是相辅相成的，过程标准在内容标准实施的进程中得到发展和提高，同时，也是儿童掌握内容标准所不可缺少的前提和保证。

此外，新标准围绕如何促进学生实现数学上的高水准、掌握相应的数学内容、提高相关的数学能力也提出了六条数学教育的指导性原则：第一，平等性原则，是指数学教学设计应当促进所有学生的数学学习；第二，关于课程的原则，是指数学教学设计应当突出重要的和有意义的数学，并设计出具备协调性和综合性的数学课程；第三，关于教学的原则，是指数学教学设计的实施依赖于有能力的教师；第四，关于学习的原则，是指数学教学设计应使学生理解数学和应用数学；第五，关于评估的原则，是指数学教学设计应当包括评估以指导、强化

[①] 周欣. 儿童数概念的早期发展[M]. 上海：华东师范大学出版社，2004：296—303.

和评价学生的数学学习,并为教师提供必要的信息;第六,技术性原则,是指数学教学设计应当利用现代化技术帮助学生理解数学,并为他们进入技术化不断增强的社会做好准备。[①]

从《学校数学的原则和标准》的制定可以看到,美国的数学教育,尤其是学前阶段的数学教育已经得到了前所未有的重视:从数学教育的内容来看,五个方面的标准从学前年龄阶段就开始渗透和要求,相比原先幼儿园实施的数学教育内容,显然不仅在量方面大大增加,也同时表现出质方面的系统性、连贯性和整体性,体现了一定的深度和广度;再从数学教育的过程来看,这五个能力标准具有较强的针对性,都是以加强学生对数学的理解和实际应用为出发点的,通过问题解决、推理与证明、使用数学语言理解、交流和表达数学思想等过程,不仅有助于增强儿童数学知识、概念和技能的习得,更有助于发展儿童综合性的数认知能力;而六条教学原则更是围绕着应当如何促进有效的数学教学设计以保证内容标准和能力标准的实现而提出的,作为教师,能够在获得教育目标要求的同时,更实际地获知如何进行数学教学的全面指导。

随着新标准的出台,全美幼儿教育协会(简称 NAEYC)和全美数学教师委员会(简称 NCTM)在 2002 年 4 月共同发表了一份联合声明,该声明提出"为 3—6 岁儿童提供高质量的、具有挑战性的以及可行的数教育是儿童将来数学学习的一个极端重要的基础",[②]为此,该声明给教师和托幼机构的相关人员提出了十多项建议,这充分强调了对学前儿童数学学习兴趣培养的重要性;强调了儿童日常生活经验与数学学习之间联系的重要性;强调在儿童数学学习中解决问题和推理能力培养与发展的重要性。在此份声明的推动下,美国政府、幼教机构、课程专家及设计者、教师以及教师培训机构等都由此引发了对早期儿童数学教育理论建构与相关问题的充分关注和积极讨论,并且也给学前儿童数学教育的实践改革带来了极大的推动和再反思。

三、格里芬的数学教育思想和课程方案

莎朗·格里芬是美国克拉克大学心理学教授,专门从事儿童发展和数学教育方面的研究。数字世界儿童数学课程是其和新皮亚杰学派代表人物罗比·凯斯等研究者在有关儿童早期数学概念发展变化的研究中提出的。

(一) 格里芬的数学教育思想

格里芬是新皮亚杰理论的支持和拥护者,她和凯斯等人在新皮亚杰理论的中心概念结构的基础上,提出了儿童数概念发展过程中的中心数概念结构。中心数概念结构是由核心的数知识组成的,它不仅是在大量数学和相关问题中执行任务的基础,而且进一步的数学学

[①] 郑毓信.美国《数学课程标准(2000)》简介[J].中学数学教学参考,1999(7):2—3.
[②] 周欣.儿童数概念的早期发展[M].上海:华东师范大学出版社,2004:303.

习也取决于现有的结构。① 他们的研究表明，儿童能在涉及时间、距离、音乐和钱币等众多领域运用这一中心数概念结构。② 儿童中心数概念结构的发展不仅标志了数学能力的发展，而且还影响着其他方面的技能和能力的发展。同时，训练能有效地帮助处于不同发展水平的儿童获得这一中心数概念结构。

为了促进儿童中心数概念结构的发展，格里芬和凯斯设计了培养儿童数字意识发展的"数字世界"（Number Worlds）儿童数学课程。这一课程最初是为低收入家庭中存在学业困难的学前儿童创办的，后来为了更好地满足不同阶段儿童的学习目标以及教师的需求，经过对其在幼儿的学习以及学业成就方面效果的反复评估，逐渐扩展为现在所包括学前到小学二年级（Pre-K-2）共四个年龄阶段的一套完整的数学课程。

格里芬认为数学不仅仅是关于数字的，更重要的是关于量的，即数字是用来表示量的。当儿童意识到每一个数字代表一个特定的量（这种量可能会通过不同的形式表现出来），意识到比起日常所使用的"许多""一点""更多"等语言，当数字可以更准确地对一定量进行描述的时候，数字才能对他们产生真正的意义。③ 幼儿这种对数的理解——数字是一种可以用来描述数量和解释相关问题的工具——对于他们掌握和使用数字系统有着巨大的促进作用。为了帮助幼儿建构这种对数字的理解，格里芬认为，以物体的量以及量的各种表征形式为基本内容来向幼儿进行数字的教育是非常必要的。

（二）格里芬"数字世界"儿童数学课程

1. "数字世界"课程的教育目标

该课程的基本目标是通过发展儿童对数字的感知使其获得数学学习所需要的一些基本意识和能力。其主要涉及三个方面：一是帮助儿童整合计数、量以及符号三方面的知识，使儿童扩展和加深对每个方面知识的理解，并且能够在三者之间建立丰富的联系；二是给儿童提供其所在文化中数和量的主要表征方式以及表达形式，让儿童能够充分感知；三是给儿童提供一个由视觉到立体空间的学习环境，为其创造一个"探索的世界"。鼓励幼儿通过亲自实践和充分互动建构对知识的理解，使所有的儿童都有丰富的机会获得发展，并让儿童都能按照自己的步调来学习每个发展水平所需的基础知识。④

---

① Case R, Okamoto Y, Griffin S, et al. The role of central conceptual structures in the development of children's thought [M]. Cambridge: Cambridge University Press, 1996.
② Griffin S, Case R. Evaluating the breadth and depth of training effects when central conceptual structures are taught [J]. Monographs of the Society for Research in Child Development, 2010, 61(1—2): 83—102.
③ Griffin S, Case R. Re-thinking the primary school math curriculum: An approach based on cognitive science[J]. Issues in Education, 1997, 3(1): 1—49.
④ Griffin S. Number worlds: A research-based mathematics program for young children[M]// Clements D H, Sarama J, DiBiase A M. Engaging young children in mathematics: Standards for early childhood mathematics education. Hillsdale: Lawrence Erlbaum Associates, 2004.

针对幼儿园的学前期儿童,该课程还专门设计了更为具体的幼儿园数学教育培养目标,具体内容包括:

(1) 提供数学学习中关键的中心概念结构。

(2) 为数感的发展建立牢固的基础。

(3) 确保所有的幼儿都能够学会:0—20 的数列的正数和倒数;数字和物体的一对一对应点数;基数的含义;数列上升或下降之间的关系以及现实世界中量的增加或减少;数列中每个数字的表征;进行量的比较时所使用的语言(如高、矮)以及表述空间关系的语言(如上、下,近、远)。

(4) 确保所有幼儿都能够:将量以及量的变化和数字的不同的表征形式联系起来;意识到数字的相关价值以及如何使用这些知识。

2. "数字世界"课程中数学教育的基本内容

该课程的基本内容主要分为五个方面,每个方面都向儿童呈现一种独特的数字表征形式。

(1) 实物表征(Object Land)。儿童生活中最先接触到的便是实物表征,即用若干实物的建构来表征数字。早期儿童操作和谈论的都是三维的立体实物组,例如,几个硬币、几个手指,因为它们是物理的、真实的,具有可分类的自然属性,可以让儿童进行直观的比较和讨论。后期儿童可以逐渐过渡到脱离实物,点数和比较图片中的物体组。实物表征阶段的活动和幼儿所学会的描述语言,是他们今后学习数学知识的重要基础。

(2) 图片表征(Picture Land)。儿童接触到的第二种表征形式是图片表征,即用半抽象的数图(将一定数量的图形以各种排列形式画成图片)来表征数字,它将可移动的物体世界和抽象的符号世界联系起来。与实物的表征不同的是,数图不能一对一地摆放进行对应比较。取而代之的是,儿童必须在头脑中构建对两个集合的对应比较。例如,数字 5 和数字 4 的点图模式是相同的,只是中间比 4 多了一个点。儿童开始图片表征的活动后(如卡片游戏或骰子游戏),他们将逐渐理解这些模式中的排列规律等,从而对规律产生一定的认识。

(3) 排列表征(Line Land)。即用横向上连续的空格(类似于直线上的线段)来表征数字,描述数字所使用的是表示距离的语言。排列表征中,儿童开始理解数字的不同意义。例如,4 不仅可以表示线段上的一个特定的地方,同时还可以表示沿着路线移动的数量,如当一个人第 4 次轮到的时候,从数字 4 开始,向前移动 4 个数。这一阶段儿童开始由可数的物体世界转向抽象的数字和数运算世界,即从物理运算转向心理运算。

(4) 高度表征(Sky Land)。高度表征的方式是使用条线图和刻度,例如温度计等。这种表征方式与排列表征类似,最主要的差别是幼儿要学会沿垂直方向移动,描述数字所使用的是表示高度的语言。高度表征的方式,可以使幼儿更容易理解用数字作为量度的标准,以及用标准单位来测量连续量的方式。

(5) 循环表征(Circle Land)。循环表征用钟面、刻度盘等结合周期性来表征数字,它是一种更为复杂的数字表征形式,因为这种方式结合了周期性(一种自我重复的方式)。幼儿在他们的生活中会经历许多周期性的过程,如幼儿学习和睡觉的生活规律、太阳的升起和落下等。周期性是这一阶段的中心内容。儿童在循环表征中发展了空间直觉,这将成为他们数学学习中处理呈圆形的循环动作,以及理解饼图、时间等概念的基础。

尽管这五种表征方式是按照从最容易到最难的特定顺序来介绍的,但"数字世界"课程的一个重要的目标就是帮助儿童理解这些表征形式之间的等值关系,以及学会使用这些表征形式中用来描述数字的语言。为达到这一目标,针对每个方面的内容和各年级的不同知识目标,该课程为不同年级设计了相配套的教学活动(每个年级水平的每个方面都有 15 个活动)。[①]

就幼儿园数学教育计划而言,课程共设计了 78 个游戏和教学活动(有些还含有若干不同的子活动)。一学年中幼儿都不断地反复从事这些活动,从而使他们的知识不断得到深化和扩展。从教学活动的组织形式来看,包括整个班级及小组的游戏和活动,其中大多数都是多重水平的,即广泛适合各种能力水平的幼儿。所有的教学活动基于课程的基本内容被分成五个方面,以向幼儿呈现其所在文化中数字的主要表征方式和表达形式。另外,每个活动都配有专门的活动卡片,用以描述包括:详细的学习目标、活动的合理性、发展的(难度)水平、对话建议、挑战性活动以及关于如何应用这些游戏或活动的详细建议等,用以帮助指导教师更好地完成教学活动。每个活动都配有教师指导用来描述详细的学习目标、活动的合理性、发展的(难度)水平、对话建议、挑战性活动以及关于如何应用这些游戏或活动的详细建议。

幼儿园数学教育的工具还包括:活动手册、教师指导手册以及用来测量幼儿发展水平的正式和非正式的评价工具;另外还提供了班级或小组活动所需材料的工具箱(包括游戏板、游戏卡片、骰子、教师问题卡片、整个班级的小道具等),并且每个工具箱要有充足的材料可供容纳 25 名幼儿的班级使用。

3. "数字世界"课程中数学教育的主要特色

(1) 以培养儿童对数学的感知和体验为基础,重视数学思维的培养。该课程的主要内容是针对数字这一基础中心数概念的,但其课程设计并非单纯让儿童认识数字,而是强调让儿童充分地感知社会中数字的各种表征形式和表达方式,通过发展儿童对计数、量和表征符号三个方面的理解,帮助幼儿构建三者之间的联系,使幼儿能够获得关于数字的陈述性知识和程序性知识,从而逐渐认识并理解数字。同时,"数字世界"课程还强调在儿童获得数学感性经验的基础上,还应重视培养儿童的数学思维能力。"数字世界"课程的教师在教学过程中,会通过一些预设的问题来引导儿童关注游戏中的比较、预测等问题,引导儿童从思考问题的

---

① Griffin S. Building number sense with Number Worlds: A mathematics program for young children [J]. Early Childhood Research Quarterly, 2004,19(1):173—180.

答案到思考问题是如何解决的,提高儿童的问题解决能力和逻辑推理能力,从而培养儿童的元认知技能,发展儿童的数学思维。

(2) 注重数学教育活动中教师和儿童之间的交流。该课程在教育活动中,注重教师对儿童学习以及活动发展的作用,教师通过提问、增加活动挑战性等方式适时介入,将活动不断地扩展和深入,帮助儿童不断地进行新的思考、获得进一步的发展。课程中主要通过两种方式为教师提供相关的支持:一是针对每个小组游戏的特别阶段设计的问题卡片;二是在教师指导中为教师提供更具普遍性的一些对话,并将这些对话作为挑战性的活动随机地融入到各种活动中。

(3) 为教师提供丰富的、具有可操作性的活动案例。该数学课程设计了大量的教学活动实例,丰富了教学实践,并且活动多以游戏或竞赛的形式展开,有助于培养儿童对数学的兴趣和积极的学习态度。每个活动中还提供了相应的活动材料,有大量平面和立体的材料可供幼儿实践操作、自我探索,同时还为教师提供了具体的活动指导,以帮助教师将理论和实践有机地结合起来。

第五节 有关学前儿童数学教育的发展和研究动向

我国学前儿童数学教育的发展,亦是学前儿童教育发展的一部分。从其发展进程来看,大致可以归为三个阶段。第一阶段是 50 年代以前,这一时期的学前儿童数学教育尚未作为学前儿童教育内容的一个单独方面而独立出来,只是在语言、常识、音乐、体育等各种活动中,附带地学一些计数、认写简单的数字和几何图形的知识。第二阶段是 50 年代至六七十年代,这一时期学前儿童数学教育的内容已经从学前儿童教育内容中分离出来,并作为一门有系统论述的学科,但其内容与方法仍是以借鉴苏联为主,尚未建立起我们自己的学前儿童数学教育体系。第三阶段是从 80 年代至今,随着我国改革开放政策的实施,学前儿童数学教育和其他学科一样,逐步开阔了眼界,了解、吸收了世界其他一些国家的有关理论和经验,同时在心理科学研究的基础上,结合幼儿数学概念形成和发展的特点及有关规律,开始探索独具我国特色的学前儿童数学教育科学体系。这一阶段可以说是学前儿童数学教育作为一门课程及研究开始真正改革与发展的阶段。在这一发展的进程中,我国研究者开展了有关幼儿数学概念认知发展规律的探讨与研究,有关幼儿数学概念个体发生的研究,有关幼儿数学教育基本理论及方法的讨论与研究。

而从欧美国家来看,从针对低年龄儿童的数学教育状况的调查中,英国和美国都发现了在早期儿童数学教育方面所存在的不足,表现在儿童对数学的惧怕和学习障碍、过分强调基本运算能力而忽视对数学概念的理解等,由此引起了社会和教育人士的广泛关注。在教育部门和民间协会组织的推动和呼吁下,自20世纪90年代开始投入对学前儿童数学教育的改革和研究。研究者在儿童数学能力发展的特点规律以及有效促进儿童数概念获得的教育途径、形式和方法、原则等方面进行了大量的研究和探索。综合国外的海量研究和理论,结合我国学前儿童数学教育改革的相关研究和实践探索,可以总结出如下几个方面的研究和发展趋向。

一、重视数学学习中的操作和多感官体验

儿童数学学习中的操作体验一直以来都受到了很多心理学家和教育者的推崇。从建构主义的理论观点看来,儿童是主动的、有能力的学习主体,从儿童出生起就不断地与外界发生相互作用,这种相互作用的过程本身就是儿童的一种主动学习。而数理逻辑知识更是来自儿童与外界环境和材料的互动,只有在自身参与的操作和体验活动中,儿童才有可能将生活的世界与数学的世界建立联系,才有可能通过自身去主动建构发展其认知结构,建构其内部心理表征。因此,对于早期儿童的数学教育,选择、提供合适的学习材料让儿童进行操作摆弄,并调动多种感知器官参与体验,可以增强儿童学习数学的兴趣,在获得感性体验的基础上建构起相应的数概念。

数学学习中的操作活动是儿童数认知结构形成和发展的基础与保证,这种操作活动应当体现三个方面的特征:[①]第一,儿童经验材料的数学化,即在操作活动中能使儿童对周围环境中有关数、量、形由生活的语言转化为数学的语言,用数学的语言来表现生活中的问题。如儿童在操作活动后通过数学语言表述如何用积木搭出的一艘船:"我用三块三角形和一块长方形积木搭了一艘船。"第二,数学材料的逻辑化,即对分散的数概念能组成概念系统、运算法则系统和数的推理。如三角形有若干变式,但其法则体系是一致的,即三个角三条边的封闭图形。第三,数学知识的具体化,即指儿童能对数概念、运算法则、数学关系等抽象的知识用实际生活中的事例加以解释,也指能够对周围环境中的实际问题用数学的方法加以解决。如解决生活中遇到的需要统计数量和进行简单运算的问题情境等。

二、重视问题解决,学习"应用性数学"

"问题解决"是美国数学教育界在20世纪80年代提出的主要口号,即认为应当以"问题解决"作为学校数学教育的中心,这一思想在80年代后期兴起的美国新的数学教育改革运动中又得到了进一步的确认,并对整个世界数学教育课程产生了极大的影响。前文中已经提到,美国2—5岁儿童数学教育有五个能力目标,即让学生:(1)学会认识数学的价值;(2)对自己的数学能力具有信心;(3)具有数学的解决问题的能力;(4)学会数学的交流;(5)学会数学

[①] 金浩.学前儿童数学教育概论[M].上海:华东师范大学出版社,2000:61.

的推理。① 在坚持以上五个基本目标立场的基础上,还有对学前到十二年级儿童应掌握的数学内容和能力的明确细化,其中就具体到"问题解决""推理与证明""交流""联系""表述"这五个关于数学活动过程的能力上。

从以上五个方面来看,能力标准具有较强的针对性,这五个能力标准都以加强学生对数学的理解和实际应用为出发点,通过问题解决、推理与证明、使用数学语言理解、交流和表达数学思想等过程,不仅有助于落实增强儿童数学知识、概念和技能的习得,更有助于发展儿童综合性的数学认知能力。在我国,传统的数学教育过分注重知识体系、注重纯概念性数学,缺乏与生活实际的联系及应用的弊病已经引起了广泛的重视,在新课程改革中倡导的学习"应用性数学"和实施"生活化数学教育"的理念正是一种反思和改进的体现。

三、重视提供基于情境的数学学习和交流

社会建构主义作为一种理论流派在 20 世纪 90 年代引起了世界各国教育改革与发展研究领域的充分关注,社会建构主义的数学教育也成为数学教育改革领域的中心议题。基于社会建构主义的数学哲学观使数学从令人敬畏的象牙塔重新回到了平凡而生动的社会生活中,数学的社会含义、文化含义也重新得到重视。因此,社会建构主义的数学观主张将数学教育置于社会文化的背景之中,从社会意义上来理解数学和数学教育的价值。同时,情境认知理论认为,知识是文化、情境的产物,真正的学习是在有意义的情境中发生的,学习情境的性质决定了所学知识在其他情境中再应用的可能性。所谓情境学习就是在所学知识的真实的、应用的环境中,通过目标定向的活动而进行的学习。②

由此,数学知识不再被看成是静态的、确定性的客观真理性知识的汇集,数学产生时形成社会背景、文化背景,数学的思想、方法,数学对象之间的联系,数学与其他学科之间的联系,数学与社会生活的联系以及数学发展的动态历程都被纳入了教育的范畴。③ 从数学教育的内容来看,与社会生活相关的、基于日常生活情境的、应用于社会生活的内容得到了更大的重视和普及。事实上,真正的数学也总是与一定的情境即社会文化背景相联系的,尤其是儿童的数学学习,其生活的世界就是一个基于众多数学问题且有意义的社会情境。这样的情境能够为儿童的数学探究和学习提供一个有效的背景,不仅能使儿童积极地参与问题的探究,同时还能激发他们去主动地交流和互动。数学教育的内容更注重与社会生活的联系。

对于学前儿童来说,数学概念的建构是一个较为复杂和艰难的过程,是与其对环境、材料的充分操作及其前期有价值的生活经验紧密相关的。因此,对于幼儿园的数学教育活动来说,提供情境思考和真实背景是十分重要和必要的,儿童的社会与文化生活往往是与他们

---

① 郑毓信.美国《数学课程标准(2000)》简介[J].中学数学教学参考,1999(7):1.
② 陈青,乌美娜.从抛锚教学看情境学习观点对教学及教学设计的启示[J].中国电化教育,1999(04):10.
③ 李建华.社会建构主义数学哲学与数学教育哲学及其教育图景[J].全球教育展望,2000(05):64.

的数学理解能力的发展交织在一起的。如果能够为儿童提供或创造一个完整而真实的问题情境,将数学的相关问题抛在这个真实的背景中,那么,儿童就可以通过与同伴、教师之间的互动、交流、分享、反馈等过程,在解决问题式的数学学习时用已有的知识和经验去归属和巩固新的知识和情境,并赋予其意义。同时,基于情境和问题解决的数学学习和交流也能够进一步激发起儿童的主动学习和探究的需要,并促使他们在有意义的情境中加深和丰富对数学概念的理解。

四、重视儿童对数学概念的自我建构和社会建构

在皮亚杰建构主义理论的影响下,以儿童的自我建构为主,以对材料的操作和经验积累为过程,以促进儿童逻辑思维发展为目的的数学教育模式已得到了广泛的认可。然而,自20世纪90年代以来,西方理论界新皮亚杰主义的学者们开始对皮亚杰理论重新提出质疑:在他们看来,虽然皮亚杰已经认识到认知冲突是引起儿童建构或重新建构数概念的一个重要因素,也指出了儿童发展中社会影响的作用,但他并没有明确地说明认知发展的社会机制。从社会建构主义的理论出发,数学学习被认为是对社会所定义的知识和价值的共同建构,它是通过社会建构的机会发生,并通过与他人和环境的互动而进行的。因此,它包含了三个基本要素:(1)社会性。数学学习是一个主体借助于自身已有的知识经验(即数学认知结构)主动地、能动地建构起对客体认识的过程,但"这种主观的建构活动必然要受到外部环境的制约和影响,特别是必然包含有一个表述、交流、讨论、检验、改进、发展等的过程,因而是一种社会建构"。① (2)情境性。社会建构主义数学学习观强调为学习者营造一个充满挑战和无限想象、能刺激和引发其发现问题、提出问题、分析问题并解决问题的情境。这种情境的创设,一方面能使学习者借助于学习者共同体(教师或其他学习伙伴)的帮助,利用必要的学习材料,在已有知识结构的基础上,通过意义建构的方式获得数学概念。同时,更能把数学学习镶嵌于真实的应用情境中,鼓励学习者基于真实情境问题的对话、交流。(3)互动性。社会建构主义的数学学习观认为,作为学习者个人,首先是一个能动的主体建构者,在数学知识的建构过程中承担着思考者、说明者、解释者、提问者等角色,但更是一个积极的共同建构者,在数学知识的建构过程中还承担着合作者、交流者、争论者、妥协者等角色。

因此,从社会建构主义的视角出发,数学学习和教学的过程是学生间、师生间进行的双向交流、多向交流的活动,是数学经验、数学知识、发展和学习的共同建构过程。同时,从数学教育的方法来看,社会建构主义数学教学观更注重数学知识的动态生成,主张在教学中使儿童在一定的社会文化背景、已有的知识结构的基础上,通过社会实践与合作交流完成对新知识的共同建构。因为在一个教育活动情境中,每个个体都是以自己的经验为背景来建构

---

① 刘卓雄.数学教育哲学及对数学教育的启示[J].宁德师范学院学报:自然科学版,1997(01):5.

知识的,他们对知识的理解可能来自不同的方面,而不存在唯一正确的标准理解。因此,数学教学中的观察、猜想、分享、调整、验证等要素才更显其意义和价值,能够为儿童在互动、合作、交流的背景中产生认知冲突,在社会性建构中促进其相关数概念的发展。

五、重视儿童非正式数学能力的培养

近20年来,关于儿童非正式数学能力发展及价值的研究已引起了一些研究者的极大重视。研究者认为,儿童正式数学能力是一种关于数学知识的书面化、法则化和系统化的知识体系,而日常生活中,儿童则是在真实的问题情境中,按照已有的相关经验,并大量运用工具解决与数学相关的实际问题,从而发展其非正式数学能力的。儿童非正式数学能力主要包括在学校教育体系之外获得的关于数量的观念与方法(Ginsburg,1982,1989,1993;Gelman,1980;Davis,1993),该论题的研究主要集中在关于儿童非正式数学能力的内涵、儿童非正式数学能力的个体发展以及儿童非正式数学能力发展的相关因素等三个方面。研究者认为,任何数学概念都包含三个系统:情境(a Set of Situations)、中心内容(a Set of Invariants)和符号(a Set of Symbols),情境为数学概念提供特定意义,中心内容表达该数学概念的本质内容,而符号则用于数学概念的表征(Vergnaud,1985)。作为儿童在日常生活中建构的一种基本数学能力,非正式数学能力以具体情境信息为主要表征内容,不存在知识组织体系的系统性与规则性;同时,非正式数学能力是儿童在日常生活中主动建构的数学能力,会受到社会文化因素的影响(Ginsburg,1997)。

从已有的研究成果看来,儿童非正式数学能力具有明显的生活化和情境化特点。儿童在日常生活中,在没有成人影响的条件下会自然地获得很多非正式数学学习的经验,即使是偶发的情境也能够成为刺激儿童数思维的有效途径,但关键在于教师和成人是否能够将这样的情境和环境作为促进儿童数概念建构的重要来源。因此,在重视儿童非正式数学能力的培养方面,作为教师和成人,应当了解儿童的数学发展特点和规律,积极地为他们营造一个与日常生活和真实生活情境相类似的环境或者将基于情境中的非正式数学学习迁移到正式的课堂教学之中,在儿童自发、自由的活动中,在培养儿童数学学习的自主性、主动性的同时,促进儿童早期数认知能力的进一步发展。

六、重视数学交流,倡导多元表征

虽然儿童早期数学学习的内容包括了数、量、形等基本方面,但数学学习的主要价值并不在于获得数学的相关知识,而在于引发儿童对于数学的兴趣和探究欲,并促进其数学思维和数学能力的发展。在全美数学教师协会发布的有关数学内容和过程标准中,明确地将儿童早期数学教育追求的能力培养概括为"问题解决""推理与证明""交流""联系"与"表述"五个方面。事实上,近年来不少的研究也已表明,在学前儿童的数学学习中,儿童并非仅仅通

过"做"来学习,而更多地是通过思考以及谈论他们所做的事情来学习的。同时,研究还表明,教师所使用的与数学有关的语言总量,与儿童今后在学校中数学知识的增长有着显著的关系。由此可见,在幼儿园的早期数学教育启蒙中,让儿童通过充分的操作、体验来建构数的相关概念是一个重要方面,而鼓励儿童与同伴、教师和其他人交流,用数学的语言进行清楚的、精确的数学方面的表达和交流更是另一个重要方面,幼儿园的数学不应当仅仅是基于操作的"哑巴数学"。

所谓数学学习中的多元表征主要是指对同一个数学对象,至少可以用"数"和"形"的两类表征的多种形式进行表征。鉴于学龄前儿童数学认知发展的年龄特点和局限性,对于学前儿童的数学学习而言,其表征的形式一般可以概括为实物情境表征、教具模型表征、图形或图表表征、口语表征和书面符号表征五类。但在幼儿园的数学教育实践中,教师往往还比较缺乏对多元表征在儿童数学学习中重要价值的充分认识,通过不同的表征方式帮助儿童理解和建构数学相关概念的教学设计和策略实施方面也较薄弱。将多元表征渗透和应用于幼儿园的数学教育实践中,既能够帮助儿童在循序渐进式的不同表征中加深对数学相关概念的理解和表达,也有助于提高幼儿通过运用多元表征的方式来解决问题和演示、解释数学现象的能力,以进一步开拓和发展幼儿的数学思维。

 复习与思考

1. 简述列乌申娜的学前儿童数学教育理论。
2. 简述皮亚杰关于儿童数学学习的基本观点。
3. 请你谈谈皮亚杰关于儿童空间概念发展的研究给教学的启示。
4. 试述建构主义取向的数学教育的基本特点。
5. 简述凯米的早期儿童数学教育方案的主要特色以及对当今数学教育实践的启示。
6. 试论述学前儿童数学教育的研究和发展趋向。

第四章　学前儿童数学教育的途径与方法

第一节　学前儿童数学教育的途径

学前儿童数学教育的途径,即实施数学教育所采取的活动组织形式。数学是一门系统性、逻辑性很强的学科,数学教育有着自身的特点和规律,既需要教师系统地、有目的地精心设计数学环境和组织数学活动,以启发、引导儿童发展,同时儿童的年龄和数学教育两者的特点也决定了将数学教育渗透在儿童的一日生活及其他教育活动之中的必要性。可见,学前儿童数学教育的途径是十分灵活且丰富多样的。除了家庭早期的数学启蒙以外,幼儿园的数学教育活动更担负着主要的职能,它是教育者有意识地对儿童进行数学启蒙教育的过程,负载着数学教育的目标,传递着数学教育的内容,是数学教育目标转化为儿童发展的主要环节。为此,教师应切实理解和灵活运用儿童生活中的各种活动进行数学教育。

一、专门的数学教育活动

专门的数学教育活动,是指教师组织或安排特定的时间让儿童参加的专项数学活动。在活动中,儿童接触的是以数学为主要内容的材料和环境。

为了更进一步探讨不同活动形式对儿童数学概念学习及整体发展的作用和价值,也为了更好地促进儿童的主体发展,专门的数学教育活动可分为教师预定的数学活动(集体数学教学活动)和儿童自主选择的数学活动(区域数学活动)两类。

(一) 教师预定的数学活动(集体数学教学活动)

教师预定的数学活动是指教师有目的、有计划地组织全体儿童,通过儿童自身参与活动,掌握初步数概念并发展儿童思维的一种专项数学活动。在幼儿园的数学教育中,它是向儿童进行数学教育的主要活动形式和途径之一。其特点是事先经过缜密的筹划,而不是偶发和随机的;内容是专门指向数学的,而不是综合的;形式一般以集体活动的方式,而不是小组或个别的形式。它不仅能使全体儿童接受一定程度的数学教育,而且保证了学前儿童数学教育顺序性和系统性。

教师预定的数学教育活动是集体活动,要求全班儿童都能参与其中。无论是全班儿童同时参与活动,或是分组轮流参加,都要保证每个儿童能在教师指导下,通过自身的探索操作过程,充分地感知、发现、操作,获得有关的数学经验和初步的逻辑数理知识。在这种数学教育活动中,虽然教师是活动的指导者,常进行直接指导,但儿童是活动的主体,能在教师的启发引导下积极参与活动。这种活动形式既保持了一种集体活动特定的学习气氛,即儿童能彼此启发、互相交流,得到共同学习的乐趣和情绪体验,有利于形成集体学习的习惯,同时它又是个别的独立的感知、操作活动,儿童能在自己原有水平上,充分发挥自己的能力。

(二) 儿童自主选择的数学活动(区域数学活动)

儿童自主选择的数学活动是指由教师为儿童创设一个较为宽松和谐的环境,提供各种数学活动设备和丰富多样的学具、玩具,引发儿童自发、自主、自由地进行的数学活动。它可以是专为儿童开设的数学活动室,让儿童自由、自愿地选择材料与活动来操作摆弄,感知体验,也可以是在教室里设置的数学角,投放一些供儿童选择的学具、玩具,让儿童自行探索。

由于这类数学教育活动给予儿童的自由度较大,随意性较强,它可以为不同发展水平的儿童提供相应的活动内容和材料,使其在原有基础上获得较好的发展。儿童参与什么数学活动、选择什么材料、运用什么方法进行探索,是个人独立操作还是与同伴共同活动以及在什么情况下终止活动等,都需要儿童独立思考,自行选择,进而作出决定。这对于儿童思维的器官——大脑、进行感知操作活动的双手以及独立的人格,都给予了极大的锻炼机会。它和前一类数学活动相比,有如下区别(见表4-1)。

表4-1　数学活动内容的差异

教师预定的数学活动	儿童自主选择的数学活动
1. 有特定的活动要求和需要全体儿童都要达到的活动目标。 2. 有具体、细致的数学活动计划和设计。 3. 由教师规定的活动内容和提供统一的材料。 4. 教师为所有儿童提供同样的材料。 5. 全班或几组儿童在同一时间内进行同一种数学操作活动。 6. 教师需为所有儿童的活动提供较大的空间。 7. 教师的直接指导较多,儿童基本上在教师指导下有步骤地开展活动。 8. 组织形式以集体为主。 9. 儿童参与活动的时间基本上由教师掌握。	1. 不一定有特定的活动要求和儿童一定要达到的活动目标,它服从于学前儿童数学教育的总目标。 2. 不需要特别具体和详细的活动计划。 3. 儿童可以自己选择活动内容和材料。 4. 教师提供丰富多样的材料。 5. 在同一时间里,或在不同时间内,每个儿童可以进行不同的数学活动。 6. 教师为儿童提供的环境和空间,根据幼儿园的实际情况,可大可小。 7. 教师以间接指导为主,观察多、干预少,儿童在活动中自由度相对比较大。 8. 没有固定的组织形式,以个别活动为主,或两三个儿童自由组织一次活动。 9. 儿童参与活动的时间由儿童自己决定,教师只作适当的提示。

从表 4-1 中可以看出,儿童自主选择的数学活动较之教师预定的数学活动而言,更具有自由性和灵活性,能彰显其独特的作用:

第一,能更好地培养儿童对数学活动的兴趣,满足儿童主动求知探索的愿望。

第二,能适合不同发展水平的儿童参与不同的活动或同一种活动不同层次的操作,使每个儿童在原有水平上有所收获和提高,既为儿童提供获取同一数学概念丰富的感性经验,又增强了儿童的自信心和成就感。

第三,能充分发挥儿童的独立性、自主性、创造性,最大程度地发展儿童的思维和动手操作能力。

第四,更有利于培养儿童乐于思考、勤于思考的好习惯。

第五,更有利于加强儿童之间的交往、合作和相互学习,促进儿童社会性的发展。

总之,无论是教师预定的数学活动还是儿童自主选择的数学活动,幼儿园的数学教育必须摆脱单一枯燥的以教师"教"为主的传统数学课堂模式,取而代之的是儿童"动"为主的操作活动,体现以儿童自己感性经验的积累为主,以培养儿童主动的探索和操作为主的活动特点。虽然这两种活动形式各有特点,但它们彼此间又相互联系、相互转换、相互补充。如果忽视了某种活动,将对儿童数学感性经验的获得、数学概念的建构以及数学兴趣的培养和发展带来不利。因此,将两者相结合是十分重要且必要的,既能保证全体儿童得到数学的启蒙教育,又为每个儿童的兴趣、能力和个性的发展提供了可能和机会。作为学前儿童数学教育一条主要途径中的两种不同形式,这两者共同实施着学前儿童数学教育的目标和任务,进行着儿童数学教育的早期启蒙,以促进儿童整体素质的协调发展。

(三)两类数学教育活动之关系与平衡

在幼儿园数学教育的展开与实施过程中,虽然教师对材料操作于儿童数学学习的价值已经有了一定的认识,也充分理解儿童的数学学习正是其原有认知结构与新知识学习间建立联系的过程,即是一种需要建立在儿童对材料的充分操作以及经验积累的基础上的主动建构过程。但是,如何实现和真正有效地落实学前儿童的数学教育,尤其是对于如何处理好集体的数学活动与幼儿个别或小组的数学教育活动之间的关系;如何把握和调整好教师预定的数学活动与儿童自主选择的数学活动的安排及具体实施等仍存在一些误区,主要表现在:(1)教师预定的数学教育活动为主。相对而言,教师预定的数学活动中教师的预设性、对活动的直接介入以及教育的计划性更明显一些,因而,往往会在教师的观念中受到比较大的重视,因为他们认为对孩子的数学启蒙是需要教师的点拨、指导的,而这类活动正好能够体现这一功能。此外,在传统教育模式的影响下,教师预定的数学教育活动更接近"课堂教学"的形式,教师往往认为此类活动更能显示教师的价值,而儿童自主选择的数学活动中儿童自主的成分更大一些,活动有一定的随意性、灵活性,往往会被教师所忽视。(2)重操作轻交流。无论是在正式还是在非正式的数学教育活动中,让儿童在与材料(或学具)的互动操作中获得感性经验并理解抽象的数概念已经毋庸置疑,但在幼儿园的数学教育实践过程中,尤其是在非正式的数学活动开展中,教师往往会要求幼儿自己操作,不要和其他同伴交流,甚至在空间安排上有意制造一些隔断,以避免幼儿之间相互影响和交流,理由则是让每个幼儿专心于自己的操作。(3)两类活动的独立与分离。当前的幼儿园数学教育课程,已经由原来的学科化课程呈现方式转化为由整合式主题活动为线索组织的课程形式,因此,正式的数学教育活动往往已被融合在主题整合式的课程框架结构中,而非正式的数学教育活动则是在区角活动的框架结构中有部分的体现,无论是在内容上、形式上以及具体安排上均缺乏一定的联系和贯通。有的幼儿园和教师把儿童自主选择的数学活动作为教师预定的数学活动的一种补充来看待,对正式数学教育活动中所欠缺或未显现的数学相关内容在非正式数学教育活动中加以弥补;有的幼儿园和教师由于对数学学科本身的特殊性的认识和理解不够,非正式数学教育活动在区角活动中则根本无法体现或很少体现。(4)时间与空间安排上的失衡。在实践中,由于对两类活动的重视程度不一,因而导致了在时间和空间安排上的失调。正式的数学教育活动在课程的结构中有时间和空间上的基本保证(但数学本身在整合式课程中的渗透和融合还是相当有限的),而非正式的数学教育活动往往会因为区角活动与游戏活动(如儿童自主选择的角色游戏、结构游戏等)安排上的冲突而导致在时间和空间安排上落空,得不到基本的保证。

  从以上所列的种种问题和现象可见,如何设计和组织这两类活动以及安排处理好两类活动的关系是涉及幼儿园数学教育的一个实际要面临和把握好的重要问题。首先,儿童自主选择或生成为主的数学教育活动绝不只是教师预设为主的数学教育活动的补充,相反有时在某些年龄阶段或实际条件下,它往往要比正式的数学活动来得更重要、更突显。譬如对小班年龄的幼儿来说,以非正式数学教育活动为主、正式数学教育活动为辅可能就是比较恰当,因为非正式数学教育活动正好能够弥补正式数学教育活动次数和儿童操作的时间有限、儿童对材料的操作兴趣各不相同以及儿童的学习风格、操作方式具有个别差异等不足,能使幼儿在相对比较充足的时间条件下自主选择和体验材料,以真正发挥材料对儿童概念建构所起的作用。其次,两类活动之间应当是相互关联而统一的。这种关联与统一体现在:(1)内容上的相互贯通和互补,应当从每个特定年龄阶段的儿童所应达到的数学能力发展标准以及每个主题所可能涉及的相关数方面内容出发,整体地考虑和构架正式与非正式数学教育活动的内容,做到相互联系、相互贯通,以实现通过两种不同的数学教育途径共同促进儿童数学认知发展的目的。(2)形式上的统一和联系,儿童在正式数学教育活动中获得的相关数概念和知识可以在非正式数学教育活动的操作中加以应用和巩固;儿童在非正式数学教育活动的材料操作中得到的经验和体验也可以在正式数学教育活动的归纳提炼中得到由经验到概念的提升。(3)安排上的关联和互补,一方面,正式的数学教育活动与非正式的数学教育活动安排的比例应适当,可以儿童对所涉及的相关数学材料和内容的学习情况以及幼儿的学习兴趣为依据加以适当调整;另一方面,非正式数学教育活动必须与正式的数学教育活动一样有基本时间和空间保证。

综上所述,只有将教师预定的数学活动与幼儿自主选择的数学活动两者相结合,才能够更好地发挥不同教育活动形式的价值与功能,在紧密联系和优化互补中共同促进儿童的数学学习。

集体活动

数字比大小(中班)

活动目标

1. 通过活动使幼儿掌握5以内数字的大小。
2. 培养幼儿学习的兴趣。

活动准备

颜色、大小各不相同的磁性皮球图片5张,按皮球从小到大的顺序,其反面各有一个数字(1—5);用一样大小的纸做的磁性正方体15个,代表积木;数字卡若干张(5以内);5以内塑料数字若干;数字娃娃图片(5以内)若干;玩具电话1部。

活动过程

一、皮球排队

1. 出示皮球图片5张。数数有几只皮球?(5只)它们有哪些不一样?(大小不一样,颜色不一样)最小的是什么颜色的皮球?(红色)比红颜色皮球大一点的是什么颜色的皮球?(黄色)……谁来把皮球从小到大排排队?(请幼儿把皮球排队)

2. 皮球图片后面都有一个数,最小的皮球图片后面是数字1(把最小皮球图片翻过来,变为数字1的图),数字是从小到大排列的,最大的皮球片后面是数字几?(5)(翻最大的皮球图片,看看是不是数字5)数字3是哪只皮球?……

二、帮数字搬积木(磁性正方体教具)

数字小表示数量少,数字大表示数量多,现在我们帮数字搬积木。

1. 出示数字教具,请幼儿帮数字1搬1块积木,帮数字2搬2块积木……

2. 这些积木像楼梯一样,我们把积木前后比一比,2块与1块比,2块比1块多1块,3块与2块比……后面的积木总是比前面的积木多1块,后面的数总是比前面的数大1。2比1大1;3比2大1……

3. 现在把前面的积木与后面的积木比。1块比2块少1块,1比2小1……前面的积木总比后面的少1块,前面的数总比后面的数要小1。(比较时,边讲,边移动积木教具)

三、报数游戏

1. 老师说一个数,要求幼儿说一个比老师说的大1的数。(重复进行四五次)老师说

一个数,再要求幼儿说一个比老师说的小 1 的数。(重复进行四五次)

2. 请 5 名幼儿站到黑板前面,从左到右排好队。第一个幼儿说 1,依次要求后一个幼儿说 2、3、4、5。

3. 再请 5 名幼儿到黑板前面,从左到右排好,第一个幼儿用手拍一下,第二个幼儿应拍两下手……轮到第五个幼儿,应拍五下手,看他们拍得是否正确。

四、数字游戏:数宝宝

1. 请若干名幼儿站在黑板前,双手放在身体背后,老师发给每人一个塑料数字(叫它"数宝宝"),要求他们用手摸,想想是数字几,谁先摸好,就先告诉大家,"我摸到的是数字×",再拿给大家看,对不对。

2. 同上,摸到数字后,不能告诉是数字几,而是说"我摸到的数字比×大 1(或比×小 1),大家猜猜是数字几"。请其他小朋友猜后,再举起数字,看看他摸得对不对,讲得对不对,其他幼儿猜得对不对。

3. 幼儿做数宝宝,每人一张数字娃娃图片(叫它"数娃娃")。教师在黑板上出示数字娃娃图,说:"它是数哥哥,要找比它小 1 岁的数弟弟。"数宝宝(幼儿),看看自己是不是它要找的弟弟,是的话,把自己的数娃娃赶快贴到黑板上。同上,数宝宝找比数娃娃大 1 岁的数哥哥。

五、模拟打电话

我们玩得真高兴,明天我们把小红、小明也请来一起玩好吗?先打个电话告诉他们。

小红家的电话是 4215234(出示数字卡 4215234)教师拿起电话机,拨号码,没声音,再拨,还是没声音。原来,小红家电话换了,现在的电话号码比原来的每个数字都要大 1。你们猜猜,这个电话号码是多少?(分别请幼儿改动每一个数字)现在的电话是 5326345。重新拨电话号码,电话铃响了,与小红讲了话,约她明天来玩。

同上,再与小明打电话。原来的电话为 5326324 打不通,他家的电话也改了,改为比原来每个数字小 1,幼儿猜后将号码改为 4215213,与小明讲了话,约他明天来玩。

寻找规律(小班)

活动目标

按物体的一种特征排序。

> **材料准备**
> 1. 不同颜色、形状、大小的塑料串链,较粗的长绳若干。
> 2. 将墙面一角用小花园的底板图进行布置,塑料花片若干,蓝丁胶若干。
> 3. 不同大小、颜色、形状的木珠一筐,圆头木筷或细棍若干,一头用橡皮筋绕多圈固定。
>
> **操作提示**
> 1. 幼儿随意用长绳为娃娃做"手链"或"项链",提示幼儿按照一定的规律穿,初次尝试,可以给幼儿提供一定的范例,以帮助幼儿领会其中的规律。
> 2. 幼儿选择不同颜色的塑料花片,可根据有规律的间隔方法(2种颜色或3种颜色)"种花",将黏上蓝丁胶的花片"种"在"小花园"里。
> 3. 幼儿选择木筷或细棍,按照木珠的一种特征有规律地穿,做成一根自制的"冷饮",做完以后可提示幼儿相互告知或告诉教师做成的"冷饮"和别人有什么不一样。

二、渗透的数学教育活动

渗透的数学教育活动,指除专门的数学教育活动以外的,渗透于其他教育活动和儿童日常生活中的数学教育活动。渗透的数学教育活动,无论是内容还是组织方式都十分丰富、灵活,很难以统一的标准来进行分类,为便于描述,暂作如下解释。

(一)日常生活中的数学教育渗透

从一个特殊的视角来看,直观的物质世界的万物,都是由一定的"数",按一定的"形"和"序"构成的。每个孩子从来到这个世界的那一刻起,就开始和物质的、直观的实体世界发生接触,同时也就意味着开始了与隐藏在实体的物质世界背后的数学世界发生联系。儿童正是凭借着"数"和"形"的中介,实现对于周围世界的基本结构与秩序的认识及把握。因此,日常生活中的各种活动,是向儿童进行数学教育的十分重要的途径。日常生活环境是幼儿数学教育取之不尽的源泉,它能为幼儿提供自主、自发的数学学习条件,让幼儿通过各种感官的参与感受来自生活中的种种数学信息,利用生活素材积累感性的数学经验。

在幼儿一日的生活中,蕴含着许许多多可对其产生数学影响的情境和事例,而且这些情境和事例经常地、反复地发生,因而对幼儿的数学学习产生了潜移默化、日积月累的作用和影响。例如,幼儿稳定的、前后一贯的一日生活活动的顺序,就可使他们体验各种活动时间的长短、时间的间隔和模式序列,如起床时间、上幼儿园时间、做早操时间、上课时间和游戏时间等;每天早上教师和幼儿一起数一数今天班上来了多少小朋友,还有多少人没有来;今天星期几,哪几位小朋友做值日生;有的中、大班幼儿还学习记气象日记,日记中记载着每天的日期,星期几和温度等情况;每天上下楼梯时可让儿童一边走,一边计数阶梯的数量;午餐时,可让儿童比较一下碗、勺的数量多少;整理玩具或积木时,可启发儿童思考一下如何分类等。

同样,在组织儿童散步、劳动、游览等活动中,均可随机、灵活地引导儿童认识和复习数、形知识,使儿童知道在自己生活的周围世界中充满了各种数学知识,从而引发他们探索、学习数学的兴趣。如教师带幼儿外出散步时,幼儿可观察到各种物体的形状,如有的房顶像三角形,房子的门和窗像长方形,树干粗、树枝细,马路宽、小巷窄等;秋天,幼儿可对拾来的落叶进行分类、排序,还可用落叶拼搭物体和图形等……利用日常生活中充满数、量、形知识的内容进行数学教育可以使儿童在既轻松又自然的环境下获得简单的数学知识,引发对数学的兴趣。

此外,在日常生活中,还经常会出现一些偶发事件,这些事件教师也都可以加以引导,让幼儿观察、认识和讨论,帮助他们积累数学经验。例如,某位小朋友过生日,他带来一盒蛋糕,这时教师就可启发幼儿讨论:怎样分可使每人都分得一块,而且每人分得一样大小的蛋糕?又如星期一早上,小朋友从家中带来了各种玩具,在幼儿交换玩具之后,可以启发幼儿谈谈:这些玩具怎么会动?再说说、数数电动玩具有哪些?有几个?惯性玩具有哪些?有几个?

以下这个案例就是日常生活中的数学教育渗透。

案例分享

我长大了

那天,教室里格外热闹,原来是卫生老师把昨天孩子们体检的报告单拿来了,孩子们一下子围拢了过来,纷纷拿着写有自己身高、体重数字的报告单煞有介事地看了起来。幼儿甲大声地读了出来:"我是 122 cm,24 kg。"幼儿乙马上说:"我是123,还有23。"幼儿丙叫了起来:"不对,不对!应该读一百二十三,还有一个是二十三。"幼儿丁也拿着自己的报告单凑了过来:"我是多少?我是多少?"孩子们相互传看,叽叽喳喳,好不热闹。"你多高呀?""我比你高!""你没我重!""我长大了!"孩子们的声音此起彼伏……老师观察到了这一切,不动声色地"走向"了孩子们:"你们是不是都知道自己的身高、体重结果了?"在老师的建议下,孩子们各自拿着报告单与同伴交流起了自己的身高、体重结果……老师趁机问道:"我刚才听到你们在说的时候,有的小朋友说'我长大了',你们是怎么知道自己长大了呢?"一幼儿说:"我照照镜子,就知道自己长大了。"另一幼儿说:"我过生日的时候妈妈给我买的

> 新皮鞋都穿不下了,我就知道自己长大了。"又一幼儿插嘴说:"我现在吃得很多,我知道我长大了。""爷爷带我在马路上称过电子秤,那上面有红的灯一亮,有数字出来的,我知道我长大了。"……
>
> 于是,在老师的建议与组织下,与孩子们展开了一场围绕着"我长大了"的情境性谈话活动,并由谈话引申到如何判断"长大",以及全班有多少孩子长大(或长高、长胖)的统计……

从以上记录中我们可以看到,该活动基于一个有关身高、体重的真实问题情境,从交流身高、体重的结果到是否长大、长高的比较再到对长高、长大结果的统计。在源自儿童日常生活情境的背景中,通过镶嵌式的教学活动渗透以及学习者共同体(包括教师、儿童)中成员之间的互动、交流、分享与反馈,进一步激发起了儿童的学习需要,并促使儿童在有意义的情境中加深和丰富了对数学概念的理解。事实上,对于学前儿童来说,数学就存在于日常生活中,能从真实的生活和游戏中感受事物的数量关系并体验到数学的重要和有趣,这对于他们是一种最自然、轻松而愉快的学习方式。因此,对于幼儿园的数学教育活动途径来说,由于儿童的社会与文化生活是与他们数学理解能力的发展交织在一起的,所以将抽象数学概念整合于日常生活经验并加以运用,提供给儿童情境思考和真实背景是十分重要且必要的。这种真实情境不仅为他们提供了通过问题解决学习数学的过程,也为他们营造了一个教师与儿童共享的、互动式对话与交流的学习环境。来自真实生活情境中的认知冲突以及这样一种平等、合作、互动的学习氛围能够提供给儿童更充分的数学交流和数学理解机会,而教师也能够在与儿童的互动交流和共同建构中适时地为儿童提供"支架",起到提携和推进的作用。

总之,幼儿一日生活中的数学教育环境是十分丰富多样的,环境中的事物无不具有数、量、形方面的属性,教师应当充分地利用这一自然的、随机的环境,提供给儿童宽松、自由的学习空间,在感受、观察、交流与讨论等活动中获得数的相关经验。

(二) 主题及其他各领域教育活动中的数学教育渗透

从当前的幼儿园课程改革实践来看,整合式、主题式的课程结构模式已成为一种重要的趋势。与原来的分科教学不同的是,幼儿园的数学教育活动不再仅是从学科本身的逻辑结构和起点出发的专项活动,而是围绕着幼儿的生活,在整合式的课程载体下融入数学教育的内容。如何在主题的背景下,融入数学的内容,帮助幼儿从生活和游戏中感受事物的数量关系并体验到数学的重要和有趣,成为《幼儿园教育指导纲要(试行)》理念下幼儿园教师共同探究的重要课题。

所谓主题教育活动,是指围绕着一个来自幼儿生活经验背景的中心内容,即主题来展开教育教学活动。主题源自儿童的生活,反映的是一个整体的、具体的、生动的现实世界。每一个主题中也自然包含了儿童发展的各个不同领域,数学作为与儿童生活密切联系一个领域也必然会在其中显现。因此,与主题相融合的"生活化数学"可以帮助幼儿在整合的、生活化的、具体的问题情境中感受事物的数、量、形、时间、空间,从而获得相应的数概念。

此外,在儿童生活的周围环境中,各种不同事物都是以一定的数量关系和空间形式存在的,且各种知识也是互相关联而渗透的。因此,除了数学以外的其他各领域教育活动都可以与数学教育相结合,既是该教育内容本身的要求,也是完成数学教育任务不可分割的一部分。它能够巩固、加深、补充和促进儿童数学概念的发展,能使儿童数学学习更为生动和有效,也就成为向儿童进行数学教育的一个辅助手段和必要途径。

语言是人类认识世界、互相交往、进行思考的工具,儿童不仅通过操作活动来学习建构数学知识,还要用语言来表达在操作过程中获得的数学经验及发现的问题,并且要用语言与同伴交流,正是由于数学教育与语言相结合,才使幼儿获得的数学经验更为清晰,知识的掌握更为巩固。另外,运用文学、音乐等教育内容、形式来进行数学教育也是十分生动而有效的。如把儿歌、歌曲与数、形知识巧妙地结合在一起,可以将抽象而单调的数形知识转变成有韵律、有节奏的艺术形式,使幼儿在欢快、形象、活泼、有趣的气氛中学习和巩固数学知识。尤其值得一提的是以"数学故事"的形式,所谓数学故事,就是以故事这一幼儿喜爱的形式来潜移默化地渗透粗浅数概念。以下一则数学故事就是一个很好的例子。

> **案例分享**
>
> **数学故事:一、二、三、四、五……**
>
> 放学了,皮塔亚从幼儿园里出来,兴冲冲地往家里跑去。他一口气跑到自己家楼下,小妹妹芬尔娅在楼梯口等着他。
>
> "我学会数数啦!"皮塔亚兴奋地对妹妹说,"今天在幼儿园,老师教我们数数了,看我数数楼梯有多少级台阶吧!"
>
> 皮塔亚蹦蹦跳跳地走上楼梯,一边大声地数着:"一、二、三、四、五……"
>
> "你怎么停下来了?"芬尔娅问哥哥。
>
> "等一下,我忘了走到哪一级台阶了,我一会儿就会想起来的。"
>
> "好的,你快点想吧。"芬尔娅说。
>
> 皮塔亚抓着头皮想了老半天,叹了口气:"唉,我记不起来了。我还是下去重新走一遍吧。"
>
> 于是他们又来到楼梯最底下,开始重新往上走。
>
> "一。"皮塔亚数着,"二、三、四、五……"
>
> 他又停下来。

"你又忘了吗?"芬尔娅问。

"嗯,下面是哪一级呢?我明明记得的,可是突然一下子又忘了,咱们再下去重走一回吧。"

于是他们又走下去,然后皮塔亚再一次开始往上走,一边数着:"一、二、三、四、五……"

"接下来会不会是25?"芬尔娅提醒哥哥。

"不,不可能?你吵得我没法思考了。我忘记了,都是你的错!我只好又重新开始数了!"

"哼,我才不高兴重新走呢!"芬尔娅嚷着,"老是上啊下,上啊下的,我的脚都走疼了!"

"你不想走了,拉倒。"皮塔亚说,"不过我一定要走到记起来为止。"

芬尔娅跑进屋里,对妈妈说:"妈妈,皮塔亚在楼梯上数台阶,他数了一二三四五,可他不记得接下来是什么了。"

"是六。"妈妈说。

芬尔娅急忙跑回楼梯口,皮塔亚还在那儿数着:"一、二、三、四、五……"

"六!"芬尔娅低声说:"是六!六!"

"六!"皮塔亚兴奋地喊道,"七、八、九、十。"

幸好楼梯到这里就没了,要不然,皮塔亚永远也别想回家去了——因为那天在幼儿园里,老师只教了他们从一数到十。

在科学、美术和体育等活动中,也可进行数学教育。如在幼儿数学教育过程中,可以自然地结合科学的内容:在认识物体(如动物)时,既了解它们的习性,也可以进行量的比较(如大小、高矮、粗细等)或数数活动。再如开展美术活动时,幼儿在绘画、泥工、剪贴的过程中,往往要准确辨认物体的形状、大小比例及位置等。同样,体育活动和体育游戏中的走、跑、跳等动作都是认识和复习上、下、前、后、左、右等空间方位和向上、向下、向左、向右等运动方向的十分有效和生动的手段与途径。总之,重视知识间的相互联系和相互渗透,有机地整合各个不同发展领域的教育内容,向幼儿进行有效的数学教育极其重要。

以下提供的一组在"春天"主题背景下的数学活动,可以使我们看到渗透于主题之中的,与科学、语言、社会、艺术等发展领域相融合的案例。[①]

---

① 活动方案由海军上海示范幼儿园洪琦老师提供。

> 集体活动

1 我与大树交朋友

> 活动目标

1. 能观察出树的不同特征并进行归类、比较和简单统计。
2. 知道树是我们的好朋友,懂得主动关心爱护树。

> 活动准备

户外场地、统计表等。

> 活动过程

一、情境讨论:与大树交朋友,能主动关心树

1. 幼儿园里有许多树,你喜欢哪一棵?为什么?你想怎样照顾它?
2. 幼儿自由活动,寻找自己喜欢的树。

二、比较与归类

1. 你们发现幼儿园里有那么多棵树,它们有什么不同?我们有什么办法知道大树多还是小树多?高的树多还是矮的树多?
2. 幼儿自由探索,讨论并交流。
3. 幼儿尝试将统计的结果填入统计表,教师可适当辅助。

三、交流与小结

教师与幼儿一起就统计表的结果进行交流,并帮助幼儿总结。

总结示范:小朋友真聪明,你们用统计的方法知道我们幼儿园一共有10种树,每一种树有多少棵,还学会了关心树,希望你们以后经常来关心树,给树浇水。

四、活动效果及反思

在整个活动中孩子们的兴趣很大,当教师提出问题时,他们都作出了积极的回应。有的说:"我喜欢柳树,因为看见柳树发芽就知道春天到了。"有的说:"我喜欢白玉兰树,因为它开的花很美很香,而且它还是我们上海的市花。"还有的说:"树能吸收二氧化碳,吐出氧气,我们人类最需要氧气,所以我以后要好好爱护树。"这个活动将有关数的一些概念和学习方法自然地融入了主题之中:数数树有多少棵?比比树有什么不同并统计其数量。这些环节让孩子们感到新鲜好奇,积极性高,操作性强。从孩子们填写统计表情况来看,大部分孩子能掌握,但对于部分孩子还是有一定困难,可以在以后的类似活动中给以加强。

2 蚕豆成熟了

活动目标

1. 知道春末是收获蚕豆的季节,蚕豆也是人们喜欢吃的一种豆类,它含有丰富营养,我们要经常品尝。
2. 在瓣蚕豆、品尝蚕豆的活动中感知数量的多、少,并用添上或去掉的方法使其变成一样多。
3. 乐意参加瓣蚕豆劳动,体验劳动的乐趣。

活动准备

蚕豆、数字卡、调料、电饭煲、餐具等。

活动过程

一、谈谈蚕豆的作用

1. 你们猜猜口袋里有什么?请部分幼儿摸一摸口袋里有什么。
2. 你们吃过蚕豆吗?吃过什么样的蚕豆?你们喜欢吃蚕豆吗?

小结:现在是蚕豆收获的季节。今天老师买来许多蚕豆,请小朋友帮老师,我们一起动手烧一个好吃的蚕豆汤好吗?

二、数数蚕豆的数量

1. 请小朋友猜猜盘子下面有几粒蚕豆?你们仔细听一听,老师拍了几下手,盘子下面就有几粒蚕豆。5粒蚕豆可以用数字几来表示?请小朋友从自己的数字卡中找出5。
2. 比多少:老师用手抓一把蚕豆,请幼儿数一数,再请一名幼儿用手抓一把数一数,比比谁抓得多,为什么?怎么把它们变成一样多?(可以用添上或去掉两种方法)
3. 请每位幼儿抓一把数数,自己抓的一把有多少粒,再和旁边的小朋友比比谁抓得多,用什么方法把它们变得一样多?
4. 师生共同瓣蚕豆、教师引导:你们觉得用什么方法瓣蚕豆最方便?你瓣了多少蚕豆?用数字几可以表示?你们这组谁瓣的蚕豆最多?谁瓣的蚕豆最少?分别用数字几来表示?

三、品尝蚕豆

1. 出示调料和炊事用具,教师烧蚕豆汤,请幼儿品尝。
2. 请幼儿分发餐具,数数有几个人,需要拿几个碗、几个勺。

小结:你们觉得蚕豆汤好吃吗?吃到嘴里有什么感觉?

四、活动效果及反思

这是一次主题活动中的数活动,从活动过程看,孩子们非常喜欢,他们始终处在主动学习的状态中,主要表现在:孩子们学习积极性高,师生互动和生生互动机会多,师生之间关系融洽,特别是第三个环节幼儿瓣蚕豆,他们不仅边瓣边数自己瓣了多少粒,还数旁边小朋友瓣了多少粒,很自然地融入了对数量多少的比较当中。当我发现其中一位小朋友瓣蚕豆的方法很好时就及时推广,孩子们都注意到了自己瓣蚕豆的方法的特别之处,不一会儿就探索出许多瓣蚕豆的好方法。我们边劳动边交流,形成了很好的生生互动和师生互动效果。第四个环节品尝蚕豆汤是本次活动的一个亮点,他们不仅体验到了自己劳动后的成功与喜悦,而且亲身感受并了解了蚕豆是一种营养丰富且味道鲜美的食物。当发现蚕豆汤很烫时,我请孩子们想想可以用什么方法让它很快变冷,他们想出许多好方法,如加冰块、放在冷水里、吹一吹、两个碗倒来倒去等。从这些交流与对话来看,我们意识到活动给孩子们带来的不仅仅是一些相关的知识,而是更大地激发了孩子们的积极思考,我想,孩子们所收获的要远远超过活动本身的预期。

3 燕子捉害虫

活动目标

1. 感知8以内数量的多、少,并能根据"虫子"的不同特点进行分类。
2. 通过玩"燕子捉害虫"的游戏,知道燕子是人类的好朋友,我们要爱护它。

活动准备

数字卡;幼儿事先制作好的燕子胸饰;纸做的"害虫"若干;塑料筐若干;《小燕子》的音频文件等。

活动过程

一、集体歌表演《小燕子》

1. 你们听谁在唱歌,(放歌曲《小燕子》)我们一起来表演好吗?(幼儿集体表演)
2. 讨论:你们喜欢小燕子吗?为什么喜欢?为什么说小燕子是人类的好朋友呢?我们应该怎样保护小燕子呢?
3. 你们都知道了小燕子有捉害虫的本领,下面我们一起来学一学燕子是怎么捉害虫的吧。(幼儿再次集体表演)

二、集体游戏"燕子捉害虫"

1. 教师扮演燕子妈妈:"小燕子们,在那边的树林里有许多害虫,让我们一起去捉吧。妈妈想看看你们能捉到几条害虫。"
2. 请个别幼儿说说自己捉到了几条虫。可以用哪一张数字卡来表示。

三、比多少并分类

1. 你们想想,哪只小燕子捉的害虫最多呀?谁捉的害虫最少呢?谁和谁捉的害虫是一样多的?
2. 你们发现捉到的害虫有什么不一样吗?
3. 现在我们要把捉到的害虫带回家去,请你想一想,用什么方法把它们装进红、黄、蓝三个筐里。(每个筐里的虫子是一样的)

四、交流分类结果

幼儿各自操作将虫子分类装进不同的筐中,并一起交流分类的结果。(你是怎么分的,谁和谁的分法是一样的)

五、活动效果及反思

在户外进行数学活动是第一次尝试,孩子们走出教室来到草地,兴趣特别高,他们仿佛就是小燕子在大草地上捉害虫,一会儿说我捉到一条大虫,一会儿说我捉到一条花虫,一会儿又说捉到一条很长的虫子……捉到虫以后兴奋地在一起交流比较虫之间有什么相同和不同之处,很自然的交流和互动不仅给孩子们创设了一个自由、轻松地探究数学问题的情境,而且也对不同发展水平的幼儿产生了积极的影响作用。当在组织孩子们交流结果时,他们的反应可谓争先恐后,就连平时不爱发言的小朋友也主动举起了小手要告诉大家自己捉到了几条虫。此外,这个活动中运用歌曲《小燕子》也为调动孩子们的情绪、使其进入情境创设了一个较好的背景和环境。

(三) 游戏活动中的数学教育渗透

苏联著名教育家克鲁普斯卡娅说过:"游戏对于儿童是学习,是劳动,是重要的教育形式。"儿童的生活离不开游戏,它是儿童最喜爱的活动,是最适合儿童身心发展特点的活动之一,更是向儿童进行数学教育的有力手段和途径之一。结合游戏进行数学教育可使儿童摆脱枯燥、抽象的数量概念,在欢愉、轻松有趣的气氛中参与、体验、感受和学习初步的数学知识。因此,在教师有目的、有计划安排的数学教育活动中,往往采用游戏的形式来组织活动。此外,在儿童生活中的其他各种游戏活动中也涉及了大量有关数量、空间、时间、形状等方面的知识。如建筑游戏,其主要材料积木正是现实生活中各种形体的再现,儿童在运用积木搭建各种建筑物和物体的过程中,可以获得并巩固各种数学知识。运用积木进行的建筑游戏涉及的数学知识,包括了空间、几何形体、测量等,而这些方面又与分类、排序、数及数量的比较(相等与不等)相联系(具体如图4-1所示)。[①] 儿童在选择积木、辨认形体、拼搭建筑物的

---

① 林嘉绥,李丹玲.学前儿童数学教育[M].北京:北京师范大学出版社,1994:58.

过程中,激活并运用了有关的数学知识,从而起到学习和巩固数学知识的作用。再如角色游戏是儿童创造性地反映现实生活的游戏,在各种主题的角色游戏中都不同程度地运用了数学知识和技能,从而促进了儿童在生活中对数学知识和技能的应用能力。例如,商店游戏中的买卖游戏能帮助儿童复习数的加减运算;娃娃家游戏中布置娃娃家的家具,能帮助儿童复习并运用分类的知识,这些活动帮助儿童通过扮演角色,在游戏情节中获得数的经验。另外,娱乐游戏中的玩沙、玩水游戏也是儿童十分喜欢的一种游戏,在这些游戏中儿童不仅能感受到沙和水的特质,而且用各种形状的杯子、碗等装沙和水,通过反复翻倒逐步感知量的比较和守恒概念。

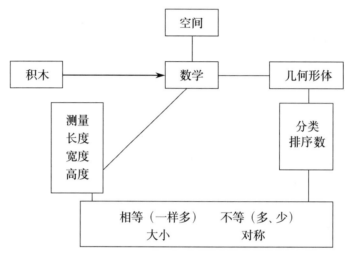

图4-1 积木游戏中的数学知识

总之,寓数学教育于游戏活动之中,能使儿童在自由活动和有趣新奇的游戏体验中获得数、形的经验和知识。因此,在实施幼儿园数学教育的过程中,教师应当从整合和多方位渗透的思想出发,合理利用游戏环境,在各类游戏活动中自然、有机地渗透教学,创造让幼儿多途径感知和体验数学的各种机会。

第二节 学前儿童数学教育的方法

教育方法是教育过程中教师和学生为实现教育目标和教育任务所采取的行为方式的总和。它是教育目标转化为儿童发展过程中的中介途径和重要媒介。教育方法运用得恰当与否,将直接影响教育任务的完成及教学的效果。因此,采用科学、合理、有效的教育方法,将有助于教育的最优化发展,有助于教育理想效应的达成。

学前儿童的数学教育活动是在教师指导下的有目的、有计划的儿童主动的学习活动。在这种行为活动方式中,既包括教师教的方法,也包括儿童学的方法,还包括师幼行为活动的顺序。教师和儿童的行为不是割裂而孤立的,两者行为之间存在着一种有机的密切联系,体现出整体的统一性。下面从儿童的视角出发,具体介绍和分析几种在学前儿童数学教育中常用的基本方法。

一、操作法

(一) 操作法的含义及其分类

操作法是指提供给儿童合适的材料、教具、环境,让儿童在自己的实践操作中进行探索,从而获得数学感性经验和逻辑知识的一种方法。

近年来,心理学的研究已经向我们揭示了儿童数学概念的获得不是从客体本身直接得到的,而是通过动作操作和在内心组织动作得到的,即通过与材料的相互作用发现和建构数学关系。因而,操作的方法已成为儿童学习数学的基本方法。

操作的方法多种多样,按其性质可分为示范性操作、验证性操作、探索性操作、发散性操作,按其组织形式又可分为集体操作和个人操作。

操作法可与分类、排序、比较、分合、计数、计量等内容有机结合,引导儿童通过摸、画、剪、拼、排、贴、推、拉、投等操作活动,促进大脑积极思维发展,以利于提高儿童学习数学的积极性,发展每个儿童不同的数学思维水平和潜力。如提供给儿童各种材料(如纽扣、花片等)进行计数活动;提供各种几何形状的塑片、积木等进行形体的认识、比较、拼搭活动。如提供形状、颜色、大小不同的纽扣8粒,让儿童在进行操作的过程中发现:有两个孔的红色圆纽扣4粒,四个孔的白色圆纽扣3粒,还有一粒最大的、方形的、没有孔的绿色纽扣,通过一一排放成一行,就能数出每种纽扣的数目,并且感知纽扣的总数与纽扣排放的位置没有关系。纽扣的排放方法很多,可以排成横行、竖行或呈长方形、圆形等排列,还可以按大小、形状、颜色等不同规律来排列……从中,儿童能获得分类、排序、计数、辨数、辨形、数的守恒等数学知识和能力。

操作活动对促进儿童掌握初步数学知识的作用是显著的。皮亚杰曾经说过:"数学的抽象乃是操作性质的,它的发生、发展要经过一系列连续不断的阶段,而其最初的来源是一些十分具体的行动。"可见,数学的抽象依靠的是作用于物体的一系列动作的协调,同时在心理上建立相应的协调联系。因此,儿童只有通过自身的操作活动,才能借助于被操作的物体获得数学感性经验,整理数学表象,主动领会和构建抽象的初步数概念。

正如苏联著名教育家苏霍姆林斯基所言:"智慧之花开在手指尖上。"操作法应该运用到学前儿童数学教育的一切活动内容中去,它可以和其他各种方法有机结合,互相贯通,共同取得教学成果的最大效益,更好地促进儿童思维的发展。

(二) 运用操作法的注意点

1. 明确操作目的

运用操作法,主要是依据儿童学习数学的特点而提出的。凡是要教给儿童的有关数学知识,都应尽可能转化为可直接操作材料的活动。在运用操作法的过程中,教师必须注意运用此方法的顺序。通过儿童在动手操作中感知对材料的"力"的作用,发现问题,初步体验某概念的内涵或运算规律,然后再让儿童用语言表述动作的结果,启发儿童形成具体的形象,最后再由教师引导儿童讨论操作结果,帮助儿童概括出数学语言,使感知到的知识和经验系统化、符号化。虽然不同类型的操作对儿童思维训练的作用是各不相同的,但操作的意义在于激发儿童学习的兴趣及促进思维的发展。因此,教师在运用操作法的过程中,不能仅重视验证性操作和结果,而忽视探索性操作、发散性操作和操作的过程。

2. 创设操作条件

教师应为儿童的操作活动创设合适的环境、提供必要的条件。其中包括:为每个儿童提供人手一份的操作材料,可以选择、利用自然物或便宜的实物,如小木棍、瓶盖、纽扣、积木、回形针、废纸盒等,亦可发动儿童自己动手制作一些简单的材料,以便做到保证每个儿童都有足够的操作材料;给予儿童充分的操作空间和时间。为了使操作达到预期的目标,教师必须为儿童提供可供操作的合适场地及足够儿童摆弄物体并思考、探索的时间,只有这样才能充分发挥操作及其材料在学习数学与发展儿童初步数概念方面的作用;保证儿童有同伴间充分的交流机会,有助于儿童思考数学知识,而不是被动地接受获得对知识的理解,并且有利于儿童养成自学、互学的良好习惯。

3. 交待操作规则

在正式的数学教育活动中运用操作法,教师可以在儿童动手操作之前,先向儿童说明操作的目的、要求及具体方法。特别是对幼小儿童缺乏操作经验及儿童在使用新的操作材料或工具时,教师更应通过适当的讲解,交待具体的要求和方法,然后再让儿童通过操作来体验,起到巩固和加深的作用,以保证儿童的操作具有一定的方向性,减少盲目性、随意性。另外,操作规则除了说明操作的要求、步骤和方法外,还应注意反映出有关数学概念的属性或运算规律。例如,按某种属性区分集合转为具体的操作规则就是"把形状相同的图片放在一起"。

4. 评价操作结果

儿童通过操作所获得的知识是粗浅的、零碎的。因此,教师要重视对儿童操作过程的归纳、评价,帮助儿童形成比较完整的、正确的数概念。此外,教师还必须重视对个别儿童的操作进行评价,对儿童在操作中所表现出来的合理性、新颖性和创造性予以充分的肯定,以激发儿童进一步学习和探索的积极性。

5. 体现年龄差异

各个年龄班在运用操作法的过程中,应根据儿童的实际水平和年龄特点有所区别。如小班儿童不仅应提供人手一份的操作材料,而且要求动手操作可多些;而大班儿童则可提供书面一类的操作材料,可增加黏贴、涂色、记录一类的操作,且可以安排小组共用一份操作材料,借此培养孩子的协作能力。

6. 与其他方法有机结合

操作法在儿童理解建构数学概念过程中的作用是独特而明显的,但它并不是唯一可行有效的方法,它的优势需在与其他方法有机的结合、相互的配合下方能显现。因此,强调数学教育中充分发挥操作法作用的同时,也要考虑它与其他多种方法有效的结合(如讨论法等),使每一种教学方法的长处都得到充分的体现和发挥,共同促进儿童数概念和数思维的发展。

二、游戏法

(一) 游戏法的含义

游戏法是根据儿童好动的天性、具体形象的思维特点,将抽象的数学知识寓于儿童感兴趣的游戏中,让儿童在自由自在、无拘无束的各种游戏活动中学习数学的一种方法。它是儿童数学学习中一种十分重要的途径和方法,它更有利于调动儿童的学习积极性,激发儿童的学习兴趣,体现出儿童学习特点和身心发展的和谐。

学前儿童数学教育中的游戏是一种运用于教学中的有规则的游戏,是在教学过程中用以完成一定教学任务的游戏。游戏中教师可以将要求儿童掌握的初步数学知识和技能融入规则和动作中,使儿童在操作游戏规则和动作的过程中进行观察比较、分析综合、抽象概括以至判断推理等思维活动,从而使游戏成为儿童获得数学知识和发展思维的有效方法。

(二) 游戏法的种类

1. 操作性数学游戏

这类游戏是指儿童通过一定的游戏规则来操作玩具或实物材料,从而获得初步的数学知识的一种游戏。如小班儿童学习分类时做的"图形宝宝找家"操作游戏,即安排三个动物玩具,分别贴上"△、□、○"的标记,让儿童把"图形宝宝"送到有相应特征的玩具动物"家"里去。又如大班儿童学习数的组成时的"球盒"操作游戏,学习加减法的"掷骰子"等游戏。

2. 情节性数学游戏

这类游戏具有一定的游戏情节、内容和角色,特别适合于年龄小的儿童。通过游戏情节的安排来体现所要学习的数学知识。如为小班儿童学习"1"和"许多"而设计的"小猫捉鱼"

游戏,教师、儿童分别扮1只"猫妈妈"和许多只"小猫","猫妈妈"以游戏口吻要求"小猫"去抓鱼,要求每个"小猫"抓1条鱼,1条、1条鱼合并成"许多"鱼……这类游戏一般以一个主题贯穿整个游戏,但教师在设计这类游戏时,应注意情节的安排须有助于儿童更熟练地掌握数学初步知识,有利于促进儿童观察力、想象力和思维能力的发展。值得注意的是,游戏的过程不宜太新奇、规则不宜太复杂,以免分散儿童的注意力。

3. 竞赛性数学游戏

带有竞赛性质的数学游戏更适合于中、大班,不仅能满足儿童的竞赛、好胜的心理,而且有助于对知识的巩固和培养发展儿童思维的敏捷性和灵活性。

4. 运动性数学游戏

这类游戏是指数概念或知识渗透于体育活动之中的游戏。例如,大班儿童学习数的组成,可通过掷飞镖、投沙包等运动性游戏来记录某一总数中不同的投掷结果(如5个飞镖,投中3个,未投中2个),再根据对投掷结果的归纳来学习数的组成。这类游戏既满足了儿童好动的天性,又渗透了数学的初步概念。

5. 运用各种感官的数学游戏

这类游戏主要强调通过不同的感官进行数学学习,强调儿童对数、形知识的充分感知。例如,在儿童学习认数的过程中,可以让儿童通过看、听、摸等活动多方面理解数的实际意义。又如在学习认识、区别几何图形中,可以"奇妙的口袋"游戏为载体,通过触摸来感知、区别图形的不同特征。

6. 数学智力游戏

数学智力游戏能极大地调动儿童思维的积极性,培养其思维的灵活性、敏捷性、独创性以及综合运用数学知识解决问题的能力。如图4-2和图4-3,看一看,数一数,有几个圆形?有几个正方形?(几个没有线条的正方形?几个划横线的正方形?几个划竖线的正方形?几个既划横线又划竖线的正方形?)再如图4-4两个集合相交,△中都是红颜色的图形,□中都是圆形,问儿童图外一个红色的圆形应放在哪里?

图4-2 圆形组合

图4-3 横线竖线相交的正方形

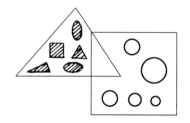

图4-4 三角形和正方形相交

(注:▨为红色)

三、比较法

比较法是学前儿童数学教育中普遍采用的一种教育方法。比较是思维的一个过程,是通过对两个或两个以上物体的比较,让幼儿找出它们在数、量、形等方面的相同和不同,如比较两根绸带的长短,比较三个相邻数间的大小等。在比较过程中,幼儿首先要在比较的两个(或两个以上)对象间建立起联系,才能作出判断,因此,比较的过程也促进了幼儿的思维发展。

按比较的性质来分,可以分为简单的比较和复杂的比较。简单的比较是指仅对两个(组)物体的数或量的比较;复杂的比较是指对两个(组)以上物体的数或量的比较。复杂的比较是以简单的比较为基础的。

按比较的排列形式来分,可以分为对应比较和非对应比较两种。对应比较是把两个(组)物体一一对应加以比较。具体分三种:

(1) 重叠式(见图4-5)。把一个(组)物体重叠在另一个(组)物体上,形成两个(组)物体元素之间一一对应的关系,从而进行量或数的比较。如将4把勺子一一重叠在4只杯子上,比较它们数量是相同还是不同。

图4-5 重叠式　　　　　　图4-6 并放式

(2) 并放式(见图4-6)。把一个(组)物体并放在另一个(组)物体的下面,形成两个(组)物体元素之间一一对应的关系,进行量或数的比较。如4朵红花,一一并放在4朵黄花的下面加以比较。

(3) 连线式(见图4-7)。将图片上画的物体和有关的物体、形状或数字等,用线联系起来进行比较。

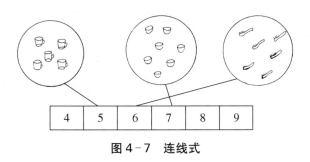

图4-7 连线式

非对应比较也可以分为三种形式:

(1) 单排比较(见图4-8)。将物体摆成一排或一行进行比较。

(2) 双排比较(见图 4-9、图 4-10 和图 4-11)。将物体摆成双排进行比较。

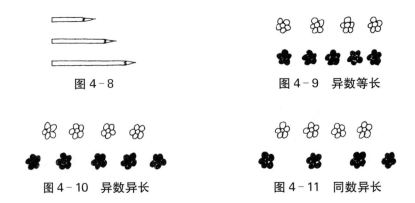

图 4-8

图 4-9 异数等长

图 4-10 异数异长

图 4-11 同数异长

(3) 不同排列形式的比较(见图 4-12)。将一组物体作不同形式的排列,进行数量比较。

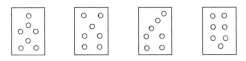

图 4-12 不同排列形式的比较

四、讨论法

(一) 讨论法的含义及其分类

语言是思维的工具。在数学教育中,讨论是引导儿童有目的、探讨性地主动学习数学的一种重要方法,它是一种多边的活动过程,可以是师生间,也可以是生生间的讨论,它能够起到互相交流、互相启发、共同探究的作用,进而促进分析、归纳,有利于儿童初步数概念的形成及思维的发展。

从讨论的时机来分,可以分为随机性讨论和有计划的讨论。前者是指根据教学的进展情况和儿童的反馈随时开展的讨论,这种讨论针对性强,有利于帮助儿童及时解决学习过程中的障碍;后者是指教师针对某一问题有目的、有计划地组织儿童开展的讨论,一般在操作完成以后进行,可以引导儿童对数的各种体验进行整理,帮助儿童对某一问题进行分析与归纳。

从讨论的功能来分,可以分为辨别性讨论(目的在于通过讨论学会比较和积极思考)、修正性讨论(目的在于通过讨论认识操作中的错误,发现问题,提出修正办法)、交流性讨论(目的在于通过讨论获得多种答案,注重求异,丰富知识经验)、归纳性讨论(目的在于帮助儿童归纳操作中的体验,使之条理化、概念化)。

（二）运用讨论法的注意点

1. 以操作体验作为讨论的基础

对儿童来说，在开展讨论前必须具有一定的知识经验和心理准备。因为讨论往往是伴随着操作活动而展开的，所以操作体验应是讨论的基础，儿童有了一定的感性认识，才能对要讨论的内容作出积极的反应，才能更好地接受讨论的最终结果。比如要让儿童通过讨论来掌握数的组成的规律，就必须在他们有关于数的组成的操作经验，对数的组成的关系有所体验的基础上实施。在教学中，应力求避免那种毫无准备、只求形式、不求实效的讨论。

2. 注重讨论的过程

儿童数学学习的重点不在于传授知识，而在于促进思维的发展。因此，讨论的过程比结果更重要，教师应鼓励儿童积极参与讨论、开动脑筋、促进思维能力的发展才是讨论的目的所在。在讨论过程中，教师要注意倾听儿童的操作体验，观察分析儿童在讨论中的反应，了解儿童的思维形式和思维活动的过程，鼓励儿童积极发表自己的看法，引导他们自己得出结论。

3. 体现因人而异、因材施教

作为个体，儿童的发展水平和能力是各不相同的。作为教师，应以激励者的身份鼓励他们积极参与，给儿童更多自由讨论的空间、时间，在宽松自由、无拘无束的讨论环境中帮助儿童克服自卑感、紧张感，树立起自信心，大胆地说出自己的意见。同时也可以从较简单的问题出发，引入讨论，当儿童有了一定的基础之后，再逐渐提高问题的难度。

五、发现法

发现法是在教学过程中，教师不把数学的初步知识和概念直接向儿童讲解，而是引导儿童依靠已有的数学知识和经验去发现和探索并获得初步数学知识的一种方法。这种方法充分调动儿童学习的积极性和主动性，培养儿童数学学习的自主探索精神及独立解决问题的能力。

运用发现法的前提是教师必须为儿童的主动探索和发现创设一个合适的环境，能让儿童在一定的材料中操作、发现、讨论、验证，从而学到概念与技能。在宽松、自由、充分享有空间、时间的环境中，他们可以自信地、主动地尝试，发现问题，进而解决问题。一般运用发现法组织教学，可以分为五个阶段：第一，准备阶段——正式进入发现过程，首先让儿童明确探索的目标、意义、途径、方法，并做好物质和精神的准备；第二，初探阶段——根据教师提出的目标和途径，儿童通过操作或观察，主动概括出原理、概念的定义，探求问题的答案，它是发现过程的主要环节，也是儿童获得知识的基础；第三，交流与再探阶段——引导儿童通过讨论,再次操作探讨;第四,总结阶段——把探索中获得的知识、结论加以归纳整理,使知识系统化;第五,运用阶段——通过一系列的口头或书面练习,使儿童初步获得知识迁移的能力。

值得一提的是,作为教师还应充分相信儿童,放手让儿童去发现、探索、思考,并鼓励儿童克服困难,直到发现解决问题的办法。教师要学会等待、观察,不要急于暗示答案,而应适时、合理地给予启发,对通过探索、发现找到解决问题办法的儿童,应多多给予肯定和鼓励。

六、寻找法

(一) 寻找法的含义及其分类

寻找法是让儿童从周围生活环境和事物中寻找数、量、形及其关系或在直接感知的基础上按数、形要求寻找相应数量的实物的一种方法。它也是学前儿童数学教育中经常使用的一种基本方法。其具体形式有以下三种:第一,在自然环境中寻找。对儿童来说,初步的数学感性经验来源于周围的现实环境,而这一环境既包括自然环境也包括社会生活环境。如在引导儿童认识区别"1"和"许多"的过程中,可以运用寻找法让儿童在自然环境中寻找"1"和"许多",相较于在教师准备好的环境中寻找更困难些。这是因为在自然环境中,儿童要对空间所有的物体进行数量分析,并排除物体排列形式的干扰,抽象出它们的数量关系。第二,在已准备好的环境中寻找。教师在组织教学活动时,可以事先在活动室布置有关的物体,引发儿童寻找的欲望。如找找活动室里有哪些长方体的东西?找找活动室里能用数字3来表示的物体等。第三,运用记忆表象来寻找。通过启发儿童在直接感知的基础上运用记忆表象,寻找出相应的物体。

寻找法不仅可以提高儿童学习的积极性,使儿童的好奇心得到一定的满足,同时也有利于培养儿童的观察力、注意力和分析综合的能力。

(二) 运用寻找法的注意点

(1) 应根据具体的教学内容及儿童的年龄特点适时适宜地选用,避免追求形式。

(2) 寻找法可以和游戏法相结合,特别是对年龄小的儿童,利用游戏的口吻、游戏的情节及游戏的场景启发儿童寻找。

(3) 教师对儿童的寻找要进行必要的引导和启发。如小班儿童用寻找法区别"1"和"许多"时,教师可以先提示儿童看一看活动室里有几位老师、几位小朋友、有几扇门、几扇窗等,然后再引导儿童寻找什么是一个、什么是许多个。

除了以上几种基本方法外,在学前儿童数学教育中还可以采用另外一些辅助性的方法。(1)欣赏法,吸引儿童对呈现数、量、形、时间、空间等数学内容的现实环境或美丽图画进行学习前的感知,在欣赏感知中萌发对数学活动的兴趣及体验粗浅的数学知识和内容。如出示用圆形拼成的娃娃、蝴蝶等图画来认识、区别圆形。(2)归纳法,在儿童已有知识的基础上,运用推理概括出一些简单的本质特征或规律,以获得新的数学知识,这是从特殊到一般的过程。在儿童数学教育的中、后期可逐步引导儿童进行简单的推理,初步运用归纳的方法。如大班儿童在认识了 10 以内相邻数关系后,能从中概括出 10 以内自然数列的任何一个数都比前面一个数多 1,比后面一个数少 1 的普遍规律。(3)演绎法,引导儿童运用一些带有规律性的知识进行推理以获得新的数学知识,它是从一般到特殊的过程。如大班儿童通过学习 3、4、5 的组成,掌握了两个部分数之间的互补、互换关系之后,他们就能运用这个一般规律陆续推断出 6—10 的各数的组成,起到举一反三的作用。

"教学有法,但无定法。"教学方法具有很大的灵活性和创造性,它受教学目标、教学内容和教学对象的制约。在考虑学前儿童数学教育方法的过程中,应从儿童学习数学的思维特点及本身年龄的特点出发,避免单一枯燥的灌输式方法,多采用灵活多样、生动活泼、手脑并用、多种感官参与的方法。同时,我们在采用某一种方法进行教育活动中也可兼用其他方法相辅相成,使教学方法成为一个有机的整体,彼此互相渗透、交融,从而更有效地激发儿童学习的兴趣,更有针对性、创造性地进行数学启蒙教育,更好地贯彻以儿童为主体、教师为主导的教育思想,使儿童得到初步数学知识的启蒙和思维的发展。

第三节　学前儿童数学教育的环境创设

幼儿园的环境是指幼儿本身以外的、影响幼儿发展或受幼儿发展所影响的一切外部条件和事件。儿童依赖于环境并作用于环境,它们两者之间的密切联系充分显示出它们本身所蕴含的一种潜在的性能,只有双方相互作用,才能被激活,即发挥出环境对儿童发展的影响价值,也体现出儿童在环境中成长和学习的价值。

对于儿童的数学学习和幼儿园的数学教育来说,环境的创设以及材料的提供是极其重要而富有价值的,它是儿童在基于材料的操作和感知之上建构其相应的数概念的前提和必要保证。因此,作为影响儿童数概念发展的一个重要因素和条件,环境的创设问题得到了教育实践工作者的充分重视和关注,并成为着力探究的一个问题。

一、感受数学美,使儿童"亲近数学""喜欢数学"

数学和美学,表面看来一个属理科中的工具学科,一个属文科中的艺术学科,似乎毫不相干。其实不然,浩瀚的美学内容既包括艺术美,也包括科学美。感知数学美,可以帮助幼儿从形象入手理解抽象的数学知识。数学与音乐、美术一样具有美的吸引力和感染力。

(一)数学的科学美

古希腊伟大的哲学家亚里士多德早就指出:"认为数学的科学全不涉及美或善是错误的……数学的科学特别体现了秩序、对称和明确性,而这些正是美的主要形式。"[①]而伟大的科学家庞加莱更是把数学美赞誉为一种"伟大的东西",它是能与艺术美相提并论的科学美。这种科学美不仅在人们的生活中广泛存在,而且在生产、科学活动中作用巨大。数学是最有理智的艺术,是美的一种高级形式,可以让幼儿在潜移默化的欣赏中感知数学的科学美。如比例美(美就是和谐,而和谐是由一定数量比例、数学规律设计组成的),按"黄金分割"比例设计的长方形是最美丽的长方形,幼儿生活中所见的建筑设计、画作、书本、邮票、照片等都是依此比例设计的。再如几何美,正如古希腊哲学家毕达哥拉斯所提出"万物都是按数学和数学形态造成的"这一观点,的确,在大自然和人造物体中存在着许多用数学中的直线条和曲线条构成的美丽的形。如楼房是直线条的,花是曲线构成的,贝壳是螺旋形线的,鸡蛋是卵形线的等,分别呈现出不同的几何线条美。

在美国召开的 1998 年科学发展协会的年会上科学家及教育家都一致认为,在 20 世纪末高新技术发展过程中几何学得到了充分而空前的应用,专家由此呼吁:21 世纪的教育应把几何学放在头等重要的地位,甚至提出了"几何学万岁"的口号。由此也告诉我们,应当尽早在学前儿童数学启蒙的教育中让幼儿通过欣赏、感知几何美来接触、了解、认识、熟悉几何这种形象数学,把许多抽象的理论变成"看得见的思想"。

(二)数学的抽象美

艺术美具有形象、抽象之分。数学的抽象美是对具体形象的高度概括与升华,抽象的形式更集中而富有启发性。它已被广泛应用于视觉艺术、广告装潢及家庭布置等领域中,它既是数学设计又是艺术作品。人们是天生具有数学抽象美的欣赏能力的,如图 4-13 五个大小不同的内切圆,幼儿会根据自己的想象把它比作花、孔雀羽毛、贝壳、草帽、面包、眼珠、彩虹等,这些答案充分说明越具抽象性,其功能的应用性就越大,可见,感知数学的抽象美对于幼儿具有多么大的启发性。

图 4-13 内切圆组合画

(三)数学的创造美

当今计算机技术的日新月异和广泛使用,使人们进入更美好的境界,变得智能且便捷,但是数学的创造美不仅体现在高层次的知识领域内,在幼儿数学启蒙教育中也有所体现。幼儿具有丰富的想象力和创造力,下面是一个 5 岁幼儿用 4 个大小不同的圆形拼搭出的各种

---

① 郑毓信.数学方法论[M].南宁:广西教育出版社,1996:136.

图形,其中蕴含着孩子以自身生活经验出发感知和反映出的数学的创造美(见图4-14)。

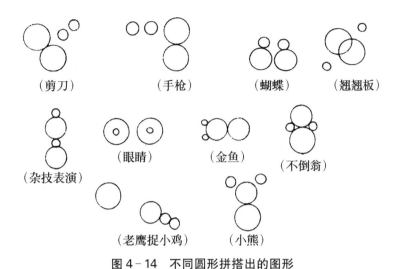

图 4-14 不同圆形拼搭出的图形

二、渗透数形结合,变"抽象数学"为"形象数学"

数学是一门研究客观物质世界的数量关系和空间形式的"抽象"的学科,一向被描绘成是纯理智的精英科学,但其应用的广泛性和学习的必要性却是无可否认的。那么,如何使幼儿像喜欢美术、音乐一样对"抽象"的数学产生兴趣?如何既渗透现代数学教育思想、内容,同时又做到深入浅出、符合幼儿年龄特点呢?这些困扰着教师和教育专业工作者的问题在学前儿童数学教育改革中得到了重视,并由此提出变"抽象"数学为"形象"数学的观点。我们知道,数学是由两个概念构成的,一个是数,一个是形,数抽象,形直观。数学就像一棵大树,它是从数和形这两类基本东西里生长出来的并能长出千奇百怪的分枝和花朵。数形结合是抽象与直观、思维与感知的结合。

在学前儿童数学教育中,采用数形结合的数学内容和方法,把两类知识加以有机地结合,可以使较为抽象的数方面的知识与较为形象的形方面的知识统一起来,便于幼儿理解数学知识,变"抽象"数学为"形象"数学。苏联幼儿数学教育家列乌申娜曾指出:幼儿在学习10以内数的时候,要时常学习与算术紧密联系在一起的几何材料,那么应从学习的最初几天起,就使用各种各样的三角形、圆形,以后再增加多边形,用这些作为计数的直观材料。应把几何图形和玩具放在一起,像玩玩具一样玩着它们。同时,教师应尽早教给幼儿观察几何图形形状的方法,揭示图形中的数量关系,按几何图形的不同特征(如颜色、大小、形状)进行分类和排序。可见,数形结合,正是具体与概括、直观与抽象、趣味与思维的结合和交融。这种结合和交融,不仅有利于幼儿从"形象"进入"抽象",同时更有利于幼儿思维的萌发和拓展。

以下几幅环境创设的材料,均是体现"数形结合"的设计,可以让幼儿在感知、欣赏、比较、寻找、想象、拼搭等活动中进一步加深对数、形概念的理解(见图4-15、图4-16、图4-17和图4-18)。

图4-15　数形结合1　　　　　　　　图4-16　数形结合2

图4-17　数形结合3　　　　　　　　图4-18　数形结合4

三、充分利用空间与材料，引发儿童自发、自主的探究与学习

(一) 借助幼儿园整体空间环境感知、学习数学

教育部颁布的《幼儿园教育指导纲要(试行)》(以下简称《纲要》)中明确指出,幼儿园的教育重在"为幼儿提供健康、丰富的生活和活动环境,满足他们多方面发展的需要,使他们在快乐的童年生活中获得有益于身心发展的经验"。同时,《纲要》中还指出:"环境是重要的教育资源,应通过环境的创设和利用,有效地促进幼儿的发展。"可见,幼儿园的环境是与幼儿发展息息相关的,环境创设是体现教育价值和效果的一个重要方面。而对于学前儿童的数学教育来说,能够促进儿童数概念和数认知能力发展的有效环境不仅仅是指活动室或数学

区角中的材料设置,而是应当借助幼儿一日生活的整个活动空间环境渗透数学,把刺激儿童数学学习的环境拓展到幼儿园所有的活动空间内。通过这些儿童每天都要接触的空间(如走廊、楼梯、盥洗室、操场、餐厅等)中所蕴含的有关数、量、形等知识的感知,激发幼儿的学习兴趣和参与热情,使幼儿在潜移默化、自然渗透的数学环境中主动、自发地学习。以下一组照片就是利用幼儿园的盥洗室、走廊、操场等空间进行的环境创设(见图 4-19、图 4-20、图 4-21、图 4-22、图 4-23 和图 4-24)。①

图 4-19　盥洗室

图 4-20　门厅

图 4-21　走廊

图 4-22　围墙

图 4-23　杯架

图 4-24　楼梯

---

① 环境创设图片来自上海市静安区安庆幼儿园、上海浦东新区巨野幼儿园。

（二）利用区角活动空间合理投放材料，刺激儿童有效的数思维

区角活动是一种充分利用环境因素，让幼儿以个别或小组的方式，自主选择、主动操作、探索学习，以感知、积累、修正和表达经验，获取相应知识，并在身体、情感、认知和社会性等各方面有所发展的、重要而极有价值的教育组织形式。它是一种开放性的、低结构性的活动，对幼儿来说，与集体活动相比，他们会享有更多的自主权，如活动的内容、时间、节奏、顺序以及活动的伙伴、规则等都可自行决定或与同伴商量、协调，这种充分的自由和开放为儿童主动、有效的学习提供了一种良性的条件和保障，能够促进儿童在摆弄与操作、探索与发现、交流与合作的过程中获得主动的发展。

幼儿园的区角活动一般可以分为学习性区角活动和游戏性区角活动，学习性区角活动主要涉及的内容有语言、逻辑思维、科学探索、艺术表现等。"数学角"是比较偏重促进儿童认知发展的一项数学区角活动，在数学区角活动中，材料是促进儿童有效的主动学习的关键，因此，对于材料的创设和投放应当体现以下几个方面的特征。

1. 关注材料与活动内容本身的系统性、层次性

在区角活动的数材料投放中，教师不仅需要关注到儿童的兴趣和需要，关注儿童的年龄特点和已有的发展水平，更需要关注到活动内容和材料本身的系统性，即数学知识结构本身的逻辑性、层次性。因此，有关数材料的投放应当是有序而递进的，有组织而系统的。例如，在数学区角活动中，教师投放了不同颜色、粗细和点子数量的塑料瓶、塑料管和花片，让幼儿自由挑选进行"插花"，以促进幼儿分类、对应、匹配、数、量等相关概念的发展。这样一套材料本身是有序而递进的，也能够体现对不同发展水平幼儿的个别差异，并促进他们的有效学习。通过观察孩子们的操作可以知道，低水平幼儿会从颜色入手，将同样颜色的花片插入同样颜色的管子和瓶子中；中等水平的幼儿在考虑颜色的同时也会关注到管子、瓶子的粗细与花片中花心口粗细的相配；高水平幼儿不仅会根据颜色、粗细的特征进行匹配"插花"，还能根据花瓶上的点子数量来插相应数量的花。同样，这样一套内容材料的安排，也为参与活动的每个幼儿提供了一个可持续发展的机会。一般说来，区角活动的目标往往是教师根据学期目标或月目标制定的一个相对宽泛而长远的目标计划，有一个较长的达成过程，它并不要求幼儿在一次活动中就能实现，而是允许幼儿根据自己的学习水平和能力安排适宜的学习速度，而教师也需要在观察幼儿操作和探索水平的基础上及时地、不断地调整目标和内容，促进儿童的可持续发展进程。

2. 体现材料和活动内容的动态性、开放性

区角活动在很大程度上是一种儿童的个别化学习方式，加入活动的每一个幼儿对教师提供的信息（环境、材料）在主动获取时，经常会有一些突破常规的求异思维或发散思维，他们会根据自己的经验、假设、想象，另谋活动途径和方式或赋予活动内容、材料以新的诠释，

这就是幼儿在活动过程中的一种不自觉的变通。因此,数活动材料的投放也应当体现一定的开放性和变通性。诸如以上所列举的"插花"材料,其动态性就体现在教师既可以根据幼儿的操作和活动情况及时地调整材料的难度,合理变通,也可以依据因材施教的原则让不同发展水平的儿童作出适合他们自己的探索和学习。可见,越是低结构的材料和内容,越能引发儿童个性化的、自发的学习和探究。

以下是在区角活动中数学材料投放的案例。①

区角活动

小盒子(中班)

提示: 小盒子上贴有宽窄、粗细数量不同的贴条,另准备透明塑料瓶若干,瓶内分别装有回形针、白扁豆、绿豆、塑料小弹子等。请幼儿根据小盒子上贴条数量的多少给盒子排排队,也可根据贴条数放相应数量的物品,并把不同材料的物品分别放入小盒子内,摇摇听听不同材料发出的声音,感受声音的不同(见图 4-25)。

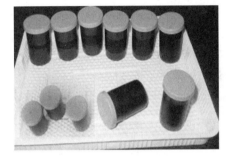

图 4-25 小盒子

格子里的数字(大班)

提示: 10 mm×10 mm 的格子纸中按照从小到大的顺序写上数字 1—100,请幼儿自己念一念格中的数字,并用彩色笔圈数(可以圈 100 以内的单数或双数;圈 2 的倍数;圈 5 的倍数等,试着观察一下这些数字的排列规律,并间隔着念一念这些数字)(见图 4-26)。

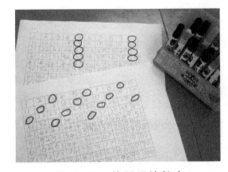

图 4-26 格子里的数字

---

① 案例 1—10 由上海市静安区安庆幼儿园设计并提供;案例 11—12 由海军上海示范幼儿园洪琦老师设计并提供。

玩米（中、大班）

提示： 为幼儿准备盛有米的大盆、不同刻度标记的透明量杯、记录纸与笔。让幼儿从量杯中装米，互相倒换进行观察与比较，并记录所看到的结果（见图4-27）。

图4-27 玩米

瓶中的"糖果"（小、中班）

提示： 在有盖的透明塑料瓶身上用即时贴做线形或点状的数量标记，另提供彩色木珠一筐作为"糖果"。请幼儿按照瓶上标记的数量把相应数量的"糖果"装入瓶子里，盖上盖子摇一摇、听一听发出的声音，并透过瓶子检查一下"糖果"的数量（见图4-28）。

图4-28 瓶中的"糖果"

找手套（小班）

提示： 提供花样、大小不同，分指与不分指的手套（或手套图样）若干，请幼儿找出相同的能够配对成双的手套，并用夹子夹起来。此材料也可以换成幼儿生活中熟悉的其他材料，如鞋子、袜子等物品（见图4-29）。

图4-29 找手套

插塑（中、大班）

提示：利用幼儿园常见的智力拼插颗粒玩具，给幼儿提供若干图案范例纸样，启发幼儿根据某张范例样纸在插塑板上拼出图案所对称的另一边图案（见图4-30）。

图4-30 插塑

花花蜗牛（小、中班）

提示：提供给幼儿一张蜗牛或其他动物外形的底板图，把蜗牛的背上分画成若干格，另为幼儿准备各种颜色和大小的图形片，启发幼儿用图形片在格子中排序给蜗牛穿上"花花衣"。可根据某一种或两种特征进行排序（见图4-31）。

图4-31 花花蜗牛

变形的橡皮泥（大班）

提示：为幼儿提供简易的天平秤、橡皮泥、砝码、记录纸或表格。启发幼儿称一称橡皮泥的重量并作好记录，再把橡皮泥捏成其他不同的形状，如分成若干块、压扁、搓圆、拉成长条等，并再次记录其重量，通过比较和判断，使幼儿体会量的守恒（见图4-32）。

图4-32 变形的橡皮泥

有趣的扑克牌（中、大班）

提示： 为幼儿提供一副扑克牌，启发幼儿玩各种有趣的牌的游戏（比大小、接龙或运算等）：可以按不同花色或点子数量将牌分类；可以按照数字大小将牌排序；可以选择不同花色的牌进行模式排列；也可以两个幼儿为一组玩牌（见图4-33）。

图4-33 有趣的扑克牌

剪贴纸（小班）

提示： 为幼儿准备从各种广告纸上剪下的生活物品图样，请幼儿根据一定的规则（如用途、材料或价格等）将他们分类黏贴在纸板上，并将相同的物品圈在一起（见图4-34）。

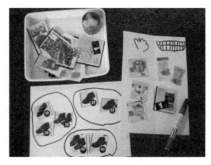

图4-34 剪贴纸

套盒（大班）

提示： 教师为幼儿设计并制作套盒，材料准备包括废纸盒一只、泡沫纸和橡皮筋若干、彩色纸、安全型大头针、数字卡、记号笔。制作步骤主要包括：用彩色纸包装废纸盒；用泡沫纸剪成若干个圆形，写上数字；用安全型大头针将这些圆形泡沫纸固定在纸盒上；在纸盒的左下角贴上一张数字卡。幼儿可以用橡皮筋套住2—3枚大头针，使圆形上的数字相加等于左下角的数字。数字卡可以更换，也可以让两个幼儿一组来操作此材料（见图4-35）。

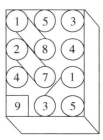

图4-35 套盒

棋盘（大班）

提示： 教师为幼儿设计并制作棋盘，材料准备包括废纸盒一只、小瓶子（如口服液空瓶）和彩色纸若干、骰子一个。制作步骤主要包括：在废纸盒内贴一张卡纸作为底板，将彩色纸剪成的小圆形整齐地贴在底板上作为棋盘；将小瓶子装饰成"小兵"，分红蓝两色。幼儿两人一组，各拿一种颜色的"小兵"，两人轮流掷骰子，将所得点子相加或相减（游戏前两人先约定），看谁先报出得数就可将自己的一个"小兵"放入棋盘中，最后以"小兵"占棋盘的格数多少决定胜负（见图4-36）。

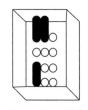

图4-36 棋盘

复习与思考

1. 如何理解幼儿园专门的数学教育活动与渗透的数学教育活动各自的价值？它们之间有何关系？谈谈你的认识。
2. 何谓正式的数学活动、非正式的数学活动？请结合实际，谈谈你对两类活动价值定位和实际运用的理解。
3. 结合某一主题内容，设计一则渗透的数学活动案例。
4. 什么是操作法？在具体的运用中应注意哪些要点？
5. 简析发现法在儿童数学学习中的意义和作用。
6. 什么是寻找法？主要有哪几种形式？
7. 结合实际，谈谈你对"数学美"的认识。
8. 在幼儿园数学教育环境的创设中，材料的提供和投放有哪些原则和要点？

第五章　学前儿童感知集合与模式的发展和学习

集合是现代数学的一个最基本概念。学习函数、泛函数、概率论、拓扑学等高等数学几乎都离不开集合,甚至整个数学都可建立在它的基础之上。在早期幼儿数学启蒙教育中,以具体集合概念与之一一对应作为感性基础,利用幼儿已有的生活经验和周围环境,将集合观念渗透在数、形等方面并先于数教育,不仅有利于幼儿形成数概念,同时更有利于幼儿理解知识,促进学算思维的发展。

第一节　关于集合与模式的基本知识

一、集合及其元素

(一) 集合

在数学中,把具有某种相同属性的事物的全体称为集合。如在日常生活中我们经常把同类事物归放在一起,如把梨、苹果、橘子……归在一起,称为水果的集合;把汽车、火车、飞机、轮船……归在一起,称为交通工具的集合。集合的归并是以对象所具有的共同属性为条件的。在心理学中,我们也通常把集合看成是由不同分析器官所感受的同类对象的整体,如听到的铃声,1下、2下、3下……6下,就是"6下铃声"的集合;模仿小青蛙跳,1下、2下……5下,就是"5下小青蛙跳"的集合。可见,把一组具有共同属性的对象看成一个整体,就形成了一个集合。

(二) 集合中的元素

组成集合的每一个对象叫作这个集合的元素。一般说来,集合中的元素具有以下三个性质:(1)互异性,即集合中任何两个元素是可以区分的。如一个集合可以表示为{4,2},但不能表示为{4,4,2}。(2)确定性,即任一元素都能确定它是否为某一集合的元素。(3)无序性，即不需考虑元素之间的顺序，只要元素相同，就可认为是同一集合。如{1,3,5,7,9}与{3,9,7,5,1}就可以看成是两个完全相同的集合。

二、集合的分类与表示方法

（一）集合的分类

根据集合中元素的个数情况，可把集合分为有限集合、无限集合和空集合。

有限集合是指由有限个元素所组成的集合，如幼儿园里小朋友的集合，10 以内自然数的集合。

无限集合是指由无限个元素组成的集合，如自然数的集合。

集合中一个元素也没有了，这就是空集合，如中一班教室里一个小朋友都没有。

（二）集合的表示方法

集合的表示方法一般有列举法、描述法和文氏图（韦恩图）法。

列举法就是把一个集合中的所有元素一一列举出来，写在{}里，用来表示这个集合的方法。例如，5 以内自然数的集合 A 可表示为 A={1,2,3,4,5}。

描述法就是把集合中元素的公共属性用语言或数字表达式描述出来，写在一个大括号内，以表示一个集合的方法。例如，A＝{5 的相邻数}。

文氏图（韦恩图）法就是把集合中的元素用一条封闭曲线圈起来，象征性地表示某个集合的方法，如 。由于文氏图法能较直观地看出元素和集合间的关系，所以在幼儿数学教学中被广泛使用。如在教幼儿计数时，在手口一致点数的基础上，最后在点数物的外面用手划一个集合圈，并说出总数。

三、集合间的关系与运算

一般说来，两个集合间存在着包含关系和相等关系。包含关系是指对于两个集合 A 与 B 来说，A 中的任何一个元素都是 B 中的元素，则集合 A 包含于集合 B，集合 A 可称作集合 B 的子集。如苹果集合是水果集合的子集，狮子集合是动物集合的子集，等等。两个集合间的包含关系是整体和部分的关系，感知集合的包含关系便于幼儿理解类包含的观念。

集合间的相等关系是指两个集合间的元素是完全相同的，如 A＝{10 以内的偶数}，B＝{2,4,6,8,10}，则 A＝B。再如水果的集合 与集合 也是相等关系。

就像数与数之间可以进行加、减、乘、除运算一样,集合之间也存在着运算,即通常所指的交集、并集、差集、补集的运算。

由同时属于两个集合的元素所组成的集合称两个集合的交集。所有属于两个集合的元素组成的集合称为两个集合的并集。由全集中所有不属于该子集的元素组成的集合称为补集。由属于一个集合而不属于另一集合的元素组成的集合称为差集。如下图5-1、图5-2、图5-3和图5-4中的阴影部分就分别表示交集、并集、补集、差集的不同运算。

图5-1 交集　　　　图5-2 并集　　　　图5-3 补集　　　　图5-4 差集

可见,从集合的角度看,幼儿数学中的加法就是求已知两个没有公共元素的有限集合的并集的基数,减法就是求有限集合与它的子集的差集的基数。学习集合概念可以使幼儿掌握数概念、进行数的运算。

四、模式及其基本特性

所谓模式(Pattern),是指客观事物和现象之间本质、稳定、反复出现的关系,它反映的是对事物和对象具有隐蔽性、抽象性的规律特征的认识。作为一种重复出现的、有规则的序列,在儿童的日常生活中随处可见,包括图案、花样、动作、声音或事件等,如视觉上的"红—黄—蓝,红—黄—蓝……";听觉上的"掌声—鼓声—哨声,掌声—鼓声—哨声……";身体动作上的"拍手—跺脚,拍手—跺脚……";自然现象的"上午—下午—晚上,上午—下午—晚上……"等各种模式。

作为一个抽象的概念,模式不存在于任何一种或一个实际客体之中,而是从许多具体事物中抽象出来的一种关系,这种关系存在于主体的头脑之中。对于模式的识别、扩展以及运用,涉及分类、排序、计数、概括、推理以及对部分与整体关系的认识等多种认知活动和过程。

对于模式类型的划分,一般有两种划分标准:其一是按照模式组成的基本单元来划分,可以把模式分为重复性模式和发展性模式两类。重复性模式指组成模式的基本单元是由n个相同的、保持不变的单元构成,如"ABC ABC ABC ……"。发展性模式指模式由按照同一规律发展变化的单元构成,如"ab,abb,abbb,abbbb……"(也有一些学者按照基本单元的不同把模式分为重复模式、循环模式、滋长模式和变异模式。其中,循环模式如"潮起—潮落,日出—日落,春—夏—秋—冬,生—老—病—死"等交替循环变换的自然现象;滋长模式如"□○,□○○,□○○○,……";变异模式如"红—蓝—黄,红—蓝—绿,红—蓝—紫,红—

蓝—黑……"①)。其二是按照组成模式的载体不同来划分,可以把模式分为实物模式和符号模式两种。所谓实物模式,是指以实物或动作、声音等实体的形式呈现的模式,如"敲鼓—击掌—跳,敲鼓—击掌—跳……"的动作模式;而符号模式则是指通过字母、数字、文字等抽象的符号系统来表达的模式,如数列"0,1,2,3,4,5,6,……"

模式有两个根本特性:重复性和可预测性。模式的重复性是指模式是由相同的单元或按照同一规律发展变化的单元构成,如模式"ABABAB"是由相同的单元AB的重复构成的,模式"1,2,3,5,8"则是由前两项相加等于第三项这一规则的重复执行形成的单元构成。通过对模式的结构及其中的规律性关系进行概括,可以对模式的发展进行预测。模式的重复性是其可预测性的前提和基础。②

五、模式能力的结构③

模式能力主要包括模式的识别、复制、扩展、创造、比较、转换、描述和交流等,其中模式识别能力是基础,模式的复制、扩展、创造、比较、转换、描述和交流都是在模式识别能力的基础上发展起来的模式运用能力。

1. 模式识别能力

所谓模式识别能力就是指获得模式结构的能力,即辨别出模式单元有哪些组成元素,模式各单元之间的相互关系是怎样的。对模式的识别概括能力既是数学理解的核心,也是促进儿童数学概念发展的最基本能力之一,能够为儿童策略性思维和作为代数思维基础的概括能力的发展奠定基础。

2. 模式复制能力

模式复制能力是指创造出与原有模式具有相同结构模式的能力。

3. 模式扩展能力

模式扩展能力是指在模式识别基础之上的对模式发展的预测能力,它并不局限于把模式看作一个简单序列,去预测下一个元素或单元是什么,更重要的是分析模式的整体结构及其中的规律性联系,从而对模式在任意时间、空间中的发展、变化进行预测,它反映了儿童的逻辑推理能力的发展。

4. 模式创造能力

模式创造能力是指一种对模式结构的新的学习和反应能力,它要求儿童能够明确构成模式的要素,能对所要创造的模式结构有清晰的计划和设想,能够自己创造出一种模式结构

---

① 林泳海,周葱葱.3.5—6.5岁儿童式样认知发展的实验研究[J].心理学探新,2003(01):34.
② 史亚娟.论模式能力及其对儿童数学认知能力发展的影响[J].学前教育研究.2003(Z1):13.
③ 史亚娟.论模式能力及其对儿童数学认知能力发展的影响[J].学前教育研究,2003(Z1):13—14.

或序列。

5. 模式比较能力

模式比较能力是指能够在分析模式结构异同的基础上，掌握决定模式结构的本质要素的能力。例如，通过对动作模式"坐，站；坐，站……"与数字模式"1，3；1，3……"的比较分析，儿童能透过表面现象发现，尽管它们在表现形式上不同，但它们有相同的结构，都可以概括成"ABAB……"的结构，理解它们是相同模式在不同情境中的不同表现形式。

6. 模式转换能力

模式转换能力是指用不同的材料或符号再造某一模式，也就是用不同的表现形式表征同一模式的能力，儿童能够进行模式转换，意味着儿童对模式的本质和内涵有了准确的理解。

7. 模式描述能力

模式描述能力是指使用文字、字母、数字或其他符号对模式结构及其中包含的规律性联系的概括表征能力，实际上有很多儿童只用部分信息对模式进行概括，尤其是对于较复杂的模式，儿童出现这种情况的概率更高。

8. 模式交流能力

模式交流能力是指使用公认的、标准的符号、图形等数学概念、数学符号系统来描述和表征模式的能力，它是建立在对模式进行概括时能排除一些非本质特征的影响，以此获得对模式结构更确切的概括基础之上的抽象的表达能力。通过模式交流，儿童彼此交换对模式的理解、解释和表征，这有助于儿童对模式各构成元素特征的全面把握，使儿童逐渐从使用自己创造的符号、图形、语言表达等方式，并结合实物和具体情境来描述模式，发展到使用多数儿童认可的符号、图形、语言表达的方式来描述模式，最后到脱离具体情境使用标准的数概念、数学符号系统来表征模式。模式交流在帮助儿童建构数学知识以及建立非正式的数学概念和数学观念的抽象符号系统之间的联系上具有重要作用。

六、模式与排序的关系

所谓排序，是指能够将两个以上的物品或对象按照某种规律排列成序，儿童的排序操作活动涉及对序列概念的认识和理解。所谓序列，是指理解事物间的关系以及将这些事物关系按照逻辑顺序排列出来。可见，儿童的序列概念和排序活动与模式概念的发展有着紧密的关系。与序列一样，模式反映的也是事物间稳定、重复的关系，但其并不局限于视觉的呈现，还包括了声音、动作等听觉、运动觉参与的呈现形式。因此，模式比排序活动具有更宽泛的内涵。根据查尔斯沃思和莱德洛夫（Charlesworth & Radeloff）的研究，模式与排序关系密切，排序既是模式的一种，又是模式的根本。这反映了一方面儿童必须对排列的逻辑顺序关系有基本的了解才能创造模式,另一方面儿童对排序涉及辨认一个渐次等增(等减)的模式。[①]

模式与排序活动一样,都涉及逻辑思维及推理判断能力,因此,这两类活动对儿童抽象思维能力的发展具有重要影响。一方面,儿童在进行模式的识别、扩展、描述、转换、交流等活动时,必须先仔细考察模式中的各元素及它们之间的关系,必须意识到一组事物之间的异同以及能从纷繁复杂的表象中辨别出能反映事物本质的特征,并按这些特征对模式中的各元素进行分类、排序、运算等,进而概括出模式的结构及其中的规律性,而这一过程正是思维积极参与并逐渐形成概念的过程。另一方面,寻找、发现模式,能抓住事物的本质和规律,预测和推断事物的发展进程,既是思维逻辑性的集中表现,也是思维的广阔性、独立性、灵活性等品质形成和发展的基础。

第二节　学前儿童感知集合发展的特点

一、学前儿童感知集合的意义

在现代幼儿数学教育中渗透"集合"的观念,对于培养幼儿初步的数概念是十分重要的。其重要性不仅因为集合在数学中的地位和作用,更主要的是因为它符合幼儿掌握初步数概念的发展规律和特点,是幼儿数前的准备教育,同时也是幼儿正确学习和建立初步数概念及加减运算的感性基础。

(一)对集合的笼统感知是幼儿数概念发生的起始

苏联幼儿数学教育家列乌申娜在《学前儿童初步数概念的形成》一书中曾经明确指出:"儿童在最初形成的是关于元素的含糊的数量观念,而后是关于作为统一整体的集合的概念,在这个基础上发展对集合比较的兴趣和更准确地确定集合中元素数量的兴趣,以后儿童才能掌握计数的技巧和数数概念。"由列乌申娜的观点可见,儿童数概念的最初发生就起始于对集合的笼统感知。这种笼统感知表现为一种泛化的、模糊的知觉,尚不能明确知觉集合中所有元素的数量,但却能辨别是多还是少。在这种笼统感知的基础上,才逐渐产生作为统一整体的集合的概念,并由此准确地意识、确定、比较集合中元素的数量,最后过渡到能掌握计数的技巧和数概念。可见,儿童在数概念的形成过程中,最初形成的是关于元素模糊的数量概念,即对集合的笼统感知。她的这一观点也先后被国内外的一些研究所证实。如我国

---

① 林泳海,周葱葱.3.5—6.5岁儿童式样认知发展的实验研究[J].心理学探新,2003(01):33.

心理学家刘范等在"国内九个地区 3—7 岁儿童数概念和运算能力发展的初步研究"课题实验中发现 2 岁半的儿童虽然还不会数数,但是已能对不同数量的糖果作出不同的选择反应,儿童会倾向于拿数量多的糖果,由此提出儿童在认数和计数之前,已经有了对数量的笼统、模糊的感知这一论点。杭州大学的吕静、王伟红于 1984 年发表的《婴幼儿数概念的发生的研究》一文中又进一步肯定了这一观点。他们在研究中对 2—5 岁儿童的辨数(能辨别出两堆不同数目物体的多少)、认数(瞬时内不凭数数,只凭直觉说出物体数目)和点数(能逐一按物数数,并说出总数)能力进行测试,统计结果见表 5-1。[①]

表 5-1 5 以内数的辨数、认数、点数的比较

通过人数比例(%) \ 项目 \ 年龄	辨数	认数	点数
2 岁	15	0	0
2.5 岁	49	6	3
3 岁	81	31	10
3.5 岁	99	48	53
4 岁	99	70	81
5 岁	100	98	100

由表 5-1 可见,各年龄段均是辨数掌握的百分比最高。以 2.5 岁幼儿为例,其辨数正确率近 50%,而认数和点数平均正确率只有 5%左右;3.5 岁幼儿辨数正确率近 100%,几乎是认数和点数正确率的 2 倍。

由此充分表明,儿童最先发展的是辨数能力,其次才是认数和点数能力。因此,更进一步证实和说明了儿童掌握数概念是从辨数起,即从对集合的笼统感知开始的。

(二) 感知集合是幼儿数概念形成和发展的感性基础

幼儿数概念的形成和发展并不是始于计数活动的,而是始于模糊的集合观念。我们已知,幼儿由最初的对集合的模糊、笼统感知到学会计数、掌握初步数概念,中间还有一个过渡环节,这就是对集合中元素的确切感知和学会用一一对应的方法来比较集合中元素的数量。在这个过渡环节中,幼儿发展的是对集合中元素的确切感知,它为幼儿形成数概念打下了感性基础。

我们经常会发现,幼儿在学会计数之前,会出现手口不一致的现象。这说明幼儿对集合的元素尚且缺乏精确的感知。正是由于缺少了对集合及其元素的感知与两个集合间元素的

[①] 金浩. 学前儿童数学教育概论[M].上海:华东师范大学出版社,2000:145.

对应比较这一中间环节的训练，才会使学习计数和掌握数概念变得困难。也有人曾经对幼儿进行单纯的计数训练，但结果发现该训练对数概念的形成和发展并无作用。训练一个月之后，只有30%的幼儿学会。这也从反面证明了计数活动并不能有助于数概念的形成和发展，只有当幼儿形成了对集合中所有元素的确切感知时，才能对数概念有深入的理解。所以说，及时地向幼儿进行感知集合的教育，能更好地起到其桥梁的作用，使幼儿能更快、更好地过渡到学习计数阶段，形成初步的数概念并持续发展。

（三）感知集合的包含关系有助于幼儿掌握数的组成及加减运算

我们知道，集合中全集与子集之间存在着包含关系，即整体与部分的关系。幼儿要表示数目，真正理解数的实际意义，必须在思想上形成类包含概念，形成整体和部分之间的包含关系，应该知道数表示的是一个总体，它包含了其中的所有个体，如5就包含了5个1。同时，每一个数，都被它后面的数包含。只有理解了数的包含关系，幼儿才可能学会数的组成和加减运算。另外，幼儿在学习数的组成和加减运算时运用文氏图（韦恩图），可以直观地表示出它们的含义及关系，实际上也就是集合和子集关系的体现，如图5-5，图5-6，图5-7所示。

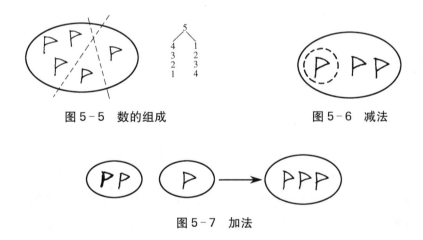

图5-5 数的组成　　　　　图5-6 减法

图5-7 加法

（四）感知集合的对应关系有利于幼儿深入理解数量关系

在两个集合中，当一个集合的每一个元素分别与另一个集合的每一个元素形成某种对应关系时，那么这种关系就叫作一一对应。一一对应在幼儿数学中被广泛应用。通过一一对应，幼儿可以不必计数就能比较两组物体数量的多少；幼儿在计数过程中，能把要数的那个集合里的元素顺次与自然数列里从1开始的自然数建立一一对应关系，从而说出总数。可见，这种一一对应的逻辑概念正是帮助幼儿形成和理解数的等量关系和进行数的多少比较的基础。

总之，感知集合符合幼儿认数的规律，是幼儿认数、学算的感性基础。在幼儿数学启蒙中渗透感知集合的教育思想和内容，不仅为幼儿学数提供了准备教育，而且也帮助幼儿形象、直观地学习和理解早期数学概念，掌握和获得一些学习计算的基本能力，同时还有利于发展幼儿多种感官能力、抽象概括能力，调动数学学习的兴趣和积极性，所以它应贯穿在整个学前数学教育的过程中。

二、学前儿童集合概念发展的阶段

幼儿集合概念的发生发展经历的是一个由泛化笼统到精确的过程。一般可以分为四个阶段。

（一）泛化笼统的知觉阶段（3岁前）

国内外的一些研究表明，2—3岁左右的幼儿对集合的感知没有明显的集合界限，只是一种相当笼统的感知，也就是对元素模糊的泛化的知觉，他们尚不能精确地意识到集合中元素的数量，只是具有"多""少"的相对笼统的知觉。在对集合的感知中，往往还不具备对其范围和界限的一种意识，例如在1名2.5岁幼儿玩的一堆积木中，拿走1—2块，他往往是没有知觉的。我国学者寇崇玲等人曾做过一项学前儿童对5个物体集合的两边元素消失的实验[①]，结果表明，2—3岁幼儿中能注意到两边元素消失的仅占23.9%，3—3.5岁幼儿中占63%，说明3岁前的儿童，对物体群不是作为结构完整的统一体的集合来感知的，原因在于他们还没有精确地意识到物体群数量方面的信息。

（二）感知有限集合阶段（3岁后）

3岁以后，幼儿逐渐能够在集合的界限以内感知集合。但其注意力往往集中在集合的界限上，处于一种感知有限集合的前段。例如，让幼儿给5个娃娃喂水，幼儿往往只喂第1个和第5个，而不注意那些排在中间的娃娃；当让他们叠放物品时往往能不超出集合的界限，如在画有4朵花的画片上放花，幼儿只用塑料小花盖住了最边上的图，即第1朵和第4朵花，就认为是完成了任务。原因是幼儿在感知结构完整的集合时出现了两个起算点，即把注意力集中在集合的界限上，从而削弱了对所有组成元素的注意。除了两端的元素外，好像没注意到集合内的其他元素。同时，幼儿在分放物体时常常在右边用右手，在左边用左手。在感知作为结构完整的统一体的集合时，手和眼的运动出现两个起算点：从集合的两边向中心过渡。如集合的右边界限是起点，动作就用右手从右往左进行。反之，如起点是集合左边的界限，幼儿则用左手从左往右依次行动。

[①] 金浩.学前儿童数学教育概论[M].上海：华东师大出版社，2000：148.

(三) 感知集合元素的阶段(4岁左右)

4岁左右的幼儿一般已能把一个集合的元素与另一个集合的元素进行一一对应地摆放，并能不超出集合的界限，逐步达到准确地一一对应。由此说明，此阶段儿童已能注意到集合中元素的个数。曾经有研究者实施一项让儿童(约3.5—4岁)完成一个杯子配一个杯盖任务的实验，结果显示，3岁半的儿童有50%完成任务，4岁完成任务率达到84%，提高非常明显。可见，3.5—4岁正是儿童对应能力迅速发展的阶段。

(四) 感知集合的包含关系的阶段(5岁以后)

5岁以前的低龄幼儿对集合中全集与子集的包含关系的理解存在一定的困难。例如，看见桌上摆放着4朵红花、2朵白花，问一个4岁的幼儿："花多还是红花多呀?"回答是"红花多"，他的回答显然受到的是具体物的影响，他所见的红花是多的，而在这个年龄阶段幼儿的头脑中尚不具备对花与红花之间的包含关系的抽象理解和感知。我国有研究者曾经对4—6岁儿童理解类包含关系能力作过实验比较。他们把3只背着救生圈的小猪并排放着，其中有2只穿着红裤衩，问儿童："背救生圈的小猪多还是穿红裤衩的小猪多?"结果各年龄组成绩见表5-2。

表5-2　4—6岁儿童理解类包含关系能力测评结果

年　龄	回答正确人数比例(%)
4岁	5
5岁	45
6岁	65

从上表成绩可见，4岁儿童尚不能理解全集与子集的包含关系；5岁儿童能初步理解，但准确率还不高；6岁儿童对全集与子集包含关系的理解较5岁组有所提高。由此说明，儿童对全集与子集包含关系的理解在5岁以后可能会有一个逐步的发展与提高。

三、学前儿童感知集合发展的特点

我们已经知道，学前儿童集合概念的发展存在着一个过程和阶段性特点。在其每个过程和发展阶段中均会表现出不同的特点。

(一) 学前儿童感知集合元素同类性的特点

所谓元素的同类性，即指集合中元素的相同属性。在同类属性中，颜色往往是幼儿最先能够意识到的一种特征。但在处于对集合泛化笼统的知觉阶段的幼儿来说，最初往往也是不大能注意到集合中元素的颜色,而当幼儿能在集合的界限以内感知集合时,便出现了要使集合中元素保持相同颜色的同类性要求。所以,对 5 岁左右的幼儿来说,集合中的元素应该是由相同颜色的元素组成的。

集合元素的同类性,除了表现为不同的质的特征(如颜色、大小、形状)外,还表现为类和属的特征,因此,有必要扩大幼儿关于元素同类组成的概念,如引进属的概念(如由娃娃、汽车、小狗熊等元素构成的玩具集合)。可以据此要求幼儿按集合的不同特征进行分类,即根据某一集合中元素所共有的性质,如大小、颜色、形状等,并随幼儿年龄和认知的发展,从按一种特征到按两种特征再到按两种以上特征对集合中的元素进行分类,从而更好地感知集合元素同类性的特征。

(二) 学前儿童感知等价集合阶段性的特点

两个集合间真正的或持久的等价是指这两个集合有同样的数目而不管它们是什么对象或如何排列的。皮亚杰认为,幼儿学习一一对应比较等价集合的过程可分为三个阶段。

第一阶段,不理解阶段。幼儿还不能把一个集合的物体与另一个集合的物体严格配对。他们评价两个集合的依据是对物体集合的长度和全部集合所占空间的"笼统感觉",而不是数目。

第二阶段,过渡阶段。幼儿能把一个集合中的物体与另一个集合的物体配对。但当一个集合中的物体散开一些时,他们仍没有形成"持久等价"的思想。

第三阶段,理解阶段。幼儿不仅掌握了配对和一一对应的概念,而且也有了持久等价的概念。如把 6 只杯子与 6 只杯盖配对,即使集合重新排放之后,幼儿也坚持认为它们的数目是一样的。这一阶段,作为等价基础的一一对应的运算得到发展,感知集合的数目也不再取决于集合的形状及排放位置了。

(三) 学前儿童感知排成数图的集合的特点

将一定数量的图形以各种排列形式画成的图片叫数图。那么,幼儿对排成一行的或排成数图的集合的感知有什么不同特点呢?

如果小圆圈不是排成一行,而是组成某一种形状,就更容易被完整地感知。在数图卡上分别画有三、四、五个纽扣,如 ⊡ ⊡ ⊡ ,很小的幼儿也常会用一只手从盒子内抓起一小把纽扣撒在卡片上,较大些的幼儿则会力图把纽扣放在图形上面,虽然在数量上还未能一一对应。由此可以看出,在数图上集合的空间封闭式排列比集合的直线式排列更能促使幼儿把集合作为结构完整的统一体来感知。但是,对比一下集合的直线排列和以数图形式的排列,在对元素数量的再现上,直线排列更能突显其优点。幼儿年龄越小,集合的直线排列对于其在数量上感知的意义就越大。如在开展图片上放纽扣的活动时,2 岁左右的幼儿中,能较准确地再现排列成直线形式集合的幼儿约占 75%,而能较准确地再现数图形式的集合的幼儿只有 50%。

以上研究表明，把集合的元素摆成三角形、正方形等数图形式有利于促进幼儿把集合作为统一的空间封闭的整体来感知，由此可知数图形式能促进幼儿感知集合。但在分出个别的元素和计数的开始阶段，精确分清集合的所有元素是最为重要的。为此，需要建立集合元素之间——对应的关系，这时，把某一种物体的总体摆成直线形式是合理且有益的。

第三节　学前儿童有关集合概念的感知与学习

学前期的感知集合教育是指在不教授幼儿集合术语的前提下，让幼儿感知集合及其元素，学会用对应的方法比较集合中元素的数量，并将有关集合、子集及其关系的一些思想渗透到整个幼儿数学教育的内容和方法中。

将集合的有关概念与思想渗透、应用到幼儿园的数学教育中，具体涉及的教育内容主要包括四个部分，即感知集合及其元素，进行物体的分类；区别 1 和许多；两个集合元素的——对应比较；感知集合间的关系与运算。

一、物体的分类

（一）分类及形式

1. 分类

所谓分类，是根据事物的某种特征将其集合成类的过程。也就是把具有某一共同属性（特征）的物体归并在一起。分类活动是儿童对集合及其元素的同类性特征感知和理解的一种表现，是儿童数概念形成以及正确计数的基础。同时，分类活动所涉及的思维的分析、比较、观察、判断等基本过程也能够对锻炼和提高幼儿的逻辑思维能力产生一定的影响，有助于幼儿良好的思维品质的培养。因此，分类活动是幼儿园数学教育中的一项重要内容，在不同的年龄阶段，都应当以不同的活动途径和形式体现及渗透到其内容中。

2. 常见的分类形式

（1）按物体的名称分类。把相同名称的物体放在一起，例如，把图书放一起、笔放一起、娃娃放一起等。

（2）按物体的外部特征分类。即按物体的颜色、形状分类，例如，在很多气球中，按颜色把红气球放一边、蓝气球放一边，或按形状把圆气球、娃娃状气球分开放。

（3）按物体量的差异分类。即按物体大小、长短、粗细、厚薄、宽窄、轻重等量的差异分类。例如，把大小皮球分别放在两个筐里，把长木棍、短木棍分别用绳子捆起来。

（4）按物体的用途分类。例如，把蜡笔、铅画纸、手工剪刀归成一类，都是学习用品；把毛巾、茶杯、牙刷归成一类，都是生活用品。

（5）按物体的材料分类。例如，将塑料做的花片、小碗、玩具电话；木头做的积木、玩具小橱；布料做的娃娃、小衣裤等分别归类。

（6）按物体的数量分类。例如，把数量只有一个的物品归在一起或把数量为两个、三个的归在一起等。

（7）按事物间的关系分类。例如，在一堆动物与食物中，将小兔与萝卜归在一起，娃娃与香蕉归在一起等。

（8）按事物的其他特征分类。在学前儿童的分类活动中，除了以上几种分类形式外，还可以引导幼儿观察并找出事物的其他特征与属性进行分类。例如，在很多娃娃的图片中，可按娃娃的表情，如哭泣、微笑归类；也可按动作姿态，如唱歌的、闭着眼睡觉的归类。再如苹果的分类图片，除了按颜色、大小等特征分类以外，还可以启发幼儿观察，按有叶与无叶的特征进行分类。

以上所举的分类形式，从思维的要求来看，均涉及按物体的一维特征进行分类，从培养幼儿思维的可逆性、复杂性出发，帮助学前儿童在逻辑思维的发展中"去中心化"，即能够在头脑中同时考虑事物的两个或两个以上特征的角度而言，"学习按二维（或以上）特征进行分类"也应当成为大年龄学前儿童分类教育中的一个重要方面。所谓二维特征，是指按照事物同时具备的两种特征作为分类的标准，如一堆图形片的分类，有的幼儿按大小分类，有的按颜色、形状分类，也有的幼儿先按颜色分类，再按大小分类，这些都是"一维特征"分类的表现。如果幼儿能够根据"大的且红色的"图形特征进行分类，则表明该幼儿能够按照图形的两个维度的特征进行分类。

（二）分类教学一般的方法与手段

1. 操作

操作是幼儿学习分类的最主要、最有效的方法之一。分类活动中的操作材料或学具对幼儿来说是十分重要的。对于低龄幼儿，应尽可能提供人手一份的操作材料，并应在分类活动中提倡以幼儿自身参与的体验和操作活动为先、教师的归纳和提升为后的原则。同时，在材料的选择和提供中，应当给幼儿充分的、足够的材料操作不同形式的分类。至于操作的方法既可以在集体的数学教育活动中运用，也可以让幼儿通过非正式的、个别的、小组的、区角活动等途径来进行。以下活动案例均是体现运用操作法为主的分类活动。

 **集体活动**

开商店（中班）①

活动目标

1. 能按功用给生活中常见的物体分类，如给文具和玩具分类。
2. 尝试说出分类的理由。

活动准备

1. 每人一份操作材料(含有食品、玩具、文具等物品)。
2. 3个柜台，12只篮子。

活动过程

一、布置柜台(按物品用途分类摆放)

1. 问题情景：

(1) 商店里有许多物品放得乱七八糟，买东西的时候找也找不到，怎么办？

(2) 这里有3个柜台，怎样送这些物品入柜台呢？(按物品用途分类)

2. 操作：

(1) 每人选一份操作材料，看看说说里面有些什么物品。

(2) 幼儿边放边说：我把××放在××柜台。

3. 交流：

(1) 这么多吃的东西放在一起，这个柜台可以取个什么名字？(食品柜台)

(2) 幼儿给另两个柜台命名。

(3) 小结：分别把这些物品送到食品柜台、玩具柜台和文具柜台，这样顾客能很快找到所需商品柜台，买东西时很方便。

二、整理柜台(按物品种类分类摆放)

1. 我想买饼干，到哪个柜台？这么多食品混在一起找起来不方便，怎么办？

2. 幼儿4人一组共同整理某一个柜台。

(1) 幼儿介绍整理柜台的方法。

(2) 小结：每种物品分开摆放，方便大家找到需要的东西。

三、开商店

1. 提问：我想买铅笔盒，谁能很快找到？

2. 请3位幼儿做营业员，其他幼儿扮演顾客，每人一个篮子，模拟购物。

3. 相互介绍：我到什么柜台买了什么？

---

① 活动方案由上海市静安区南阳实验幼儿园闵晴华提供。

 **区角活动**

送"图形宝宝"回家（小班）

材料准备

吹塑纸剪成"△、□、○"等形状纸片若干，图形片上添画简单的眼睛、鼻子、嘴巴，呈拟人化的"图形宝宝"；塑料筐若干。

操作提示

请幼儿根据"图形宝宝"的不同特征，把相同的"图形宝宝"（可以是形状、颜色或大小等相同）送到同一个"家"（塑料筐）中。

插花（小、中班）

材料准备

吹塑纸剪成的花若干，分别具有不同的颜色、形状、大小；塑料广口瓶若干；标记纸卡。

操作提示

根据教师提供的材料，请幼儿选择将相同的花插在同一个瓶中，并要求幼儿将分类的结果以标记卡形式贴在瓶上进行表示。

2. 游戏

运用游戏的形式与手段以及在游戏的情境中让幼儿学习分类也是非常有效的，尤其是对低龄幼儿来说，游戏是幼儿最自然、最喜欢的活动。在游戏中，通过活动、角色扮演和问题解决等过程帮助幼儿体验和学习分类不失为一种有意义的途径。

 集体活动

小兔找家（小班）[①]

活动目标

1. 在小兔找家的游戏情境中，幼儿能听指令按颜色、形状等属性特征"找家"，躲避大

---

① 陈杰琦，黄瑾．i 思考幼儿核心经验游戏资源包 1[M]．南京：南京师范大学出版社，2012：69．

灰狼。

2. 幼儿愿意在游戏中大胆表达自己的想法。

活动准备

材料准备：小兔头饰（见图5-8,6红6蓝）；5个红色形状圈（见图5-9,3个圆、2个方）、5个蓝色形状圈（3个圆、2个方）。

幼儿准备：幼儿按意愿打扮成蓝兔子或红兔子，活动前问问你是蓝耳朵的兔宝宝还是红耳朵的兔宝宝？

图5-8 小兔子头饰示意

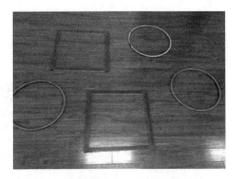

图5-9 形状圈示意

活动过程

一、装扮"小兔子"——引发幼儿活动兴趣

1. 导入：我是兔妈妈，你们是谁呀？（兔宝宝）宝宝们，跟着妈妈一起去玩一玩好吗？

2. 开展游戏"兔妈妈找宝宝"。

规则：教师按颜色或男女找小兔子，相应的小兔子回答。

设计意图：在进行兔宝宝找家的游戏之前，首先帮助幼儿了解自己的性别以及佩戴的兔耳朵颜色，通过不同的方式明白情境中分类与属性。

提问：先让兔妈妈来找找我的宝贝们，蓝耳朵的兔宝宝在哪里？和妈妈挥挥手。

提问：红耳朵的兔宝宝在哪里？和妈妈说"你好"。

兔弟弟在哪里？和妈妈敬个礼。兔妹妹又在哪里？和妈妈抱一抱。

设计意图：在互动中既明确自己是什么颜色的宝宝，又明确自己的性别，为下一环节分类与属性做铺垫。

二、游戏"小兔找家"

1. 按颜色找家——听指令按颜色的属性与特征"找家"，躲避大灰狼。

导入：今天，大灰狼要来找我们的兔宝宝，当你听到大灰狼说"我来了，我来了"的时候（见图5-10）就去找一个和自己耳朵颜色一样的家，躲起来。

(1) 规则:幼儿分成两组。同时观察PPT,一组出去玩,听到提示后根据头饰颜色"找家"。另一组坐在位子上,当PPT出现大灰狼发出警告提醒同伴快快找家。

(2) 规则:幼儿分成两组。同时观察PPT,当PPT出现听到提示提醒同伴快快找家,同时一组出去玩,按提示要求找相反的颜色的"家"。

设计意图:通过视觉和听觉的观察与辨析,去寻找与指令中相反颜色的家,培养幼儿对于颜色属性分类的敏感性。

提问:刚才,大灰狼没有找到兔宝宝们,这一次,我们听一听大灰狼会怎样和我们玩游戏。

提问:我们要找一个和大灰狼躲的颜色不一样的家藏起来(见图5-11),这样就不会被灰太狼找到了。

图5-10　大灰狼出现　　　　图5-11　可用爱心提示大灰狼家的颜色

(3) 小结:兔宝宝真聪明,会按照颜色来找自己的家。

2. 按形状找家,即听指令按形状的属性与特征"找家",躲避大灰狼。

导入:这一次,我们听一听大灰狼会怎样和我们玩游戏。

提问:大灰狼:哼哼,这一次我要躲在圆形的家里。

提问:我们要找一个和大灰狼躲的形状不一样的家藏起来,这样就不会被大灰狼找到了。

(1) 规则:按性别分成两组。一组观察PPT,出现大灰狼(见图5-10)。

说出另外一种形状进行提示。一组出去玩,找另一形状的"家"。

提问:兔宝宝应该找一个什么形状的家?

提问:如果大灰狼躲在方形的家里(见图5-12),兔宝宝应该去哪里?如果大灰狼躲在圆形的家里(见图5-13),兔宝宝应该去哪里?

设计意图:通过视觉和听觉的观察与辨析,去寻找与指令中形状相反的家,培养幼儿对形状属性分类的敏感性。

图 5-12　大灰狼方形的家

图 5-13　大灰狼圆形的家

（2）小结：兔宝宝真聪明，不仅会按照颜色来找自己的家，还会按照图形找家。

3. 按颜色和形状两个维度找家（听指令按颜色、形状两个方向的属性特征共同来"找家"，躲避大灰狼和大红狼）。

导入语：大灰狼这一次请来了大红狼这个帮手，要一起来找我们的兔宝宝，看看他们是怎么躲的。

提问：兔宝宝应该躲在哪里既不会被大灰狼抓到，又不会被大红狼抓到？

提问：大灰狼躲在红色的家里，大红狼躲在方形的家里，小兔该怎么办？谁愿意帮帮她/他？

设计意图：通过视觉和听觉的观察与辨析，去寻找与指令中形状与颜色同时相反的家，培养幼儿对形状以及颜色属性分类的敏感性和准确性。

导入语：大灰狼和大红狼都要来找我的宝贝，哎呀，这可怎么办？妈妈先来试一试。

教师预设问题情境：妈妈跳入和大灰狼颜色相反，但是和大红狼形状一样的家。

提问：宝贝们，现在妈妈安全了吗？不是和大灰狼颜色不一样就安全了吗，我是躲在颜色不一样的家里呀？原来还要和大红狼躲的形状不一样，让我再试一试。

小结：原来既要和大红狼躲的形状不一样，又要和大灰狼躲的颜色不一样的家，谢谢我的宝贝们，在你们的帮助下，妈妈躲在了安全家里，不会被大灰狼找到，也不会被大红狼找到，谢谢你们，你们也来试一试好吗？

（1）规则：幼儿观察图片（见图 5-14），找和大灰狼相反颜色、和大红狼相反图形的家。

（2）小结：兔宝宝真聪明，能找大灰狼和大红狼都不在的家躲起来。

图 5-14　可用实心图形及空心形状分别示意家的颜色及形状

三、活动延伸：教师可将本活动放到区角中，鼓励幼儿继续玩

踩板（中、大班）

活动目标

1. 通过游戏，帮助幼儿巩固对分类、数量比较等概念的理解。
2. 让幼儿体验集体游戏的快乐，并培养对数学活动的兴趣。

活动准备

小动物头饰数量同幼儿人数；形状为"△、□、○"且颜色不同的硬纸板20张，上面写有6以内的数字或小圆点。

活动过程

教师带领幼儿到操场或一个较大的活动空间，并对幼儿说：今天我们一起来玩一个"踩板"的游戏……

一、交待游戏规则

每块板只能由一名幼儿踩，踩错或未踩到的算输；根据教师发出的口头指令"踩板"。

二、幼儿开始游戏

教师由易到难分别发出游戏指令：

1. 踩三角形的板。
2. 踩红色的圆形板。
3. 踩有数字4的板。
4. 踩有比4多1的点子数的板。
5. 踩小的、蓝颜色的正方形板。
6. 踩大的、三角形、上面有可以用数字6来表示点子数的板。

活动建议

游戏可重复进行，教师游戏指令要求的难度可根据幼儿的年龄班和实际情况作调整；硬纸板数量应少于幼儿人数。

（三）分类教学中的注意点

1. 充分利用自然条件和日常生活情境

分类的要求和活动与幼儿生活的环境以及日常生活是有着紧密联系的，因此，对幼儿的

分类教学来说，不应仅仅局限在 30 分钟的集体活动或是每天、每周有限的区角操作活动时间里，而应当把分类渗透到幼儿的生活中，在幼儿接触社会生活以及自然环境的过程中，潜移默化、随时随机地加以运用。如当幼儿外出参观、散步时，发现秋天树叶的变化，春天开出的花，就可以很自然地引导幼儿根据他们的观察对其进行分类。同样，在日常生活以及幼儿园一日活动的各环节中，如在幼儿每次游戏结束后，让他们收拾玩具，引导他们按玩具的种类分别整理放好。午睡后，引导并要求幼儿将被子、衣服、小凳子都分类整理好，放在固定的地方。这些涉及分类要求的活动不仅训练了幼儿分类的能力，也培养了幼儿做事的条理性和良好的生活习惯。

2. 提倡并鼓励幼儿交流分类的结果

在幼儿的分类操作活动之后，组织幼儿交流，用语言表述自己的分类结果是分类教学中的一个重要环节。对幼儿来说用语言对自己所分出的结果进行表述是体现其思维抽象和内化水平的一个重要标志。学前幼儿受年龄和思维发展所限，其逻辑表达往往较多依赖于外在物体和外显动作，即通常所说的是一种动作水平的表达。而幼儿要能够用概括的语言加以陈述则是思维从具体向抽象过渡的一个重要表现。因此，在动作水平上分类之后，引导幼儿用语言使之内化并加以正确地表述，对促进幼儿抽象逻辑思维的发展具有重要的意义。同时，通过交流和表达陈述的过程，还能够促进幼儿之间的互动以及对口语表达能力的锻炼。在交流环节中，可让幼儿把自己分类的物体展示给大家看，并注重讲解自己是按什么分类的，是怎样分的。教师也可以把每个幼儿的分类结果放在桌上展示，组织全体幼儿互相观看，最后把看到的情况进行交流，如请幼儿回答，看到哪些小朋友分得与自己不一样，自己是怎么分的，别人又是怎么分的，哪些地方不一样等。当然，在幼儿的交流和表述基础上，教师的适时归纳和提升也是相当重要的。教师应当对幼儿的分类结果加以比较、归纳和总结，帮助幼儿获得有关分类的关键性经验。如帮助幼儿总结出分类的不同标准、分类的标记指示等。

3. 扩展幼儿有关分类的标准，尝试多种分类形式

随着幼儿分类活动的增加以及分类经验的不断积累，教师在教学中应当特别注意帮助幼儿拓展多种维度的分类以及自由分类。在教学中，结合幼儿按一种维度分类的不同结果，帮助幼儿归纳到分类的不同标准，并由此提示幼儿尝试按一维特征的多种自由分类、层级分类以及按二维（或以上）特征的分类，逐步帮助幼儿在分类活动中发展其思维的抽象性、发散性、灵活性。

二、区别 1 和许多

（一）区别"1"和"许多"的教学意义

"1"是自然数中最小的数，是自然数的基本单位。任何一个自然数都是由若干个 1 组成

的。"许多"是一个笼统的词汇,它表示集合中有两个以上元素。幼儿学数学前进行"1"与"许多"的教学,主要是引导他们感知集合及其元素,促进幼儿感知元素的分化过程,为学习逐一计数和认识10以内的数奠定基础。

幼儿对物体数量的"多"有所反映,他们往往用"还要""要多多的"来表示对量的要求,但他们没有意识到构成"许多"的元素是什么。他们不是将物体群当作一种结构完整的、有限的统一体去感知,而是一种模糊的、笼统的知觉。对幼儿进行"1"与"许多"的教学,让他们把一个又一个的物体放在一起构成"许多",再把"许多"分成一个一个物体,从这一过程中准确地感知到元素的个数和"许多"的含义,有利于幼儿的确切计数能力以及10以内数概念的发展。

(二) 区别"1"和"许多"教学的一般方法

1. 感官参与

在区别"1"和"许多"的教学中,为幼儿提供一定的材料和环境,引导幼儿通过感觉器官的直接参与来体验和加以区分是一种较常见的方法。如教师可以为幼儿准备一些直观材料,让幼儿通过视觉的观察比较来区分和判断物体是1个还是许多个,以初步理解1和许多都可以表示物体的数量。在材料方面,开始时可以用同种类、同形状、同颜色的物体,表示一个苹果和许多个苹果(如图5-15)。以后则可分别采用不同颜色、不同大小或不同形状的同类物体,让幼儿在区别"1"与"许多"时能排除各种干扰(如图5-16)。

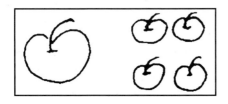

图 5-15 一个苹果和许多苹果

图 5-16 不同颜色和形状的物体

此外,在教学中还可以调动幼儿的听觉、触摸觉、运动觉等感知通道来体验区分"1"与"许多"。

教师可以通过敲小铃,让幼儿听听铃响了一次还是许多次;让幼儿摸一摸袋子里有一粒纽扣,还是有许多粒纽扣;还可以让幼儿拍"一下"手或拍"许多"下手;学小兔跳"1下"或跳"许多下"等。

2. 寻找比较

运用寻找法引导幼儿在一定的环境中或运用记忆表象加深对"1"和"许多"的区分与理解也是一种较有效的方法和途径。具体说来,这种寻找和比较可以是在教师事先设置好的环境中或是自然环境中,也可以引发幼儿借助记忆表象来进行。首先,教师可以让幼儿在已经准备好的环境中寻找1个物体和许多个物体。例如,在金鱼缸里放一条黑色金鱼和许多条红色金鱼;用一块三角积木和许多块长方积木搭成小房子放在玩具橱上;画一幅有一位教师和许多小朋友的画挂在墙上,引导幼儿寻找哪些代表1个,哪些代表许多个。其次,教师还可以引导幼儿在自然环境中,寻找"1"和"许多"。例如,活动室里有一位教师和许多小朋友;有一扇门和许多扇窗;小朋友丽丽的衣服上绣有一朵花和许多草的图案。幼儿在自然环境中寻找"1"和"许多",比在已准备好的环境中寻找要困难些且具有探索性。因为在自然环境中,幼儿需要对空间内所有的物体进行观察分析,寻找的空间范围比较广,并要排除排列形式等干扰,概括出它们的数量特征。因此,在寻找活动中,教师应进行必要的启发。最后,教师还可以教幼儿通过记忆寻找"1"和"许多"。例如让幼儿想想说说,家里有一张桌子和许多椅子;公共汽车上有一位司机和许多乘客等。这种形式的寻找活动,需要记忆和表象的参与,因而对幼儿来说可能会有一些困难,更需要教师的启发。

3. 游戏情境

区分"1"和"许多"的教学内容是在幼儿数概念和学习正确计数教学内容之前的,是小班年龄段幼儿所涉及的内容要求,对于低龄幼儿来说,创设一定的游戏情境,利用游戏中的角色身份、角色口吻和角色行动能够更好地调动幼儿学习的兴趣,体验所要学习的内容,获得相应的经验和概念。以下一则集体活动就是以游戏情境创设为主而进行的。

母鸡生蛋(小班)[①]

活动目标

1. 在区别"1"和"许多"的基础上,初步感知"1"和"许多"的关系,即"许多"可以分为很多个"1个",合起来有"许多"。
2. 培养参加数学活动的兴趣。

活动准备

《母鸡生蛋》儿歌录音带一个(幼儿已能初步跟着念儿歌);盛放许多鸡蛋的篮子1个;人手1份资料,母鸡头饰1个,煮熟的鸡蛋1个;黄色吹塑纸(或薄的海绵)上面有"铺着稻草"样的约有1 m×1 m大的"鸡窝"1个。

---

① 徐苗郎.我的幼儿园数学活动模式[M].上海:上海社会科学院出版社,2004:45.

活动过程

一、放《母鸡生蛋》儿歌,激发幼儿参加游戏的兴趣

二、玩"母鸡生蛋"游戏

1. 教师拿出许多母鸡头饰,问幼儿:有多少?(幼儿答:许多。)

2. 让幼儿每人取1个头饰戴上,问幼儿:你取了几个?(幼儿答:一个。)

3. 教师问:刚才有许多母鸡头饰,为什么现在没有了?(幼儿答:小朋友拿走了。)

小结:刚才有许多头饰,给小朋友拿1个、拿1个……都分完了,原来许多头饰,可以分成1个、1个、1个……

4. 同上,教师分发人手1个鸡蛋,幼儿感知有许多鸡蛋分给1人1个、1人1个……

5. 幼儿听儿童,进行"母鸡生蛋"游戏。

幼儿跟着念儿歌,学母鸡动作四散走。每当念到"生下1个大鸡蛋"时,提醒幼儿赶紧将手中鸡蛋轻放到鸡窝里去,表示母鸡"生下了1个蛋"。老师问:鸡窝里刚才一个蛋也没有,现在有多少?(幼儿答:许多。)鸡窝里怎么会有许多鸡蛋的?(幼儿答:我们学老母鸡生下的。)

小结:1个、1个、1个……合在一起就是许多。

6. 幼儿每人从鸡窝里取1个蛋后,教师问:刚才鸡窝里有许多蛋,现在怎么没有了?

7. 此游戏可再重复一遍,以使幼儿再现感知"1"和"许多"的关系。

8. 幼儿把手中的1个蛋放在教师所提的篮子里,边放边说:我放1个蛋。然后逐一跟随老师身后,待幼儿全部放好,教师让幼儿看看篮子里的蛋——又是许多蛋。教师把鸡蛋送到厨房煮,烧成美味的茶叶蛋,给小朋友下午当点心吃。(儿歌:老母鸡,真能干。会捉虫,会生蛋。咯咯嗒,咯咯嗒。生下1个大鸡蛋。)

三、操作体验

在幼儿学会区别"1"和"许多"的基础上,可以组织幼儿进行分与合的操作活动。例如,教师准备1只花瓶和许多枝花,让幼儿观察区别后,把许多枝花一一分给幼儿,每个幼儿拿一枝花,同时说出"我拿了1枝花"。然后教师小结,许多枝花分成一枝一枝,现在分完了,因此"许多"可以分成1个1个……然后,让幼儿把花一枝一枝地插到花瓶里去,同时说出"我插了1枝花"。教师小结,现在花瓶里有许多枝花了,很多"1个"合起来就是"许多"。在这样的分与合的操作活动中,教师反复强调"'许多'可以分成1个1个,合起来是'许多'"的概念,在具体的演示中让幼儿初步理解"1"和"许多"的关系。分与合的操作活动可以结合游戏的情境一起进行,使操作活动更富有情趣。

三、两个集合元素的一一对应比较

(一) 一一对应比较的教学意义

两个集合元素的一一对应比较就是不通过数数的方式和手段,借助于对应比较来确定两组物体(集合元素)的相等与不等。其教学意义表现在以下几个方面。

1. 有助于对元素及数量的正确感知

两个集合中的元素一一对应地放在一起相比较,可以比较直接地观察到集合中元素的个数。这种一个对一个地放置的形式较具体形象,能够增强幼儿感知集合元素的准确性。通过比较,得出多、少或一样多的结论,能够帮助幼儿逐步感知到各组中物体(元素)的数量,从而获得数的感性经验。

2. 有助于掌握计数

比较两组物体相等与不等的活动过程,能使幼儿学会对应的方法,即将一个集合中的元素逐一重叠(或并放)在另一个集合的相应元素上(或附近)。这是幼儿学习计数及理解数概念不可缺少的基础。因为计数活动的过程就是把要数的那个集合的元素与自然数列的集合建立一一对应关系的过程,因此,一一对应比较的方法,更能够为幼儿以后掌握计数、正确理解数目的实际含义奠定基础。

3. 有助于感知理解对应法则

两个集合元素间的对应,一般有以下四种:

(1) 数量与数量的对应(见图 5-17、图 5-18、图 5-19);

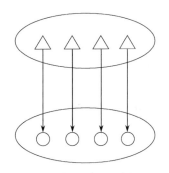
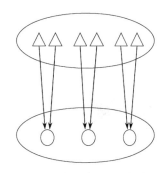

图 5-17 数量与数量的对应 1　　图 5-18 数量与数量的对应 2　　图 5-19 数量与数量的对应 3

(2) 形状与形状的对应(见图 5-20);
(3) 物体与位置的对应(见图 5-21);

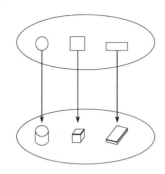
图 5-20　形状与形状的对应

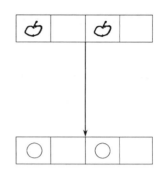
图 5-21　物体与位置的对应

（4）各种关系的对应（见图 5-22、图 5-23）。两个集合间的一一对应比较，不仅是幼儿认数学算的基础和开始，而且为幼儿提供了感知不同对应形式、体验和理解不同对应法则的机会。它能为幼儿以后的数学学习，尤其是对集合、对应等现代数学思想的感知和理解以及逻辑思维的发展奠定良好的基础。

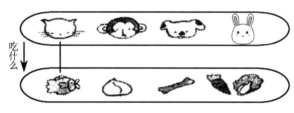
图 5-22　小动物吃什么

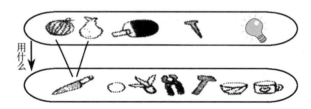
图 5-23　物品用途对应关系

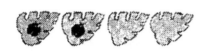

图 5-24　重叠比较

（二）"一一对应比较"教学的一般方法

1. 重叠比较

将一组物体摆成一行，再将另一组物体逐个一对一地重叠到前一组物体上面，比较两组物体是一样多还是不一样多（如图 5-24）。将瓢虫卡片一一叠放在树叶卡片之上；将锅子与盖子图片一一重叠；或将葡萄一一置放在相应的竹篮上，让幼儿观察发现并比较它们的多少（或一样多）。

2. 并放比较

将一组物体摆成一行,再将另一组物体一个对一个地并排放在这组物体的旁边,比较这两组物体的数量(如图 5-25)。给幼儿 4 只盘子卡片、3 把勺子卡片,让幼儿把盘子排成两行,然后在每只盘子右面放一把勺子,引导幼儿观察比较并说出盘子与勺子不一样多,盘子多,勺子少。也可以将一组物体摆成一行,再将另一组物体一个对一个地并排放在该组物体的下面(或上面),比较它们的数量多少(如图 5-26)。先将 4 张大象卡片排成一行,再将小铃卡片一一对应地并放在大象卡片的上面,并比较大象与小铃的多少。

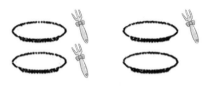

图 5-25 "盘子与刀叉"并放比较

图 5-26 "大象与小铃"并放比较

3. 连线比较

对两个集合间元素数量的比较也可以通过连线的方式一一对应地加以比较(如图 5-27),这种方式的比较往往在幼儿的个别操作活动,尤其是书面材料的操作中比较常见。

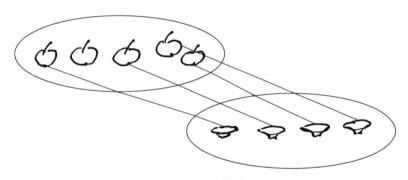

图 5-27 连线比较

4. 游戏活动中比较

利用幼儿喜爱的娱乐性游戏,将一一对应比较的内容有机地渗透到游戏的情境与规则之中,游戏活动可以成为幼儿自然地学习和掌握一一对应比较的一种有效手段。游戏活动"找椅子"[①]就是一个较好的例子。

---

① 徐苗郎.我的幼儿园数学活动模式[M].上海:上海社会科学院出版社,2004:47.

 **集体活动**

找椅子（小班）

活动目标

1. 活动中学习用一一对应的方法比较两组物体的多、少或一样多。
2. 培养幼儿积极思维和动脑筋解决活动中衍生的问题的能力。

活动准备

椅子5把、小铃1个。

活动过程

一、和幼儿一起玩"找椅子"的游戏

规则：参加游戏者听铃声，边念儿歌边走，念完儿歌找一把椅子坐下。

预设玩三次：

第一次：5把椅子，6名幼儿。

提问：几个小朋友没找到椅子？谁没找到椅子？

第二次：5把椅子，6名幼儿。

提问：几个小朋友没找到椅子？谁没找到椅子？

第三次：5把椅子，6名幼儿。

提问：几个小朋友没找到椅子？怎么总是有一位小朋友找不到椅子？

二、按幼儿出现的"解决问题的方法"继续玩游戏

1. 幼儿又找了一把椅子来，尝试以6把椅子和5个小朋友玩找椅子游戏。
2. 幼儿让找不到椅子的小朋友不参加游戏，尝试5把椅子，5个小朋友找椅子游戏。

注意：无论哪种情况出现，必须满足幼儿人人都找到椅子的活动需要。同时"检查"是否每个孩子都找到椅子。教师带领幼儿进行"一把椅子，一个小朋友；一把椅子一个小朋友……"的一一对应方法的过程示范和讲述，得出"小朋友和椅子一样多"的结论，因为小朋友与椅子一样多，所以每人都找到椅子。

3. 再次以5把椅子，6个孩子玩游戏。又出现一个幼儿找不到椅子的结果。进行一一对应比较方法演示，得出椅子少，小朋友才会找不到椅子。

4. 视幼儿情绪及发展水平，提出"要让每个小朋友都找到椅子"与幼儿一起来请参加游戏的幼儿（用一把椅子前站一个小朋友，一一对应的方法请幼儿），然后经过游戏证实是否每个幼儿都能找到椅子。此时再比较椅子数与人数哪个多，哪个少，还是一样多。

（儿歌：小铃小铃你真灵，敲的声音真好听。叮叮叮叮敲起铃，小朋友快找椅子来坐定。）

四、感知集合间的关系与运算

感知集合间的包含或相等关系以及两个集合间的交集、差集、并集等概念对幼儿更好地理解集合概念以及学习数的组成和加减运算具有积极的意义。在教学中,这部分内容主要是以帮助幼儿感知为主,而不是直接的概念传授和讲解。因此,可以结合幼儿的分类活动、数概念、形体的认识等活动,通过操作、游戏等手段加以渗透。以下几则活动均反映出了这样的设计理念。

集体活动

谁是幸运儿(中班)①

活动目标

1. 能将事物按某一属性归类,初步感知交集的形成。
2. 在寻找"幸运儿"的过程中,体会共同探索的乐趣。

活动准备

蓝、绿圈各1个;摸箱2个;特征卡片若干。

活动过程

一、第一次游戏(按某一属性归类)

1. 提问:你们抽过奖吗?你在哪里抽过奖?今天我们就来抽奖,中奖的人就是幸运儿。
2. 游戏规则:抽奖箱里有一些提示卡片,如果你符合卡片上的提示,你就中奖了,请站在圆圈里。

提问:卡片上的提示是什么?什么样的人中奖了?

二、第二次游戏(感知交集的形成)

1. 游戏规则:抽出2张提示卡片,同时符合2个提示的人就是幸运儿。

提问:卡片上画了什么?

第一个提示是什么?第二个提示是什么?

什么样的人才是幸运儿?

小结:要同时符合2个提示,这次既穿着XX又穿着XX的人是幸运儿。

---

① 活动方案由上海市静安区安庆幼儿园张雯提供。

2. 用图示表示交集。

提问：幸运儿既要站蓝圈又要站绿圈可以怎么站？

小结：他站在两个圆重叠的地方，这样既在蓝圈里又在绿圈里，代表既穿了××又穿了××，他就是幸运儿。

三、第三次游戏（进一步理解交集）

要求：觉得自己中奖的人可以直接站在2个圈重叠的地方。

提问：为什么这次他是幸运儿？

蔬菜、水果找家(中、大班)[①]

活动目标

1. 在分类活动中形成集合、感知交集。
2. 通过操作活动发展幼儿的辨别和思维能力。

活动准备

幼儿每人练习纸2张（如图5-28、图5-29）。

图5-28 练习纸1

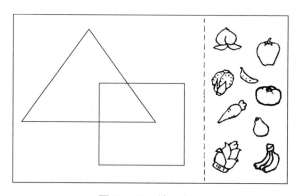

图5-29 练习纸2

活动过程

一、区分类别

让幼儿区分练习纸1中画的蔬菜和水果，说出名称，并将它们分别圈在一起。

---

① 邹兆芳.幼儿数学新编(幼儿练习册)[M].上海：上海三联书店,1996：83.

二、各自找家

1. 请幼儿将练习纸 2 上右边的蔬菜和水果图片一一撕下,蔬菜图片放在三角形的"家"里去,水果图片放在正方形的"家"里去。

2. 请幼儿想想番茄图片该进三角形的"家"还是正方形的"家"。

(番茄既可当蔬菜吃,又可当水果吃,可放进三角形和正方形的相交部分的家——梯形的"家"中去。)

三、说说理由

请幼儿说说摆放的结果和理由。

四、粘贴活动

请幼儿将摆放好的蔬菜和水果分别黏贴在图形纸上。

活动建议

1. 内容和图形可自行调换,如内容改为小动物的图片,可设计成如图 5-30 所示。

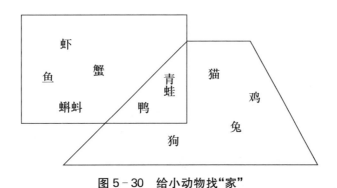

图 5-30 给小动物找"家"

2. 水果或动物图片亦可放大挂在胸前,亦可改为头饰戴在头上,把集合图形画在地上,使摆放活动改为游戏活动。

放在哪里(大班)①

活动目标

1. 通过观察黏贴活动,寻找两个集合交集、差集中的元素,依据特征进行尝试摆放。
2. 在尝试和探索活动中发展幼儿多维度的思维能力。

---

① 邹兆芳.幼儿数学新编(幼儿练习册)[M].上海:上海三联书店,1996:83.

活动准备

"水果找家""图形组合物"图片各1张,幼儿每人相同内容练习纸2张(如图5-31、图5-32)。

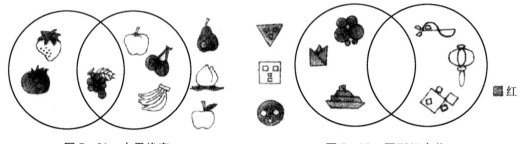

图5-31 水果找家　　　　图5-32 图形组合物

活动过程

一、观察

出示水果找家的图片,引导幼儿思考:

1. 两个圈内分别有什么?各有几个?
2. 左圈内的水果有什么特征?(幼儿答:有叶子。)
3. 右圈内的水果有什么特征?(幼儿答:有梗。)
4. 两圈相交部分中的水果有什么特征?(幼儿答:有叶子且有梗。)

出示图形组合物的图片,引导幼儿思考:

1. 两个圈内分别有什么?各有几个?
2. 左圈内的东西有什么特征?(幼儿答:红色。)
3. 右圈内的东西有什么特征?(幼儿答:个数是5个。)
4. 两圈相交部分中的东西有什么特征?(幼儿答:红色且个数是5个。)

二、区分

启发幼儿思考:依据特征,如把右边的水果或左边的娃娃脸摆放到圈内,该分别放在哪里?

请个别幼儿口述位置和理由,如图5-31中的桃子该放在左圈但不在右圈中,因为桃子有叶无梗;图5-32中的圆脸娃娃该放在两圈相交部分,因为娃娃图片是红色且组成的圆形个数是5个。

三、黏贴

幼儿在练习纸上将左(右)边的各图示物一一撕下,分别黏贴在两个圈中的相应位置。

> **活动建议**
> 1. 本活动设计内容亦可分两次进行。
> 2. 本活动亦可用实物材料在集合摆放圈中进行分类摆放。

第四节 学前儿童模式概念发展的特点

关于数学的本质,曾经也有学者提出"数学是关于模式的科学"的观点,认为模式不仅是数学的基本主题,也反映了数学的实质是对于客观世界的形式、结构和关系的抽象化模式的研究。模式能力作为儿童数学认知能力的一个重要组成部分,不仅能够有助于儿童通过模式概括去发现、理解数学自身独特的结构以及数学中数、几何、测量等各大主题之间的联系,使儿童获得有效数学图式。而且,儿童早期的模式活动更能够为其以后学习抽象的数学知识(如函数、代数观念等)奠定基础,促进儿童理解和掌握数学与其他学科之间的联系。

一、学前儿童模式概念发展的阶段

儿童在进入小学接受正式教育之前,已经从生活中获得了大量感性的数学知识和经验,并且已经发展起了有关模式、函数、代数的最初概念。譬如他们学唱重复的歌曲、热衷于重复性的游戏动作、满足于听情节中蕴含着重复性或发展性模式规律的童话故事等。正如皮亚杰的研究所证实的,[①]儿童在婴儿时期就已经开始感知模式,最初往往是感知空间上的模式,如房间里有规律摆放的家具、摇篮上方有规律悬挂的铃铛等,也可以感知一些习惯性的动作,如推开门——妈妈走进来——喂宝宝等。以后随着年龄的增长,儿童的模式概念逐渐发展起来,在儿童早期就已经表现出把部分要素与整体及其关系结合起来分析的倾向。

根据皮亚杰的研究,将儿童模式概念的发展划分为六个阶段:[②]第一阶段是描述顺序,指儿童能按照事物之间的大小、颜色、图形、数量等关联来理解和辨识事物间的顺序。第二阶段是描述和建构线型模式,指儿童对曲线、型线、直线、环型线或宽线、细线组成的线型模式的理解、辨识和创建。第三阶段是复制一个次序,指按照事物之间已经存在的顺序规则来进行复制,使事物间的连接关系继续保持下去。第四阶段是创建一个次序,即创建一个顺序规则并按这种顺序规则将多种事物连接组合。第五阶段是构建一个模式,即在创建一个次序

---

①② 林泳海,周葱葱.3.5—6.5岁儿童式样认知发展的实验研究[J].心理学探新,2003(01):33.

的基础上反复地按一定规律复制该次序,形成一个模式。第六阶段是认识循环模式,循环模式是一种封闭型的模式,其特点是模式中的顺序规则是不间断的,可以永远地循环往复下去。根据皮亚杰的研究,他认为前一阶段是后一阶段的基础,后一阶段是前一阶段的发展,但在一次模式活动中,各阶段的内容可以同时或交叉出现。

二、学前儿童模式概念发展的特点

关于儿童早期模式能力的发展及特点,我国也有研究者进行过相关的研究并得出了结论。其中,林泳海等人对3—6岁儿童认知模式发展的实验研究表明,儿童模式认知水平随年龄增长而不断发展,呈现出一个循环模式→重复模式→滋长模式→变异模式的认知发展递升态势,可以概括为五种发展水平:(1)完全没有模式概念;(2)处于模式认知的萌芽;(3)开始有模式认知,但不稳定;(4)基本上有模式认知,较稳定;(5)有模式认知概念,且不受模式内容特征影响。研究同时指出,儿童的模式认知发展在各年龄阶段之间变化不平衡,有两个快速发展期,即3.5—4.5岁以及5.5—6.5岁。另外,史亚娟等人对学前儿童模式认知能力发展进行的研究发现,儿童早期的模式认知能力无显著性别差异,但女孩的模式扩展能力显著高于男孩;儿童早期模式认知能力发展的年龄主效应显著,性别主效应显著,年龄与性别的交互作用亦显著;儿童模式复制能力在3.5—4.5岁之间发展较为迅速,模式扩展能力在4—5岁之间发展较为迅速;儿童的模式复制能力显著高于模式扩展能力,随着年龄的增长它们之间的差距有缩小的趋势;随着年龄的增长,儿童在模式复制和模式扩展任务中所犯错误水平也逐渐下降。

从以上国内外关于儿童早期模式认知能力发展的研究可见,这一时期儿童的模式概念发展具有以下两方面的特点。

1. 模式认知随年龄增长呈发展趋势

儿童早期的模式认知是一个逐步发展的渐进过程,虽然儿童早期就已经在生活经验中表现出最初对模式规律的粗浅认知,但这只是儿童模式概念的萌芽,还不是一种对模式概念的清晰而稳定的认知。一般来说,3岁左右的儿童已经具备了初步的模式认知,随着儿童年龄的增长,尤其是4岁以后,随着儿童数认知能力的不断发展以及抽象逻辑思维能力的发展,儿童的模式认知能力有了更明显、快速的发展,体现出随年龄增长的上升趋势,可以归纳为从模式的识别→模式的复制→模式的扩展→模式的创造→模式的比较→模式的转换→模式的交流,即在能力结构上呈渐进发展趋势。

2. 对不同类型的模式认知有差异

在儿童早期模式认知能力的发展过程中,他们对不同类型的模式规律的认知具有明显的差异。一般来说,儿童往往更容易判断和认识重复性模式,对于发展性模式的认知具有一定的困难,这是因为儿童早期在生活中首先并较多接触到的是具有重复性特征规律的模式,加之发展性模式扩展任务涉及分类、推理、抽象概括及辨识数量的递增等多个方面的认知能力,但受儿童早期抽象逻辑思维发展的局限,他们还不能从本质上认识到一组事物的规律性特征并进行推断和预测。同样,对于以实物为材料的模式和以符号为材料的模式的认知在儿童早期也具有明显的差异。一般而言,儿童的模式判别和推断易受材料的影响,他们对于具体的实物或以动作、声音为材料载体组成的模式往往容易认知,而对于以抽象的符号和数字、字母等为材料载体的模式则比较困难。

第五节 学前儿童有关模式概念的感知与学习

一、有关模式概念学习的基本内容

在我国,模式能力尚未被作为一个在儿童早期数概念与认知发展中独立的、重要的方面和维度而纳入到幼儿园的数学教育内容体系中,同时,教师对模式概念的内涵,儿童模式能力发展的特点和规律以及模式能力对儿童数学能力发展的影响等还缺乏正确而充分的认识。在实践中,往往存在着将模式与排序活动等同的理解以及以排序活动替代模式能力发展和活动的现象。因此,在早期儿童数学概念发展特点和规律的认识与理解中,确立模式概念发展的重要性无疑具有积极的现实意义。

从有关模式概念的基本结构中可见,在学前儿童数学启蒙教育中,模式的识别和运用能力的培养是促进儿童数学认知发展和逻辑思维能力发展的重要方面,其具体的教学内容主要包括对重复性模式的识别、复制、扩展、创造、比较、转换、描述和交流等。由于儿童的年龄特点和抽象思维发展的局限,在幼儿园所进行的有关模式的教育教学活动主要是以实物或图片为载体的,一般不出现以抽象的数字或符号为载体的模式规律,这是因为儿童思维的发展有一个从实物认知到形象认知再到抽象认知的过程。在模式教学中,首先应与儿童一起操作实物材料(包括他们自己的身体运动),纯粹用符号来表征的模式,如"ABABAB"对幼儿来说太抽象,抽象的概念往往要先建立在儿童实物感知经验的基础之上。其次,让学前儿童所接触到重复性模式,也主要是以较显见的、单元个数有限的模式为主,对隐含较抽象性规律的重复性模式,学龄前儿童在理解和表征上则具有一定的困难。

二、有关模式学习活动的设计要点和案例分析

1. 合理、巧妙利用生活情境和故事情境

虽然模式概念涉及关于物体对象具有隐蔽性和抽象性规律特征的认识,是反映儿童思

维抽象性发展水平的重要指标之一,但对于模式能力的培养在幼儿园教育教学之中的贯彻和实施,则应当以儿童的年龄特点、心理发展特点为依据,即不能进行纯粹的模式教学,而应当将有关模式的内容渗透到儿童一日生活的各个环节之中,巧妙地结合日常化的背景渗透相关概念,如每天作息时间安排的重复性模式、美工角装饰活动中的模式规律、积木建构活动中的模式规律等,即使是在教师设计的数学集体活动中,也应当关注合理利用情境背景来渗透模式概念。

集体活动

挂彩灯(小班)①

活动目标

1. 在"挂彩灯"游戏中,能发现并正确模仿所提供物体的 ABAB 排列模式。
2. 乐意用语言表达,体验"挂彩灯"的乐趣。

活动准备

1. PPT 课件。
2. 门框 8 个,每个门框配套 10 个彩球。
3. 门框上提供已排列好的 ABAB 模式的彩灯或彩灯的模式卡片。

活动过程

一、活动导入

1. 新年到了,工人叔叔正忙着挂彩灯,把房子打扮得漂漂亮亮的。
2. 看 PPT 课件,讨论:这些彩灯怎么排队挂上去的?
(1) 演示两个彩灯一组,教师边演示操作,边讲述。
(2) 提问:接下去挂几个什么颜色的灯?
(3) 最后两组彩灯请幼儿先讲述规律,教师再演示。

小结:这些彩灯是按照颜色,一个红一个绿,一个红一个绿,2 个一组,一个一个隔开来排队的,这就是有规律排队。

二、看一看,挂一挂

1. 这里有许多门框,请你们挂上彩灯装扮一下。
2. 介绍操作方法。
(1) 有的门框上已经挂好一些彩灯,请你们按照这个规律接着往下挂彩灯。

---

① 活动方案由上海市静安区南阳实验幼儿园闵晴华提供。

(2) 有的门框上放了一张照片,请你按照照片上彩灯的排队规律,把彩灯挂在门框上。

(3) 找到有五角星的地方开始挂。一个圈挂一盏灯,把彩灯全部挂完。

3. 幼儿挂彩灯。

(1) 提醒幼儿边挂彩灯边讲述模式规律。

(2) 看看同伴挂的彩灯,讲讲其模式规律。

三、分享讨论

1. 按颜色归纳

(1) 介绍自己是怎样挂彩灯的?

(2) 把所有按颜色挂彩灯的门框找出来。

归纳:这些门框上的彩灯按颜色,两个一组,一个一个隔开来有规律地挂的。

2. 按大小归纳

(1) 介绍按大小挂的彩灯。

(2) 把所有按大小挂彩灯的门框找出来。

归纳:这些门框上的彩灯按大小,两个一组,一个一个隔开来有规律地挂的。

3. 讨论

这个门框上挂着的彩灯,一会儿说按一个红一个绿,一个红一个绿排队的,一会儿又说按一个大一个小,一个大一个小排队,这是为什么呢?

归纳:原来,这个门框上的彩灯,既有颜色不同,也有大小不同,所以,两种排队方法都可以。

四、延伸

这里还有一个门框,你们来看看它是用什么办法来装扮的?(引出 ABCABC 模式)

间隔的规律(大班)[①]

活动目标

1. 尝试用不同的方式(摆放材料和身体动作)来表现 ABAB 的模式。
2. 感受和同伴一起游戏的乐趣。

活动准备

黑板一块;两色间隔的扣链一串;红、黄、蓝三色磁铁若干;颜色、大小相同的长方形

---

① 活动方案由上海市静安区安庆幼儿园卢世轶提供。

磁片若干。

> **活动过程**

一、发现扣链的模式

出示幼儿拼接的两色间隔的扣链,提问:这串扣链是怎么样的?是什么样的规律?黄绿黄绿是扣链的什么?(指出是在颜色方面的模式规律)

小结:这串扣链的颜色是有规律的,黄绿黄绿……一个黄一个绿间隔开的。

二、表现和扣链同样的模式

1. 用不同的颜色来表示 ABAB 的模式。

(1)出示多种颜色(如红、黄、蓝等)的磁铁,提问:刚才扣链的规律是两种颜色,一个隔着一个。后面的扣链都是重复前面的黄绿排列,是吗?那么如果我要用磁铁来表示一个隔着一个的规律,你觉得需要几种颜色?(幼儿答:两种。)

(2)请一名幼儿选择两种颜色的磁铁,到黑板上来放成 ABAB 的规律。

2. 用同一种长方形磁片摆成 ABAB 的模式。

(1)出示长方形磁片,告诉幼儿:现在我只有相同颜色、相同大小的长方形磁片,你能用这一种磁片排队,排成一个隔一个的规律吗?

(2)请个别幼儿上前摆放。每当一名幼儿放好后,请这名幼儿或是其他幼儿来说说这一次的长方形是怎么放的,是怎样的规律?

小结:原来用一种形状的磁片,只要放的方向和位置不同,也能排出这样一个隔一个的规律。

三、用身体动作表现模式

1. 请幼儿围坐成一个圆圈,教师加入幼儿。告诉幼儿:我们来玩一个游戏,由两个人开头,做两种不同的动作,后面的人重复他们的这组动作,就类似一个隔一个的规律。指定两名幼儿,请他们自行商量动作,并表现出来。请之后的幼儿根据这两个动作依次做出相应的动作。

2. 一次游戏结束后,按顺时针方向,请下两名幼儿继续想新的动作。提出新的规则:这一次他们摆好动作开好头以后,其他的孩子不做动作,来猜一猜自己是什么动作。你是怎么知道的?

小结:因为动作的规律是一个个间隔开来的,所以两个坐在一起的朋友不可能是一样的动作。而隔开一个人的两个朋友,动作肯定是一样的。

3. 轮到教师和一名幼儿想一组动作,教师和该幼儿商量用拍手和跺脚的动作来开头,请幼儿一个个接下去做动作。提问:除了用动作,还有什么也能表示这样的规律?(幼儿答:声音。)

以上两个活动案例就是借助了儿童生活中熟悉的故事情境和生活情境,融入了低龄幼儿活动中常见的情感要素。从教师的活动准备来看,并没有太多的材料制作,而是充分而巧妙地挖掘了现有材料和其他教育资源的可利用价值,这一点也正是教师在数学活动的设计中要加以关注的问题,数学需要操作,但不只有操作。事实上,在儿童的一日生活中,在许多其他教育活动和游戏中也渗透着大量的数学问题和背景材料,作为教师要善于发掘、善于迁移,以取得事半功倍的效果。

2. 有序体现模式能力发展的渐进要求

从前面关于模式的基本概念梳理中可见,儿童的模式能力发展是一个渐进的、有序的过程,它包括了从识别、复制、扩展、创造、比较、转换、描述和交流等一系列发展的过程,在教师关于模式相关活动的设计中,特别要遵循的就是按照模式能力结构的有序发展来编排活动进度,体现渐进有序性。首先,教师在活动设计中要考虑一个模式单元中构成元素的个数及其构成的复杂性问题,对初次进行模式相关活动或者模式相关经验并不多的低龄幼儿来说,单元个数可以从 2 个开始,慢慢发展到 3—4 个;同样,构成每个单元的元素复杂程度也是需要有序递增的,一般可以从没有变化的模式(拍手、拍手、……)到有一个变化的模式(AB、AB、AB……)到重复一个构成元素的模式(AAB、AAB、AAB…… 或 ABB、ABB、ABB……)再到包含一个以上特征的模式(大且红、小且黄、小且黄;大且红、小且黄、小且黄……)。在这种有序的渐进序列中,儿童的年龄阶段当然是一个很重要的参照点,但相对于模式能力本身的发展序列而言,年龄阶段不是绝对的,而发展的线索才是教师在活动设计中要把握好并加以有效设计的。

集体活动

马路花儿美(大班)①

活动目标

1. 尝试运用已有的模式排序经验,为自建的马路排列盆花,发展幼儿的模式创造能力。

2. 在美化自建马路的过程中,激发幼儿对自己居住区周围环境的热爱,进一步激发爱家乡的情感。

活动准备

(1) 幼儿自带各种空盒子(牛奶空盒、饼干盒、牙膏盒),自由集合,将空盒模拟建造自

---

① 活动方案由上海市静安区南阳实验幼儿园李文静提供。

己生活的小区。

（2）幼儿排序用的花架人手一份（建议教师将花朵塑封包装，便于幼儿能插入花架，增加对游戏的兴趣）。

（3）人手一份内含红黄两色、大中小不同的花朵供幼儿操作。

活动过程

1. 活动导入：激发幼儿装扮马路的情感。

（1）情境导入：我们家附近的马路上（或幼儿园）有什么？怎样让马路更美？

（教师可启发幼儿回忆附近马路的装扮，激发幼儿美化马路的情感。）

（2）引导幼儿认真观察花卉的特点，便于根据花朵的特点进行模式排序。

提问：看看园林工人送来了哪些盆花？谁能说说都有些什么花？

（运用句型：有……有……还有……）

（3）鼓励幼儿运用已有的模式排序经验，尝试将所有盆花都排完。

提问：园林工人为你们每人准备了一些盆花，你们想要将花按怎样的规则排列呢？希望你们把马路装扮得美一点，而且不能浪费，要记得把盆花全部种完。

2. 幼儿个体操作，排放盆花。

（1）重点：提醒幼儿先观察所提供的花卉有什么不同？思考怎样将所有的盆花有规律地排放。

（2）难点：将盆花全部用完。

（3）教师巡回了解幼儿排放盆花的情况（目的：了解幼儿排序的经验）。

提问：你的盆花是怎么排的？还有没有其他的排法？

（4）幼儿将自己种植的花摆放在相应的位置，美化环境。

3. 讨论（通过讨论，帮助幼儿归纳、总结模式排序的经验）。

（1）肯定排放成功的孩子，并鼓励没有将所有盆花排放成功的孩子继续尝试。

（2）观察不同的模式排序方法，并请幼儿来介绍自己的盆花是怎么排放的。

（3）感知运用多种模式排序方法排放盆花的美。

活动点评

以上活动设计是一个适合大班幼儿的活动，教师将模式排序的重点定位在多种模式排序的经验交流上；从模式能力结构来看，涉及的是模式创造能力的培养，这样的设计是比较合理可行的，它较好地把握到了幼儿的"最近发展区"。这是因为大班的幼儿，已经积累了有关模式排序的前期经验，具有一定的模式识别、复制、扩展、创造等能力。教师通过一个让幼儿运用相同的材料建构不同的模式序列的任务来发展其模式创造能力，最为关键的是教师在此模式创造任务中，蕴含了一个合理但对大班幼儿又颇具挑战的要求——要将手中的盆花都放完。这样的要求比让幼儿随意拿取材料进行排序更有难度，这对于大班幼儿，尤其是具有了一定的模式排序经验的幼儿来说是适宜的，但教师这样的设计是有前提条件的，那就是对本班幼儿总体模式能力发展水平的判断。由此可见，教师在模式相关活动的设计中，对于模式能力发展的线索和儿童发展水平的观察与评判是同样重要的两个方面，只有基于两方面的思考，才能够在活动设计中找到恰当的认知突破点，以真正发挥集体教学活动的有效价值。

3. 关注多样化的模式表征

在有关模式的数学活动设计中，教师较多考虑和安排的活动形式与任务大多是排序活动。确实，排序活动可以通过不同的材料和操作帮助幼儿建构和丰富模式的相关经验，但模式并不等同于排序，也不应局限于排序。在活动设计中，教师要关注引导幼儿以多种形式和手段来理解模式，并运用一定的方式加以表征。如在案例"间隔的规律"中，教师最后设计的一个环节，是启发幼儿用身体动作和声音的方式来再现 ABABAB 这类两两间隔的模式。这样的设计，其价值就是启发幼儿体验模式的多种表征形式，它可以为儿童模式比较和转换能力的发展奠定一定的基础。总之，多种形式的模式表征是极有必要的，它一方面可以拓展儿童对模式本质规律的认识，另一方面也可以培养和发展儿童思维的发散性、变通性。

 区角活动

瓷砖设计（大班）

活动目标

1. 能运用涂色块的方法来表现和创造出有规律的模式排列。

活动准备

1. 空的纸箱打开一裁为二。
2. 在纸箱的上面画好格子。

活动过程

幼儿可以依据平时看到过的瓷砖样式或自己设计的图案，按一定的规律来装饰墙面（见图5-33）。

活动建议

1. 本区角活动可以持续 2 或 3 个星期的时间。

2. 可先进行瓷砖设计的比赛,然后再进行装饰新房墙面的游戏。
3. 幼儿完成的墙面可用于游戏中,以激发幼儿的设计兴趣。

图 5-33 幼儿设计作品

今天我来排(大班)

活动目标

1. 按照一定的规律或模式要求相互配合排列队伍。
2. 自由创造规律或模式进行队伍的排列。

活动过程

幼儿排队的时候,教师选择一名小队长来决定队伍如何排列,但是必须按照一定规律,如按照两个男孩一个女孩或一个长头发两个短头发的顺序排列等。小队长大声说出要排的规律,其他幼儿按照要求自觉排列,小队长要检查幼儿的队伍排列是否正确,如果不正确要帮助调整。教师每天要选择不同的幼儿来当小队长。

活动建议

1. 此活动可以在任何需要排队的场合灵活展开。如出去户外活动,活动完回班或去春游等。

2. 教师尽量鼓励小队长选择更复杂的规律来排队,必要时教师可以给予适时的引导和帮助。

3. 如果小队长不选择幼儿固有的外在特征(如男女、衣服颜色、鞋子类型等)进行排队或在选择这些特征上存在困难的话,也可以允许小队长自己创造队伍的规律或模式,如一个张开手臂、一个放下手臂、一个把手背在身后等。

4. 可以根据幼儿的年龄特征或本班幼儿的实际水平,对他们提出不同层次的要求,如对于低龄幼儿,可以由教师任队长,协助他们排队,或提出一些比较简单的规律。

以上两则大班的区角和日常活动都涉及对模式规律的理解和运用,除了一般通常采用的视觉表征方式将物体进行有规律的排序外,教师还可以启发幼儿在生活中应用动作、声音等其他表征方式去表现模式规律,在比较和转换过程中发展幼儿的迁移思维。

| 猜糖果(小班) |

游戏是幼儿最好的学习方式,在"猜糖果"的游戏中,出于对"猜对就能赢得糖果"的成功愿望,有效地激发了幼儿运用语言来描述事物的属性特征的兴趣和愿望,提高了幼儿的活动参与性与积极性,而这也是活动目标达成的关键。同时,在完成蕴含着数学任务的游戏时,幼儿还会自发地从教师的引导语和其他幼儿的回答中收集信息和线索,运用记忆、推理、预判等思维活动来尝试解决问题,这在无形中提高了幼儿的数学思维能力。另外,该游戏中的设计规则也具有可变性,教师可根据不同的活动目标、要求及幼儿的发展水平进行及时的判断和调整。

在活动实施的过程中,教师能够采用层层递进的提问方式来推动幼儿的思维和表达。例如,在开始正式游戏之前,教师就抛出了"这些盒子有什么不一样"的关键提问,目的是引导幼儿关注到事物的不同属性——颜色、形状、大小和高矮等,这个问题就起到了经验铺垫的作用。游戏过程中,教师会结合幼儿的表现,及时地调整问题的难易程度,如使用封闭式的问题等,来逐步帮助幼儿缩小猜测的范围。可以发现,在教师的支持下及游戏的一轮一轮开展中,幼儿逐渐能够同时从两维、三维的属性特征来描述物体。同时,在本活动中,教师真正做到了"心中有目标、眼中有幼儿",她能够关注到每一个幼儿在活动中的参与情况,及时根据幼儿的表现,给予相应的支持和引导。可以看到,在整个活动欢乐的氛围中,所有幼儿都参与到了游戏中,并在有效的学习中也获得了成功的体验。

| 多变的模式（大班） |

模式，表示物体之间隐藏着一定的规律关系，对于大班幼儿而言，两个一组间隔排列的模式比较容易理解。本次活动教师以幼儿已有经验中的"ABAB模式"为导入，别出心裁地运用"点图纸"的方式引出模式学习，让幼儿通过视觉感知和语言表达"一根弯线、一根直线、一根弯线、一根直线"，从而让幼儿识别理解模式。再通过简单的符号表征，既帮助幼儿理解归纳了模式，同时又为后续幼儿创造自己的模式作了很好的铺垫，充分体现了教师设计上的独具匠心。在活动的内容上，本活动从理解"点图纸"的模式出发，到幼儿自己在"点图纸"创造模式，再到感知符号可以表示规律，并归纳符号之间的内在规律，最后尝试用自己的肢体、声音等多种方式来创造和表达模式，整个活动环环相扣、层层递进，对于大班幼儿来说具有一定的吸引力，同时也具有很大的挑战性，但都是在幼儿的最近发展区内引发幼儿的探究和表达，能够最大程度地推动幼儿的思维能力和对模式的理解能力，充分体现了集体教学活动的价值。同时，在本次活动中，教师能耐心倾听幼儿的想法，善于接纳幼儿不同的建议，并能用简洁明了的提问、适时适度的追问，以及灵活规范的数学语言，帮助幼儿归纳梳理零碎的经验，并引导幼儿积极主动学习，引发师生互动、生生互动，这些都无不体现出教师自身良好的专业素养(专业知识、组织调控、互动回应能力等)。最后，纵观整个活动，它不仅演绎了丰富多彩的幼儿数学模式学习过程，同时点亮了幼儿的思维，真正地促进了幼儿模式能力的发展。

 复习与思考

1. 感知集合的教育对幼儿数概念发展与教育有何影响与作用？
2. 如何理解学前期的感知集合教育？感知集合教育涉及哪些教学内容和活动？
3. 何谓分类？分类的形式一般有哪些？
4. 举例说明——对应比较的三种形式。
5. 何谓模式？模式有哪些基本特性？
6. 学前儿童模式能力的发展具有怎样的特点？
7. 学前期感知模式的学习有哪些基本途径？

第六章 学前儿童数概念与运算能力的发展和学习

第一节 关于数与运算的基本知识

一、数

数是数学中最古老、最原始、最基本的两个概念(另一个是形)之一。数和形这两个概念分别构成了反映现实世界的量的关系和空间形式的"原子"和"细胞",并由它们开始逐渐发展成完善的数学体系。因此,数的概念也可以说是其他所有数学概念的基础。

在日常生活中,数可以用来表示客观世界中各种事物的量。但是,作为表示量的程度的一种符号,数是人作为认识主体对现实世界的反映,是人的思维的产物,而这种思维和反映带有明显的抽象性、概括性。

(一) 自然数和自然数列

自然数的概念是人类祖先在长期生活和生产劳动的过程中逐渐形成的。人类最早并没有关于数的概念,在原始社会的生产劳动,诸如狩猎、采集、捕鱼等活动中,逐渐产生了"有""无""许多""1"的概念,并在生产劳动和物品交换过程中运用在对人、工具、牲畜等数量的判断。在这种判断和计量过程中,人类起初还不会用数来表示,而是用一种原始的对应比较的方法来进行,即把两个集合中的物品一一对应搭配起来以判断它们的"多""少""一样多"。在此基础上,通过对两个集合元素数量的无数次比较,才开始注意到客观对象在量的方面的共同特征,开始将集合中元素数量同样多的归为一类,即所谓的"等价集合类",如{梨,苹果}、{牛,羊}、{锄头,镰刀}……它们彼此等价,可归成一类,并用眼睛、手等身体部位作为计量的单位来表示一类集合的共同特征,如两只眼睛。随着文字的发明与产生,才逐渐形成了用{1,2}的数字符号来表示,标记是2。又如用5来标记{5根手指},用10来标记{10朵花}等,由此就逐渐产生了自然数。

从自然数的产生过程可知,每一个自然数都是一类等价的非空有限集合的共同特征的标记,它可以表示非空有限集合中的元素的个数。如"3",可以作为"3个小朋友""3只小狗"

"3只皮球"等所有元素个数为"3"的集合的共同特征。

在自然数中,1被称为自然数的单位,其他任何自然数的形成都是由若干个单位"1"添加而成的。因此,从"1"开始,逐次添加一个单位,如此依次排列而成的所有自然数所组成的排列就叫做自然数列。自然数列具有以下几个性质:(1)有始性。即自然数列最前面的数是"1"。(2)有序性。每一个自然数后面都有一个且只有一个比它大一个单位的后继数,并且除"1"以外,每一个自然数都有一个且只有一个比它小一个单位的前行数。(3)无限性。即自然数列是一个无限集合,自然数列里最后的一个自然数是未知的。

(二)零和扩大的自然数列

零是自然数,自然数列中也包括零。零是空集合的标记,可以用来表示集合中一个元素也没有,如篮子里一个苹果也没有。当然,零除了表示没有之外,作为一个独立的数,它还可以表示其他意义,如数轴或坐标上的原点;温度计上作为零上零下温度的分界点、记数中表示数位(如100、102)等。因此,幼儿在感知和获得"零"的概念时,成人和教师应当给予正确的解释,即"零可以表示没有",而不是"零就是没有"。

零比任何自然数都小,如果把零放在自然数列的前面,可得到一个依次扩大的自然数列(即0,1,2,3,4,…),这个扩大的自然数列具有有始、有序和无限的特点,第一个为零,其中的每个数都是整数,即零和自然数。

(三)基数和序数

自然数作为一类等价的非空有限集合的标记,既可以用来表示有限集合中元素的个数,也可以用来表示有限集合中每个元素的位置,这就是自然数具有的两个不同含义。其中,用来表示集合中元素个数的数称为基数;用来表示集合中元素排列次序的数称为序数。自然数的基数含义和序数含义既有区分又有联系:如幼儿在数一堆糖果时,点一块,数一块,点到最后一块时,数出的数字"7"是表示这堆糖果的数量多少,显现的就是其基数含义;若手点第7块糖果,说出数字"7",所代表的就是其序数含义。可见,每一个自然数都有双重性,既可以表示基数,也可以表示序数。当点完序数时就获得了其基数值;反之,知晓了基数值,也就能推断其在数列中的位置。

二、数字

数字是一种抽象的符号,是代表数词用来记数的一种符号。这种符号的产生,在不同国家有着不同的表示。如汉字数字:一、二、三、四、五、六、七、八、九、十;罗马数字:Ⅰ、Ⅱ、Ⅲ、Ⅳ、Ⅴ、Ⅵ、Ⅶ、Ⅷ、Ⅸ、Ⅹ;阿拉伯数字:1、2、3、4、5、6、7、8、9、10等。目前国际通用的、较常见的是阿拉伯数字表示法。

数字是抽象的。在幼儿的生活中,会遇到许多接触到数字的机会,如电话号码、房间门牌号、钟表数字等，但是，让幼儿认识数字就必须理解数字所表达的实际意义，而不是纯粹的数字认读。这是因为数字是在抽取事物其他特征的基础上，对其本质的数理逻辑特征的一种概括和提炼，只有当幼儿从6块糖、6本书、6只气球等数量物体中，把6作为代表一切数目是6的物体的数词和记数符号时，才能够真正理解数字所包含的意义。因此，在对学前儿童进行数字的认读和书写教育时，应当避免简单化、形式化的倾向和方法。

三、计数

所谓计数，就是将具体集合中的元素与自然数列里从"1"开始的自然数之间建立起一一对应关系，即口说数字、手点实物，使数词和要数的单位物体之间一一对应，结果用数字来表示。计数也被称作为数数。作为一种活动，究其实质来说，它是一种有目的、有手段、有结果的活动——其目的是要确定物体的数量；其手段就是一种数数的操作；其结果则表现为数的形式。而作为一种技能，它涉及三个组成部分——用正确的顺序有声或无声地说出数词；能确认可用于计数的若干单位物体；能把数词和计数的单位物体一一对应。

美国著名心理学家格尔曼提出了颇有影响的正确数数要遵循的五条原则：(1)一一对应原则，即幼儿在数数时必须理解要数的集合中的每一个元素只能对应一个数词，也就是说，一个物体只能数一次，一个数词也只能用一次，用过的数词不能再用。(2)固定顺序原则，即用于数不同单位物体的数词的顺序是固定不变的，它是由数词系统本身特定的顺序和规律决定的，是不可任意改变的，如用"1，2，3，4…"的顺序去数一个集合，再数另一集合时，也应当是相同的顺序。(3)基数原则，即能够理解计数到最后一个物体时的数词所代表的就是该集合的总数。(4)抽象性原则，即以上所说的数数原则可以适用于任何集合，也就是任何由可数物体组成的集合都可以计数。(5)顺序无关原则，即数数时，数的结果总是唯一的，它与被数物体的顺序是无关的，无论是从左往右数、从右往左数，还是从中间往两边数、转圈数等，其数的结果总是同一个数。

四、数制

数制也称为计数制度，在不同国家的不同发展时期各个民族曾经创造和使用过多种计数制度。数学史上的记数制可以分为数位计数制和非数位计数制（如象形记数制、字母记数制、罗马计数制等）。数位计数制中最常见的是逢十进一的十进位制，它是一种严格的数位计数制，可以使运算得以简化。除此之外，还有满十二进一的十二进位制，如十二块手帕可以称为"一打"，十二个月为"一年"；满六十进一的六十进位制，如六十秒为一分钟，六十分钟为一小时；满二进一的二进位制，如两只袜子称为"一双"，两只手套称为"一副"。目前，二进制还被广泛应用于计算机中，在二进制中，只有0和1两个数字，但可以用来表示任何数，如10（读作"一零"）表示2；11（读作"一一"）表示3；100（读作"一零零"）表示4等。二进制与十进制数的互换关系见表6-1。

表6-1 二进制与十进制的互换关系

十进制数	1	2	3	4	5	6	7	8	9	10	11	12	13	……
二进制数	1	10	11	100	101	110	111	1000	1001	1010	1011	1100	1101	……

根据二进制与十进制数的互换,可以设计适合学前儿童的数学猜想游戏。

五、数的组成

数的组成指数的结构,包括组合和分解两个过程,反映了总数和部分数及部分数之间的辩证关系。数的组合指除1以外的任何一个自然数都是由两个或两个以上的部分数组成的;数的分解指除1以外的任何一个自然数都可以分成两个或两个以上的部分数。数的组成涉及的是数的分与合。具体说来,即涉及三个数群之间的等量、互补和互换关系:(1)等量关系,一个数群(总数)可以分成两个相等或不相等的子群(部分数),即一个数可以分成两个部分数,这两个部分数合起来就是原来的那个数,用公式 B = A + A' 表示。(2)互补关系,一个总数分成的两个部分数中,一边从上到下数越来越小,下一个数分别比上一个数小1,另一边从上到下数越来越大,下一个数分别比上一个数大1,用公式 B = (A − n) + (A' + n) 表示。(3)互换关系,一个总数分成的两个部分数,位置交换一下,总数还是不变,用公式 B = A + A' = A' + A 表示。

六、数的运算

运算,一般有两种解释:一种是把运算解释成"结合法则",即由集合的两个元素结合成这个集合的一个新元素的法则,如"3 + 1 = 4";另一种是把运算解释为函数。而数的运算是涉及运算的最基本概念。对于学前儿童来说,有关数的运算,主要指10以内数的加减运算,因此,帮助幼儿理解加法和减法运算的定义、法则以及符号所代表的意义是十分重要的。

(一)加法的定义和运算法则

所谓加法,即求和的运算,用来表示在自然数列中,数 a 之后再数出 b 个数来,恰好对应于自然数列中的数 c,则数 c 叫作数 a 与数 b 的和,可以用"c = a + b"来表示。其中,数 a 与数 b 叫作加数;数 c 叫作和;符号"+"叫作加号,读作"加"。从集合的概念来说,加法就是求两个没有公共元素的有限集合的并集的基数,可用图6-1来表示。

学前儿童学习的加法运算主要涉及的是两个数合并成一个数的运算。加法运算的法则主要是交换律,即"a + b = b + a",让幼儿知道,加号前后的两个数互换位置,它们的和是不变的。

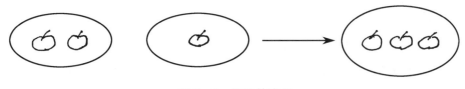

图 6-1　加法的定义

（二）减法的定义和运算法则

所谓减法，即指从一个数中去掉一个部分数，求剩余数，可用"a－b＝c"来表示。其中，a 称为被减数；b 称为减数；c 叫作差；符号"－"叫作减号，读作"减"。从集合的观点来说，减法就是求有限集合与它的子集的差集的基数，可用图 6-2 来表示。

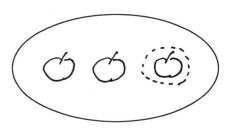

图 6-2　减法的定义

对学前儿童来说，应当让他们知道减法的学习是涉及已知两个数的和与其中一个加数，求另一个加数的运算，它是加法的逆运算。在学习的过程中，应当把加法和减法的运算相结合，可通过相互验证来进一步获得相应概念。

第二节　学前儿童数概念发展的特点

数前的感知集合教育为幼儿学习计数和掌握 10 以内的初步数概念打下了基础，那么幼儿初步数概念又是如何形成和发展的？具有哪些发展特点？它与计数活动有些什么关系？我们将在这一节中进一步讨论上述问题。

一、学前儿童计数能力的发展

计数作为一种有目的、有手段、有结果的活动，与儿童数概念的发展有着紧密的联系。可以说，计数活动是儿童数概念形成和发展的一个重要方面，幼儿的计数能力标志着儿童对数的实际意义的理解程度。

从计数活动的结构来看，可以分为内容和动作两个方面。

（一）内容方面

内容方面主要包括四个部分：依次数出数词；从集合中区分出每一个元素；使每个数词只与集合中的一个元素相对应；说出总数。从幼儿计数能力的发展加以观测，一般又可分为以下几个发展阶段。

1. 口头数数

口头数数是指口头按自然数顺序来数数的能力。一般3岁左右的幼儿在成人的影响下能逐步学会说出个别数词,并能凭着机械记忆,按一定顺序背诵这些自然数的名称,但他们并不理解自然数的真正意义,往往不能正确地运用这些数来表示物体的数量。实质上,幼儿这时仅仅是口头上的唱数,还没有达到手与实物的对应,而且在有些幼儿身上还往往能发现手口不一致的现象,即口快手慢或口慢手快。可见,在这个阶段,幼儿仅仅掌握了数的顺序而非数量的观念。但是,这种口头唱(说)数能力的发展对幼儿学习计数也有一定的积极意义,它能使幼儿获得数词的名称以及自然数顺序方面的知识和经验,而这恰恰是幼儿掌握正确计数不可缺少的能力。

2. 按物点数

按物点数是指用手逐一指点物体,同时有顺序地逐个说出数词,使说出的每一个数词与手点的一个物体一一对应。在这个阶段,幼儿能用手逐一指点物体,同时有顺序地说出数词,但往往说不出总数。幼儿掌握正确地按物点数需要各种分析器的参与,手、眼、口、脑要协同活动,也是口头数数后必经的基本计数过程。

3. 说出总数

说出总数是指在计数过程中按物点数后,能将说出的最后一个数词来代表所数过物体的总数。一般4岁以后的幼儿大多能数出10以内物体的总数。幼儿能手口一致点数并说出总数,标志着他已经开始理解数的实际意义。幼儿知道将最后说出的数词作为所数过的一群对象的总体来把握,这是最初的数抽象,它意味着幼儿计数能力达到了一个新的水平,即形成了最初的数概念。

4. 按群计数

所谓按群计数,就是计数时不再依赖一一点数的方式,而是以数群为单位,如两个两个数,五个五个数等。这表明数对幼儿来说已具有更加抽象的性质,因为数群概念是指能将代表一个物体群的数作为一个整体去把握,而不需用实物和逐一计数确定物体群的数量。一般5岁以后,幼儿逐渐发展起了按群计数的能力。这种能力要求具有一定的数抽象水平,才能在没有实物的情况下理解和用口说出一定的数。

从以上四个计数活动的发展阶段来看,幼儿的计数活动有三种水平:一是死记硬背式的计数。在入幼儿园之前,有的家长可能认为已教会孩子计数了,幼儿已记住了一连串的数字,然而,当问幼儿手里有几样东西时,答案往往是猜出来的。这时幼儿的计数活动是死记型的学习,还不懂通过数与被数物体配对而建立一一对应关系。二是理性的计数。幼儿能学会把数字或数的名称与物体配对,能把数的名称与集合中的物体一一对应,但在计数过程中也容易受到物体的大小或排列形式的干扰,如幼儿会认为5个大娃娃要比5个小娃娃数量多;另外,若以不同样式排列集合内的物体,如排列得松散一些,幼儿就可能会说集合的物体变"多"了。三是持久等价的计数(如数的守恒、等价的守恒),向幼儿呈示排成一列的一个物体的集合,然后改变其排列,使其成为另一种模式,如圆形(见图6-3),幼儿仍能认识到集合的数目是一样的。

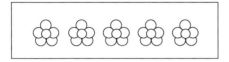
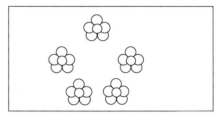

图6-3 排列成不同形状的集合

由计数活动发展的四个阶段特点和三种水平层次可以证实,把一个集合中的物体与另一个集合中的物体配对是计数活动的前奏,建立一一对应的观念才是计数的基础。比较两个集合在数目上是否相同,这种方法比幼儿只是通过简单记住"1、2、3、4…"的声音序列来学习计数更有意义。它需要幼儿积极思考,并由感性上升到理性。所以说,幼儿计数能力的发展,是幼儿形成初步数概念的必要条件。

(二) 动作方面

动作方面主要包括手的动作和语言动作。从幼儿计数能力的发展加以观测,一般可分为以下几个发展阶段。

1. 手的动作

触摸物体→指点物体→用眼代替手区分物体。

幼儿在计数的过程中,最先显现的手部动作通常是用手移动、摆弄或触摸被数的物体,之后逐步脱离对物体的触摸,而用手在空中来回摆动指点着物体进行数数(包括对近距离的物体与远距离的物体的点数)。无论是触摸物体还是指点物体,都离不开手的动作。幼儿计数能力真正脱离手部动作的标志是不借助手而直接依靠视觉进行目测来数出物体的数量,即用眼代替手来区分物体。

2. 语言动作

大声说出数词→小声说出数词→默数。

伴随着计数过程中的"手"的动作,幼儿在"口"的动作方面也经历了一个发展的过程。开始计数时,幼儿往往会大声说出数词,随着数数活动的增加以及计数经验的不断积累,幼儿渐渐地会减轻计数时说出数词的声音或以不出声只动嘴唇来数数,最后发展到心里的默数。

应当指出的是,幼儿在计数过程中手的动作和语言动作的发展并不是相互割裂的,而是互相联系、平行发展的。往往最初的表现是用于触摸或指点物体并大声地说出数词,渐渐地开始摆脱手的指点,而以目测、默数的计数方式来完成计数任务。

从以上涉及计数活动能力结构的分析来看,幼儿在计数中调动了多种分析器官,如触觉、视觉、听觉等。事实上,计数活动是一种多种分析器官参与的活动,与人类先天的生理机制密切相关。许多国外的研究发现,即使是婴儿,也具有简单的计数能力。其中在心理学研究中,运用了经典的适应—复原法(Habituation - Recovery)来推断婴儿是否知道物体的数量。如在幻灯片上向婴儿显示一个集合的数点,重复刺激若干次,让婴儿适应,再向其显示一个不同数的集合数点,就会发现婴儿已经意识到了刺激的变化。研究认为无论刺激物是物体还是数点,是相同的还是不同的,是固定的还是移动的,是先后出示的还是同时出示的,婴儿都具备了这种识别数量的能力。[①] 类似的研究还反映出婴儿不仅对视觉刺激物的数量有识别,还能够在听觉方面有感知。由此可见,计数过程中的多通道感知是幼儿从识别数量发展到精确计数的一个重要前奏,为以后的数概念形成和发展奠定了良好的基础。

二、学前儿童 10 以内数概念的初步发展及特点

幼儿 10 以内初步数概念的发展既有连续性,又有阶段性。

(一)第一阶段(3 岁左右)——对数量的感知动作阶段

这个阶段的特点是:

第一,对数量有笼统的感知,他们对表现明显的大小、多少的差别能区分,对不明显的差别,则不会区分。

第二,会口头数数,但一般不超过 10。

第三,逐步学会手口一致地对 5 以内的实物进行点数,但点数后说不出物体的总数。

总之,此阶段幼儿主要通过感知和运动来把握客体的数量,只具有对少量物体的初步的数概念,还未真正具有数概念。

(二)第二阶段(4—5 岁)——数词和物体数量间建立联系的阶段

这个阶段的特点是:

第一,点数实物后能说出总数,即有了最初的数群的概念。末期开始出现数的守恒现象。

第二,前期儿童能分辨大小、多少、一样多;中期能认识第几和前后数序。

第三,能按数取物。

第四,逐步认识数与数之间的关系,有数序的观念,能比较数目大小,能应用实物进行数

---

① 周欣.儿童数概念的早期发展[M].上海:华东师范大学出版社,2004:30.

的组合和分解。

第五,开始能做简单的实物运算。

这一阶段幼儿所反映出来的特征表明他们已达到了较低水平的数概念的指标。

(三) 第三阶段(5岁以后)——简单的实物运算阶段

这个阶段的特点是:

第一,对10以内的数大多数能保持守恒概念。

第二,计算能力发展较快,大多数从表象运算向抽象的数字运算过渡。

第三,序数概念、基数概念、运算能力的各个方面都有不同程度的扩大和加深,到后期一般可学会100以内的数数,个别的可能学会20以内的加减运算。

这一阶段的幼儿已形成了较高水平的数概念,并开始从表象向抽象的数的运算过渡。

三、学前儿童数概念形成的标志

根据小学算术教学法的理论,关于数概念的形成有三个指标:一是说出数目名称;二是知道某数在自然数序中的位置;三是知道这个数的组成。例如,如果说幼儿掌握了"3"这个数概念,那么幼儿不仅能说出"3"这个数字,还应该知道3比2大1,3比4小1或3在2的后面,3在4的前面以及3由1个"1"和1个"2"组成等。

在一般人的思想中,认为幼儿学会了数数,能依次序念数词,能按成人要求拿取物体并会比较其多少就是形成了数概念,其实不然。幼儿数概念的形成是一个复杂的智力活动过程。这个过程是连续而有序的。对于幼儿数概念形成的标志有两种不同观点。一种观点认为幼儿数概念形成的标志:一是掌握10以内数的实际意义,理解10以内的基数(表示集合中元素的个数)和序数(表示集合中元素的顺序和位置)的意义;二是理解10以内自然数的顺序;三是理解数的组成。尤其是理解数的组成,不仅可以提高对数概念的认识水平,而且可以培养按群计数的能力,为学习加减运算打下基础。

另一种观点则认为,幼儿数概念形成的标志是必须掌握相邻数之间的关系和数的守恒,而且认为相邻数是形成数概念的核心和关键。

其实这两种观点并无实质性的差别。因为掌握数的守恒,即意味着在判断物体数量时,不受物体大小、形状或空间排列形式的干扰,能正确理解数的实际意义。而掌握相邻数的关系,即指了解某个数和其前后两个数间的关系,掌握了相邻数,也就自然理解和懂得了自然数的顺序:前面一个数总比后面一个数小1,后一个数比前一个数大1,自然数的顺序是一个固定不变的体系。所以第二种观点实际上是对第一种观点的补充和具体化说明,体现了较高层次上形成的数概念水平。

总之,幼儿数概念的形成不仅有规可循,而且通过有目的、有计划、合理的教育能促进幼儿数概念的形成和发展。

第三节　学前儿童有关数概念的感知与学习

有关数概念的学习是学前儿童数学教育中的一个重要方面，在教学中，不仅要使幼儿学会数数，理解数的实际意义，知道数的顺序和大小，还应当帮助幼儿掌握10以内数的组成以及数字的认读和书写。因此，从教学内容来分，可以分为数（基数、序数）、计数（按物取数、按数取物、按数群计数）、数字（认读与书写）、数的组成四个部分。

一、10 以内的数

（一）基数

有关10以内基数的教学，一般是通过计数、数量的比较等活动内容相结合，让幼儿理解10以内自然数的基数意义，获得初步的数守恒观念。在教学中，"认识相邻数"、"区别单双数"和"认识零"是涉及的比较特殊的三项内容，以下将结合案例的分析一一加以讨论。

1. 认识相邻数

相邻数是一个数与相邻两个数之间的关系，即三个数之间的关系。任何一个数（除1外）都比前面一个数大，比后面一个数小。

集体活动

数字邻居（大班）①

活动目标

1. 通过游戏感知10以内数字的相邻数，初步了解前后数字多1和少1的关系。
2. 培养思维的敏捷性。

活动准备

1—10数字卡片各一张；动物胸饰人手一份；积木房若干间。

---

① 活动案例改编自中国儿童教育网，有修改。

> **活动过程**
>
> 一、坐火车，感知相邻两数之间多1少1的关系
>
> 1. 请小朋友根据自己车票上的号码数字坐上各自对应的车厢。
> 2. 数数自己的车厢里有几个乘客，前面车厢有几个乘客，后面车厢有几个乘客，哪个车厢乘客多，哪个车厢乘客少。
> 3. 教师小结。
>
> 每个车厢里的乘客都比前面的车厢多1，比后面的车厢少1。出示数字表示1—10之间的相邻数关系，告诉幼儿，每个数都比前面的数大1，比后面的数小1，前后两个数就是这个数的数字邻居，也叫相邻数。
>
> 二、按指令下车，进一步感知相邻数
>
> 教师以"大1""小1"的相邻数关系发出"下车"指令，使幼儿巩固感知。
>
> 三、找房间，进一步感知相邻数的关系
>
> 幼儿佩戴动物胸饰，找各自的房间。
>
> 1. 老虎的房间号码是4的小邻居。
> 2. 小鸟是6的小邻居。
> 3. 鸭子是2的大邻居。
> 4. 熊猫是1的大邻居。
> 5. 蝴蝶是9的小邻居。
> 6. 小猫是7的大邻居。
>
> 四、找数字邻居
>
> 1. 老师出示数字，分别找大邻居或小邻居，幼儿根据自己手中的数字回应教师。
> 2. 幼儿根据自己的数字去找大邻居或小邻居，找到的三个数字邻居抱在一起，看谁最先找到自己的数字邻居。

相邻数的教学一般安排在大班，教学的重点是让幼儿理解相邻数之间的抽象关系。因此，为了帮助幼儿掌握这一重点，在教学中通常需要借助一定的形式和手段让幼儿感知。上述的活动案例就是采用游戏情境的形式，帮助幼儿从人数的数量抽象到所表示的数字，进而在总结中运用观察比较的方法帮助幼儿着重厘清10以内数的大1、小1关系并结合幼儿可见可知的具体物或教具展开。在此过程中，教师的语言归纳和解释特别要注意围绕一个中心数与前面的、后面的数加以比较。以"4"的相邻数为例，首先，出示可以用"4"来表示的物体或教具，提问：数一数有几个？可用数字几来表示？接着，出示可以用"3"或"5"来表示的物体或教具，提问：数一数有几个？可用数字几来表示？其次，引导幼儿观察比较它们之间的区别与关系，提问：它们哪个多？哪个少？多几个？少几个？最后，教师进行关键性小结，

小结:4个比3个多1个,4大3小,4排在3的后面;4个比5个少1个,4小5大,4排在5的前面,所以4的两个好朋友是3和5。

为了更好地帮助幼儿认识掌握相邻数之间的关系和规律,教师可以将10以内的相邻数分阶段进行教学。可以从相邻数的规律着手,启发幼儿类推更大的数,甚至10以外数的相邻数。此外,在巩固阶段,可以摆脱直观教具的演示,采用操作、寻找、游戏等方法和手段加深幼儿对相邻数的理解。

案例分享

游戏:接牌(相邻数的理解与应用)

玩法:幼儿两人一组玩此游戏,每名幼儿手中持相等数量的数字牌,第一位幼儿出一张牌,若是5,则持有4或6数字牌的幼儿可接牌,对接上的3张牌放在一边。游戏继续进行,两名幼儿轮流出牌。最后,手中的牌最先出完者为胜。

2. 区别单双数

 集体活动

娃娃游乐城(区分单双数)(大班)

活动目标

1. 在模拟生活的游戏场景中体验、感受并区分10以内的单双数。
2. 在游戏的情景中养成自觉遵守规则的习惯,感受成长的快乐。

活动准备

活动室内外布置成"娃娃游乐城":城内有大型玩具区、益智区、休息区等(每一样玩具或食物的价值都是2个银币),门口设有入城关卡(2个箱子:一个装有10以内加法题目,一个装有银币)。

活动过程

一、介绍环境,导入活动

老师:今天,我们幼儿园的"娃娃游乐城"开张了,游乐城采用自助游乐的方式,也就是说这里是无人管理游乐城,一切游戏规则要靠我们游客自觉遵守。我们豆豆班的小朋友都已经长大了,都已经是大班的大哥哥大姐姐了,老师觉得我们都可以做自己的小主人,都可以自己管理自己了,所以,老师就和游乐城的老板商量了一下,让我们豆豆班的小朋友做游乐城的第一批游客。

二、介绍游戏规则

1. 门口设有入城关卡,从一个箱子中摸出一张卡片,回答正确后自己从另一个箱子中取出与答案相应的银币,就可以进入游乐城了。

2. 进去以后,你要合理安排手里的银币,游乐城里的每样玩具都需要2个银币,在玩具旁边有一个小盒子,你要主动投币,在小盒子里投入2个银币后,你就可以玩这个玩具了。玩好了以后,你要把这个玩具还原成原来的样子才可以离开。如果你手里还有多余的银币,你在归还玩具后还可以去玩其他的玩具,直到你手里的银币不够了就不能再玩任何一样玩具了。

3. 提问:如果你手里还有2个银币,你还可以玩吗?如果你手里只剩下1个银币了,你还能继续玩吗?如果你手里的银币不能再玩任何一样玩具了,你今天的游乐活动也就结束了,你可以去服务台领取一张纸和一支笔,把今天的游玩情况记录下来。如:我是×××,我今天在门口获得了几个银币,玩了几样玩具,用掉了几个银币,最后结果怎么样。

4. 记录完了以后,可以用手里的记录卡到老师处换取一份小礼物。

三、幼儿自由活动

教师注意观察幼儿在活动中的情况,适时予以指导。

四、展示幼儿各自的记录卡

集体交流讨论:你看了这些记录卡,你明白了什么?

五、请幼儿结合自己的记录卡,介绍自己今天玩的情况

老师当场记录幼儿讲述的情况,如表6-2所示。

表6-2 幼儿游玩情况记录卡

姓名	门口获得的银币(个)	玩的玩具数(个)	花费(个)	剩余的银币(个)
小轩	5	2	4	1
小亨	8	4	8	0
小阳	7	3	6	1
小豪	6	3	6	0

六、比较与分析

1. 比较小朋友和老师的记录卡,看看有什么发现?

2. 引导幼儿发现,有的数正好可以用完,有的数则不可以,而是要剩下1个银币。注意观察,哪几个数字的银币能正好用完,哪几个会剩下1个银币?

3. 小结:"像2、4、6、8、10这几个数字在每次使用2个银币的情况下能正好用完,这几个数字有个共同的名称叫双数;3、5、7、9在使用过程中会留下1个银币,这几个数字有个共同的名称叫单数,但如果只有1个银币也不能玩玩具,所以1也是单数。"

七、游戏:抱一抱

今天,我们自己做自己的小主人,玩了快乐的游乐城,还认识了单数和双数这对好朋友,心里高兴不高兴呀,那我们来做个游戏庆祝一下吧!

规则:幼儿边念儿歌边四散走,儿歌停下,老师出示1—10中的任意一个数字,幼儿根据数字做相应的动作(单数抱自己,双数两人抱在一起)。

游戏反复进行,老师不断变换数字,其间问幼儿要自己抱自己或两人抱一起的原因。(幼儿答:因为4是双数,所以两人抱一起。)

附儿歌:1、3、5、7、9,我们是单数,自己抱自己;2、4、6、8、10,我们是双数,两个朋友抱一起。

10以内单双数的区别与认识是学前大班幼儿必学的一项内容,一般会在幼儿已经掌握了10以内基数的实际意义,并且对数量间的多少关系、数字的大小关系以及不同的计数手段(如手口一致点数、按群数数等)建立了相应的感性经验的基础上进行归纳性学习。教师在帮助幼儿形成对单双数的确切概念时,可以作如下解释与归纳:"两个两个数正好数完的,叫作双数;不能两个两个数或者数完还余1个的,叫作单数。"因此,单双数的教学一般放在幼儿学习"按两个两个数(按群计数)"的教学内容之后。在"区别单双数"的教学中,教师值得注意的有以下几个方面:第一,新授课时,应通过具体物的演示、感知或操作正确地归纳,以帮助幼儿形成单双数的确切概念,能够区分10以内的单、双数。同时,通过归纳和总结,还可以启发幼儿进行对10以外数的类推。第二,复习时,应尽量采用多种教学形式和手段加以巩固,如游戏、寻找等方法,也可以结合其他数学教学内容来进行。第三,将"区别单双数"的内容融入幼儿的生活,尤其是通过幼儿亲身感受和体验身边的活动或游戏,如活动"娃娃游乐城"就是将"单双数"的教学内容自然地融入到"我上大班了"这一主题中,让幼儿在游戏的情境中既养成了遵守规则的习惯,享受成长的快乐,也恰到好处地理解和学习了单双数。

案例分享

游戏:找朋友[①](区别单双数)

玩法:每个幼儿佩戴一张数字胸卡(10以内数),围成圆圈,边拍手边唱歌(附

---

① 邹兆芳.幼儿数学新编(教师用书)[M].上海:上海三联书店,1996:178.

歌曲),第一乐句由教师任选两名戴数字胸卡的幼儿(一个是单数、一个是双数)在圆圈内边唱边拍手去找朋友,唱第二乐句时两名幼儿分别邀请一名同伴接在自己的身后(要求是单数的找单数朋友,双数的找双数朋友)。游戏重复进行,队伍越接越长,可以排成两条长"龙",幼儿一起跳"龙舞"。

注:此游戏也可以作为"认识相邻数"的要求加以改编:第一乐句由教师任选几名戴数字胸卡的幼儿,边唱边去找朋友,第二乐句由戴某数相邻数胸卡的两名幼儿边唱边跑跳步拍手向前,两位"相邻数"幼儿分别念儿歌(小数先,大数后),如"4,4,我来了,我是3(5),3(5)比你(4)小(大)1"。说对后,3个幼儿模拟双叶托花状"定格":"某数"扮花,两个"相邻数"扮叶。游戏重复进行。

歌曲《我的朋友在哪里》

臧云飞词曲
朱良镇编合唱

| 1 1 5 5 | 6 6 5 | 5·5 3 3 | 2 1 2 |
| 一 二 三 四 | 五 六 七, | 我 的 朋 友 | 在 哪 里? |
| 1 1 5 | 5 5 6 | 5·5 3 1 | 2 3 1 ‖
| 在 这 里 | 在 这 里, | 我 是 你 的 | 好 朋 友。

3. 认识零

**集体活动**

有趣的"0" [①]

活动目标

1. 知道"0"在生活中的意义,了解周围生活中"0"的不同含义。
2. 大胆与同伴交流自己所观察到的数字"0"。

活动准备

PPT、图片、黑板等。

[①] 活动案例改编自北京学前教育网(作者:刘薇)。

> **活动过程**
>
> 一、观看 PPT
>
> （拟人化的数字，配上动漫音乐及画面背景）教师提问：
>
> 1. 瞧！谁来了？
> 2. 你觉得他们在干什么？你从哪里看出来的？
> 3. 咦？谁也来了？
> 4. 他为什么又走了？
> 5. 原来数字们嫌他太小，都不愿意和他玩，所以他伤心地走了。那么，他会去哪里呢？
> 6. 我们一起去找找他好吗？
>
> 二、交流讨论
>
> 出示各种有"0"的图片，如温度计上的"0"，门牌上的"0"，坐标轴上的"0"等，请幼儿说说："你在哪里找到了'0'？""你找到的'0'代表什么意思呢"？
>
> 教师要有意识地将含义相同的"0"放在一起，并帮助幼儿进行归纳总结——原来"0"不仅仅是代表没有，它还有其他很多意思呢！
>
> 三、继续观看 PPT
>
> 教师提问，进一步引发幼儿讨论，了解"0"在不同地方的不同含义。
>
> 1. 数字知道"0"的本领这么大，他们会怎么样做呢？
> 2. 谁把他找回来了？他们站在一起变成了什么？
> 3. 谁也想和他做朋友？他们站在一起又怎么样了？
> 4. 原来和"0"站在一起，数字宝宝就会变大。数字宝宝们现在可都愿意和"0"做朋友了。
> 5. "0"如果站在数字前面，数字会怎样？会变大吗？

"零"是扩大的自然数列中最小的一个数，它与自然数不同，不属于自然数，而且在幼儿的生活经验和认知范围内往往会把"零"和"没有"画上等号。但在实际生活中，零却有着不同的含义和表示样式，因此，对于学前儿童来说，正确认识"零"的概念和含义是一项非常必要的教学内容。教学的要点主要包括：第一，结合幼儿的生活经验，帮助他们自己发现"零"。不管在幼儿的实际生活中，还是在其他数概念的相关教学中，幼儿都会遇到涉及"零"的问题情境，如幼儿学习了单双数、相邻数后，一般会进行简单的类推，知道更大数的区别：25 是单数，30 是双数；99 是单数，100 是双数。也有的幼儿就会认为 10 是双数，100 是双数，所以 0 也是双数；有的幼儿则不同意，由此就会引发出对"零"的讨论。同样，生活中看到的一些物品，如温度计上的"零"，门牌号上的"零"，都会引起幼儿的注意。在教学中，教师应当尽可能多地引导幼儿观察或回忆生活中所出现的"零",通过比较让幼儿获得对"零"的概念的正确理解。第二,采用丰富的教学手段与形式。虽然这一教学内容的重点无疑是让幼儿获得正确的"零"的概念,知道它所代表的不同含义,但是概念的获得是建立在幼儿自身感知式操作体验的基础之上的,若能在教学中结合日常生活中的情境,通过讨论、比较、寻找、游戏等方法和手段,则能够大大地调动起幼儿学习的兴趣和参与度,也能够为他们主动建构数学概念提供帮助。

(二) 序数

序数是表示集合中元素次序的数。认识序数以认识基数为基础,因此,序数的教学一般安排在学习基数之后进行,年龄段一般选择在中班。主要的教学目标是:帮助幼儿理解序数的含义,能用序数词(第几、第几……)正确表示10以内物体排列的次序,并能从不同方向出发(上下、前后、左右等)确定物体的排列顺序和所在的序数位置。

教学中的要点包括以下几方面。

1. 多种样式的教具排列,帮助幼儿明确方向

序数教学时的教具排列应注意多样,避免单一。排列可以有横的、竖的单排,也可以有表格式的排列(如图6-4),这样有助于幼儿学会从不同方向确定物体的排列顺序和序数位置。

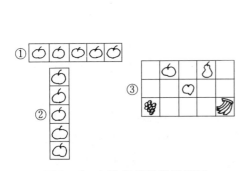

图6-4 多种多样的教具排列

图6-5 小动物的家

由于物体排列的位置因起始的方向不同而不同,从右边数起为第一个的物体,改为从左边数起时,它又成为最后一个。因此,教儿童学习序数时,首先应明确哪是第一,按什么方向数。对于这一要点,教师可以用语言提示,如让幼儿明确"小动物的家"(如图6-5),教师先告诉幼儿最下面的是第一层,左边的是第一家,问幼儿兔子在第几层第几家。此外,教师也可以用一定的符号表示从哪里数起和按什么方向数的问题。如卡片"○→"放于被数学教具的某位置边,就表示这一位置的物体为第一,卡片的箭头所指方向为数的方向(如图6-6)。这种类似的符号设计后,由教师与幼儿共同商定其含义,便于在教学中发挥

图 6-6　卡片的箭头确定数的方向

作用。

在标明序数位置的替代物上,除了选择同类的不同物,如猪、鸭、猫等外(如图 6-5),还可以用同类物的不同外部特征(颜色或形状)来表示(如图 6-7),也可以用数字(如图 6-8)、空格或线条(如图 6-9)等来显示序数的位置。

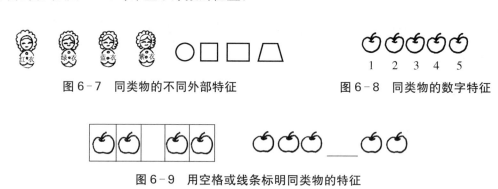

图 6-7　同类物的不同外部特征　　　　图 6-8　同类物的数字特征

图 6-9　用空格或线条标明同类物的特征

2. 多种形式的教学手段,帮助幼儿理解序数含义

教师边讲解边结合教具的演示,让幼儿把握序数的位置。如教师出示 5 个玩具动物,可以先让幼儿说说它们的名字,数数一共有几只小动物,接着进行序数的教学。要给小动物排排队,一边挪动小动物一边说:"我从左边开始,请小兔排第一个,小狗排第二个,小猴排第三个,小熊排第四个,小象排第五个。"然后,教师反复提出"××排在第几个"的问题,或"第×个是谁"的问题,让幼儿回答,以理解序数的含义。

游戏操作是一种能让幼儿在游戏活动和自身的操作过程中进一步理清序数概念的有效教学手段。如教师可以组织幼儿玩"坐火车"的游戏,把 10 把小椅子排在教师一边,第一把椅子背上贴"火车头"的图片,然后请 10 个幼儿取好"车票",根据车票号码依次上火车,坐在位置上,其他幼儿帮助检查坐的位置是否正确。这种游戏让幼儿亲身感受序数的含义,以加深对序数的认识,如给幼儿在区角活动中放置一定的操作材料,让幼儿按照数字编号排列"种树",并与其他幼儿交流不同名称的树的不同序数位置等。

结合日常生活中的许多情境和背景,有机地、随时地渗透序数的概念,也是进一步巩固幼儿的序数概念以及应用性解决问题能力培养的极好途径。如上下楼梯、散步、排队、值日生等生活环节都可以充分地利用和结合。

集体活动

图图的电影院（大班）①

活动目标

1. 利用空间和序数的相关经验，解决电影院排座位的情境问题。
2. 在游戏中体验相互帮助、群策群力的乐趣。

活动重点

空间与序数的相关经验。

活动准备

白板课件、小椅子24把、座位牌号和电影票若干。

活动过程

一、番豆幼儿园的电影院（引出话题，初步认识）

1. 图图上学的幼儿园要开电影院了。
2. 帮助图图找到相应的座位号。

提问：电影院的座位上少了什么？

座位上的数字表示什么？

小结：电影院的座位上都有座位号，帮助我们拿着电影票对号入座。

二、自己的电影院

1. 学着图图开个小小电影院。

提问：放映厅里需要些什么？（大屏幕、椅子、座位号）

2. 幼儿讨论：座位按照什么顺序排列。
3. 幼儿操作：根据椅背后的座位牌，排列小电影院。
4. 集体验证：幼儿站到4排座位的后面，一起验证：座位是否排对了？

是否都按照椅子背后的座位牌放到正确的位置？

第一排的椅子放对了吗？按照什么顺序排列？

小结：排位数不变，座位按照数字从大到小的顺序排列。一排一共有6个座位。

提问：第2排椅子有问题吗？

为什么这两把椅子是靠拢的，这两把椅子又是分开的？

5. 幼儿操作：找到少了的两把椅子。

小结：2排2座前面少了2排1座。3座和5座的中间空了4座。

---

① 活动方案由上海市静安区安庆幼儿园文微微提供。

提问：第3排少了哪些座位？

第4排一共少了几个座位？是哪几个？

6. 重点提问：4排5座是谁放的？中间空了那么多位置，你是怎么做到的？

7. 幼儿操作：把第3、第4排少了的座位放到相应的位置。

三、看电影（再次辨识，巩固经验）

1. 图图给小伙伴们带来了一部好看的电影，连电影票都准备好了。

2. 幼儿每人拿一张电影票对号入座。

提问：今天看什么电影？

小结：原来电影票上除了有座位号，还有其他的信息。

3. 幼儿说说自己手中的电影票相对应的座位是什么，然后相互检查，是不是都坐对了？

4. 观看预告片：因为观看屏幕时间太长了，我们先看一段预告片。休息一下，再回来看电影。

2 杯子和小球（中、大班）[①]

活动目标

1. 理解序数的含义和相对性，能用语言正确描述某个杯子在一排杯子中的序数。
2. 能根据教师的描述，用排除法来推断小球藏在哪个杯子里。

活动准备

1. 不透明白色纸杯4个，绿色纸杯1个。
2. 橙色乒乓球一个。
3. 可以遮挡视线的布一块。

活动过程

一、三只杯子变魔术

1. 教师出示一只杯子，提问：在这只杯子的左右两边各加一只杯子，一共有几只杯子？

2. 请幼儿猜测：哪只杯子里藏着小球？除了左、右、中间的说法，能不能换一种说法？你觉得小球在第几只杯子里？是从哪一边开始数的？

---

① 陈杰琦，黄瑾.i思考幼儿核心经验数学游戏资源包[M].南京：南京师范大学出版社，2012.

3. 教师调换杯子位置,提问:小球还在原来的杯子里吗?既然小球还在原来的杯子里,怎么刚才是在第1只杯子里,现在在第3只杯子里了?

小结:原来杯子的位置变了,它的序数也会发生变化。

二、四只杯子变魔术

1. 教师再出示一只杯子,告诉幼儿:只要这只杯子放对了位置,就能让这只杯子(从左往右第1只)变成第2只杯子。谁知道应该怎么放?

2. 提问:有没有办法让第4只杯子变成第1只?

小结:数杯子的时候,可以从左往右数,也可以从右往左数。那么同样一只杯子,可能会有两个序数。因为数的方向不一样,序数也发生了变化。

三、五只杯子变魔术

1. 教师收掉桌上所有杯子,出示绿色杯子,提问:这次我忘记要用几只杯子来变魔术了,但是我记得它是第几只。它是从左往右数的第4只杯子,从右往左数的第2只。想一想,它的两边各有几只杯子?

2. 教师用布遮挡,在5只杯子的其中一只底下藏小球,提示1:小球在第4只杯子里。提问:哪几个杯子有可能?提示2:是从绿色杯子开始数的。

小结:可以从左边或右边开始数,也可以从有标记的那个杯子开始数。鼓励孩子上前将球任意摆放到一个杯子底下,并且记住位置序数,请其他幼儿猜测(引导幼儿用不同的方法,正数、倒数、从绿色杯子开始数,如放在第3个杯子里但不提示序数起点)并说说理由。

案例分享

非正式活动:翻卡片

玩法:幼儿两人一组玩游戏,材料为配对的图案卡片20张(也可根据实际情况增删),把卡片秩序打乱,10张正面向上,另10张反面向上,幼儿逐次翻开反面向上的图案卡片,并加以记忆。一段时间后,合上10张卡片,两人根据正面朝上图案的提示,由一幼儿以序数位置的排列说出对应的卡片在哪里(如"第2排第3张是蝴蝶卡片"),另一幼儿翻卡片检验正确性,方可得到卡片,两名幼儿交替猜卡片,最后以占卡片多者为胜。

二、计数

计数作为幼儿数概念发展中的一种重要能力,有关计数技能的培养和训练应当是数教育中的一个主要部分。从计数的方式来分,可以分为一一点数、目测数和按群计数,且是一个由浅入深的发展阶段过程。对小班年龄段的幼儿来说,主要的目标定位在手口一致点数 5 以内的物体,且能初步理解数的实际意义;中班年龄段的要求是掌握 10 以内的计数,学习目测数(接着往下数)和不受外在干扰因素影响正确地计数;大班年龄段则要求学习按数群计数(如两个两个数或五个五个数)。

(一) 点数

幼儿的计数能力是随着他们计数活动经验的不断积累而逐步提高的。点数是指通过一一点数的方式正确说出数目总数,它是儿童计数能力的最重要标志,而按数取物(或按物取数)是培养幼儿点数能力中一个较常见的教学内容。对于 4 岁左右的幼儿来说,可以尽可能多给他们提供实践和操作的机会来提高其手口一致的点数能力。在安排教学内容方面,教师可以采用出示一定数量的实物或实物(点子)卡片,要求儿童拿出与其相等数量的物体。如教师在贴绒板上摆出 3 张小兔卡片,要求儿童在自己的小盒里拿出与小兔一样多的圆形;让儿童按声响的次数拿出与其相等数量的物体(如教师拍 3 下手,要求儿童找出有 3 辆汽车的卡片);说出数词让儿童按数取物(如教师说"5",儿童拿出 5 张三角形卡片或有 5 个图形的 1 张卡片)。教师也可给予不确定的语句,要儿童先判断后再取物(如教师说"拿比 3 多 1 的,比 5 少 1 的"等);出示数字,要求儿童取出相应数量的物体(如教师出示数字卡"3",要求儿童找出是 3 个的物体)。反之,教师也可以给出物体的数量,让幼儿找相应的数字。

集体活动

草地上有几只脚(小班)①

活动目标

1. 在故事情境中说出数词,尝试 20 以内的有序唱数。
2. 在游戏中体验唱数的乐趣。

活动准备

图片(蜗牛、小朋友、狗、蜜蜂、蜘蛛、螃蟹各一张)、蜗牛玩具一个、手杖一根、地上贴有小草图案的贴纸(当作草地)。

---

① 活动方案由上海市静安区安庆幼儿园金卓玲提供。

活动过程

一、认识蜗牛

出示蜗牛图片,提问:

(1) 这是什么动物?(幼儿答:蜗牛)

(2) 蜗牛走路是什么样的?(幼儿答:爬)

(3) 蜗牛用身体的什么地方爬行?

小结:这就像是蜗牛的脚,它有几只脚呢?(幼儿答:1只脚)

二、数数不同的脚

提问:蜗牛要去找朋友了,它会找到谁呢?

1. 出示小朋友图片。

提问:蜗牛找到了谁?小朋友有几只脚呢?(幼儿答:2只脚)

教师将蜗牛与小朋友的图片摆放在一起。

提问:瞧,蜗牛愿意和小朋友玩吗?现在草地上还是2只脚吗?谁来数一数。

蜗牛还会继续找朋友吗?让我们接着听故事。

2. 出示小狗图片。

提问:蜗牛继续往前爬,它看见了谁?(幼儿答:小狗)

小狗有脚吗?有几只?(幼儿答:4只)谁来数一数?

教师将蜗牛与小狗的图片摆放在一起。

提问:蜗牛愿意和小狗做游戏吗?草地上的脚还是4只吗?

草地上的脚,从一只变成了两只、三只……越来越多了,接着还会有几只脚呢?(引导幼儿唱数)

3. 出示蜜蜂图片。

提问:现在草地上有几只脚?(幼儿答:6只)

教师将蜗牛与蜜蜂的图片摆放在一起,让幼儿数数一共有几只脚。(幼儿答:7只)

4. 逐一出示图片蜘蛛、蜗牛与蜘蛛、螃蟹,让幼儿点数一共有几只脚。

小结:蜗牛终于找到它最喜欢的朋友——螃蟹。现在它要和螃蟹一起休息了。

三、和蜗牛做游戏

1. 引起游戏兴趣。

提问:我带来了一个朋友(蜗牛玩具),不过它有点害羞,我们一起数到10,请它出来好吗?

2. 游戏:数脚。

提问:蜗牛想和小朋友做游戏。让我们先到草地上吧(幼儿站在贴有小草图片的草地上)。蜗牛想数一数草地上会有几只脚,你可以把两只脚露出来也可以藏起来,可以怎么藏呢?(跪在草地上)蜗牛会念一首儿歌,当它数到1的时候你就不能动了,然后我们来数一数草地上有几只脚(站起来,蹲下来,小脚小脚放放好,3—2—1)。

教师用手杖进行点数,幼儿一起跟着教师一起唱数。

四、亲子活动

在回家的途中,家长可以和孩子边走边数,比如:从某处出发,数到10停下,看看是否和昨天停下的地方一样。数字可以随幼儿的知识掌握程度逐渐增大。

附故事:

《草地上有几只脚》

蜗牛想要出去找朋友。它爬呀爬,来到草地上。

草地上有一个小朋友。蜗牛爬到小朋友的边上和他做游戏。

蜗牛继续往前爬,草地上有一只小狗,蜗牛爬到小狗的边上和它做游戏。

蜗牛继续往前爬,草地上有一只蜜蜂,蜗牛爬到蜜蜂的边上和它做游戏。

蜗牛继续往前爬,草地上有一只蜘蛛,蜗牛爬到蜘蛛的边上和它做游戏。

蜗牛继续往前爬,草地上有一只螃蟹,蜗牛终于找到它最喜欢的朋友了,现在它要和螃蟹一起休息了。

 区角活动

包糖果(小、中班)①

玩法:教师提供给幼儿的操作材料包括塑料透明的大口瓶若干个、点子或数字卡若干、彩色糖果纸若干、橡皮泥或木珠一筐。请幼儿做糖果厂的操作工,按照"货物单"上的要求包装相应数量的糖果,做到数(点)物对应,按数(点)取物,并将包好的糖果放入大口瓶中,也可以让幼儿尝试从瓶外进行点数检验。

(二)目测数

所谓目测数,即不用一一点数的方式,而是用眼目测,在一瞬间说出数目总数。一般说来,学前儿童能够用目测数数说出的数目大致在3—5个左右,极少会目测到数量6。因此,目测数是受个体先天数数机制影响的一种数数能力,但若作为一种数数技能加以培养和运用的话,通常是指先目测一部分再接着往下数。一般在幼儿一一对应和基数概念尚未很好

---

① 陈杰琦,黄瑾.i思考幼儿核心经验数学游戏资源包[M].南京:南京师范大学出版社,2012.

发展起来的前提下,目测数并不是一项该年龄段幼儿自觉使用的计数策略。因为幼儿往往会受到被数物体的大小或空间排列形式的影响而不能正确地计数,只有当幼儿在完全掌握了10以内的计数的基础上,才能把目测数(接着往下数)作为一种新技能加以引导。以下的一则活动案例,即是以目测数(接着往下数)为教学重点而展开的。

集体活动

找七星瓢虫(大班)①

活动目标

1. 通过活动,让幼儿尝试先目测一部分,再接着点数完全部,以这样的方法进行8以内的数数,培养幼儿目测数数的能力。
2. 在观察、比较等活动中培养幼儿积极思维能力。

活动准备

画有8以内点子不等的"瓢虫"教具若干;沙包若干;贴有8以内点子的泡沫块若干;摸罐与塑粒4个;数字图形卡若干,卡片上的图形数量在8以内。

活动过程

一、介绍学具及规则

出示许多瓢虫纸片,告诉幼儿在许多瓢虫中,只有身上是7个点的瓢虫叫作七星瓢虫,它是益虫——人类的好朋友。请小朋友和老师比赛一起找出七星瓢虫,看谁数得快,找得快。

二、引发讨论

为什么老师找得快,小朋友找得慢?

小结:老师的数数方法是先看到5个点,把5记在心里,然后从5开始接着数点子:6、7。这样很快就找到了有7个点的七星瓢虫。

三、幼儿尝试目测数

1. 数字图形卡,要求幼儿用先目测数,再接着数的方法数出卡片上的图形数,然后翻到数字卡反面进行验证。
2. 丢沙包,取一张数字卡,用先目测一部分,再接着数出全部的方法,数数泡沫块上的点子数,找到与点子数有对应数量的泡沫块后丢一只沙包。
3. 摸塑粒,先摸出一把塑粒,看看是几(目测),然后再摸一把,接着一个一个数,直至数完。

---

① 上海南阳路幼儿园.幼儿数学活动新编[M].上海:华东师范大学出版社,1998:53.

鼓励幼儿两两结对玩以上的操作游戏,相互检查。

教师小结、讲评。

四、游戏:找七星瓢虫

1. 交待规则、游戏竞赛。出示一幅画有一棵贴着许多"瓢虫"的画面背景,将幼儿分成红、黄两队,以比赛的方式看哪队先找到"七星瓢虫",找得快且对。每队各有一块空白磁性板,每个幼儿轮流接力赛,将找到的"七星瓢虫"贴在自己队的磁性板上。

2. 验证检查,小结讲评。比赛结束,两队自查找出的瓢虫都是七星瓢虫吗?两队互查有没有发现不是七星瓢虫的?集体检查树上还有没有七星瓢虫,看哪队能先发现?最后宣布比赛结束,小结游戏情况。

(三) 按数群计数

按数群计数的教学内容一般在中、大班进行,即在幼儿积累了一定的手口一致点数和目测数数经验的基础上,可以安排进行如学习两个两个数或五个五个数的按数群计数教学。这种按数群计数的能力也是幼儿后续数的组成和加减运算学习的基础。在这项教学内容中,比较常用且有效的方法是操作法,即为幼儿提供和创造多种途径、形式的操作活动来练习两个两个数和五个五个数。在提供的材料方面,应注意丰富、多样、有趣;在采用的形式、手段方面,应注意多变、新奇、符合幼儿年龄特点,如游戏和竞赛都是较受幼儿喜爱的形式。此外,除了正式的数学活动,渗透在日常生活中的数学教育途径中也可以积极地利用,如结合平时幼儿园生活中的点名、统计人数、搬小椅子等环节。

在计数能力的培养过程中,无论是手口一致点数、目测数还是按数群数,教幼儿学习数数的途径和方法多种多样,但要让幼儿真正地学会数数、理解数的实际意义却并不容易,需要一个循序渐进的过程。四五岁的幼儿一般基本能手口一致地按物点数到10,知道总数的意义,但在判断或比较物体数量时,也往往容易受到物体大小或排列形式等的干扰。例如,对数量相等而体积大小不同的两组物体进行比较时,有些幼儿会错误地认为体积大的一组数量多,体积小的一组数量少;同样两组数量相同的物体因排列疏密不同,幼儿也可能会错误地认为疏的一组数量多,密的一组数量少。幼儿年龄越小,这一特点越明显。因此,要使幼儿学会不受物体大小或排列形式的干扰,正确地判断物体的数量是幼儿真正掌握计数的一个重要标志,即获得了数量守恒的概念。由此,在计数能力培养的相关教学活动中,教师提供给幼儿的计数材料或教具的设计就显得尤为重要。教师应当给幼儿呈现不同排列形式和空间大小的计数材料。首先,选择颜色、大小、形状不同的同类教具让幼儿数数,以排除颜色、大小、形状的干扰,正确判断物体数量。例如6以内的数数,设计的教具如图6-10所示;其次,教具排列形式尽量多样化,可以改变排列的距离(如图6-11)、改变排列的位置(如图

6-12、图6-13、图6-14)等,帮助幼儿在计数中获得守恒的概念。

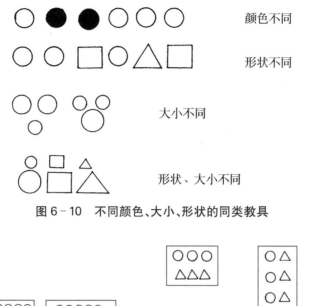

图 6-10　不同颜色、大小、形状的同类教具

图 6-11　改变排列的距离　　　　图 6-12　直线式位排列

图 6-13　封闭式位排列　　　　图 6-14　重叠式位排列

通过以上教具的设计进行数数活动,可使幼儿逐渐学会不受物体颜色、大小、形状或排列形式的干扰,正确地判断物体数量,掌握数量的守恒,从而真正理解数的意义。

集体活动

数数我们的手指（大班）[①]

活动目标

1. 尝试用按群数数的方法数数手指,10 个 10 个或 5 个 5 个进行计数。
2. 感受参与集体游戏的乐趣。

[①] 陈杰琦,黄瑾.i 思考幼儿核心经验数学游戏资源包[M].南京:南京师范大学出版社,2012.

> **活动准备**
>
> 一根较长的棒子,如金手指棒,便于孩子点着对象进行计数。
>
> **活动过程**
>
> **一、10个10个数**
>
> 提问:
>
> (1) 你们都会数数,你能数到几?
>
> (2) 你数过一些什么东西呢?
>
> (3) 其实用我们的手也可以来数数。看看,我们的双手一共有几个手指?(幼儿答:10个。)
>
> (4) 我们来做个游戏。举起你的双手,我会和你击掌。拍到你了,你就要数数现在有几个手指了。数好了就回到座位上。(请幼儿离开座位,分散在中间。每次和教师击掌的幼儿都要报出数字:10、20、30…)
>
> 小结:刚才我们数手指的时候,不是1个1个地数的。原来,数数还可以这样10个10个地数。
>
> **二、5个5个数**
>
> 提问:刚才我们数的是一双手,每次都是10个10个地数。如果每次只数一只手上的手指,那么可以几个几个地数呢?(幼儿答:5个5个)
>
> 教师再次请幼儿离开座位,这次只举起一只手。教师随机选择幼儿进行击掌,并请该幼儿报出数字:5、10、15、20…
>
> **三、2个2个数**
>
> 提问:我们的身体上除了可以用手来数数,还有什么也可以用来数呢?(幼儿答:脚)每个人有几只脚?那么我们可以几个几个地数数呢?(幼儿答:2个2个)
>
> 请全体幼儿伸出双脚,请个别幼儿拿着金手指棒2个2个地数数一共有几只脚。
>
> 小结:不管是10个10个地数,5个5个地数,还是2个2个地数,都比1个1个地数,数得更快。以后我们还可以试试其他数数的方法。

特别值得一提的是,在儿童早期数数能力的发展过程中,唱数往往是学前儿童最先发展起来的数数能力。虽然它并不是儿童计数能力的最重要标志,但是对于低龄幼儿来说,唱数同样具有一定的数学意义,因为在唱数的过程中,他们已经学会并应用了数数中的"固定顺序原则",即能记忆数词的顺序,掌握顺着数或倒着数同样可以反映出儿童的这一计数原则。在幼儿唱数的过程中,总是从1开始数的,这种与自然数列顺序一致的数数也叫顺着数。与其相反,倒着数是指按与自然数列顺序相反的方向数数,可使幼儿从相反的方向掌握自然数的顺序,发展其逆向思维能力。在学习倒着数的过程中,可视幼儿的具体情况和年龄特点分成两阶段进行,先学习 5 以内的倒着数,再学习 10 以内的倒着数。当教师通过实物或图片教具的演示与操作,让幼儿感知到数量的逐次递减顺序后,可以通过各种方式让幼儿进一步练习倒着数,如玩"接龙"游戏,让幼儿将点子卡或数字按从 10 到 1 的顺序接龙;"顺口溜"游戏——1,2,3,4,5,上山打老虎;5,4,3,2,1,老虎进洞里。

三、数字符号

(一) 数字的认读

1. 记住字形

当数字符号出示之后,教师可利用幼儿所熟悉的事物与数字形象进行比较,通过形象的比喻帮助幼儿记住字形。如"1"像小棒,"2"像鸭子,"3"像耳朵,"4"像小旗,"5"像秤钩,"6"像哨子,"7"像拐杖,"8"像麻花,"9"像气球,"10"像小棒和鸡蛋。

2. 区分形近数字

由于幼儿方位知觉发展不够完善,观察不够仔细等因素,对"2"与"5"、"6"与"9"等字形相近的数字往往容易混淆。因此,认读数字教学中的一个重点和难点就是对外形容易混淆的字作比较和区分,帮助幼儿分析区别,正确识别。

以上两点是 10 以内数字认读教学中的重点和难点。在教学开展过程中,数字的认读应尽量与其他数学内容相结合,避免纯粹地、机械重复地进行数字的识辨。以下一则活动案例的设计就是以日常生活情境为背景,巧妙地渗透数,可供借鉴。

集体活动

奇妙的数字①

活动目标

1. 感受数字的丰富变化,体验数字给生活带来的方便与有趣。
2. 认读 9 以内的数字、数数,并重点区分 6 与 9。

活动准备

不同数量组合的几何图形卡片若干;玩具小动物 3 个;幼儿每人一份数字卡;白色纸

---

① 活动案例改编自上海学前教育网(作者:唐耀华)。

条、胶水、记号笔等。

> **活动过程**

一、看图编电话号码

提问:我们马上要去春游了,如果想邀请小动物一起去,请大家想想有什么办法通知它们呢? 对呀! 打电话是一个好办法,可打电话要查电话号码,我们来查一查动物家的电话号码吧。

教师分别出示不同数量组合的几何图形卡片三张,告诉幼儿,小猴、小熊、小兔家的电话号码就在里面,请幼儿根据图形数量数数,并猜出电话号码。

二、贴电话号码

幼儿人手一份操作用具,可以选择用数字贴号码,也可用笔写号码。请各组派代表在黑板上贴数字,集体认读号码(583469,583496,582734),验证号码的正确性,教师拨打电话。

三、进一步感知电话号码数字的丰富和变化

思考:这些号码都有6个数字,为什么电话号码是不一样的? (幼儿答:数字排列的顺序不同)

观察:这三个电话号码中有哪些不一样的地方? 有哪些相同的地方? (幼儿答:小猴家的号码是9、6,小熊家是6、9;小兔家没有这两个数字,有的是2、7;三个号码都是六位数,前两位数都有5、8)

提问:"你们发现6和9有什么不一样吗? 老师也常把6和9搞错,请你们帮助我记住它们。"

让幼儿说出6的圆圈在下面,9的圆圈在上面,根据幼儿的讲述出示数字2、3、4、5、6、7、8、9。

四、交流所收集的电话号码

请幼儿大声地认读自己带来的电话号码。

提问:"你们知道,电话号码是几位数的吗?"

请幼儿根据自己的生活经验讲述,教师加以归纳小结,帮助幼儿了解电话号码是多位数的:如上海地区的家庭电话是8位数的,手机是11位数的;常用的较特殊的电话是3位数的等。

五、给小动物编电话号码

有许多小动物家还没有电话,我们用数字来帮它们编个电话号码吧。(提示:可以用贴数字的方法,也可以用笔写)

有意识地请幼儿认读出自己所编的电话号码;教师巡视时可进一步提出新的要求,如提示幼儿每个数字只可用一次;搜集全体幼儿所编的电话号码,制成一本电话号码记录本。

（二）数字的表征

数字是用来计数的抽象符号。对于学前儿童来说，数字符号的学习不仅仅在于对数字的认读，更重要的是能认识 10 以内的数字，了解生活中数字符号的不同含义，并能用数字符号正确表征 10 以内物体的数量。这一内容一般可安排在中班年龄段进行。

集体活动

猜数字（中班）①

活动目标

1. 能运用图画或其他符号表示 15 以内的数量。
2. 尝试独立思考，积极找寻解决问题的办法。

活动准备

数字卡片、图片若干、记号笔、纸。

活动过程

一、第一次猜数字——了解数字的不同表征方法

1. 教师出示数字卡片，卡片背面朝向幼儿。
2. 提问：猜猜这是一个什么数字？
3. 运用各种方式表示数量，让幼儿报出总数。

（1）看图片猜数字。

提问：这是一个什么数字？请你看着这张图片猜一猜可能是个什么数字？

引导幼儿验证每一张图片的数量，并出示相应的数字。

小结：8 朵花可以用数字 8 来表示；12 棵树可以用数字 12 来表示。

（2）听问题猜数字。

提问：这是一个什么数字？它比 5 大，但是比 7 小。

小结：听清楚老师的提问，开动脑筋想一想，猜出数字。

（3）看动作猜数字。

提问：这是一个什么数字？仔细地看看老师拍了几下球，猜一猜可能是什么数字？

小结：拍了 10 下球，可以用数字 10 来表示。

（4）听声音猜数字。

---

① 陈杰琦，黄瑾.i 思考幼儿核心经验数学游戏资源包[M].南京：南京师范大学出版社，2012.

提问：这次是什么数字？仔细地听一下。

小结：听到9次节奏的声音，可以用数字9来表示。

4. 请幼儿尝试利用各种简单的方法表示一定的数量，让大家来猜一猜。（例如：拍手、跺脚、活动室内找寻一定数量的物体等）

二、第二次猜数字——尝试运用图画或符号表示数量

1. 教师出示提示卡片：8—15。

2. 提问：8—15里有哪些数字？哪些数字在8—15中间？

3. 幼儿说出后，教师出示相应的数字。

4. 交待游戏规则：这回请小朋友来给大家猜数字，请你在8—15的数字中选一个数字，不能说出来哦，请你也来画一画，把数字藏在你的画里，让大家来数一数，猜一猜。

5. 幼儿操作，教师巡回指导。

6. 幼儿分别展示自己的作品，教师引导幼儿一起来数一数，并找出相应的数字。

7. 小结：这个数字是几呢？告诉大家你的答案。10朵小花可以用数字10来表示。请幼儿将自己的作品放置相应的数字下，集体进行验证。

三、延伸

1. 教师出示一朵有9瓣花瓣和4片叶子的花朵图片。

2. 提问：猜猜画里有什么数字？为什么？

小结：9和4，9瓣花瓣可以用9来表示，4片叶子可以用4来表示。有时一幅画里的不同内容，可以用不同的数量来表示，下次请小朋友也来找一找，试一试。

书里的数字秘密(中班)[①]

活动目标

乐意积极寻找图书上的数字，了解书上不同的数字有不同的意义。

活动准备

图书若干，PPT。

活动过程

一、出示一本书，谈话导入

引导：今天老师带来了一本书，可我今天不是来讲故事的，而是让你们来发现一些秘

---

① 活动方案由上海市南西幼儿园陈嵘提供。

密的。

1. 一本书的第一面上会有图片、汉字、数字。这一本书的第一面叫作封面,会有一些关于这本书的信息。

2. 一本书除了封面还有什么?(封底)书的最后一面。

二、寻找书上的数字秘密

提问:其实每一本书上都有许多数字,他们代表着不同的秘密,今天,我要请你们来找一找书上的数字秘密。今天为你们准备了一些书,你可以去选一本,仔仔细细找一找书上有些什么数字?你在哪里找到的这些数字?这些数字分别代表什么意思?等一会儿请你们来介绍自己找到的数字。(幼儿自由寻找数字大约3—5分钟)

三、幼儿自由介绍

1. 关于页码。

书每一页下面的角落里都有数字1、2、3…这些数字告诉我们这是书的第几页。

2. 关于目录上的数字。

目录上的这些数字表示了不同的内容在不同的页码上,通过目录上的数字,你能很快找到自己想要看的内容在什么地方。

3. 关于书的价格。

幼儿:我还找到了书的价格,这告诉我们买这本书要付多少钱。

书上的数字:

- 条形码(书的信息)。
- 书的出版号。
- 书的出版年月。
- 书上其他的一些特殊数字(比如:折纸书上每一步前面都有数字,代表折纸的步骤)。

四、总结书中不同的数字有不同的意义

总结:今天,你们在书上找到了许多的数字秘密。这些数字的含义都是不同的。

1. 有些秘密是大多书上都有的(如书的页码、目录上的页码、书的价格、书的条形码),这些数字是书本身的信息。

2. 而有些数字并不是所有的书上都有,它有一些特殊的意思,大多是和书的内容有关,它能教给我们一定的知识、给我们提示。比如折纸书上的每一个步骤前的数字就是让我们能根据先后顺序学会折纸。生活中有许许多多的数字,它们有着各种各样的含义,需要我们去发现、理解。

四、数的组成教育

数的组成是数概念教育内容中的一个重要部分,通过组成的教学,不仅可以使幼儿掌握数的组合与分解,而且有助于加强幼儿对整体与部分、部分与部分之间抽象关系的理解,为后续的加减运算打下一定的基础。"10以内数的组成"教学一般安排在大班进行,教学的目标是理解并掌握10以内数的组成,知道总数比分成的两个部分数都大,分成的两个数都比原来的数小;理解数的组成中的互补、互换规律。"10以内数的组成"教学的重点和要点包括以下几个方面。

(一) 操作为先,体验为主

学习组成最好的方法是让幼儿动手操作,通过自身的体验去发现数的分合规律,进而掌握10以内各数的组成。例如,教"5"的组成,可以提供给幼儿每人5个塑料花片和一张纸。花片正面是红色,反面是蓝色。纸的三分之二处画一直线,并在三分之二部分的左上角画红色圆点,右上角画蓝色圆点,三分之一部分的上面写有"5∧"的符号(如图6-15)。首先,让幼儿自由玩撒花片,每撒一次后数数5片花片中几片红色、几片蓝色,并把数的结果分别记录在红圆点、蓝圆点的记号下,可以用画圆圈的方式表示数量。接着,在"5∧"符号下分别用数字表示旁边红点和蓝点下的圆圈数量(如图6-16)。教师可提醒幼儿,相同的结果不用重复记,只需把不同的结果记下。

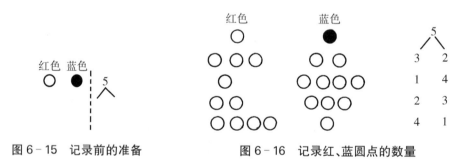

图6-15 记录前的准备　　图6-16 记录红、蓝圆点的数量

同样,让幼儿积极参与的游戏活动也是获得相关组成概念的一种好途径。如在体育游戏类活动中,投沙包、投篮、掷保龄球等游戏,让幼儿把投中与未投中的结果记录下来,引导他们发现其中总数与分成的两个部分数之间的关系。值得一提的是,在教学中,尤其是讲授某数的组成这一新知识时,不应该以教师的讲解演示为先,而是先以幼儿的操作体验为主,教师的归纳讲解为辅,这样更有助于幼儿对组成概念的理解和掌握。

(二) 归纳规律,提升概念

"数的组成"教学中的互补、互换规律是一个重点也是难点。在幼儿学习了较小数的组成,基本掌握了数的分合关系以后,教师应当结合讲解,帮助幼儿归纳数的组成中两个部分数之间互换和互补的规律。以"5"的组成为例,结合演示的教学具,可作如下归纳。

1. 互换关系(教具演示如图 6-17 所示)

(1) 启发幼儿找出圆点数一样而位置不一样的教具图。4 个圆点、1 个圆点的一组与下面 1 个圆点、4 个圆点的一组的圆点数一样而位置不一样。

(2) 拿走 1 个圆点与 4 个圆点的一组教具图,并讲解,看到 4 个与 1 个,就可想到 1 个与 4 个。

(3) 继续找出 3 个圆点和 2 个圆点的两组圆点数相同、位置不同的教具图,并总结,看到 3 个与 2 个就可想到 2 个与 3 个的一组。总结出 5 可以分成 4 和 1 或 3 和 2,还可以分成 1 和 4 或 2 和 3,而 4 和 1、1 和 4、3 和 2、2 和 3,合起来都是 5。因此,我们可以只记住 2 组,就能想到互换位置的另外两组。

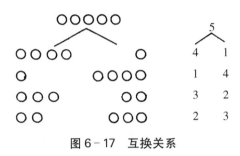

图 6-17 互换关系

(4) 同上 3 步,演示讲解 5 的组成式子图,即演示讲解数字一样、位置不一样的两组。

(5) 根据最后留下的 5 的组成式子,总结出 5 可以分成 4 和 1 或 3 和 2,还可以分成 1 和 4 或 2 和 3,而 4 和 1、1 和 4、3 和 2、2 和 3,合起来都是 5。因此,我们可以只记住 2 组,就能想到互换位置的另外两组。

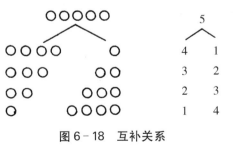

图 6-18 互补关系

2. 互补关系(教具演示如图 6-18 所示)

(1) 根据 5 的组成的教具图,启发幼儿观察两边教具之间的关系。可以提问幼儿:"找找看,两边的数字有什么秘密吗?"在幼儿探索发现的基础上,再加以归纳,即左边教具从上到下 1 个比 1 个少 1,而右边从上到下 1 个比 1 个多 1。

(2) 讲解这样分的优点,既有次序,很整齐,也记得牢,不会漏掉,也不会重复,分的速度也快。

(3) 同上方法,讲解 5 的组成式子,即左边从上到下数字 1 个比 1 个小 1,右边数字 1 个比 1 个大 1。

 **集体活动**

变成六（大班）①

活动目标

1. 在操作和游戏中，初步积累6的分合经验。
2. 有兴趣参加竞赛游戏。

活动准备

两块磁性黑板、点子卡片若干。

活动过程

一、认识游戏材料

出示点子卡片，请幼儿观察并说说卡片特别的地方。（幼儿答：卡片的两边有不同数量的圆点）

二、利用点子卡片进行游戏：找个朋友

1. 引出游戏：不同数量的点子都想找新朋友，它们想和新朋友合成6个点子。
2. 了解游戏方法：教师选择任意一张点子卡片，请幼儿为它"找朋友"，并说说理由。
3. 请幼儿每人选取一张卡片，介绍游戏方法：

(1) 在儿歌结束前，找一个朋友，将点子的数量变成6。（儿歌：这边那边找朋友，找到朋友碰一碰，123，456，合在一起变成6）

(2) 找到朋友后，两人手拉手坐在一起。没有找到朋友的幼儿，留在老师的身边。

4. 分享与介绍。

提问：说说自己找的朋友是几个点子。还有谁和他们的结果是一样的？

你有什么方法可以知道，这些点子合起来一定是6个？让我们来数一数。

小结：要变成6个点子，有不同的方法，可以1和5，2和4，3和3。

有了这些方法，你们(没找到朋友的幼儿)能找到朋友吗？你们的结果是什么？

三、游戏：找个朋友圈

(一) 分组第一次游戏

1. 教师出示一张提示点子卡，并介绍方法。

(1) 根据手中点子卡的颜色，分成红蓝两队。

(2) 根据提示卡的数量，找一张能变成6个点子的卡片，并连在一起。（贴在磁性黑板上）

(3) 游戏开始，每队每次只能有一名幼儿上来找朋友。

---

① 活动方案由上海市静安区安庆幼儿园金卓玲提供。

2. 讨论分享。

提问：两队的朋友圈是否连接正确？

讨论：为什么在游戏时，原本打算放在左边，却换到右边？

小结：要根据自己的点子数量寻找合适的卡片，才能变成6个点子。

(二) 分组第二次游戏

1. 第二次游戏，只能从点子卡片的一端开始连接，游戏后比比哪一队更快。

2. 讨论：为什么在游戏时，有些小朋友来回多次却不贴卡片？为什么有些小朋友坐在前面，却最后来贴卡片？

小结：游戏中，要请卡片合适的人先来，而不是按照座位顺序。

四、合作游戏

教师出示一张新的点子卡片，请所有的幼儿尝试将手中卡片进行连接。

 区角活动

摇摇乐（大班）[①]

玩法：教师利用塑料透明吸管一根，内装入2—5粒木珠，并在吸管左右两端贴上红绿标记（如图6-20），请幼儿拿到吸管后先目测吸管内木珠的总数（5以内），再手持吸管两端左右摇动，然后寻找发现"红房子里住了几粒木珠，绿房子里住了几粒木珠"，并做好记录。游戏可重复进行。

图6-20 摇摇乐

打冰球（大班）[②]

玩法：教师利用长方形的月饼盒，将其分割（如图6-21）。

另准备用塑料垫板做成的冰球棒及5粒玻璃球，记录卡一张。引导幼儿玩打冰球的游戏，手持冰球棒，将玻璃球一个个打进洞。观察比较两边槽内是否都有球，并把不同的结果记在记录卡上。

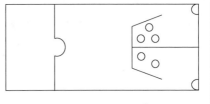

图6-21 打冰球

①② 徐苗郎.我的幼儿园数学活动模式[M].上海：上海社会科学院出版社，2004：140—145.

第四节 学前儿童运算能力发展的特点

数的运算实际上是对数量关系的一种运用。幼儿在生活的早期就已有了对加减运算的最初接触。虽然他们还不会运用自如,但在生活中时常会遇到很多加减的实际例子,这些生活经验为他们学习加减运算提供了重要的基础。

一、学前儿童加减运算能力发展的一般过程

幼儿加减运算能力的发展,总体来说体现了从具体到抽象的特点,反映了幼儿思维抽象水平的逐渐发展。考察幼儿加减运算能力发展的一般过程,主要表现在以下方面。

(一)从动作水平的加减→表象水平的加减→概念水平的加减

所谓动作水平的加减,是指幼儿以实物或图片等直观材料为工具,借助于合并、分开等动作进行加减运算,属于具象水平上的加减。在这个实物加减的发展阶段中,幼儿必须借助于具体的物或材料,通过演示动作或具体的动手、摆弄操作才能进行加减的问题的运算。而表象水平的加减是指幼儿能够逐渐不借助于直观的动作,在头脑中依靠对形象化物体的再现进行加减运算。在表象水平的开始阶段,幼儿往往还要借助图片等静态形象进行运算,熟练后才能逐渐脱离具体形象,以生活中熟悉的情节唤起头脑中积极的表象活动,从而达到对数量关系的理解并进行运算。运用表象进行加减是学龄前幼儿加减学习的主要手段,最典型的就是口述应用题,它以表象为依托,帮助幼儿理解题意、数量关系和运算符号,选择正确的方法进行运算。如告诉幼儿"树上有2只小鸟,又飞来了3只小鸟,问树上现在有几只小鸟",幼儿能够凭借着对生活经验的回忆和表象进行相应的运算,而依靠抽象的符号进行加减运算则要达到概念水平。所谓概念水平,是指数群概念水平上的加减运算,也可称是抽象水平上的加减,是指幼儿无需依靠实物的直观作用或以表象为依托,直接运用抽象的数概念进行加减运算。如口述或呈示加法式题"4+1=?",它已经舍去了所有可以凭借的直观和表象的形象,只凭单纯的抽象的数字来进行运算。这种直接进行口头或书面的加减式题运算的能力是最高水平上的加减运算。

(二)从逐一加减→按数群加减

从逐一加减发展到按数群加减,也是幼儿在加减运算中思维抽象性逐步提高的表现。所谓逐一加减就是用计数方法进行加减运算。表现在加法运算上,往往是将两组物体合并在一起,再逐一计数它们一共是几个,或者是以第一个加数的值为起点,再接着计数第二个

加数的物体,直到数完为止。例如,"3 只皮球加上 2 只皮球"的加法运算,有的幼儿采用的是先合并,再计数 1,2,3,4,5,一共是 5 只皮球,也有的幼儿采用以 3 为起点,接着计数 4,5,一共有 5 只皮球。表现在减法运算中则是先将要减去的物体取走,再逐一计数剩下的物体数或是从总数中逐一倒着数,数到要减去的数量为止。例如,在思考"6 只梨吃掉 4 只还剩几只"的问题时,有的幼儿会直接拿去 4 只梨,再点数剩下的梨,1,2,还剩 2 只梨;也有的幼儿从 6 开始倒着数,5,4,3,2,还剩 2 只梨。显然,以上几种方法总体上都是通过计数来进行运算的,这是幼儿运算水平较初级的阶段。

所谓按数群加减,是指幼儿能够把数作为一个整体,从抽象的数群出发进行数群间的加减运算。这是以幼儿掌握了 10 以内数的组成与分解为基础的,而后才能逐步达到按数群加减的水平。例如,要回答"5 加 2 等于几"或"5 减 2 等于几"时,幼儿能够回忆出 5 和 2 合起来是 7 或 5 可以分成 2 和 3 的组成经验,这对幼儿按数群加减运算无疑是有利条件。

二、学前儿童加减运算能力发展的年龄特点

(一) 4 岁以前

一般来说,4 岁以前的幼儿基本上不会加减运算。他们不懂加减的含义,更不会使用"+""-""="等运算符号,也不会自己动手将实物分开或合拢进行加减运算,但他们却能解答一些与生活实际有密切联系的应用题。如问幼儿:2 加 1 等于几? 幼儿一般都不能回答出,且不感兴趣,但是若问幼儿:妈妈昨天给你买了 2 件玩具,今天又买了 1 件,你现在一共有几件玩具呢? 幼儿马上会回答是 3 件。

(二) 4 岁以后

4 岁以后,幼儿能借助动作将实物合并或取走后进行加减运算,但这种运算不能脱离具体的实物,而且运算的方法是逐一计数,即通过重新点数总数或剩余数得出结果。他们对于抽象的加减运算,如"2 加 1 等于几"不能理解,也不感兴趣。但值得注意的是,4 岁以后的幼儿已经表现出能初步的运用表象进行加减运算的能力了。前提是不要求幼儿掌握应用题结构,不使用加、减和等于这些符号和术语。

(三) 5 岁以后

幼儿能够利用表象进行加减运算,在运算方法上出现了逐一加减,并且能将学到的顺着数和倒着数的方法运用到加减的运算中去。多数幼儿可以不用摆弄实物,而是用眼睛注视物体,心中默默地进行逐一加减运算。这种加减方法是以第一组物体的总数为起点,开始逐一计数,直到数完第二组物体为止。这种方法反映在幼儿掌握加法时,大数加小数比小数加大数更容易;在学习减法时,减数小比减数大更易掌握,正是由于幼儿采用的是顺着数和倒

着数的方法。

(四) 5岁半以后

随着数群概念的发展,特别是在学习了数的组成以后,幼儿不仅能运用数的组成知识进行加减运算,而且运用表象解答口头应用题的能力也进一步提高,并摆脱了逐一加减的水平,达到按数群运算的程度。幼儿加减运算方法的进步,实质上也反映了幼儿在加减运算中思维抽象水平的发展。

另外,在幼儿加减运算能力的发展中,还有一个重要的特点值得注意——幼儿学习减法要难于加法。根据皮亚杰的观点,数的加法运算与类的加法运算需要同样的逻辑基础。加法不是增加,而是合并,并且它是一种可逆的运算。减法作为加法的逆运算,它应该需要和加法同样的逻辑基础,换言之应该同时掌握,但为什么会出现这样的滞后现象呢?原因如下:第一,受运算方法的影响。很多幼儿都运用顺着数和倒着数的方法计算。在加法运算时,可用顺着数的方法来解决,而减法运算时,得用倒着数的方法才能解决,幼儿对此会感到困难。第二,受生活经验的影响。生活中接触加法多,如计数就是从小到大。第三,最为根本的一点,加法是把两个数群合并为一个新数群,在第一加数和第二加数之间无需进行比较,仅在判断"和"的正确性时才涉及三个数群的关系;而减法在一开始就需要对被减数与减数两个数群进行比较,然后又涉及被减数、减数与差三个数群的关系。可见减法中数群关系的比较比加法复杂。有研究表明,幼儿掌握数群之间的逆反关系要难于等量关系。因为减法是加法的逆运算,幼儿用数的组成知识学习减法时,需具备对两个数群关系进行的逆向思维,即将两个部分的数合起来等于总数,转换成总数减去一个部分数,等于另一部分数。在解决减法问题时,很多幼儿运用的是加法而不是减法。如教师提问:"老师拿来8块积木,取走了3块,现在还有几块积木?"幼儿回答:"5块。因为3和5合起来就是8。"可见当加法转换成减法时,需要一个逆向思维,因而学习减法要难于加法。

三、口述应用题在学前儿童学习加减运算中的作用

应用题是根据日常生活中的实际问题,用语言表达数量关系的题目。从应用题的结构看,它包括情节和数量关系两个部分,缺一不可。数量关系中又包括已知条件和未知条件。学前儿童的数学学习主要是用语言来表述的口述应用题。从心理学观点看,应用题的情节为幼儿的表象活动提供了素材,它与纯粹用数字和符号组成的加减题最明显的区别就是把加减问题融入情境之中。幼儿借助于应用题的情节,引起头脑中对过去熟悉的生活情境的回忆,依托已有的生活经验,来理解应用题中所要求的运算方法。它既符合幼儿思维借助于具体形象的普遍特点,又能引导幼儿较顺利地掌握10以内的加减运算。

(一) 口述应用题的作用

1. 为掌握加减运算奠定基础

口述应用题能帮助幼儿较容易且准确地理解加法和减法的含义及有关运算符号。如在学习口述应用题的基础上,让幼儿说出"2+3=5"或"5-3=2"中的"+""-"和"="等符号的名称及含义就比较容易些。事实上我国学前教育实践中也长期以口述应用题为手段,来帮助幼儿理解加减法的含义和认识加减符号及算式的方法。

2. 促进幼儿思维能力的发展

口述应用题能促进幼儿思维能力的发展,首先表现在能促进抽象思维能力的发展上。加减运算是在头脑内部把数进行组合分解而实现的一种智力运算,它要求具有较高的抽象思维能力。但是,幼儿期思维总体是以表象为主,且具有相对的具体性。因此,加减运算所要求的思维抽象水平与幼儿实际思维的具体性之间存在着必然的矛盾。解决这一矛盾的办法,可以用口述应用题唤起幼儿头脑中有关加减情境的表象,为幼儿掌握加减运算由具体过渡到抽象起到中介的作用,促进幼儿思维由具体到抽象的飞跃。心理学研究表明,表象是指过去感知过而当前没有作用于感觉器官的事物在头脑中出现的形象。一方面,它既有直观性和形象性,又具有一定的抽象性和概括性,是一个高于具象水平又低于抽象概括水平的中间环节,口述应用题正符合了这一条件,因而它在幼儿学习加减运算的过程中起到了不可替代的作用。另一方面,口述应用题还能促进幼儿分析综合能力的发展。这是因为应用题与式题不同,式题的数量关系和计算方法是由数字和符号直接表示出来的,无需考虑用什么算法,而应用题的数量关系和算法则是隐含在情节之中,需要按情节分析数量关系,才能正确地选择方法并列出算式、阐明理由,而这一过程实质上就是一个对应用题中的已知数之间及已知数与未知数间数量关系的分析、判断、综合的思维过程。

另外,教师的启发、提问和引导能充分发挥应用题在促进幼儿分析综合能力发展上的作用。如在幼儿已说出正确得数后,教师进一步提问:"你是用什么方法算的?为什么要用加(减)法?题目里最后问的是什么?剩下的苹果比以前少了还是多了?"这些启发性的提问,引导幼儿的分析活动逐步深入,达到真正理解题意的目的,同时也促进幼儿初步的逻辑思维的发展。口述应用题还能促进幼儿思维推理能力的发展。所谓思维的推理能力,是指运用已有知识解决新问题的能力,也即知识的迁移能力。求加数和求减数的应用题就需要幼儿一定的推理能力,如:"妈妈给我买了许多梨,我吃掉了3只,还剩下3只,问妈妈原来给我买了几只梨?""树上第一次飞来了2只鸟,第二次又飞来了一些鸟,两次共飞来了5只鸟,问第二次飞来了几只鸟?"这类应用题显然比一般的应用题要求更高,它要求幼儿不受题目表面情节的干扰,而根据题目中数量关系进行分析,凭借对口述应用题丰富的感性经验和对其中数量关系的理解,运用已有的知识经验来解决新的问题。

(二）幼儿学习口述应用题的特点

1. 易受情节干扰

幼儿在开始解答与生活有联系的加、减应用题时，往往不注意题里的数量关系和要计算的是什么问题，而注意题目中的情节和事实内容，往往把应用题当作一个故事或谜语，被情节内容所吸引而产生一些情绪或联想，忘记了计算的任务。如给幼儿这样一道应用题："明明有 5 块饼干，分给红红 4 块，明明还剩几块呀？"有的幼儿不回答这个问题，而感兴趣的却是："怎么分给红红这么多呀！"又如应用题，问："花园里有 3 盆菊花，2 盆牡丹花，花园里一共有几盆花呢？"有的幼儿会立即回答："我们家里也有菊花的。"诸如此类，这些都反映出幼儿在解答口述应用题时易受情节干扰的特点，年龄小的幼儿尤其明显。

2. 对应用题结构的理解能力较差

这一特点明显体现在幼儿学习自编应用题的过程中。幼儿凭生活经验一般就能解答口述应用题，但在自编口述应用题中就需要幼儿掌握应用题的结构。由于幼儿缺乏实践经验，所以对幼儿来说，自编应用题比解答口述应用题要难。幼儿常常会表现出这样几个不足：一是不会提出问题，有时编题不完整，没有问题。有时题中会出现运算结果，如："我有 3 支笔，妈妈又买来了 1 支，我一共有了 4 支笔。"二是缺少已知条件，如："树上原来有 3 只小鸟，现在树上有几只小鸟呢？"三是违反生活逻辑和自然规律，如有的幼儿说："我家的钟敲了 3 下，一会儿又敲了 2 下，一共敲了几下？"类似这样的情况，主要是知识和生活经验的限制造成的。

总之，口述应用题作为幼儿学习加减运算的有力工具和促进思维发展的有效手段，具有特殊的作用，适宜在大班阶段进行适当的训练。

第五节　学前儿童有关加减运算的感知与学习

10 以内数的加减运算是中大班幼儿的教学内容之一，具体可以分为实物加减的教学、口述应用题的教学和列式运算的教学三部分，另外此处还将简单介绍二进制数学猜想游戏。

一、实物加减的教学

实物加减是幼儿加减运算能力发展最初阶段的表现，这一教学的主要目的是更好地帮助幼儿理解加法和减法的含义，可以在中班年龄段开展。在教学中，其要点主要为以下几点。

（一）通过演示或操作明确题意和运算方法

实物加减教学中，实物式教具是基本的条件，是帮助幼儿理解加减含义、确定思维方向必不可少的条件。因此，教师可以借助教具演示或实物操作向幼儿讲明题意。如："果盘里原来有 3 只苹果，又放进去 2 只苹果，现在一共有几只苹果？"让幼儿看到原来的苹果数量以及添加上去的动作和苹果数量，同时问幼儿："这道题先告诉我们什么？""问我们的是什么？""又告诉我们什么？""可以用什么方法来算？""为什么？"这一系列问题是为了帮助幼儿理清思路，明确"已知条件"和"求什么"的问题以及"加法是求一共是多少"的问题。同样，在减法的学习当中，也要通过演示或操作动作让幼儿直观感知原来的数量、去掉的数量以及剩下的数量，尤其值得一提的是，减法教学中所去掉的物体或教具要留有痕迹，这样才能更好地让幼儿感知到原来的数量和去掉的数量，如，可以在盘中的 3 只苹果所拿走的 1 只苹果外画上虚线，以留下去掉的痕迹，以避免幼儿运用加法的经验去理解减法的含义。在题意的分析和讲解中，同样可以提如上的几个问题来帮助幼儿整理思路，确定思考的方向。

（二）不出现列式与符号

实物加减的教学，可以借助直观的教学具、材料，也可以通过教师有意识的问题归纳等来进行，但在幼儿回答出题意或教师讲解题意的过程中，一般都不需要出现加号、减号、等号这些符号，即使口头也不需要讲符号的含义，更不用列算式。

> **集体活动**
>
> **超市购物（中班）**
>
> **活动目标**
> 1. 幼儿在活动中逐步理解某数添上 1，形成的新数比原数大 1。
> 2. 在已有操作经验的基础上，尝试学习用语言表达 5 以内数的形成。
>
> **活动准备**
> 火腿肠、橘子、纸杯、调羹、水彩笔、牙膏等幼儿人手一份，图片三张。
>
> **活动过程**
> 1. 幼儿去超市购物。
> （1）情境导入，激发兴趣。
> 教师：今天我们去逛超市，看看超市里有些什么东西，超市里的每一样东西都可以买，

一边买一边数数。

幼儿动手操作,老师提醒幼儿一边买一边数,数出总共买了几样东西。

(2) 幼儿相互交流。

2. 买一赠一的游戏活动。

(1) 教师:在你买的东西里,你希望我送给你什么呢?

(2) 一边送礼物一边学说:原来有几个,添上一个,是几个。

小结:添上一个以后买的东西要比原来的多。

3. 集体交流讨论。

幼儿相互交流所买商品的数量,以及获得赠品后的数量。

小结:获得赠品后,大家的东西都增加了,比原来的多。

以上活动的目标1"幼儿在活动中逐步理解某数添上1,形成的新数比原数大1",表明这是个"加法—变化"题目,教师通过一个生活情境的创设,将活动中的操作地点和材料设置为超市和超市里的货物。教师设计的游戏活动,来自真实生活中超市的"买一赠一"活动,它既能唤起幼儿的生活经验,同时又能丰富幼儿关于实物加减的活动经验。当这种经验不断累积,幼儿才能逐渐明白加法的本质:两个数合起来,或者一个数加到另一个数上,都是用加法。

二、口述应用题的教学

应用题通常是指根据日常生活中的实际问题,用语言、文字表示数量关系的题目。它的结构包括情节和数量关系两个方面。数量关系中有已知条件和未知条件:已知条件是说明已知数量以及已知数量与未知数量间的关系,未知条件是要求解答的问题。幼儿学习的自编应用题是最简单的应用题,一般是涉及10以内求和、求剩余的简单应用题,其结构通常表现为一件事、两个数和一个问题。"一件事"即指应用题的情节,"两个数"即指已知条件,"一个问题"即指所求的未知数。

口述应用题是幼儿园大班数学教学中能有效锻炼幼儿逻辑思维能力的重要内容,虽然幼儿通过实物加减的学习,初步掌握了加减运算的含义,但由于从实物到口述的过渡是一个更抽象化的过程,因此,在学习、理解和自编应用题的教学中,幼儿还是会表现出一定的困难,这种困难首先表现在编应用题的情节方面。幼儿往往容易被一件事的情节所吸引,如同讲故事一样叙述情节,而忘了要编应用题的要件。幼儿在编应用题时,还可能没有提问题,就把运算结果直接说出来了。如:"大一班哥哥姐姐先送给我们3只皮球,后来又送给我们2只皮球,我们现在有5只皮球了。"因此,在教幼儿自编口头应用题时,要根据幼儿的这些特点帮助他们逐步学会编题。

(一) 从结构的分析入手

任何一道口述应用题都是由情节和数量关系两方面组成的,幼儿要解答口述应用题,必须先对题的情节和数量关系进行分析,了解构成要素,分析其关系,然后才能解答。例如:"青青的草地上有 2 只大白鹅,后来又来了 2 只,一共是几只大白鹅呢?"从这道题的结构来看,青青的草地、大白鹅,组成了题的基本情节;"原有 2 只,又来 2 只"的数量关系和算法是隐含在情节中的,而情节又是由多个客观要素构成的。因此,只有引导幼儿分析多个要素之间的关系,才能正确地选择运算方法,得出答案。而这样的一个过程实质上就是分析、综合的思维过程,它不仅可以使幼儿达到真正理解题意的目的,同时也促进了幼儿思维能力的发展。

(二) 从读题的过程入手

由于情节、数量和问题是紧紧联系在题目中的,读题的过程就是在整体中认识部分,在理解部分的基础上把握整体。由于读题是由教师进行的,因而就可以用读题的形式来训练幼儿的分析与综合能力。在读题过程中,教师除了口齿清楚,语速稍慢外,还要注意通过初读和复读加以区别和强化。初读,使幼儿对题目形成一个总的初步印象,能听出题目说了一件什么事;复读,应当进一步帮助幼儿在头脑中把题目划分为几个部分,分别理解它们,能说出题中"告诉了什么""要求什么",突出主要信息,并且能把信息综合起来,在头脑中把题目的各部分联结起来,形成一个完整的连接。例如,"树上有 5 只小鸟,飞走了 2 只,还剩下几只"的应用题,教师初读,让幼儿明确题目说的是树上有小鸟。然后再有重点地复读,并可以通过实物演示分别让幼儿理解题中的"树上有小鸟""飞走了""还剩"等所表示的含义,在此基础上说出题中的条件和所求问题。最后,把题目所涉及的概念、已知条件和所求问题结合起来,促进幼儿在头脑中形成一个较为清晰的表象。

(三) 从仿编入手

在自编口述应用题的教学中,教师可以先示范编题,并结合着题目讲清应用题中的"一件事、两个数和一个问题"间的关系,然后让幼儿进行仿编。仿编中,可以先着手让幼儿编与教师题目意思相仿、同样运算方法的题目,再让幼儿参与或补充编题,如教师编一道题,讲清一件事、两个数,请幼儿接下去提一个问题;或由幼儿讲清前面部分的情节和已知数,由教师提问题;或两位幼儿互相补充,共同编一道题等。最后,让幼儿尝试独立编题。而独立编题的过程也应循序渐进,可以从以下几个步骤来做:第一,教师演示教具,让幼儿编题。如教师手里有 6 朵花,送给小红 5 朵花,请幼儿来编题。第二,看图编题。如教师出示一张图片,图上有 2 个男孩 3 个女孩,其中 1 个小孩在扫地,4 个小孩在擦桌子,让幼儿根据图意编各种应用题。第三,根据算式编题。教师出示算式"4 + 2 = ?",让幼儿编出各种情节的题目。第四,根据实物与数字编题。例如,教师出示皮球或画有皮球的图片⊕,又出示两个数字 4、3 让幼儿根据这些条件编有关拍皮球、买皮球等方面的应用题。第五,根据两个数字编题。例如,出示数字7、1,幼儿可编任意情节,只要是包含加或减的题目即可。第六,改编应用题。如一个幼儿编了一道"6+1=7"的题目,第二位幼儿就要编一题"1+6"的题目或"7-6"的题目。第七,让幼儿自由编题。教师不提供任何条件,让幼儿自己想一个情节,确定两个数及运算方法,提出一个问题进行编题。这种形式是幼儿完全根据自己的生活经验和已有的知识进行的,可以充分发挥幼儿的想象力。

以下是在大班上学期布置的一个数学区角游戏。在区角的墙面上,呈现了一个菜价表(如图6-2),要求幼儿根据买菜的过程自编应用题,并记录在纸上。

表6-2 菜价表

菜名	价钱
南瓜 	1元
青椒  藕 	2元
茄子 	3元
红萝卜 	4元
芦笋 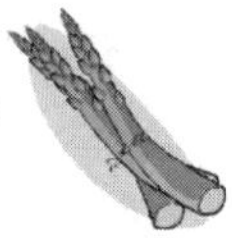 蘑菇 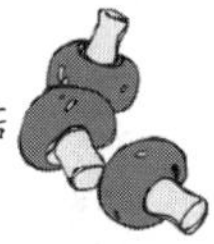	5元

丁丁用画画的方式,把自己编好的应用题记录在纸上。并在集体讨论环节,口述自己的结果(见表6-3)。下面表格中的第一列,是丁丁画在纸上的内容,第二列是口述给教师的内容。

表6-3 丁丁自编的买菜过程

丁丁画在纸上的内容	丁丁口述给教师的内容
  蘑菇 - 青椒 = 3	蘑菇是5块钱,青椒是2块钱,蘑菇比青椒贵3块钱。

续 表

丁丁画在纸上的内容	丁丁口述给教师的内容
芦笋 + 茄子 = 8	我先买了芦笋,花了 5 块钱,后买了茄子,花了 3 块钱,一共花了 8 块钱。

在这个活动中,丁丁以画画的方式来表达他所编应用题的内容,并能完整口述。丁丁所编的第一道题目:蘑菇比青椒贵 3 块钱,是在比较两种蔬菜的价格,贵是"多出"的意思,也就是说 5 元比 2 元多 3 元。"比较"是语义结构中较难的一种形式。在口述应用题的语义形式中,幼儿认为最简单的是"合并"和"变化",然后才掌握"比较"的概念。丁丁的回答正说明:当幼儿在自己熟悉的场景中,容易理解和运用较难的语义结构。丁丁所编的第二道题目则属语义中的"合并"。

幼儿已经在生活中积累了大量的词汇、句子,编应用题的过程需对语言进行逻辑组织。集体讨论环节,为幼儿提供了讲述的机会。教师能在这个环节中,看出幼儿对语义结构的理解是否准确,并帮助幼儿把日常生活的情境和正式的加减运算过程联系起来,同时,也可以加深幼儿对加减运算含义的理解。

三、列式运算的教学

列式运算是幼儿运算能力和水平的重要标志,也是幼儿思维抽象水平不断提升的表现。因此,到了大班阶段,让幼儿掌握 10 以内的列式运算就成为一项较主要的教学内容。其教学的重点和要点有以下几方面。

(一) 识别符号及其含义

符号的认识是列式运算教学中的一个重点。一般说来,教师可结合应用题或编题、解题的过程,向幼儿明确符号的名称、意义、读法及其在算式中的位置。譬如,结合教具演示:"花丛中有 3 只蝴蝶,后来又飞来了 2 只蝴蝶,问现在花丛里有几只蝴蝶?"在让幼儿听清题意,说出答数后,教师会问"你用什么方法算的""为什么"之类的问题,之后,教师在归纳小结中可以说:"这道题是要把两个数合起来的意思,应该用加法算。加法里有个符号叫'加号'(边讲边出示加号),表示'合起来'的意思,它放在两个数的中间。"然后指着"3 + 2 ____ 5",让幼儿一起念"3 + 2 是 5"。最后出示等号,对幼儿说:"这是等号,表示两边一样多,念'等于',放在得数的前面。"并让幼儿完整地念"3 加 2 等于 5"的算式。在出示运算符号进行介绍的过程中,教师应始终结合算式。同样,减号的认识与介绍也可以结合着减法式题来进行。

当幼儿理解了加减意义并会熟练地进行列式运算后,教师在加减运算的教学过程中,分析题意的一系列问题就可以少问甚至不问。教师出示完题之后,就可以让幼儿直接排算式,讲出算式中每个数所表示的含义或者只要幼儿排出算式就可以了,如此的要求重点在于训练幼儿思维的准确性及敏捷性。

(二) 看图列式

看图列式是幼儿在学习了应用题中的看图编题之后,在理解题意基础上的一种更抽象的运算解题形式。在教学中,教师可以把这一教学要点分别安排在加法、减法学习的相应阶段进行。在列式的要求上,可以体现由易到难的递进过程,从看一张图列出一道算式到列出多道算式。如图6-22所示,既可以作为列出一道得数是8的算式题的教具图,也可以作为让幼儿在区别比较花的不同之后,列出多道算式题所用的学具图片。值得一提的是,教学中,可以把"看图列式"与"3个数编4道题"以及"体验加法的交换律"自然地结合起来进行。一般在幼儿学习10以内加减运算的后阶段,可以通过投放的图片教具或数字、点子卡片等手段,使幼儿在理解题意的基础上,寻找由3个数所构成、列出的不同的加减算式,体验整体与部分的关系,同时积累凭借3个数直接编4道题的感性经验。因此,可以说,"看图列式"为幼儿学习"3个数编4道题"提供了感性基础。在"看图列式"的活动中,可以有效地提高幼儿的思维能力以及主动发现和解决问题的能力。

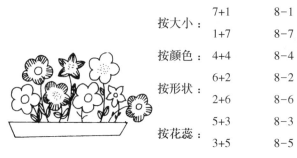

图6-22　看图列式

(三) 得数为零的列式运算

在认识零的教学之后,幼儿基本上已经获得了对零的含义的初步理解,而在加减运算中,幼儿也会碰到得数是零的一些算式题,因此,解答这样的算式题也有助于幼儿更感性、深入地加深对零的意义的理解。在教学中,教师可以通过编出的一道得数为零的算式题中前后数、符号前后所代表的意义的梳理,帮助幼儿归纳"减号前后两个相等的数相减,得数一定为零"的规律。也可以引导幼儿观察各种算式,例如,"1-1=0""2-2=0""4-4=0",找出这些算式相同与不同的地方——不同的是数字不一样,有"1-1"的,有"2-2"的,有"4-4"的;相同的是都有减号、等号,得数都等于0,还有一个相同,就是都是一个数减去一个与它相同的数。通过比较得出一个明确的结论,即一个数减去一个与它相同的数都等于零。接着可让幼儿动脑筋,讲出一系列答案是零的算式。

(四) 加法交换律

在理解了加法的含义,进行了加法列式运算的基础上,让幼儿感知并理解加法的交换律是一个比较重要的内容。所谓交换律,即加号前后的两个数若交换位置,其得数不变。教学中,教师可以先按加法交换律的关系,一组组地编口头应用题。例如,花盆里有 5 朵红花,1 朵黄花,问一共有几朵花。让幼儿根据前面学过的要求,一步步解答,然后列出"5 + 1 = 6"的算式。教师可按原有教具再编一题,花盆里有 1 朵黄花,有 5 朵红花,问一共有几朵花,幼儿解答后列出"1 + 5 = 6"的算式。接着教师就可提问:"这两道算术题什么地方一样,什么地方不一样?"引导幼儿回答数字一样,都有 5、6、1;得数一样,就是 5 与 1,1 与 5 位置换了一下。教师再问:"为什么 5 和 1 位置换一换,答数还是一样呢?"引导幼儿回答,因为 5 和 1 与 1 和 5 合起来都是 6,所以 5 + 1 等于 6,1 + 5 也等于 6。最后,教师小结:加号前后数字换一下,答数是一样的。我们碰到小数加大数时可用大数加小数的办法来算,如"1 + 4 = ?",你就用"4 + 1 = ?"的方法,能很快算出得数。教师也可以继续编题,先编一道题,幼儿解答时列出一道算式后,就让幼儿直接运用交换律讲出另一道算式来。

集体活动

勤劳的蜜蜂(大班)

活动目标

1. 通过看情境图编应用题的方式,引导幼儿运用数的组成知识来学习 8 的加法。
2. 帮助幼儿理解并掌握加法交换律,促进幼儿观察、分析、综合能力的发展。

活动准备

自制 PPT,画面形象包括蜜蜂、写有式题的花朵 20 朵;蜜蜂头饰,背面写有加法交换律的式题若干。

活动过程

一、复习游戏(游戏分集体、个别进行)

1. "开火车"游戏,复习 7 以内数的加减。
2. "碰球"游戏,复习 8 以内数的组成。

二、观看 PPT

1. 初试编 8 的加法应用题。

提问:

(1) 今天,老师请小朋友一起来看一段《勤劳的蜜蜂》的小电影。看看,花丛里有几只

小蜜蜂呀?(幼儿答:5只)

(2) 咦,又飞来了3只蜜蜂,现在花园里一共有几只蜜蜂呢?(幼儿答:8只)

(3) 你是用什么方法算的?(幼儿答:加法)

(4) 算式怎么列呢?(幼儿答:5+3=8)

(5) 算式中的5、3、8表示什么意思呢?(幼儿答:5表示原来花丛中的5只小蜜蜂,3表示又飞来的3只小蜜蜂,8表示一共有8只小蜜蜂)

2. 编不同的8的加法题。

提问:

(1) 我们再来看看,这8只蜜蜂一样大吗?几只大一些?几只小一些呢?谁能根据蜜蜂的大小再来编一道题,要跟"5+3=8"不同噢。(幼儿尝试编出:3+5=8)

(2) 小朋友编得很好,谁来说说这式子中的3、5、8表示什么意思呢?"(幼儿答:3表示3只小蜜蜂,5表示5只大蜜蜂,8表示一共有8只蜜蜂)

3. 再根据蜜蜂的不同,编出其他的8的加法题。

三、比较式题,归纳规律

教师指着"5+3=8""3+5=8"两道式子,引导幼儿观察异同,尝试寻找规律。

小结:两道加法算式,加号前后的两个数字是相同的,只是互相换了位置,那么,它们的得数是不会变的。

四、看题找规律

提问:蜜蜂朋友送给我们小朋友许多花,花上都有加法式题,请小朋友根据一朵花上的式题,做出另一朵花上的式题,你们愿意来试试吗?

PPT上显示写有题目的花朵,如图6-23所示。

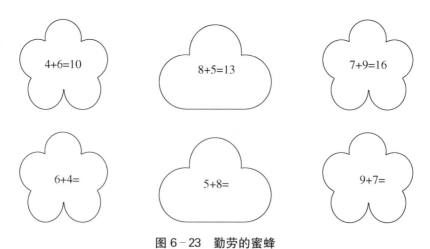

图6-23 勤劳的蜜蜂

幼儿根据显示的花朵,应用交换律答题。

五、游戏:蜜蜂找朋友

幼儿自选蜜蜂头饰,根据头饰背面的算式题去寻找另一个有着相同数字、只是交换了位置的算式题的蜜蜂朋友,如果找到了,两个好朋友抱在一起。

森林探宝(大班)①

活动目标

1. 看图编题,列7以内的加减法式题,进一步理解加减法式题的实际意义。
2. 提高观察与比较的能力。

活动准备

PPT、数字卡片及底板。

活动过程

一、开火车(复习7的组成)

提问:我是朵拉,想和我去森林探宝吗?在森林中会发生很多奇妙的事情哦!那就快快乘上我的7次列车一起去森林探宝吧!呜,火车开来了!我的火车1点开,你的火车几点开?

幼儿答:我的火车6点开。

二、森林闯关(尝试找不同特征,列加减法式题,进一步理解加减法式题的实际意义)

1. 森林关卡

可爱捣蛋鬼:要想在森林里找到宝贝,可没那么容易,你们得来闯闯我的关卡,小心,别掉进我的陷阱。

教师:可恶的捣蛋鬼又来捣乱了,孩子们,你们有信心吗?我们要加油,和朵拉一起赶走捣蛋鬼。出发!

2. 森林闯关

(1) 选小路。(5的加法算式)

提问:我们来到了岔路口,该走哪条路呢?(点击PPT,出现蝴蝶的图片)提问:

① 这张图片上有什么?

---

① 活动方案由上海市奉贤区绿叶幼儿园沈英提供。

② 这些蝴蝶有什么不一样？（幼儿答：4只没有花纹，1只有花纹）

③ 你能找到它们的算式题朋友吗？说说你的理由。

小结：蝴蝶的算式题朋友是 4+1=5。4表示4只没有花纹的蝴蝶，1表示1只有花纹的蝴蝶，一共有5只蝴蝶。这么快就找到了算式题朋友，让我们跟随蝴蝶一起出发吧。

(2) 过小河。(6的减法式题)

提问：这是什么地方？（幼儿答：小河）没桥怎么过河？

点击PPT：这是一座美丽的花桥，要仔细看这些花有什么不一样？请你们用减法式题来表示，只要列出三道算式题，这座花桥就会架起来。

提问：

① 你是怎么找的？说说你的理由。

② 6代表什么？1代表什么？5代表什么？

小结：6表示一共有6朵花，去掉1朵大的花，还剩下5朵小的花。小朋友真聪明，列出了所有算式，看看我们花桥架起来了没有，我们继续出发。

(3) 过城门。(7的加减算式题)

提问：这下，我们又来到了什么地方？没有门怎么进去呢？（点击PPT，出现许多木块）提问：

看看有几根木块？它们有什么不一样？

教师：用刚才找不同的方法，为他们列算式题，可以用加法式题来表示也可以用减法式题来表示。（请幼儿用数字卡片插卡列算式）

幼儿操作：要求每人列2道，可以列减法算式，也可以是加法算式。

幼儿交流：你是怎么排的？这道算式题表示什么意思？

小结：原来根据一张图片上木块的不同，既能列加法算式，也可以列减法算式。

三、森林探宝（尝试3个数字列4道算式题）

教师：通过我们和朵拉的努力，终于找到了宝物，要怎么打开宝物盒呢？看看信上写了什么？要想打开这个宝盒，我给你们3个数字：3、4、7，请你们用这三个数字列4道算式题，可以是加法也可以是减法，成功了就能打开宝盒得到礼物。

再请幼儿用数字卡片进行插卡列式。

小结：原来这3个数字可以列出两道加法题和两道减法题。我们终于成功啦。

对牌出题（大班）

玩法一：幼儿可两人一组玩此游戏,将扑克牌中的 K、Q、J 和大小王抽去,剩余的牌幼儿各半。轮流出牌,如甲幼儿出牌为 4,乙幼儿出牌为 8,就以这二个数为已知数编出加减算题,如"8－4＝4,4＋8＝12"等。说出的式题多且对的幼儿可以把两张牌收归自己,最后以谁的牌多为胜。

玩法二：幼儿两人一组,将 40 张牌放于中间,任意抽 3 张翻开来,甲、乙两幼儿轮流出题,如翻出的数为 1、5、6,则编出四道题;如翻出的数为 2、3、3,则可以换一张牌再编题,换牌后必须是能编 4 道题的 3 个数。若四道题编对,则 3 张牌就归该幼儿;反之,则不能拿牌。

四、二进制数学猜想游戏

在本章第一节关于"数制"的基本概念中讲到除了通常的十进位制外,二进制是一种在计算机中被较普遍运用的数制。在二进制中,只有两个数,即 0 和 1,逢二进一。利用二进制的原理可以设计成融思维、趣味于一体的数学猜想游戏,它是由全国高等学校教学特等奖的获得者邹兆芳老师首创。在幼儿园的数学教育中,由于游戏本身的新奇有趣以及将数学知识深入浅出地运用、渗透于猜想活动之中的特色而深受教师和幼儿的喜爱。鉴于二进制猜想游戏的基本玩法中有涉及简单的运算,因此,在这里作一介绍,以供在教学中根据具体的数学内容加以选用。

（一）原理

从第一节的表 6－1 中可以看到,在 1—10 的数字与二进制数相对应的关系中可以发现,个位数上有"1"的分别是 1、3、5、7、9;十位数上有"1"的分别是 2、3、6、7、10;百位数上有"1"的分别是 4、5、6、7;千位数上有"1"的分别是 8、9、10。这四组数是非常关键的。另外,从表 6－1 中还可以进一步发现,以 2—13 的对应二进制数来看,这 12 个数字正好存在着互为交换的关

表 6－4 二进制数学游戏原理

2	3	4	5
6	7	8	9
10	11	12	13

系,即 2 与 13、3 与 12、4 与 11、5 与 10、6 与 9、7 与 8 它们的二进制数正好相反:2 为 0010,13 为 1101;3 为 0011,12 为 1100;4 为 0100,11 为 1011;5 为 0101,10 为 1010;6 为 0110,9 为 1001;7 为 0111,8 为 1000。根据这一规律,可以将这 12 个数编成如表 6-4 所示关系。

(二) 形式

二进制数字猜想游戏有两种游戏设计的形式,第一种被称为"神奇卡片"、第二种被称为"万能孔"。首先介绍"神奇卡片",根据 1—10 数字中个、十、百、千位上有"1"的 4 组数,可以设计将幼儿喜欢的动物、玩具、食物、水果等分别编上 1—10 的号进行组合,将 1,3,5,7,9 的物体,2,3,6,7,10 的物体,4,5,6,7 的物体,8,9,10 的物体分别贴在 4 张纸上,与原来的一张 1—10 的物体纸一起组成 5 张猜想卡(如图 6-24)。图 6-24 是将 10 种不同颜色的图形编上号,让幼儿猜喜欢的图形。可以先给幼儿看 10 个图形的卡片,告诉幼儿"任选一种喜欢的图形,把秘密藏在心里,老师能猜出来"。然后分别给幼儿看另四张卡片,问幼儿:"你喜欢的图形这里有吗?"若幼儿回答"有",老师就记住该组卡片的一个最小数;若幼儿回答"没有",则不需要记任何数。出示四张卡片的顺序无关,只要心中能够记住它们的四个最小数——1、2、4、8 即可。猜完后,把幼儿说"有"的卡片的最小数相加,就得出了幼儿心中所想的最喜欢的那种图形了。

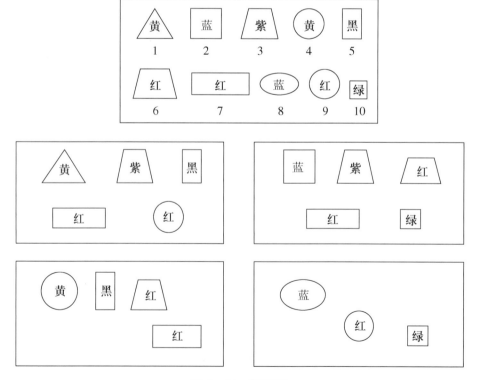

图 6-24 猜图形

另一种"万能孔"是根据互换位的 12 个数字编排而成的,在编排中,除了表 6-4 外,另外四张表须作一定的挖空,分别见表 6-5、表 6-6、表 6-7 和表 6-8。特别要注意的是表 6-8,表中的数字与原先的表 6-4 中的数字位置有所变动,主要是第一行的数字与第三行的数字对换了,在教具的设计中,这是非常关键的,需要引起注意。

表 6-5 "万能孔"表

	3	5
	7	9
	11	13

表 6-6 "万能孔"表

2	3	
6	7	
10	11	

表 6-7 "万能孔"表

	4	5
6	7	
	12	13

表 6-8 "万能孔"表

10	11	12	13
		8	9

同样,"万能孔"的设计可以用来猜幼儿喜爱的任何东西,如图 6-25 是一组猜幼儿喜爱

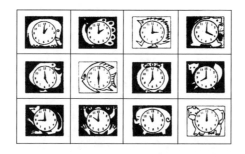

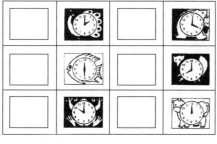 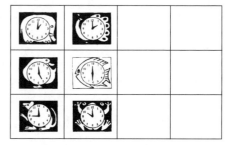

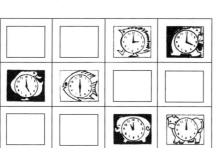 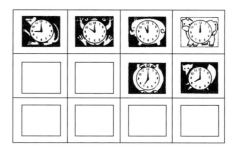

图 6-25 猜钟点

的钟(钟点)的游戏设计,它巧妙地将时钟的认识与二进制猜想游戏相结合,通过让幼儿猜十二种动物钟(钟点),既引发了幼儿的猜想兴趣,也自然地融合了时间方面的知识。在猜的过程中,先给幼儿看第一张包含12种动物钟的卡片,请幼儿想好最喜欢哪只钟,不要说出来,让教师来猜一猜。再分别出示另四张挖空的卡片,顺序无关,问幼儿:"你喜欢的钟这里有吗?"若幼儿回答"有",就将该卡片覆盖在第一张卡片上;若幼儿回答"没有",就将该卡片倒转覆盖在第一张卡片上,待四张卡片都覆盖完,就会自然露出一格动物钟(钟点),它就是幼儿心里想的那个最喜欢的钟(钟点)。

以上介绍的两种形式的二进制猜想游戏,可以根据其设计的基本原理举一反三,与适当的数学内容相结合,让幼儿猜数量、猜图形、猜式题、猜得数、猜方位、猜时间等,在新奇有趣的猜想游戏中复习巩固相应的数学知识和概念。

| 饮料商店(中班) |

该活动围绕"不受物体的排列而正确数数"这一核心检验目标来设计活动内容和过程,巧妙地将任务的难易程度渗透于材料的选择和活动的安排上。首先,任务的难度体现在点数物体的选择上,在该活动中,教师选取的是不同品牌的饮料瓶,表现在外观上是颜色、大小、质地等属性特征的不同,而这些不同种类的饮料瓶混在一起,就为儿童进行分类点数提供了天然有效的素材。其次,任务的难度还体现在收纳这些瓶子容器上,教师选择了圆柱体、长方体两层和长方体单层的容器,长方体两层可以呈现出规则排列的物体,长方体单层可以呈现出规则排列的物体或无规则排列的物体,而圆柱体则呈现出封闭排列的物体或无规则排列的物体。不同属性特征的饮料瓶,加上不同的形状的容器,就会巧妙地成为一个一个不同的数数问题情境。对于中班幼儿来说,点数15以内排列整齐的物体,是其已有经验;但对于点数无规则排列的物体以及封闭排列的物体,对其则是一项最近发展区内的挑战。基于对数学核心经验发展轨迹的掌握,教师将活动重点落在正确点数无规则排列、不同种类的物体上,并基于幼儿的实际操作,帮助其梳理不同情况下适用的数数策略,例如,点数封闭状排列的物体,需要牢记起数点,点数不同种类物体时可以进行分类数数等,同时将点数的原则,包括"顺序无关原则、一一对应原则、基数原则"贯穿于活动的始终,使幼儿在通过几次点数的个别操作以及集体分享,能够接触到各种数数问题情境和相应的数数策略。此外,教师也非常注重幼幼互动,通过引导幼儿相互评价、相互验证来营造良好的讨论交流氛围,帮助幼儿分享疑惑,共同解决问题。总之,整个活动中由于材料选择得当,幼儿能够非常有兴趣地进入问题情境,并且提高了问题情境的多样性以及每个孩子的数数密度,保证了整个活动的有效性。

| 老狼老狼几点了（大班） |

数量组成对幼儿来说是一个抽象的,也是一个比较难的数概念知识点,而"老狼老狼几点了"这一活动就巧妙地将分解知识融入于幼儿熟悉的游戏中,不仅使活动具有丰富的趣味性,也大大地提高了幼儿学习的积极性和参与性。同时,这个活动的另一巧妙之处在于,它并不是让幼儿通过摆弄材料来感知数量,而是通过"怎么样让圈的数量变得更少"这样一个问题情境,来激发幼儿对问题思考的积极性和主动性。此外,这个活动也打破了传统的数量组成的教学方式(10可以分成6和4、5和5,两个部分合成总量),而是让幼儿综合运用已有的数学经验来解决情境中的问题,只要能够合成这个总数,任何的组成方式都是可以的,这就在无形当中提升了幼儿思维的灵活性和变通性。

其次,在整个活动的设计中,教师通过铺陈有序、难度层层递进的活动环节,让幼儿逐渐学习掌握6、10、14等不同难度层次的分解,在活动的实施中,教师不仅着眼于积累提升幼儿的数学知识技能(例如,不同经验的幼儿在整个活动中会学习使用不同的数数策略:一个一个数、两个两个数、运用加法、或者更高级的一排一排数等),同时也非常注重其数学过程性能力的培养(例如,围绕"如何让羊不被狼抓住"的问题,教师就引导儿童采用"先猜测、推理讲述解决策略""进而使用实物或图式验证策略的正确性"的方式来培养和发展儿童的问题解决能力、推理验证能力),同时,教师在师幼互动的过程中,不断地通过提出"该选怎样的圈？怎么站？还有其他办法吗？最少需要几个圈？圈的数量还能不能再少一点"等问题,来发展儿童的数学交流能力。这种在追求数学知识技能学习的同时,能够注重数学过程性能力培养的活动价值取向值得我们深思与借鉴。

 复习与思考

1. 学前儿童10以内数概念的教学主要包括哪几方面？
2. 什么是基数？什么是序数？
3. 何谓计数？学前儿童计数能力的发展分为哪几个阶段？
4. 简述学前儿童数概念形成的标志。
5. 如何进行相邻数的教学？试设计一则小游戏加以说明。
6. 序数教学中应注意哪些问题？
7. 试以"区别单双数"为内容设计一则教学活动。
8. 以某数的组成为内容,设计两则小游戏。
9. 简述学前儿童运算能力发展的一般过程。

第七章 学前儿童空间与时间概念的发展和学习

本章将讨论学前儿童在空间方位、空间量、空间几何和时间概念的感知与发展方面的特点以及如何实施教育教学的问题。

第一节 有关空间、时间的基本知识

一、有关空间形体的基本知识

（一）几何形体

数学由两个概念构成，一个是数，一个是形，这两者都是现实世界的一部分。数学被这两个概念牢牢地系在物质现实上，比较抽象的方面联系到数，比较直观的方面关系到形，这两方面是相辅相成的。几何形体是对客观物体形状的抽象和概括，具有普遍性和典型性。认识几何形体是学前儿童数学教育的重要内容，它能帮助幼儿对客观世界中形形色色的物体作出辨认和区分，能够发展他们的空间知觉能力与初步的空间想象力，从而为涉及几何形体的后续学习打下一定的基础。

数学概念中的形包含平面和立体两部分。几何图形是指点、线、面以及它们的集合。其中，同一平面内的点、线、面所构成的图形叫平面图形（二维平面），它是在同一平面内的图形，没有厚度；空间点、线、面所构成的图形叫立体图形（三维空间），它是由面所围成的封闭图形，有长、宽、高。

学前儿童对几何形体的认识包括平面图形和立体图形认识两部分。平面图形一般包括圆形、正方形、三角形、长方形、椭圆形、梯形；立体图形包括球体、圆柱体、长方体和正方体。下面依次对这十种几何图形作一简单介绍。[①]

（1）圆形：在平面内，到一定点距离等于定长的点的集合（如图7-1）。圆是由封闭曲线

[①] 邹兆芳.幼儿数学新编（教师用书）[M].上海：上海三联书店，1996：14—16.

围成的,半径都相等,如碗口、套圈、滚铁环等。

(2) 正方形:有一个角是直角且有一组邻边相等的平行四边形。正方形的四个角都相等,四条边也都相等,如方窗框和画框等。

(3) 三角形:由不在同一直线上的三条线段所围成的封闭图形。如三角尺、三角铁、屋顶架等。用集合图表示三角形的分类如下(如图 7-2、图 7-3 和图 7-4)。

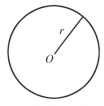

O:定点　r:定长

图 7-1　圆形

图 7-2　边分类

图 7-3　角分类

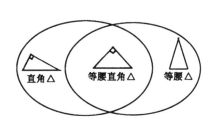

图 7-4　等腰直角三角形的构成

(4) 长方形:有一个角是直角的平行四边形(两组对边分别平行的四边形)。长方形的四个角都相等,两组对边分别相等,如门框架、长窗框等。

(5) 梯形:只有一组对边平行的四边形,不平行的两条边叫梯形的腰,如梯子、灯罩截面框等。

长方形、正方形、梯形都是四边形的特殊情况,用集合图表示它们的关系(如图 7-5)。

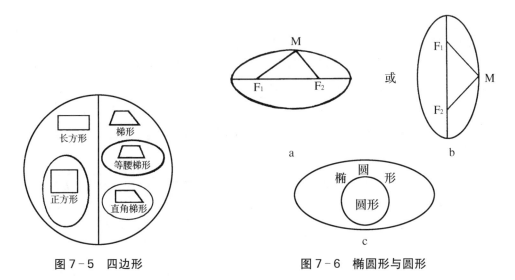

图 7-5　四边形　　　　图 7-6　椭圆形与圆形

(6) 椭圆形:在平面内,到二定点距离的和等于常量的点的集合。椭圆亦是由封闭曲线围成的,长轴和短轴不相等,如椭圆形镜面框、卫星轨道等。

圆形是椭圆形的特殊情况,用集合图可如图 7-6 表示它们的关系。

(7) 球体：一个半圆以它的直径为轴旋转所得的曲面围成的几何体(如图 7-7)，如皮球、弹珠、地球仪等。球的截面是一个个大大小小不同的圆形，经过球心截得的圆最大(如图 7-8)。

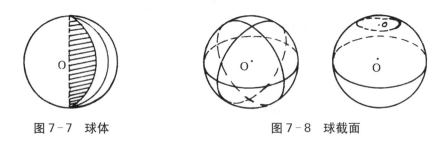

图 7-7　球体　　　　　　　图 7-8　球截面

(8) 正方体：棱都相等的长方体叫正方体，如玩具魔方、骰子、方积木等。其表面展开图由六个正方形组成(如图 7-9)。

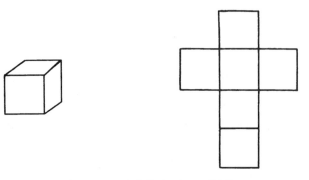

图 7-9　正方体和展开平面图

(9) 长方体：底面是长方形的直平行六面体(底面是平行四边形且是侧棱和底面垂直的平行六面体)，如火柴盒、牙膏盒、方蛋糕盒、长方积木等。其表面展开图的六个面都是长方形或四个面是长方形、两个面是正方形(如图 7-10)。

(10) 圆柱体：以长方形一边所在直线为轴旋转一周形成的曲面所围成的几何体(如图 7-11)，如圆木头、卷糖、罐头等。其表面展开图为两个圆和一个长方形(如图 7-12)。

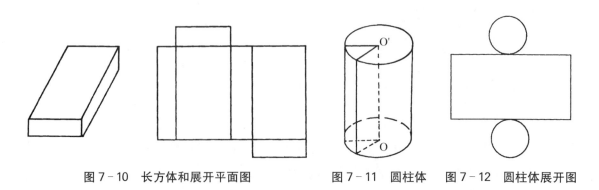

图 7-10　长方体和展开平面图　　图 7-11　圆柱体　图 7-12　圆柱体展开图

(二) 等分

在日常生活中,幼儿经常会遇到一些等分的问题,如一根线段、一件实物、一个几何形体等。因此,在涉及空间形体的相关概念中,等分也是一个在学前阶段就可以进行相应的初步概念感知与教育的重要内容。

所谓等分就是把一个整体分成几个相等的部分。等分的份数越多,每一份就越小,即整体大于任一部分,任一部分都小于整体。学前儿童只要求学习二等分和四等分,即把一个几何形体(或实物)分成相等的两份叫二等分(二等分是整个的一半);分成相等的四份叫四等分(四等分是整个的一半的一半)。儿童在日常生活中经常遇到等分问题,如将一块蛋糕切成相等的两块,将一张正方形纸折成一样的四个小正方形等。通过等分的教学,不仅可以帮助儿童学会有关等分的知识及技能,了解整体和部分的关系,同时也能为其将来学习除法和分数积累一些感性经验。

在让儿童等分几何图形(或实物)时应注意选择具有轴对称性质的图形,如等腰(等边)三角形、正方形、长方形、等腰梯形、椭圆形、球体、正方体、圆柱体、长方体等都可进行二等分,其中除等腰三角形、等腰梯形外还都可以进行四等分。对于几何图形等分是否符合轴对称的性质,可以在具体的图例中让幼儿感知、判断(如图7-13)。总之,等分的形式是多种多样的。让儿童掌握多种等分形式,有利于培养、提高儿童的判断和推理能力。

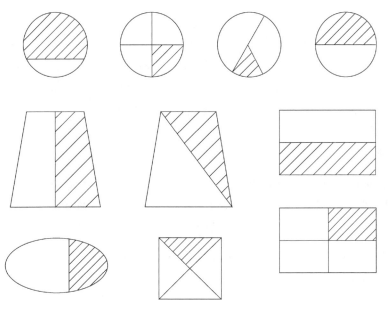

图7-13 二等分和四等分的判别

下面介绍几种等分的形式:

1. 等分平面图形（见图7-14）

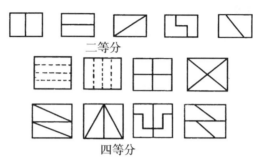

图 7-14 等分平面图形

2. 等分几何体

等分几何体的形式可以参照平面图形的等分形式。另外，还可以从几何体的厚度中等分。例如，立体的五角星形四等分，就可以在其横断面（即厚度中）平均分成4份。如：

二、有关空间量的基本知识

(一) 量

量是指客观世界中物体或现象所具有的可以定性区别或测定的属性。它可以分为不连续量和连续量两种。不连续量也叫分离量，它是表示物体的集合元素多少的量；连续量也叫相关量，是表示物体属性的量，如长度、面积、体积等。学前儿童初步认识的是生活中一些连续量，如多少、大小、长短、粗细、高矮、厚薄、宽窄、轻重、远近等。

(二) 测量

所谓测量，是指把待测定的量同一个作为标准的同类量进行比较的过程。用来作为计量标准的量，叫做计量单位。如米是一种长度计量单位，克是一种重量计量单位等。用一个计量单位来计量某一个量，结果得到这个量含有计量单位的若干倍，这个数值就叫作这个量的量数。同一个量，用不同的计量单位来计量，所得的量数不同。一般常用的计量方法有直接计量法（如用米尺量桌长）和间接计量法（如先量出桌子的长和宽，再求其面积）。

(三) 自然测量

学前儿童只初步学习直接测量，但是一般不使用常用的计量单位，而是学习自然测量。所谓自然测量，是指利用自然物（如虎口、臂长、小棒、绳子、瓶子等）作为量具来测量物体的长短、高矮、粗细等。儿童在自然测量的过程中包括两种逻辑活动:首先儿童要把量的整体划分为若干个小单元,知道整体是由若干个部分组成的;其次还有一个逻辑相加,进行易位和替换的过程,即把每次测量的一部分和另一部分连接起来,从而建立测量单位体系。如测量绳子的长度,是通过移动小棒来进行的,测量的结果是一个表示被测的量与作为测量单位的量之比的抽象的数。可见,通过自然测量可以使数和量密切结合,加深儿童对量概念的理解,初步培养儿童解决简单实际度量问题的兴趣和能力。

三、有关空间方位的基本知识

空间是客观世界运动着的物质存在的基本形式,与幼儿的日常生活有着密切的联系,学会初步辨认一些空间方位,有利于空间知觉的发展和增进处理日常生活问题的能力。

(一) 空间方位及其辨别

任何客观物体都存在于一定的空间中,并且同周围的其他物体存在着空间上的相互位置关系,也就是物体的空间方位关系。一般用上下、前后、左右来表示。空间方位是空间形式问题,是数学的研究对象之一。

人在空间的定向问题是一个牵涉很多方面的问题。它既包括大小和形状的概念,也包括空间区分、空间知觉和对各种空间关系的理解。而空间方位的辨别,是指人对客观物体在空间中所处位置关系的判断,在心理上属于狭义的空间定向。幼儿在空间概念和空间定向方式的形成过程中,各种分析器(运动的、触摸觉的、视觉的、听觉的、嗅觉的)都参加了活动,其中触摸觉分析器和视觉分析器起着特别重要的作用。

(二) 确定"基准"

物体位置的辨别需要有一个基准,即以什么为基准来确定客体的空间位置。基准不同,空间位置就截然不同。如教师站在黑板和桌子的中间,如果以黑板为基准,教师就站在黑板的前面;相反,如果以桌子为基准,教师就站在桌子的后面。所以在帮助幼儿辨别空间方位时,首先确定"基准"是十分重要的。

(三) 空间位置关系的相对性、可变性、连续性

我们生活周围的空间是向纵、横、深三个方向扩展的,空间坐标系的三组相对应的基本方向(竖直方向、纵向和横向)分别表示上下、前后、左右三对方向(如图7-15)。它们都是相对的概念,因而空间位置关系也是相对的——主体与客体的位置关系是相对的。如主体是我,客体是汽车,若以我为基准,汽车在我的后面;若以汽车为基准,我站在汽车的前面。另外,物体的空间位置关系也是可变的、连续的(如图7-16)。以前后和左右空间方位为例,前与左、前与右;后与左、后与右的区域是连续的、不能截然分隔的,图中所示前到右的区域是

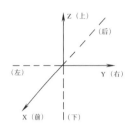

图 7-15 空间坐标系的三对基本方向

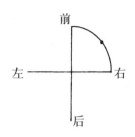

图 7-16 物体的空间位置关系

相连的,其中黑点处可称之为前面偏右,也可以叫右边靠前,是可变的。

四、有关时间的基本知识

时间是在人们意识之外,并不依赖于意识的客观存在。各种物质运动过程都具有一定的发展顺序和持续性。离开时间的任何物质的运动、变化、发展都是不可能的,所以在人对客观世界的认识过程中,认识时间具有重要意义。

(一) 时间的定义

时间是物质运动变化过程的持续性和顺序性。时间还意味着两个时刻间的距离或指某一时刻。例如花的开与谢、太阳的升与落、人的生与死等都需要用时间来表示。时间与幼儿生活有密切联系。幼儿认识时间既是时间知觉问题,又是客观事物运动和变化的延续性及顺序性在意识中的反映。教幼儿初步认识时间,不仅有利于幼儿感知时间的存在,发展时间知觉,而且能帮助幼儿树立时间概念,养成良好的生活习惯。同时,幼儿形成对时间顺序性、周期性等的理解,可加深幼儿对次序关系、整体与部分关系的认识,提高思维的抽象水平。所以,教幼儿初步认识时间概念也是幼儿数学教育中一项不可忽视的内容。

(二) 时间的特点

时间具有以下特点。

第一,流动性。时间与物质的运动相联系,是一秒一秒、一分一分地过去,不以人的意志为转移的。

第二,不可逆性。时间不能倒转,流逝过去的时间是无法收回的。

第三,连续性(周期性)。时间是永远不能也不会间断的。它具有周期性,是一分一秒地流逝的,且又是一秒复一秒、一分复一分地交替更迭。日复一日,年复一年,周而复始。

第四,均匀性。时间是均匀地流动着的。

第五,无直观性。时间没有直观的形象,既看不见也摸不着,所以人们总是要通过某种媒介来认识和测量时间。这种媒介可以是自然界的周期性现象,如太阳的升落、季节的变化等,也可以是机体内部的一些有节奏的生理活动,如饥饿、心跳的节奏等,还可以是测量时间的工具,如钟表、日历等。通过这些媒介,使时间成为可被人们测量和认识的对象。

第六,相对性。时间的程序不是绝对不变的,如某一天的晚上比该天早上晚,但今天的晚上却比明天的早上早。

第二节　学前儿童空间形体概念的发展与学习

一、学前儿童认识空间形体的发展特点

(一) 学前儿童认识空间形体的一般过程

1. 从拓扑图形到欧氏图形

儿童对形状的认识是从生活经验、从具体而熟悉的物体开始的,他们很早就产生了关于物体的概念。如可以根据瓶子的形状认出奶瓶,也可认出他们所熟悉的玩具等,所以儿童认识几何形体、形成几何形体概念是从身边认识熟悉的物体开始的。

儿童最初对形体的认识是属于拓扑性质的。儿童目光中的圆形、正方形、三角形与成人不同,三四岁的儿童画出的圆形、正方形、三角形都似"◯"形。因为在欧几里德几何中线条有曲、直之分,但在拓扑几何中没有曲、直之分,所以儿童在区分圆形、三角形之前就已能区分开放图形和封闭图形了。儿童是在认识拓扑图形和进行拓扑性质活动的基础上,借助日常熟悉的物体(如皮球、铅笔、手帕、饼干等)来认识几何图形的。儿童是从一般的笼统认识到对各形体的细节认识,在拓扑概念的基础上探索再认识各种欧氏图形,从先区分曲线与直线图形(如区分圆形和正方形),再在曲线图形和直线图形中加以区分。因此,儿童认识平面图形的顺序是:圆形→正方形→三角形→长方形→半圆形→椭圆形→梯形;认识立体图形的顺序是:球体→正方体→长方体→圆柱体。

2. 从局部、粗糙的感知到完整、细致的辨认

心理学的研究表明,儿童对几何形体的认识并不是仅仅依靠视觉感知过程来实现的,而是通过视觉和触摸觉的联合活动,并借助语言表达来实现的。多种分析器的协同活动能促进儿童对形体更准确地感知。

国外曾有研究者对学前儿童感知物体形状时手、眼的运动做过研究,发现其存在着一个由局部→完整、由粗糙→细致的发展过程。例如,3岁左右儿童用视觉感知几何形体的水平较低,往往只限于匆忙而草率的视觉运动,且只注意到图形的某一个部分或个别特点;5岁左右儿童才开始逐渐会沿着图形的外轮廓运动,并且注意到图形的典型部分,从而确保对形体

的确切感知。再如,在触摸觉参与感知形体的发展过程中,3岁儿童手的动作只是抓握物体;4岁左右儿童才能用手掌和手指前部表面进行触摸,但尚不会用指尖触摸;而5—6岁儿童不仅能用两手相向或相反触摸物体,且开始用指尖触摸整个形体的轮廓。总之,儿童对几何形体的感知和辨认也存在着一个逐渐发展的过程,不仅需要动作、形象及语言符号的多种表征形式,同时其多种分析器的协同参与活动。

3. 抽象能力随年龄增长而发展

儿童开始认识形体时,往往受图形大小、摆放形式的影响,受标准图形中所呈示图形的个别特征影响而导致不能识别图形的本质特征。如儿童能辨别△是三角形,但有的儿童却不能辨认出◁也是三角形,正是由于抽象能力较差。我国曾有学者对儿童的形状辨认能力作过调查研究,发现学前阶段各年龄班儿童在形状的辨认活动中成功率最高的是配对活动(指找出与给定的范例图形相同的图形),其次为指认活动(指按成人口述图形的名称找出相应的图形),再次为命名活动(指说出给定图形的名称)。可见,儿童对于借助于抽象的词来称呼相应的图形尚有一定的困难。正是由于儿童在感知、认识形体过程中抽象能力薄弱,所以在其发展过程中开始往往会把几何形体与实物等同起来,以后才逐渐过渡到把几何形体与实物作比较,直至最后才能把几何形体作为区分物体形状的标准。随着儿童年龄的增长,抽象能力也会逐步得以发展和提高。如4岁儿童一般不理解重叠图形;5岁左右儿童开始对识别重叠图形感兴趣,但对个数的认识不准确(如能数出◎有4个圆形,但不一定能数出△有3个三角形、⊞有5个正方形);6岁左右儿童一般能在适当的教育、引导下识别重叠图形并准确数出它们的个数。

(二)学前儿童认识空间形体的年龄特点

1. 3—4岁(小班)

这一年龄阶段的儿童一般能正确地认识和区分圆形、正方形、三角形,且对椭圆形、长方形、半圆形等其他平面图形也具有一定的辨别能力;能根据成人提供的范例找出与之相同的图形。但是,这一阶段的儿童在识别图形的过程中,还不能确切地依照形状的特征来认识,往往会把形体与自己日常生活中所熟悉的物体相对照,以至于有的儿童会把圆形说成是"太阳",把正方形说成是"手帕"等。

2. 4—5岁(中班)

这一阶段儿童能正确认识圆形、正方形、三角形,以及长方形、半圆形、椭圆形和梯形,且能逐步理解平面图形的基本特征;能逐步做到图形守恒,能不受图形大小、摆放位置的影响,正确地辨认图形;能对相似的平面图形加以比较,理解图形之间的简单关系;对平面图形的组合拼搭活动表现出较高的积极性及一定的创造性(如图7-17)。

3. 5—6岁（大班）

大班阶段的儿童基本上已能理解图形的典型特征，并在头脑中形成某种图形的"标准样式"，从而进行正确的判断。同时能进一步理解图形之间较复杂的组合关系。如图 7-18 所展示的就是长方形与三角形、梯形之间的组合关系。

另外，国外有研究资料说明大班儿童可以在一定抽象的水平上来概括图形之间的关系。如正方形、长方形、梯形、菱形、平行四边形等，可以概括称之为四边形，因为这些图形都有 4 个角和 4 条边。这种从图形的基本特征出发，以一个更广泛的名称来概括一些图形的做法，使得儿童对图形的知识逐步系统化，并发展了他们初步的抽象思维能力。

这一阶段的儿童还能认识一些基本的立体图形，做到正确地命名并知道它们的基本特征。

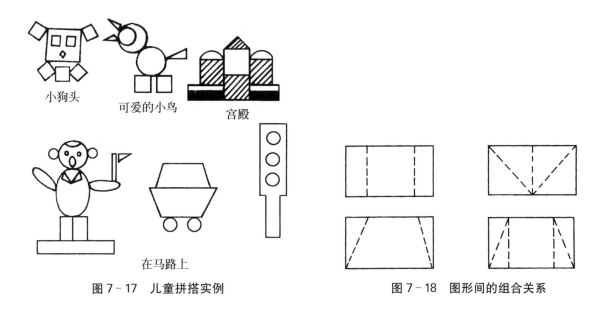

图 7-17　儿童拼搭实例　　　　　　图 7-18　图形间的组合关系

二、学前儿童有关空间形体的感知与学习

有关空间形体的学习一般可分为平面图形和立体图形的认识与区分两部分。平面图形的教学主要安排在小、中班，主要教育目标是能区分和识别六种平面图形，了解其基本特征，并能进行比较和组合、拼搭活动；立体图形的教学主要安排在大班，主要目标定位在知道形体的名称与基本特征，了解其与平面图形的关系和区别，并结合日常生活加以运用。

（一）认识平面图形

1. 在视觉、触摸觉感知实物轮廓的基础上认识图形

儿童对图形的认识，实际上是对图形的知觉。儿童认识图形是在充分感知图形，获得有关图形的感性经验的基础上，再配合说出名称，以达到认识图形的目的。因此，在教学中一

定要让儿童看一看,摸一摸,体验一下有形物体,逐步抽象出平面图形,并用正确的语言表述。

(1) 引导儿童抚摸、观察物体的面,感知物体面的轮廓。在实际生活中,单纯的平面几何图形是没有的,因此教师开始教儿童认识平面图形时,应选用儿童熟悉的、尽量接近平面图形的物体让儿童观察、抚摸,引导他们注意物体面上的轮廓。

例如,认识正方形时可选用小手帕,认识圆形时可选用小圆镜,认识三角形时可选用红领巾等。引导儿童摸摸这些物体的面(小手帕、红领巾可平放于桌上),用手指触摸这些物体的边缘,并提出"这是什么形状"等问题。

(2) 出示与物体的面形状相似的几何图形,介绍其名称、特征。例如,教儿童认识正方形时,在触摸感知小手帕的基础上,教师出示正方形的纸,同时说这张纸与小手帕的形状差不多,是正方形的;再让儿童触摸正方形的边、角,同时介绍说这就是边、角;然后,请儿童数数正方形有几条边(4条边)、几个角(4个角),教师再引导儿童观察正方形有4条一样长的边,有4个相同的角。

在介绍三角形的特征时,只要讲清有三条边、三个角即可。

在讲解长方形的特征时,只要讲清有四条边,其中分别相对的两组对边一样长,而且有相等的四个角就可以。

圆形的特征只要介绍圆圆的、光滑的就可以了。梯形、椭圆形特征只分别讲像梯子、长的圆形即可。

(3) 出示颜色不同、大小不同、排放形式不同的图形,巩固对图形的认识。例如,儿童认识梯形特征之后,教师就可以出示各种颜色、不同大小的梯形让儿童观察,还可以把梯形摆成各种位置,如让儿童看看这里是不是都是梯形。这样可以逐步培养儿童不受物体颜色、大小和摆放形式的干扰,正确认识图形。

集体活动

什么山洞最安全(小班)[①]

活动目标

1. 能认识并区分圆形、正方形和三角形。
2. 在游戏情境中感知不同的图形特征。

活动准备

桌子、桌布(盖在桌面上)、图形卡片若干(正方形、三角形、圆形,分散藏在桌布下);

---

① 活动方案由上海市静安区安庆幼儿园金卓玲提供。

在地上画有三种图形(各有红黄蓝三色,大小不一的若干个)。

活动过程

一、认识图形

1. 教师将自己打扮成兔妈妈,出示圆形:兔宝宝们,你们见过这个图形宝宝吗?

提问:它是什么图形?它像什么?

小结:圆形的边是弯弯的,看上去像方向盘。

2. 提问:你还认识哪些图形?根据幼儿说的图形出示图形卡片。

(1) 出示正方形,提问:这个是什么图形?正方形有弯弯的边吗?它有几条直的边?有几个角?

小结:正方形有四个角和四条一样长的边。

(2) 出示三角形,提问:这个是什么图形?三角形有几个角、几条边?

小结:三角形有三条边和三个角,所以叫三角形。

二、摸图形

教师:今天我带来了很多图形宝宝,你们能帮兔妈妈拿出来吗?它们就藏在桌布下面,请你将手伸进去摸出妈妈要的图形宝宝。

请个别幼儿上来摸图形。

提问:

1. 兔妈妈需要摸上去圆溜溜、有弯弯的边的图形,你知道是什么图形吗?

2. 兔妈妈要有四个角和四条边的图形。

3. 兔妈妈要有三个角的图形。

幼儿摸出来后,大家一起验证。

提问:你是怎么摸的?先摸图形的哪里?

小结:虽然看不见,但是记住图形宝宝的样子,我们也可以把它们摸出来。

三、游戏:什么山洞最安全

1. 介绍规则。

教师:兔妈妈要带能干的小兔宝宝出去找好吃的东西,山上会有大灰狼,我们一定要躲进安全的山洞才不会被狼吃掉。

提问:这些山洞都一样吗?哪里不一样?

小结:这些山洞形状不一样,有圆形、三角形,还有正方形。它们的颜色也不一样。

2. 做游戏。

教师:我们一起念儿歌,吃青草吧。(小白兔,白又白,跳到草地上,吃吃嫩青草,啊呜啊呜……)

幼儿问:大灰狼来了吗?教师回答:没有!幼儿可重新念儿歌吃青草。

> 幼儿问:大灰狼了吗？教师回答:来啦！三角形的山洞最安全！幼儿赶紧躲进相应的图形山洞中。
>
> 幼儿熟悉游戏后,教师可以在形状的基础上加上颜色的要求,如:黄色的圆形山洞最安全。
>
> **四、活动延伸**
>
> 教师可以带幼儿在户外进行游戏,利用粉笔在操场上画大小不同的形状,进行这个游戏,继续巩固概念。

2. 运用重叠比较法认识图形

运用重叠比较法认识图形,是在已经认识了某些图形的基础上,再把要认识的新图形与已认识的相近图形重叠,找出相同点与不同点,从而掌握新的图形名称及其特征的一种方法。这种方法一般适用于中班儿童。

例如,教儿童认识长方形时,可以把长方形和已认识的正方形重叠比较。选用长方形的宽与正方形的边长一样长的两张图形进行重叠,正方形在长方形的上面,让儿童看到长方形的4条边不是一样长的。得出有两条对着的边是比较长的,另两条对着的边短些的结论,这就把长方形的主要特征讲清楚了。

3. 通过对图形的分割和拼合活动，认识图形之间的关系

分割,就是把一个平面图形分成两个或两个以上的图形。可以把一个平面图形分成两个或两个以上相等的图形(如图7-19);可以分成两个或两个以上大小不同的同种图形(如图7-20);也可以分成两个或两个以上不同的平面图形(如图7-21)。

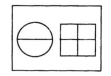

图7-19 分成相等图形

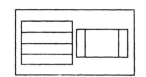

图7-20 分成同种图形,但大小不同

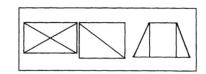

图7-21 分成不同图形

拼合,就是把两个或两个以上图形拼合成一个图形。

儿童通过分割和拼合图形的操作活动,能感知图形之间的关系,从而加深对已知图形的认识,同时也能初步培养儿童思维的变通性和灵活性。

分割与拼合的操作活动可以由教师演示:先示范分割,再示范拼合。示范分割时强调先对折再剪开,对折时要讲清对折的方法。如把一张正方形纸分割成两个长方形,要上边下边对齐折平,按出一条直线痕迹,然后用剪刀沿着折线痕迹剪下。又如把一张长方形纸分割成两个三角形时,要求角对角对齐折平,再沿折线痕迹剪开。示范拼合时要强调有哪几个图形

拼起来的。接着可进一步掌握图形之间的关系。

图形车（中班）

活动目标

1. 对正方形进行组合拼搭,感受和体验正方形的各种组合。
2. 培养幼儿动手操作能力和思维的正确性、灵活性。

活动准备

1. 一辆有 3 节正方形车箱的图形车,装入车厢的图形片(如图 7-22)。
2. 幼儿人手一辆有 4 节正方形车箱的图形车,装入车厢的图形片(如图 7-23)。

图 7-22 三节车厢的图形车

图 7-23 四节车厢的图形车

活动过程

一、出示三节车箱的图形车,集体装图形

提问:车有几节车厢? 车厢是什么形状的?

小结:车有 3 节车厢,车厢的形状是正方形的,所以叫正方形图形车。

出示图形片,请幼儿将图形片装入车厢,一个也不能剩下。

装好图形后,提问:(1) 数一数,每节车厢里装了几个图形?

(2) 车厢里装的是什么图形?

(3) 每节车厢里装的图形是怎样的?

小结:正方形车厢可以由 2 个一样大的三角形拼起来,也可以由 3 个一样大的长方形拼成。

二、装图形

1. 交待装图形的规则。

找一样大小的图形把自己的图形车箱装满,要把盘子里的图形全部装上车,一个也不能剩下。装好图形后数一数,每节车厢里你装了几个图形?

2. 幼儿动手操作,把图形装入车厢。

3. 送图形车回车库。

提问:

(1) 你的图形车每节车厢里装了几个图形?

(2) 正方形车厢是由哪些图形装满的?装满正方形车厢的方法有几种?

小结:正方形的拼法非常多,可以由 2 个一样大小的三角形或 2 个一样大小的长方形拼成;可以由 3 个一样大小的长方形拼成;也可以由 4 个一样大小的三角形,4 个一样大小的正方形,4 个一样大小的长方形拼成(如图 7-24 和图 7-25)。

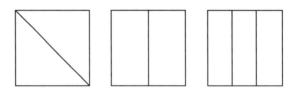

图 7-24 拼装在车厢中图形片的分割法

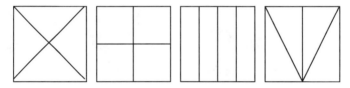

图 7-25 拼装在车厢中图形片的分割法

4. 出示一辆正方形车(车厢上有数字)。

提问:(1) 这辆车和刚才的图形车有什么不同?

(2) 每节车厢上的数字 3 表示什么意思?

小结:每节车厢上的数字就是要在车厢里装 3 个图形。请大家来装一装。

区角活动

解嵌套(中班)

活动目标

能够识别较复杂图形的外框和主要结构,以及嵌套于其他形体中的简单形体,并尝试用语言描述嵌套的图形。

活动准备

画有几个简单图形嵌套的硬纸底版(由易到难若干张)和相对应的独立图形纸,或可选择的多个独立图形纸(如图7-26、图7-27、图7-28和图7-29)。

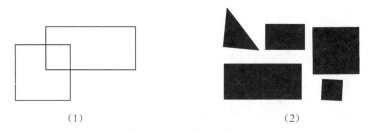

图 7-26　图形示例 1

图 7-27　图形示例 2

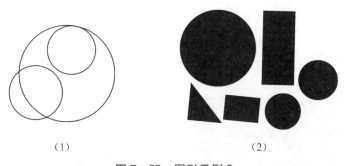

图 7-28　图形示例 3

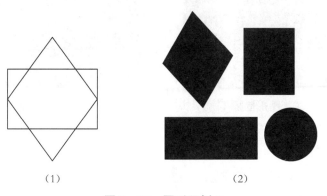

图 7-29　图形示例 4

活动过程

请幼儿观察硬纸板上的图形后,从多个独立图形中找到图形中所包含的独立图形,并说说自己找到的图形名称,以及这些图形是如何组合在一起的。

活动建议

1. 在这套材料之前或同时,可以另外提供纸制的镂空图形轮廓,让幼儿自由拼搭。
2. 这套材料中的独立图形纸,也可以制成镂空的,方便幼儿按照底版上图形嵌套拼搭,体验嵌套的方法。
3. 对能力特别强的幼儿,还可以要求其将选出来的图形放置在底板上图形的嵌套位置。

2 图形拼拼乐

活动目标

利用移动、翻转、或旋转等方法拼搭图形。

活动准备

在纸上画难易程度不一样的图形底板(如图 7-30、图 7-31、图 7-32);各种图形组合图片若干(如图 7-33)。

图 7-30　图形底板 1

图 7-31　图形底板 2

活动过程

幼儿观察图形底板,在留白的地方,将各种图形组合的图片嵌进去,把整个图形填满。

图 7-32 图形底板 3

图 7-33 图形组合片若干

> **活动建议**
> 1. 图形底板的难度可以根据自己班里孩子的情况自己制作。
> 2. 刚开始可以提供简单的,慢慢开始增加难度。图片上的★表示操作的难度,星星越多越难。

4. 运用多种操作形式,巩固对平面图形的认识

(1) 涂色。

可以提供给儿童一些白纸、彩色铅笔及不同大小、不同形状的几何图形印章,让儿童在纸上随意印出图形,再涂上颜色,并说出各是什么图形。也可给儿童画有各种图形的纸,要求儿童给某种图形涂上一种颜色,给另外一种图形涂上另外一种颜色(如图 7-34)。

另外,也可以给儿童准备一张画有各种图形的纸,要求儿童只给某种图形涂色(例如只给三角形涂色),涂对了就有个小动物的画面出现(如图 7-35)。

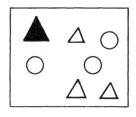

图 7-34 涂色

图 7-35 小动物涂色

(2) 折叠。

发给儿童一张纸,让儿童折叠出各种不同的平面图形。例如,一张长方形可折叠成几个三角形,折叠成几个长方形和折叠成几个正方形等。

(3) 分类。

给儿童各种形状的平面图形。这些图形大小不等并涂有不同颜色。可让儿童按形状分类,然后要求逐步提高,如按颜色和图形两种特征分类,甚至按三种特征分类等。

(4) 寻找。

教师说出图形的名称或特征,要求儿童从已准备好的各种图形中找出与教师说的图形相同的图片,举起来让大家看。教师说出的图形可以是一种特征的,或是两个特征或三个特征的,让儿童寻找;也可以提供给儿童用各种图形拼成的图画,让儿童找出各种平面图形(如图7-36);还可以引导儿童在自己身上、教室里找一找哪些东西像什么形状,如衣服纽扣像圆形,小手帕像正方形,教室的玻璃窗像长方形等。

图 7-36 寻找图形

(5) 点数。

例如,数一数图7-37中有几个三角形、几个正方形。

图 7-37 点数图形

再如,数一数图7-38中有几种图形?分别是什么图形?每种图形有几个?

(6) 拼搭。

给儿童准备大小不同的各种图形,让儿童自由拼搭成自己所喜欢的图画(如图7-39)。

图 7-38 点数图形

图 7-39 图形拼搭

 **集体活动**

三角王国[①]

活动目标

1. 在讨论、操作等活动中,帮助幼儿认识三角形。
2. 诱发幼儿对图形的兴趣和积极投入的态度。

活动准备

如图 7-40 所示的三角形图案六幅,制成 PPT;蜡笔(或小棍、小棒)若干。

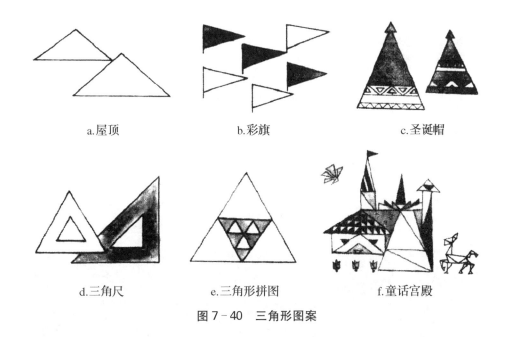

a.屋顶　　　　　b.彩旗　　　　　c.圣诞帽

d.三角尺　　　　e.三角形拼图　　　f.童话宫殿

图 7-40　三角形图案

活动过程

一、感知三角形

1. 利用 PPT 出示图 7-40 中的 a—e 的 5 幅图案,提问幼儿:它们是什么?你在哪里见过它们?它们有什么一样之处?
2. 归纳三角形的共同特点:三条边、三个角。
3. 请幼儿说说还有哪些东西也是三角形的。

二、讲述三角形的故事

播放图 7-40 中的 f,教师自编一个有关发生在"三角王国"的童话故事,在故事情节

---

① 邹兆芳.幼儿数学新编(教师用书)[M].上海:上海三联书店,1996:32.

中穿插"童话宫殿"中出现的三角形物,如塔、城堡、马儿、小草等,在讲述中引导幼儿观察寻找这些三角形的物。

三、拼搭三角形

向幼儿提供人手3支蜡笔(或小棍、小棒),请幼儿自己动手拼一个三角形。教师提示幼儿注意边角的相接。

活动建议

1. 教师可事先准备一些三角形的实物,若幼儿讲出一样,可以直接出示给幼儿看。
2. 拼三角形的材料可选择一样长短或不一样长短的。

区角活动

搭房子(小班)①

活动目标

在提供一种几何形状轮廓图的情况下,用至少3块几何形状拼板拼出这个简单图形。

活动准备

图形积木(三角形、长方形、正方形、半圆形);拼搭底板,见图7-41。

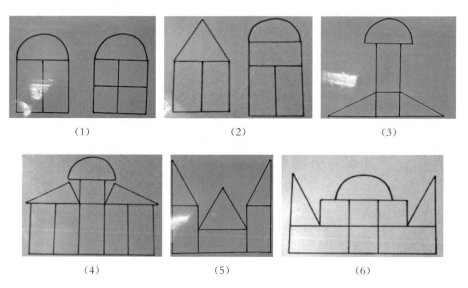

图7-41 拼搭底板示例

---

① 活动方案由上海市静安区安庆幼儿园金卓玲提供.

> **活动过程**
>
> **一、幼儿拼搭**
>
> 幼儿自由选择底板进行拼搭。
>
> 提问：你搭的是什么？（幼儿答：房子）
>
> 房子的屋顶在哪里？它是什么形状的？
>
> 有没有其他形状的屋顶？它是什么形状的？
>
> 这里需要什么形状的积木？这两个形状一样吗？
>
> 这个三角形要怎么放才能和纸上的房子一样呢？
>
> **二、找找房子里的形状**
>
> 提问：两幢房子一样吗？哪里不一样？（幼儿答：屋顶形状不一样）
>
> 两幢房子的什么地方很像？（幼儿答：房子方方的身体）
>
> 它们看起来像什么形状？（幼儿答：正方形）
>
> 你是用什么形状拼出正方形的身体？有不同的方法拼正方形吗？
>
> 幼儿答：两个长方形、四个正方形。
>
> 小结：找不到大正方形积木的时候，可以试试能不能用两个长方形或是四个小正方形拼出大正方形来。
>
> **三、搭立体的房子**
>
> 教师：你把积木放在纸上，搭出的房子是平的。能不能搭一幢和纸上一样的房子，并且让它"站起来"？
>
> 提问：两块积木叠在一起，哪块积木像屋顶？是上面的这块吗？
>
> 搭房子的时候，你先放哪块积木？
>
> 小结：搭"站起来"的房子时，要从下往上搭积木。

(二) 认识立体图形

1. 运用触摸觉感知形体及其特征

帮助儿童认识几何体时，要让儿童用手去触摸、摆弄几何体，感知几何体的特征。例如，教儿童认识球体时，教师准备各种大小不同的皮球、乒乓球、玻璃球等分发给儿童，让他们触摸，感知其浑圆光滑等特征，然后还可以让儿童摆弄这些球体，请他们将球放在桌上，甚至放在地上滚动几下，看到球体能向各个方向滚动，而且滚来滚去都是圆的。

2. 通过自然测量认识形体及其特征

在帮助儿童认识几何体时，也可启发儿童用小棒测量正方体的棱，使儿童知道正方体的各条棱都是一样长的；测量长方体的棱，知道长方体的棱有长有短，但相对的棱是一样长的。也可以用正方形、长方形、圆形的纸片为工具，测量正方体、长方体或圆柱体几个面的大小，从而认识各几何体的特征。例如认识正方体时，以正方体积木为教具，教师可选用一张与这块积木的面等大的正方形纸为测量工具，把正方形纸分别重叠在正方体积木的每个面上，看看每个面是否一样大，再数数有几个正方形的面，让儿童认识到正方体有6个一样大小的面。通过此法，能让儿童认识到正方形与正方体的不同之处，辨别平面与立体的差异。

3. 运用重叠比较认识形体及其特征

把两个不同的几何体进行重叠比较，也是认识几何体的一种有效方法。它能在对比中突出几何体的特征，使儿童在原有几何体知识的基础上获得新的知识。例如认识长方体时，可以用已经认识的正方体与长方体进行重叠比较（要求长方体两个对称的侧面与正方体的面一样大），让儿童看到长方体也有六个面，但它的六个面不是一样大的。长方体有4个面是长方形的，还有两个面既可以是长方形，也可以是正方形。

4. 通过黏贴活动认识形体及其特征

可让儿童进行手工活动，通过对纸张的裁剪、黏贴，使儿童具体感受到立体的东西是由面构成的，感受到几何体中面的大小及其数量等特征。例如认识正方体时，先发给儿童每人一张硬纸片（如图7-42），教师出示用同样纸片做成的正方体，把它一一拆开，让儿童形象地看到它有6个一样大的正方形的面；再将它黏成一个正方体，使儿童对正方体有一个初步的形象的认识；然后，让儿童尝试把自己手中的硬纸片也做成正方体。通过这样的黏贴活动，使孩子认识几何体及其特征，同时也培养孩子动手操作的能力。

图7-42

5. 采用多种活动形式巩固对几何体的认识

（1）寻找活动。引导儿童按教师要求寻找与几何体相似的物体。可让儿童在自然环境下，在布置好的环境中，或运用记忆表象来寻找哪些东西是正方体，哪些是球体等。

（2）分类、排序活动。让儿童按几何体的特征正确地进行分类，也可给儿童各种几何体，让他们按一定规则进行排序，加深对几何体的认识。

（3）拼搭活动。各种大小的积木都是较好的几何体，让儿童按照自己的构思，根据几何体积木的特征，选择最适宜的积木放置，继而拼搭成小木房、大轮船、滑滑梯等形象，不仅可以加深对几何体的认识，同时也学到了拼搭的技能。

 **集体活动**

会变的正方体(大班)①

活动目标

1. 能认识并找出正方体和正方形的区别及联系。
2. 在搭建正方体的过程中感受建构游戏的快乐。

活动准备

1. 正方形纸片一张、正方体积木一个。
2. 正方形拼搭积木若干(足够每个幼儿都能拼搭成一个正方体)。
3. 长棍形积木若干(足够每个幼儿都能拼搭成一个正方体)。
4. 橡皮泥少许。

活动过程

一、观察正方形和正方体的区别

1. 教师出示正方形纸片,提问:这是什么形状?(幼儿答:正方形)
2. 再出示正方体积木,提问:那么这个叫什么呢?它和正方形有什么不一样?(幼儿答:正方形扁扁的,站不起来;正方体胖胖的,能稳稳地站在桌子上)

它们又有什么一样的地方?(幼儿答:正方体是由好几个正方形组成的)

3. 提问:猜猜,要几个正方形才能搭成一个正方体?

二、用正方形拼搭正方体

1. 教师出示正方形片状积木,请每个幼儿独立操作,尝试拼搭成一个正方体。
2. 拼搭完成后,提问:你用了几个正方形搭成一个正方体?怎么样才能数清楚,不漏数也不多数?
3. 请个别幼儿演示是怎么数的。教师小结:我们可以先数周围一圈的正方形,再数上面和下面的正方形,1、2……6,原来一个正方体是由6个正方形组成的。

三、用长棍拼搭正方体

1. 出示长棍积木,提问:刚才我们用正方形搭了正方体,那这样的长棍子可以搭正方体吗?你觉得需要几根长棍才可以搭成一个正方体?
2. 请幼儿两两合作,试试用长棍拼搭正方体。
3. 提问:有什么办法可以搭得又快又稳呢?

小结:可以先搭好一个正方形,再往上面搭。

---

① 陈杰琦,黄瑾.i思考幼儿核心经验数学游戏资源包[M].南京:南京师范大学出版社,2012.

4. 搭好后,提问:你用了几根棍子搭这个正方体?你是怎么数的?这些棍子还可以拼出什么形状呢?

教师:你可以用橡皮泥帮帮忙,数过一根就在上面黏一块橡皮泥做个记号。

小结:数的时候我们可以用橡皮泥帮忙做记号,也可以先数上面和下面的正方形,再数竖着的4根棍子。原来一个正方体需要12根棍子哦。

2 圆变球①

活动目标

1. 通过操作和观察比较,认识球体及基本特征。
2. 激发幼儿思维的积极性和发散性。

活动准备

教师演示实物:圆纽扣、钥匙圈、山楂片、唱片、乒乓球、玻璃弹珠、桂圆、地球仪等若干;幼儿每人1枚角币、1粒珠子、1张练习纸(如图7-43)。

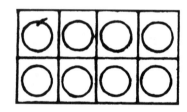

图7-43 练习纸

活动过程

一、转转——玩角币

幼儿自由将角币竖起在桌上快速地转动,然后教师问:"这圆圆的角币在转动中像什么?"(幼儿答:像球)

二、找找——分两类

教师出示一堆演示实物和2只盘子,让幼儿按圆形和球体将它们分成两类。幼儿分别将圆纽扣、钥匙圈、山楂片、唱片放在一只盘内;将乒乓球、玻璃弹珠、桂圆、地球仪等放在另一只盘内。

三、摸摸——感觉怎么样?

让幼儿将角币放在自己口袋里,摸摸并说出自己的感觉。(幼儿答:平平的)

让幼儿将珠子放在自己口袋里,摸摸并说出自己的感觉。(幼儿答:鼓鼓的)

四、滚滚——会滚吗?

将角币扔在桌上,发现它不会滚动;将珠子扔在桌上,发现它会滚动。

---

① 邹兆芳.幼儿数学新编(教师用书)[M].上海:上海三联书店,1996:136.

五、说说——哪些是图形？哪些是球体？

日常生活中见到、用到的东西哪些是圆形？哪些是球体？

六、添添——像什么？

幼儿各自在练习纸的圆形上添画（如图7-44），并让幼儿说说其中几个圆形变成球状物了，它们像什么。比比谁添画得最多。

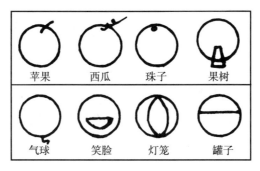

图7-44 添一添像什么

活动建议

1. 还可让幼儿想想：如将球体状的东西（如圆萝卜）切开，切面是什么形状？（圆形）
2. 在幼儿添画中鼓励幼儿大胆发挥想象力，尽可能地添画。

 区角活动

大布袋（大班）

玩法：准备大布袋一只，里面放置圆形、正方形、长方形等几何图形片，以及皮球、积木、卷糖、电池、魔方等球体、正方体、长方体和圆柱体。请幼儿用手伸进布袋，触摸口袋中的物体，并告知他人摸到了什么。同时，教师也可以为幼儿另准备一套图片，图片上画有圆形、正方形、长方形或圆柱体、正方体、长方体，既可以让幼儿根据拿到的图片去摸相应形体的物体，也可以让幼儿把摸出的形体区分后，分别放到对应的图片下面进行匹配，巩固幼儿对形和体特征的区分与认识。

（三）等分的教学

等分是帮助幼儿获得整体与部分概念以及进一步加强对形体特征认识与区分的重要内

容。这一教学内容一般安排在大班,主要目标是能区分二等分和四等分,感知整体与部分的关系。其教学的要点和主要方法包括以下几点。

1. 讲解演示

儿童刚开始学习等分时,教师应准备同样的教具2份。例如2张长方形纸,重叠比较。第一步,让儿童观察这2张长方形纸是一样大小的。第二步,教师把其中一张长方形纸进行等分。对折后用剪刀剪开(或再对折后剪开),分成2份(或4份)。第三步,教师把等分后的2份(或4份)教具进行重叠比较,验证一下是否一样大小。当儿童确定是一样大小后,教师再告诉儿童,把一张纸分成一样大小的2份,就叫二等分(或分成4份一样大小的叫四等分)。第四步,教师把等分后的每一份与原来的一份(即与被等分的一样大的另一份)进行重叠比较,让儿童知道等分后的每一份比原来的一份小,原来的一份比等分后的每一份大。直到儿童充分理解了等分中整体与部分的关系之后,教师就不必再演示这些方面的内容了。

2. 实践操作

儿童学习等分,主要是通过等分几何形体的方式,但是也不必仅局限于几何形体。如等分平面图形,可以是正方形、长方形、圆形、三角形、梯形,也可以是心形、五角星形,也可以用其他一些对称的图形或画面,例如 ⟼ 等。等分几何体可以适当选用儿童熟悉的有规则的实物,如苹果、绳子、豆腐干、松糕等。从数量上进行等分应选用一样大小的、同类的、数量是成双的东西。

让儿童学习等分,主要应通过多种多样的动手操作方式来进行,而操作可以是让儿童用剪刀剪、小刀切等方式;也可以让儿童用把纸对折撕开的方式进行等分;还可以通过拼搭进行等分练习。

当儿童有了等分的初步知识后,教师还可以出示一些二等分、四等分以及不等分的图形,让儿童判断哪些是二等分,哪些是四等分的,哪些既不是二等分也不是四等分的。图7-45中的这些图形就既不是二等分,也不是四等分的。

图7-45 非二等分或四等分图形

在操作学具进行等分学习的过程中,还应强调注意几点:选用被等分的物体要匀称,不易碎裂;使用的等分工具(如小刀等)要安全、卫生;等分教学中不介绍二分之一、四分之一的分数概念;等分过程中,要启发儿童思考,鼓励儿童有新颖的分法。

 **集体活动**

图形等分(大班)①

活动目标

1. 学习运用对边折、对角、过中心折的方法,把图形进行二等分、四等分,了解部分与整体的关系。

2. 尝试运用各种等分的方法解决生活中的实际问题,提高幼儿解决问题的能力。

活动准备

各种图形纸片(圆形、正方形、长方形等)、剪刀等。

活动过程

1. 活动导入:故事《两只笨狗熊》。

(1)提问:我们小朋友都听过《两只笨狗熊》的故事,为什么称它们是"笨狗熊"?它俩究竟笨在哪里呢?请幼儿各自说说自己的理由。

归纳:两只笨狗熊笨就笨在不会把干面包分成一样大的两份,所以上了狡猾的狐狸的当。

(2)提问:那么,我们小朋友会不会分呢?

如果给你一块圆圆的面包,你会把它分成一样大的两份吗?

2. 幼儿尝试进行二等分。

(1)幼儿尝试将圆纸片进行二等分。

幼儿操作后,教师帮助展示等分后的纸片。

验证:等分后的纸片是否一样大?分出来的每一份和原来的比哪个大?哪个小?

(2)幼儿分别尝试正方形、长方形的二等分。

3. 幼儿继续探索四等分。

提问:如果把一个圆形分成一样大的四份,用什么办法?

鼓励幼儿尝试。

小结:提供正方形、长方形纸片供幼儿进行四等分练习。

教师帮助幼儿展示,鼓励幼儿说说自己的方法。

---

① 活动方案由上海市静安区南阳实验幼儿园陈青提供.

> **附故事：**
>
>
>
> **故事：两只笨狗熊**[①]
>
> 佚 名
>
>
>
> 　　狗熊妈妈有两个孩子——大黑和小黑。它们长得挺胖，可是都很笨，是两只笨狗熊。
>
> 　　有一天，天气真好，哥儿俩手拉手一起出去玩。它们看见路边有片干面包，闻一闻，香喷喷。干面包只有一片，哥儿俩都怕自己吃少了，大黑说："咱们分着吃，可要分得公平，我的不能小。"小黑说："对，要分得公平。你的不能大。"哥儿俩正闹着呢，狐狸大婶来了，看见干面包，眼珠子一转："怕分不公平吧，我来帮你们分。"
>
> 　　狐狸大婶接过干面包，恨不得一口吞下去，可它没有这样做，只是把干面包分成了两片。哥儿俩一看，连忙叫起来："不行，不行！一块大，一块小。""别着急，你们瞧，这块大一点儿吧，我咬它一口。"狐狸啊呜咬了一口，哥儿俩又叫了起来："不行，不行！这块大的被你咬了一口，便成小的了。""你们急什么呀，那块大了，我再咬它一口吧。"狐狸大婶又咬了一口，哥儿俩又急得叫了起来："那块大的被你咬了一口，又变成小的了。"狐狸大婶这块咬一口，那块咬一口，干面包只剩下小手指头那么一点儿了。它把干面包分给兄弟俩："现在两块面包一样大了，吃吧，吃吧，吃得饱饱的。"
>
> 　　大黑和小黑你看看我，我看看你，一句话也说不出来。

第三节　学前儿童空间量概念的发展与学习

一、学前儿童认识空间量的发展特点

（一）学前儿童认识空间量的一般过程

1. 从明显差异到不明显差异

在心理学里，知觉的恒常性是指当知觉的条件在一定范围内改变时，知觉映象仍保持不变。国外有关研究证明，儿童的恒常性约在一岁末就形成了。儿童对空间量知觉的恒常性是在其积累经验的过程中形成和发展起来的。虽然儿童在实际生活中已逐渐积累了对有关物体的量的认识，但这种认识在早期却常带有很大的局限性，表现为缺乏分化和不够精确的

[①] 改编自匈牙利民间故事。

特点。3—4岁的儿童往往只对量的明显差异能够感知和区分,能够在差异明显的变量中辨别区分出最大的(最长的)或最小的(最短的),而随着其年龄的增长,其认识、区别量的精确性也有所提高,才能够根据物体量的差异(如大小、长短、高矮、宽窄、粗细等)进行数量在10以内的正、逆排序。

2. 从绝对到相对

儿童在感知、区分量的特征的过程中还表现出一个重要的特点,即对量概念的理解缺乏相对性。长和短、大和小、宽和窄及其他变量,都只有在比较两个物体的基础上才能理解和区分。但对这些变量的认识,儿童最初是一种绝对化的认识,他们常常把所掌握的具体物体量的特征(如大小、长短等)看成是完全绝对的,列乌申娜在《学前儿童数概念的形成》一书中曾引用了两个3岁儿童的争论:"就是我们家的狗大。""不,我的汤米(狗名)大。"由此可见,在儿童感知、区分量的进程中,对量的相对性的认识是比较困难的。只有当儿童在从两个物体的选择、比较,逐渐过渡到三个或更多物体的选择和比较的过程中才能逐步理解量的相对性。

3. 从模糊、不精确到逐渐精确

文格尔曾经在《学前儿童知觉的形成》一书中写道:"语言在知觉发展中的作用在于把语言背后的逻辑成分引进知觉过程,在于思维活动和范畴对知觉活动及其结果的影响。"可见,语言、准确的词汇能给予知觉过程以巨大的影响。同样,在儿童初步数学知识的学习中第二信号系统起着决定性的作用,"只有在有语言的情况下儿童对于各种不连续量和连续量的感性知觉才是清晰的、分化的"。[①] 虽然儿童在生活中已经积累了关于物体大小或长短的不同经验,且能区分它们,但有时还不能用准确的词汇来表达它的意义,如3—4岁的儿童常常用大、小的词汇来代替长度等其他变量的准确名称(如把粗铅笔说成是大铅笔;把长的毛巾说成是大的毛巾等)。儿童在语言、词汇的运用和表述有着从不精确到逐渐精确的发展特点,启示成人有必要在儿童的知觉活动中帮助他们使用准确的词汇,以促使儿童形成与某一变量一致的概念,而不仅仅使儿童的数学概念、数学学习停留在第一信号的水平上。

(二)学前儿童认识空间量的年龄特点

1. 4岁左右(小班)

儿童一般已能正确区分物体的大小差异,也能用一些简单的词汇来表示相应的量,如"我抱着一只大娃娃",并且感知物体大小的准确性有所提高,表现为:能判别差别不太明显的一组物体中最大的或最小的物体;能正确辨别远处物体的大小和不同位置物体的大小,如能在不同位置(远或近处)按照成人要求拿大的(或小的)物品。说明该年龄儿童已具有初步

---

① [苏联]A·M·列乌申娜. 学前儿童初步数概念的形成[M]. 曹筱宁,成有信,朴有馨,译. 北京:人民教育出版社,1982:158.

的知觉恒常性。

但是,这一年龄的儿童还不能认知其他量的差异,也不会用词语确切地来表示。他们对于高矮、粗细、长短、宽窄、厚薄等量的差别,往往都笼统地说成"大""小"。这种现象反映了儿童对物体各种长度认识上的局限性。因为物体的长短、高矮、宽窄、粗细、厚薄都涉及长度问题。长短是物体两端之间距离的长度;高矮是指物体在一水平线上从下到上距离的长度;宽窄是指物体横面边长的长度;粗细是横截面直径(或半径)的长度;厚薄是指扁平物体上下面之间的长度。同时也说明儿童对量的认识还不具有相对性。他们把物体的"大小"看成是物体的绝对物征(事物的名称)而非比较的产物。以后才逐渐地学会比较4以内的物体的量。

这一阶段的儿童对于轻重的感觉也有了初步的发展。他们能够感知和判别具有明显差异的两个物体重量的不同,并基本上能用正确词汇来表示。如儿童能用手掂量两个形状、颜色、体积相同而重量明显不同的瓶子,且有半数以上的孩子能用"轻""重"词汇来表示。

2. 5岁左右(中班)

这一阶段儿童感知量的精确性有了很大的提高。表现在如下几方面:一是能对不同大小的物体依次作出区分和排列。二是能从一组物体中找出相同大小的物体,判别出"一样大"的物体。三是能比较精确地认识区分物体的高矮、粗细、长短、厚薄等,并学会用相应的词汇来表示。四是虽然能判断相等量,但尚缺乏对物体量守恒的认识。如他们不易判断改变了放置形式的两个等长的物体的长度,如 ——,他们往往会判断下面一根长。同样,若将等量的水倒在又高又细和又矮又粗的杯子里,他们也难作出准确判断。五是能按照递增和递减的顺序进行简单的排序,但数量一般在6以内,因为这时儿童仍依赖于感知和尝试错误,而不是通过逻辑关系来认识量的关系。六是对轻重差异的感知、判别精确性有较大提高,从若干不同重量的物体中区别出同样重量物体的正确率及对轻重差异不大的物体的准确判别能力大大提高,同时基本具备了感知轻重相对性的能力。

3. 6岁左右(大班)

5—6岁的儿童能正确地认识并用相应的词汇描述物体的量的各种物征,精确性大幅提升,同时对量的相对性有了较好的了解。如在正确认识物体大小、长度的基础上,能做到理解大小和长度的相对性质。此时,让儿童对三支不同长短的铅笔作比较,问儿童:"这支红铅笔是长呢,还是短呢?"有的儿童会回答:"它又是长的,又是短的(红铅笔比黄铅笔长,比绿铅笔短)。"这种回答反映了儿童对红铅笔长度相对性的理解,知道不能绝对地说红铅笔是长还是短,它有时可以是长的,有时也可以是短的,关键在于比较的对象不同。

在理解量的相对性的同时,他们也逐渐能在逻辑的基础上理解量的可逆性和传递性关系。表现在能完成数量在10以内的正排序和逆排序,并且能较明确地申述传递性判断的理由(儿童认识排序中传递关系的能力,不能以能否作出正确判断为依据,而应以能正确说出理由为准)。

另外，这一年龄阶段儿童另一个重要的发展是能理解物体在长度、面积、容积等方面的守恒现象。当物体在外形、位置等方面发生变化时，儿童仍可正确判断其量的恒常性。如一块球体的橡皮泥，当它被搓成圆柱体或压扁时，儿童能知道橡皮泥和原来的还是一样多。形成量的守恒能力是大班儿童数学教育的一项重要内容，同时这种能力的培养可促进儿童思维的抽象、推理能力以及灵活性的发展。

最后值得一提的是，这一阶段的儿童已具备了认识物体重量和体积之间关系的能力。国外有研究资料表明，随着重量感觉的发展，5—6岁儿童已经能够认识到小的物体也可以比大的物体重，如小橡皮泥团比大气球重。而大小一样的物体，由于制作材料的不同，重量也可以不同，如乒乓球、皮球能浮在水面上（轻），而小铁球、玻璃球则沉到水底（重）。这种对重量与体积之间相反关系的认识，表示大班末期儿童思维守恒性与可逆性已发展到一定的程度。

二、学前儿童有关空间量的感知与学习

空间量的比较和判定在不同的年龄阶段可作不同的要求：小班一般可以进行长短和大小量的比较；中班可以进行高矮、粗细、厚薄、宽窄等量的比较；大班则可以进行自然测量方面的教学。在量的比较和排序方面，序列的数量应体现由少到多，循序递增。以下从量的比较、量的排序、体验量的守恒和学习自然测量四个方面展开讨论。

（一）比较物体的大小、长短、粗细、高矮、轻重等（量的比较）

1. 运用各种感官感知、比较物体的量

儿童对物体量的认识主要是通过感官的感知，如通过视觉、触摸觉、运动觉等感觉通道体验物体的大小、长度、重量等方面的特性。因此，教学中要让儿童多在看看、摸摸、摆弄等活动中进行比较，认识物体的量。

（1）目测比较。

认识物体的大小、长短、厚薄、粗细、高矮等特征时，都可以让儿童用视觉观察比较。例如，教师出示一大一小两个皮球，让儿童看看，问他们哪个大、哪个小，还是一样大小。再如，教儿童认识轻重时，开始也可出示两块形状一样、材料一样、大小不同的积木，问儿童哪个轻、哪个重，还是一样轻重。然后再验证一下，让儿童知道一样的物体，大的、多的重，小的、少的轻。

（2）触摸觉比较。

教师可以让儿童双手抱球，仔细地抚摸，感知球外形大小的区别，感觉到球所占据的空间不同，可以让儿童用拇指、食指等触摸自己的单衣和滑雪衣等物品，感知其厚与薄的区别。也可以让儿童不用眼睛看，只用手摸，在布袋里摸出粗的或细的小棒，摸出长的或短的小棒等，同时用正确的语词表述。

(3) 运动觉感知比较。

运动觉感知比较主要用于认识物体的轻重,它是由肌肉的运动觉来感受的。可让儿童用手掂一掂,或提一提两个不同的物体来获得重量的直接经验。如一小块铁和一大堆棉花谁重谁轻呢？眼睛看不出,就可以用手掂掂或提提,来判断物体的轻重,使儿童知道不一样的物体,大的不一定重,小的也不一定轻。

2. 运用重叠、并放法比较物体的量

在儿童认识两个圆形纸片的大小时,可以把这两个圆形纸片重叠在一起进行比较,区别大与小；比较物体的长短,可选用两支不同长度的铅笔重叠在一起,即把短的一支重叠着放在长的一支上面。铅笔要横放,便于幼儿区分哪支长,哪支短。还可以用并放法比较,如并排横放着两支长短不同的铅笔,教师与小朋友并肩站着,桌上并排放两本不同厚度的书等,让幼儿区分长短、高矮、厚薄等。

3. 运用发现法认识物体的量

教师可以为儿童创设一定的情境,让他们在特定情境的活动中发现物体量的不同,达到认识量的目的。例如,在让儿童认识大小时,教师为儿童准备各种大小不同的瓶子,将瓶盖与瓶子分开打乱放置,让儿童玩盖瓶盖的游戏,看谁盖得快,使儿童感受瓶盖、瓶口有大有小,逐步摸索游戏规律。盖瓶盖时,可以把瓶子从大排到小,把盖子也从大排到小,然后一对一地盖上,速度就快了。例如,认识粗细时,教师为儿童准备很多有孔的木珠和粗细不同的绳子,让儿童玩穿木珠,看看谁穿得又快又多。结果有的儿童穿得很快,有的儿童穿得很慢,有的甚至一颗也没穿上。教师再引导儿童找找原因,让儿童发现绳子有粗有细,从而认识粗与细的概念。再如,教师为儿童准备天平秤和若干个小物品,让儿童两个两个放在天平秤上进行比较,发现谁重、谁轻,哪个最重、哪个最轻。

4. 运用寻找法描述物体的量

在儿童初步认识量的基础上,教师可以有意识地引导儿童在周围环境中寻找哪些物体是大的(长的、粗的等),哪些物体是小的(短的、细的等),并用正确的词汇去描述。教师也可以引导儿童运用记忆表象回忆、描述马路上或家里自己所熟悉的各种物体的大小、长短、粗细、厚薄等。

例如,在教室里找找,儿童会找出××小朋友高、××小朋友矮；皮球大、乒乓球小等。在自己身上找找,他们会找出腿粗、臂细；衬衣薄、毛衣厚等。教师也可以在教室里事先放好一些长短不等、厚薄不同的物品,让他们在布置好的环境中找出两样东西并描述哪个大、哪个小。再如,也可以让儿童回忆家里床上枕头厚、枕套薄等。

5. 运用游戏法巩固对量的认识

教师可以设计各种形式的游戏,让儿童来区别物体的量,加深对物体大小、长短、粗细、

高矮等的认识。

例如,"反动作游戏"。教师做一个动作,并按动作说出一个词,要求儿童做与教师相反的动作并说出相反的词。教师用手做大的动作并说"大大",儿童做小的动作并说"小小"。教师用手做拉长的动作并说"长长",儿童用手做短短的动作并说"短短"。这样可以强化儿童对大小、长短等掌握的熟练程度,加深儿童对相应词汇实际意义的理解,同时,也训练了儿童思维的敏捷性。这种游戏活动可以在教师与儿童之间进行,也可以在儿童与儿童之间进行。

再如竞赛性的游戏"看谁找得快""看谁找得多"等,让儿童在一些物品中按教师要求找出大的或小的、粗的或细的等,看谁找得又快又对。

在量的比较教学中,特别值得一提的教学要点还包括:同时出现两个(或以上)物。量的比较是通过对两个(或以上)不同量的物体的比较来认识的,因此,比较时先要让儿童确定哪两个物体比、比什么,不能只出示一个物体就问儿童是大是小或是长是短。帮助儿童认识量是相对的,对于年龄较小的幼儿来说,认识量的相对性往往有一定的困难。因此,教学中的一个重点是教师通过物的比较去帮助儿童体会量的相对性。例如,皮球和乒乓球比,皮球大乒乓球小。皮球与篮球比,皮球小了,篮球大了。小明与小红比,小明高小红矮,但小红与托儿所小朋友比,她又是高的,小明与老师比,他又是矮的。在让儿童进行量的比较时,应该通过三个不同量的物体的比较去帮助儿童认识量的相对性。教具的选择与使用要正确。在让儿童进行量的比较时,教具的选用很重要。例如,认识物体的粗细时,应选用高矮相同只是粗细不同的两个物体;认识厚薄时,选用长和宽一样,只是厚薄不一样的两个物体。这样根据一定的教学要求,只突出某种固定量的比较,便于儿童正确判断和区分。此外,还应注意教具的摆放。例如比高矮时,被比较的物体应放在同一个水平面上;比较长短时,教具应横过来放,并使一端对齐(══);用重叠法比较大小时,应将大的放在下面,小的重叠在上面,便于看得清楚。

(二) 量的排序

所谓排序,是将两个以上的物体按照某种特征上的差异或一定的规则排列成序。排序是建立在比较基础上的思维活动,是一项反映幼儿思维判断和推理能力发展的重要活动。在学前阶段,排序活动是贯穿在幼儿数概念、数序的认识与比较以及量的差异特征的认识区分等教学内容中的一项操作活动。在不同的年龄班,可以有不同的排序教学要求,序列的数量可以由少到多,后期也可以让幼儿尝试着由顺排序过渡到逆排序的学习。

排序的形式一般可以分为两种:一是按次序规则排序。它包括:按物体量的差异的次序排序,如将物体从大到小、从长到短、从高到低、从厚到薄的次序排列,反之同样也可以排序。按物体数量多少的次序排序,如将圆点卡片,按圆点数量从多到少或从少到多的次序排序。二是按特定规则排序。它包括:按物体外部特征的特定规则排序(如图 7-46),按物体量的差异的特定规则排序(如图7-47),按物体数量多少的特定规则排序(如图7-48),按物体摆放位置的特定规则排序(如图7-49)这几种。

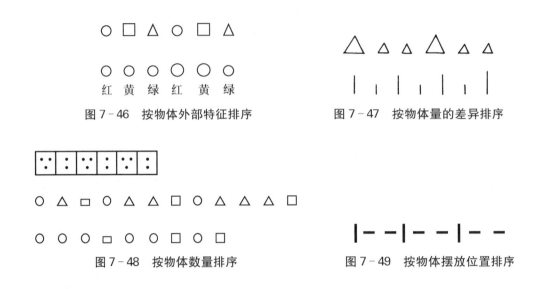

图7-46 按物体外部特征排序

图7-47 按物体量的差异排序

图7-48 按物体数量排序

图7-49 按物体摆放位置排序

在排序教学中,应注意以下几个方面。

1. 从小数量的排序到大数量的排序

排序是以比较为基础的,而最简单的比较就是两两比较,排序最小的数量是3,对于小班幼儿来说,可以从数量为3或4、5的物体的排序开始,让幼儿首先找出最大(长)的和最小(短)的,然后再分别找出其他的,与最大(长)的或最小(短)的比,最后确定它们的序列顺序。随着幼儿年龄的增长及排序经验的积累,序列的数量可以逐渐增加到7,甚至增加到10。对于大数量的排序,也同样是按照先找两端再逐一比较最后确定序列的步骤来进行。

2. 从按次序规则排序到按特定规则排序

与从序列的数量上可以按照年龄班分成几个阶段一样,在每个年龄阶段,也可以相应安排幼儿学习按次序规则和按特定规则排序,但从数学的一般经验来看,次序规则在先,特定规则在后。这是因为在量的比较教学中,幼儿已经对物体大小、长短、粗细、高矮等量的特征区分积累了一定的相关经验,按量的次序规则排序实际上就是幼儿理解量的差异的一种操作表现。

3. 从参照排序到独立排序

幼儿通过不同形式的操作活动可以获得对不同形式排序的理解和掌握。在排序的相关操作活动中,开始时,教师应把教学的重点放在"让幼儿找出并理解排序的规律"上。因此,教师可以先出示已经排好的序列,让幼儿发现其中的规律,并让幼儿尝试着模仿教师的排序继续接着往下排。当幼儿积累了较多的排序经验以后,教师可以启发幼儿自己寻找排序材料中的不同,按照自己的理解方式来排序。

(三) 体验量的守恒

帮助幼儿在量的比较中体验量的守恒是一项很重要的内容。幼儿受年龄和思维抽象性发展所限,往往在量的比较中容易受到外在形式、视觉判断等方面的干扰而不能正确地意识到物体的量。因此,教学中,可以作为一个难点加以重点感知。尤其是在比较所呈现的物体量的特征方面,可以通过变换图式和添加干扰因素来帮助儿童感知体验量的守恒。

1. 变换图式

(1) 长度(如图 7-50、图 7-51 和图 7-52)。

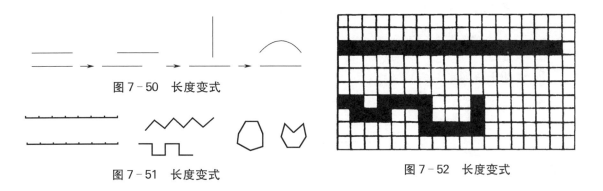

图 7-50 长度变式

图 7-51 长度变式

图 7-52 长度变式

(2) 面积(如图 7-53、图 7-54)。

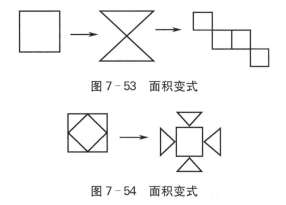

图 7-53 面积变式

图 7-54 面积变式

(3) 容积(如图 7-55)。

图 7-55 容积变式

（4）体积。

包括橡皮泥体积变式（如图7-56）和积木体积变式（如图7-57）。

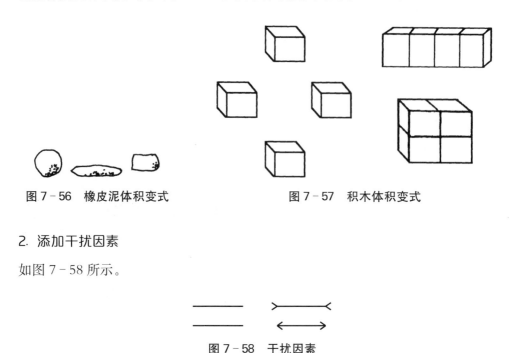

图7-56　橡皮泥体积变式　　　　图7-57　积木体积变式

2. 添加干扰因素

如图7-58所示。

图7-58　干扰因素

在量的守恒的教学过程中，教师可让幼儿通过比较或数数来理解量的守恒。比较时，先用同等量的两份物体进行比较，让儿童看到是一样的，然后将其中一份量的形式加以变化并提出问题。如面积守恒教学中，先出示两份正方形纸，通过重叠比较的方法让儿童确认是一样大小的，再将其中一份正方形纸分成2个三角形（▧），并提出问题："这两个三角形与这个正方形是不是一样大小？"儿童可能会回答不一样大了。最后，教师可以把这两个三角形再重叠到正方形纸上，让儿童明白是一样大的，量没变，只是外形变了。因此，在比较时一定要用同等量的两份物体，以便其中一份量的形式改变了以后，儿童还可以找到和原来一样的那份教具，从而直观地看到这种变式的量的守恒情况。

儿童学习量的守恒时，有的物体量的变换是以某种单位为基础作出变化的。如火柴棍长度变式，以一根火柴棍为单位，不管如何变换图式，只要数数有几根火柴棍，就可以确定哪个长哪个短，还是一样长短。又如，上面正方形面积变式中，如果把一个正方形分成2个三角形，就是以三角形为单位了。如果把一个正方形分成4个小正方形，就是以小正方形为单位了。这样，可通过数数三角形或正方形的个数来判断是否一样大小。再如，容积守恒教学中，如果要确定一个细长瓶里的水与一个宽矮瓶里的水是否一样多，可用一把塑料小匙为单位，测量一下这两个不同瓶子里各有几勺水，从而判断两个不同瓶子中的水是否一样多。

(四) 学习自然测量

皮亚杰认为,量和数具有同构性,但是儿童对量的认识要晚于对数的认识,如测量的技能要到8—11岁才完全发展。这是因为,儿童认识量度时,必须把它作为分割和有顺序位移的一种综合体来建构,由此造成了儿童在掌握测量技能上的困难。中班以前儿童的测量是一种"目测",即通过感知来比较量的差异。中班以后,儿童才有可能学习用工具测量(自然测量)。由于测量技能本身的要求,儿童对于测量的方法、技巧还较难掌握,有赖于教师的示范和指导。在涉及"自然测量"的教学中,主要的教学方法可以包括以下几种。

1. 示范讲解的方法

在儿童学习自然测量的过程中,教师首先要明确测量对象及测量工具,其次要向儿童讲清测量的始端、终点、移动及其记号,算出量的结果,之后重复测量加以验证。

例如,要测量活动室里小黑板与儿童桌面谁长谁短,还是一样长短,可以用一根竹筷子来测量。教师边示范边讲解,从小黑板左边顶端开始,把小竹筷一头与这顶端对齐,顺着小黑板上面的边量一次,用粉笔在竹筷另一头(末端)的黑板上划一条短线为记号,说明是一根竹筷的长。拿起竹筷,从这条短线的地方对齐再开始量,再划短线做个记号……一直量到黑板的右边这一头。然后请儿童数一数,这块小黑板有几根竹筷长,把数的结果记下来或记在脑子里。接着用同一量具以同样方法测量桌面的长度,记住桌面有几根竹筷长。再把量的数据进行比较,初步得出谁长谁短,还是一样长的结论。最后再把小黑板与桌面的长度重新测量一遍,看看与刚才量的结果是否一样,再作出正确判断。

2. 实践操作的方法

自然测量作为一种技能,是一种能够使儿童在具体的操作中通过实践获得的非常重要的方法。作为教师,应当尽可能地创设环境和材料让儿童自己去感知,材料的提供则应当和日常生活相联系,结合生活中所遇到的有关测量的问题,在情境中学习和感知。如测量活动室里桌、椅的长度,幼儿之间比高度等,都可以启发幼儿尝试用各种工具作为量具进行自然测量。

在幼儿操作、运用自然测量的方法去比较物体量的过程中,教师应当启发幼儿注意比较不同的量具所带来的不同结果。如同样是量身高,用小凳子作量具、用绳子作量具和用餐巾纸盒作量具所测得的结果数量是不同的。通过这种量具不同的比较,帮助幼儿认识到不同量具测量同一物体能得到不同结果;要比较两个物体等量与否,应当用同一种量具进行测量,才能确保得到正确的比较结果。

集体活动

造房子比高矮(中班)①

活动目标

1. 乐意和大家一起用多种材料造房子,尝试比较房子的高矮,并在比较的基础上将房子从矮到高依次排列。

2. 愿意和同伴愉快地交流合作,大胆地表达。

活动准备

幼儿收集的各种造房子的材料,如:空盒子、书本、小椅子、易拉罐等(堆叠起来不容易倒的材料);1—6的数字卡。

活动过程

一、谁最高

1. 提问:我们这些小朋友中,谁最高?(请幼儿根据自己的经验回答)

2. 请大家认为最高的小朋友和其他小朋友逐一比较,看看他是不是最高的。

提问:谁比较高?谁比较矮?

小结:原来我们通过比一比的方法就能够知道谁最高。

二、造房子

1. 教师选择最高的那名幼儿作为造房子的标准,让小朋友两人一组使用同一种材料造房子。

规则:

(1) 所造的房子要比最高的幼儿矮。

(2) 提醒幼儿将房子造在场地后方,和其他幼儿造的房子保持一定的距离。

(3) 造的房子要牢固,不容易倒。

2. 房子造完后进行比较,验证。

请最高的那位幼儿逐一站到各个房子旁边,和6幢房子比较,检验房子是否符合标准,即比最高的幼儿矮。

提问:有什么办法能够知道造的房子比×××(最高的幼儿的名字)矮呢?(请×××站在房子旁边比一比)

三、房子比高矮

1. 提问:

---

① 陈杰琦,黄瑾.i思考幼儿核心经验数学游戏资源包5[M].南京:南京师范大学出版社,2012:83.

(1) 我们一起来给这6幢房子从矮到高排排队,先看一下哪幢房子可能排在第一个?(请房子的主人将自己的房子移到指定的位置)

(2) 比这幢房子高一点的是哪一幢房子呢?

(3) 这两幢房子离得有点远,到底哪一幢房子更高呢?除了用眼睛看,还有什么更好的办法来比一比吗?

小结:看上去差不多高矮的房子,眼睛看可能会出错,一定要放在一起比一比。

2. 给自己的房子装上门牌号码。

教师:现在我们已经把房子按照从矮到高排好了队,不过它们都没有门牌号码。我这里有数字1—6,我们来给它们装上门牌号码吧。

规则:

(1) 最小的门牌号码是给最矮的房子的。

(2) 数字必须是连着的。

请个别幼儿上前将数字卡放到相应的房子前。

比粗细

▎活动目标

1. 能比较物体的粗细,并寻找生活中可以比较粗细的物品,积累确立属性特征的经验。

2. 尝试用语言表述"粗"和"细"。

▎活动准备

(1) 幼儿人手一份吸管(两根;粗细不同;红色吸管粗,黑色吸管细);塑料大串珠若干。

(2) 创设可让幼儿寻找包含"粗细"的环境。

▎活动过程

一、穿珠

请幼儿分别用粗细不同的两根吸管穿珠。

教师出示两根吸管:请你选择一根吸管,把串珠串起来。快去试一试。

提问:

(1) 你选择了哪一根吸管?(幼儿答:黑色的吸管)

(2) 为什么没有小朋友用红色吸管把串珠串起来?

小结:因为黑色吸管和红色吸管比起来,黑色吸管细,可以穿过串珠;而红色吸管粗,串珠穿不进。

二、比粗细

1. 寻找身体上的不同部位比粗细。

提问：找一找，我们的身体上有哪些地方是可以比粗细的？

幼儿每说到身体的一个部位，如腰，教师便问：你的腰和我的腰比，谁粗谁细呢？可让其他幼儿上前抱一下同伴和教师的腰，通过"能不能抱住"来感受粗和细。又如若有幼儿说到手指，教师可以用类似戒指的小圆圈让幼儿试戴，并提问"为什么戴着会掉下来呢"，由此引导幼儿感受粗和细。

小结：我们身体上的手臂、腿、手指、脖子、腰都是可以比粗细的。除了用眼睛看来比粗细，我们也可以找一样的东西来帮忙比一比粗细。

2. 寻找教室中的物体比粗细。

提问：找一找，教室中哪些东西是可以比粗细的？请你去找两件东西来比一比。

幼儿寻找物体，如不同粗细的笔、不同粗细的罐子等。大家分享交流。

提问：

(1) 说说你找了哪两件东西？

(2) 你找到的东西哪个粗，哪个细？

3. 理解粗细的相对性。

看看幼儿在教室中找到的比较粗细的物体中，有没有同一物体与不同的物体比较时，得到结果不一样的情况，如水彩笔和吸管比，水彩笔粗；水彩笔和胶棒比，水彩笔细。

提问：水彩笔怎么一会儿粗，一会儿又细了呢？它的粗细到底会不会变？

小结：水彩笔的粗细是不会变化的。只是要看水彩笔与什么东西作比较，水彩笔和比它细的东西作比较，就显得粗了；水彩笔和比它粗的东西比，就显得细了。

撕纸比长短（大班）3

活动目标

(1) 在撕报纸的游戏中体验量(长短)的相对性。

(2) 愉快地投入到活动中，体验游戏的乐趣。

活动准备

报纸若干张、剪刀、水笔。

> **活动过程**

一、引出主题

提问:出示报纸,这是报纸,大家平时在家看报纸吗?报纸有什么用呢?过期的报纸有什么用呢?

二、撕报纸

1. 第一次撕纸。

提问:(1)你们瞧一瞧,现在报纸是什么形状的?(2)我想把它变成纸条,你们有办法吗?(3)(人手一张报纸)现在请你们用自己的办法来变,我只有一个要求:纸条越长越好。

老师巡视,鼓励已经完成的孩子可以和其他同伴比一比,谁的纸条长,谁的纸条短。

2. 第一次撕纸活动后的分享。

鼓励幼儿说说自己撕的纸条比谁的长,或者比谁的短。

提问:你们是怎么比出来的?(比较的两根纸条要一端对齐才能比)

提示:(1)观察分享使纸条变长的窍门,即沿着边撕纸或交换方向来回撕就会变得长,撕的时候要小心,两只手要配合好,就像走路,两只手轮流慢慢往下撕,就不容易断掉。

(2)把桌子上不要的纸屑捏成小团放在桌子的左上角。

3. 第二次撕纸。

引导:有了刚才的经验,我想你们再撕一次一定会比刚才长很多。

幼儿人手一张报纸,老师巡视,鼓励幼儿仔细地撕,不能把纸撕断。

鼓励已经完成的幼儿与每一个同伴比一比,找出最长的那条。

同样鼓励幼儿三个三个比,看看结果会怎样?谁的长?谁的短?

4. 第二次撕纸以后的分享。

提问:刚才你们比过了,谁来告诉大家你撕的纸条比谁的长又比谁的短呢?(请这三名幼儿拿着纸条到前面来演示给大家看)

5. 再一次请幼儿去和更多的同伴比一比,找找比谁的长又比谁的短。(体验纸条的长和短是相对的)

小结:原来和不同的同伴比较结果不同,长短是相对来说的。

6. 找出3名用同种撕纸方法的幼儿上来比比长短,让幼儿体会纸条的宽窄也会影响纸条的长短。

三、整理

今天的活动结束了,请你们把纸屑收拾干净,并捏成小纸团。

4 比比谁跳得远

> **活动目标**

1. 尝试用不同的自然材料测量并比较长度。
2. 掌握一些自然测量的基本方法。

> **活动准备**

1. 用即时贴在地面标示两条并列的起跳线;用于标记的即时贴若干。
2. 丝带一卷;记号笔若干;铅画纸若干。

> **活动过程**

一、第一次比较

请两名幼儿先后上前,站在起跳线处进行立定跳远。待两名幼儿站定后,提问:他们谁跳得远? 你怎么知道的?

小结:当两个小朋友向同一个方向跳时,我们可以通过用眼睛看的办法来知道谁跳得更远。

二、第二次比较

先请一名幼儿站在起跳线上跳远,再请另一名幼儿站在起跳线上向相反的方向跳远,并分别在两名幼儿站定的地方用即时贴做上标记。

提问:

(1) 谁跳得远? 要比谁跳得远,其实是比什么?(比两段距离哪一段更长)
(2) 当两个小朋友向不同的方向跳时,还有没有办法知道谁跳得远? 你有什么办法?
(3) 在桌子上有记号笔、纸、丝带,你能用这些东西来帮帮忙,比比这两段距离谁更长吗?
(4) 你打算用什么东西来比一比? 怎么用呢?(请个别幼儿演示一下)

三、选取材料进行测量

1. 请幼儿自由选择想要用的工具,使用同一种工具的幼儿为一组,分别去量一量谁跳得远。

2. 提问:量下来结果怎么样? 谁跳得更远? 你是怎么知道的?

小结:原来我们可以用一些小工具来比较两段距离的长短。用这些小工具在两段距离上排队,哪一段距离用的工具数量更多,它就更长。

提问:(1) 量的时候从哪里开始? 为什么?(从起点开始)
(2) 摆放记号笔的时候可不可以中间断开? 为什么?
(3) 在量两段距离的时候,可不可以一段距离用记号笔量,另一段距离用纸来量? 为什么?

(4) 丝带是长长的一段,怎么用来量距离?(在量第一段距离时做个记号,然后和第二段距离作比较)

(5) 你觉得这三种工具中,哪一种用起来最快最方便,哪一种用起来既费时又费力?

小结:我们用小工具来比较两段距离时,要选择用同一种工具。量的时候要从起点开始,并且要一个接着一个地紧紧摆放在一起,不能有空隙也不能重叠。长的工具用起来要比短的工具更方便。

一寸虫(大班)[①]

活动目标

1. 尝试用首尾相接的方法进行测量,引发测量的兴趣。
2. 欣赏、理解故事内容,享受阅读带来的乐趣。

活动准备 (以12人计算)

PPT;扭扭棒剪成的一寸虫40根;知更鸟尾巴图片12张;故事中的巨嘴鸟、蜂鸟、苍鹭的图片各4张;记号笔若干。

活动过程

一、介绍一寸虫

价值分析:认识故事主人公,猜测可能发生的事情,引起阅读绘本的兴趣。

出示PPT1(如图7-59),教师:森林里有一条一寸虫。

提问:猜猜一寸虫大概有多长?

二、故事《一寸虫》

价值分析:理解故事内容,尝试用首尾相接的方法进行测量,引发测量的兴趣。

1. 欣赏故事第一段。(第一次测量)

出示PPT2(如图7-60),教师:一天,一寸虫遇到了知更鸟。知更鸟让一寸虫帮忙量自己长长的尾巴,量错就要吃掉它。

提问:你觉得一寸虫会怎么来量知更鸟的尾巴呢?

教师:现在你们每人拿一张知更鸟尾巴的图片,用一些一寸虫,去量一量知更鸟的尾巴。

幼儿操作,操作完后交流测量的结果以及测量的方法。

[①] 活动方案由上海市奉贤区绿叶幼儿园沈英提供。

提问:(1) 你是怎么用一寸虫量知更鸟的尾巴的?

(2) 量下来结果怎么样?知更鸟的尾巴有多长?

(3) 你用了几条一寸虫?

(4) 放一寸虫的时候,可以重叠或者有空隙吗?为什么?

小结:你们的办法真好,从起点开始,一条接着一条放上一寸虫,不能重叠也不能有空隙。一共用了3条一寸虫,就知道知更鸟的尾巴有3寸长。

提问:可是如果只有一条一寸虫,它怎么量呢?

出示PPT3(如图7-61),教师:看看一寸虫到底用了什么办法。它爬到了知更鸟的尾巴上,把自己的尾巴和知更鸟的尾巴对得齐齐的。然后在一寸的地方做了一个记号,再在做记号的地方接着向前爬,就这样量出了知更鸟尾巴的长3寸。

2. 欣赏故事第二段。(第二次测量)

教师:一寸虫量出来了知更鸟尾巴的长度,顺利躲过了一场灾难。它能量尺寸的本领也被大家知道了。看!还有很多鸟都来找它帮忙!

出示PPT4(如图7-62),画面中出现了巨嘴鸟、蜂鸟、苍鹭。

提问:你认识这些鸟吗?

他们会让一寸虫帮忙量什么呢?(巨嘴鸟——嘴巴;蜂鸟——全身,即从嘴巴的顶端到尾巴的末端;苍鹭——修长的腿)

教师:请你们每人挑选一种小鸟,拿一条一寸虫去量一量它想量的那个部位。如果需要记号笔,可以从篮子里拿。

幼儿操作,操作完之后幼儿交流。

提问:

(1) 你量了什么鸟的什么部位?(如图7-63)

(2) 量下来结果怎么样?(巨嘴鸟的嘴巴——3寸;蜂鸟的全身——2寸;苍鹭的腿——4寸)

引导:你用什么做了记号?量的时候从哪里开始?为什么?(从起点开始)

做好记号,再接着放一寸虫的时候可不可以中间有空隙?为什么?

小结:量的时候要从起点开始,可以用手在一寸虫的尾巴这里做记号,也可以用记号笔做记号。然后把一寸虫再对齐刚才的记号,这样一段一段量下去,就知道用了几条一寸虫了。

三、讨论,拓展

价值分析:进一步引发幼儿测量生活中物体的兴趣。

提问:

(1) 你们喜欢一寸虫吗?说说喜欢一寸虫的理由。

（2）如果给你一条一寸虫。你想让它量量你的什么地方？

小结：看来每个人都有自己觉得很自豪或者很喜欢的地方。有的人想量量自己有力的手臂，有的人想量量自己漂亮的头发。那么就送你一条一寸虫，你想量什么地方就量什么地方。

四、活动延伸

教案中测量的鸟只是选取了《一寸虫》中的部分，建议在区角活动中可以投放书中其他的鸟进行测量，以引导幼儿更好地掌握首尾相接测量的方法。

附录：

图 7-59　PPT1

图 7-60　PPT2

图 7-61　PPT3

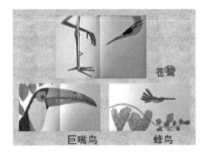

图 7-62　PPT4

图 7-63　幼儿操作材料

区角活动

1. 套碗（套杯、套蛋、套娃娃）（小班）

玩法：为幼儿准备6个大小（或高矮、粗细）不等的套碗（套杯、套蛋、套娃娃）玩具，让幼儿在摆放、套合的过程中积累比较量的差异的经验，并尝试根据量的差异进行排序。

2. 美丽的相框（中班）

玩法：将幼儿个人的照片黏贴在一张硬卡纸的中间，周围用粗线描画成相框，为幼儿准备装饰相框的材料，如各色的塑料小花、不同形状的贴纸、瓜子、云豆粒、蚕豆等。幼儿自己选择后，按照某种量的差异或特定规则进行排序相框装饰。

3. 串糖葫芦（小、中班）

玩法：为幼儿提供各种木珠、筷子或塑料小棍，要求幼儿按一定的规则进行排序，串成一串"糖葫芦"。在制作的过程中，可提示幼儿按照已经串好的"糖葫芦"模仿着串同样的，也可以要求幼儿将未串完的"糖葫芦"继续串完或直接要求幼儿自己串一串和别人不同的"糖葫芦"，并和同伴互相交流一下，说说自己的"糖葫芦"里藏着一个什么样的秘密。

4. 量一量（大班）①

活动目标

1. 用生活中常见的物体作为工具进行简单测量。
2. 选择合适的工具，掌握正确的测量方法。

活动准备

底板若干块（上面绘有三色弯曲线条）；夹子若干；皮尺一把；等长的绳子3根；等长的扭扭棒3根。

---

① 陈杰琦，黄瑾.i思考幼儿核心经验数学游戏资源包[M].南京：南京师范大学出版社，2012.

> **活动过程**
>
> 选择工具对三种颜色的线条进行测量,判断哪种颜色的线条最长,哪种最短。
>
> **活动建议**
>
> 教师可以请孩子就同一根线条用不同工具进行测量,体验测量工具长短和测量结果之间的反向关系。

图 7-64 活动准备

第四节 学前儿童空间方位概念的发展与学习

一、学前儿童空间方位概念的发展

(一) 学前儿童空间方位概念发展的一般过程

幼儿在辨别空间方位、形成空间方位概念的发展过程中,体现出以下几个特点。

1. 从上下→前后→左右

幼儿对空间基本方位的认识和判断的难易顺序是:上下→前后→左右。这是由方位本身的复杂程度所决定的。上下的方位是以"天地"为标准确定的,天地具有永恒不变性,且上、下位置的区别较明显,不会因为方向的变化而改变,所以幼儿容易辨别。前后、左右的位置都具有方向性,随着向者自身位置的改变会发生变化,如幼儿转动身体位置后,原来的前面(或左面)就变成了后面(或右面),这就给幼儿在辨别中造成了一定的困难,尤其是辨别左右方位。

2. 从以自身为中心到以客体为中心

我们平时在判断空间方位时,实际上会采用两种参照系:一种是以主体(自身)为参照,判断客体相对于主体的空间位置关系;另一种是以客体为参照,判断客体相互之间的空间位置关系。幼儿在辨别空间方位的过程中要经历从以自身为中心逐步过渡到以客体(其他的人或事物)为中心的定向过程。

幼儿辨别空间方位,首先是从自身开始并以自身为坐标来辨别周围客体的方位的。离开了自身这个中心点,幼儿就难以辨别方位。幼儿首先学会的是辨别自己身体部位的方位,将不同方位与自己身体的一定部位相联系。如上面是头,下面是脚,前面是脸,后面是背,通常拿汤匙的手是右手,扶碗的手是左手。在此基础上,幼儿再以自身为中心确定相对于自己的客体所处的方位。如我的上面有电灯,下面有地板;我的前面是桌子、后面是椅子。在这里幼儿判别的是客体的方位,但它以幼儿自身为出发点,确定的是自身与客体的位置关系。因此,这种判别实质上仍属于以自身为中心的位置定向。

以客体为中心的定向,是从客体出发确定与其他客体之间的相互位置关系。如桌子的前面是黑板,桌子的后面是椅子等。幼儿辨别以客体为中心的上下和前后比较容易,但辨别以客体为中心的左右,则较困难。如有小熊和大象两只动物玩具,当它们与幼儿同一方向(即面朝同一方向)并排站着的时候,幼儿容易判断哪只动物在左边,哪只在右边,因为幼儿在判断过程中是以自身为中心和立足点的,但是如果改变一下动物玩具的方向,即和幼儿面对面时,就需要幼儿以客体(熊或大象玩具)为立足点和定向,在头脑中将自身转180度,显然这比较难。

3. 从近的区域范围扩展到远的区域范围

同幼儿空间方位的辨别中以自身为中心先开始判别一样,在空间方位定向的发展中,幼儿也是从离自身范围较近的空间定向渐渐扩展到更远的空间区域范围的。当幼儿以自己的身体为中心去确定相对于自己的客体所处的方位时,一开始往往是局限在离自己身体不远的、较狭窄的空间范围内的、面向自己的客体。对稍稍偏斜的客体或离自身较远的客体的空间位置的判定往往存在一定的困难。例如对斜置于幼儿身体左前方的某个物体,较小年龄的幼儿往往不会把它列入"在你身体前面"的物体的范围之列中。随着幼儿年龄的增加,尤其是对于空间位置的相对性、连续性的逐渐理解,较大的幼儿才开始意识到并且辨别出离自身较远的上下、前后或左右的空间方位,同时对位于主体斜前方(后方)或偏左(右)的客体位置也有了正确的定向。

可见,幼儿空间方位辨别的区域也是逐渐扩展的。

(二)学前儿童空间方位概念发展的年龄特点

1. 3—4岁

3岁的幼儿一般已经能够用视觉判断相对于辨别出发点的物体的位置。[①] 这一年龄阶段的幼儿基本上能较好地区分上下的空间位置,在对前后方位的辨别中,则表现出一定的局限性。主要原因在于所理解的空间方位的区域十分有限,对离自身近的、正对自身的客体较易辨别,由此反映出幼儿对空间位置定向的判断是与直接靠近横向或纵向的狭窄的空间范围相联系的。譬如,问一个3岁多的幼儿,位于其右前方30—45度区域内的物体的位置时,幼

---

① [苏联]A·M·列乌申娜.学前儿童初步数概念的形成[M].曹筱宁,成有信,朴有馨,译.北京:人民教育出版社,1982:122.

儿往往会说:"它不在前面,是靠旁边一点的。"

2. 4—5岁

这一年龄阶段幼儿在空间方位区分的范围上有了较大的进步,表现在区分前后区域的面积有所扩大,沿着某一方向(横向或纵向)的距离有所增加,已经能够对离自身稍远的或斜对于自身前后位置的客体方位有较正确的判定,此外,开始能以自身为中心判定左右的空间方位。

3. 5—6岁

这一年龄阶段的幼儿基本上都能把空间分成两个区域,或者左和右,或者前和后;还能把其中的每一个区域再分成两个方面,如把前面的这个区域分成前左和前右,把后面的这个区域分成后左和后右。而如果分成左、右两个区域,则又可以把它们分成左前、左后和右前、右后。同时,这个阶段的幼儿已经能够确切地标出空间位置的中间点,表明他们已经能理解所感知的整个空间按基本方向具有可分性。因此,对这一年龄阶段的大多数幼儿来说,上下、前后、左右空间方位的区分是能够掌握的,对空间位置定向的相对性、连续性、可变性的理解在适当的教学影响下也是能够达到的。

二、学前儿童有关空间方位的感知与学习

空间方位的辨别与幼儿的日常生活有着密切的关系,在教学中,可以通过与幼儿生活经验相关的情境问题的解决,帮助幼儿获得有关空间方位的正确认识。一般说来,小班幼儿的主要目标定位在区分上下、前后(以自身为中心);中班幼儿的目标定位在以客体为中心区分上下、前后和学习以自身为中心区分左右;大班幼儿则主要学习"左右"位置的区分(从以自身为中心→以客体为中心)。

(一)以自身为中心辨别上下、前后、左右

幼儿对空间方位的认识是从对自己身体有关部位的方位认识开始的。让幼儿直接感知自己身体有关部位的方位,再配合适当方位词的描述,有助于逐步理解方位词汇的含义,认识空间方位。

例如认识上下时,请幼儿感知自己身体上面有什么,下面有什么,让幼儿用双手抱着头摇一摇,用手拍拍腿,说出身体上面有头,下面有腿。还可以问幼儿鼻子上面有什么,鼻子下面有什么,让幼儿眨眨眼,张张嘴,了解鼻子上面有眼睛,鼻子下面有嘴巴。然后问幼儿眼睛在鼻子的什么地方,嘴巴在鼻子的什么地方,头在身体的什么地方,腿在身体的什么地方,让幼儿重复回答"上面""下面"的词,以理解方位词的含义,掌握方位词。

认识前后时,让幼儿感知头的前面有眼睛、鼻子、嘴巴,头的后面有头发。再如认识左右时,让幼儿感知通常拿筷子、汤匙的手是右手,扶碗、扶纸的手是左手(左撇子反之)。然后改

变提问方式,让幼儿反复回答"前面""后面",或"左手""右手"等词。

在教学中,教师可运用寻找、操作游戏等方法和手段帮助幼儿加以区分。如教师可组织幼儿在自然环境中或在布置好的环境中观察自己的上面有什么,(日光灯)下面有什么。(坐在地毯上)观察自己的前面有教师,后面有玩具橱,观察左边坐的是谁,右边坐的是谁。也可以要求幼儿把帽子戴在头上,把包放在自己前面的桌上。通过这种观察、操作活动认识以自己身体为中心的上下、前后、左右。

(二) 以客体为中心辨别上下、前后、左右

在帮助幼儿学习以客体为中心认识上下时,一般以客体为界,分上下方位。如桌子上有花瓶,花瓶里插了鲜花。如果以桌子为中心,花瓶在桌子上面。如果以花瓶为中心,那就以花瓶为界,花瓶上面有花,花瓶下面是桌子。教幼儿以客体为中心认识前后时,一般以物体的正面为前面,背面为后面。例如小熊猫图片中,脸的方向是前面,背的方向是后面。如果是玩具橱之类的,橱的正面方向为前面,背面方向为后面。教幼儿以客体为中心认识左右时,实际上还是以幼儿自己的身体为中心去分辨这一客体的左与右的。例如,幼儿面向黑板站着,问幼儿黑板的左边有什么,右边有什么时,幼儿往往还是以自己身体为中心来分辨黑板的左与右的。由于此时对面客体的左右方位是与幼儿自身左右方位正好相反,因此,理解较为困难,因此,开始进行左右方位教学时,尽量不选用面对面的物体为中心来分辨左右。如果选用了,开始时也是以幼儿自身为中心去辨别的。

在以客体为中心区分上下、前后、左右的教学中,除了教师的演示与幼儿的观察比较外,操作和游戏的方法也是可以充分加以运用的。如请幼儿"把玩具放在大橱前面",或者"把娃娃放在椅子上面"。再如玩"抓老鼠"的游戏:教师在教室里创设一定的活动情境,如在大积木、小房子、一棵树等教具边上放些小玩具、纸做的小老鼠等,先引出教室里的玩具少了,被老鼠偷走了,我们要去抓老鼠,找回玩具这一主题。教师做黑猫警长,儿童做白猫警士,以引起儿童的兴趣。然后请个别警士侦察敌情,回来报告,要求说出在什么的前面(后面)发现了老鼠。再请一个警士去抓老鼠,抓住后告诉大家在哪里抓到的(要求用上下、前后、左右等方位词回答)。接着,再请另一位警士去找回玩具,要求用方位词回答是在什么地方找到玩具的。儿童在这种游戏活动中可以客体为中心,反复辨别上下、前后、左右,巩固对方位的认识。

(三) 认识空间方位的相对性、连续性、可变性

由于学前儿童对空间方位的辨别与认识有一个发展过程,因此,对空间定位的相对性、连续性和可变性的理解游戏为这部分教学的一个重点。对于相对性和可变性的理解,在教学中,教师可以通过确定不同的物体作为主体进行比较或采用改变主体位置的方式让幼儿在演示性操作中感知和理解。如以教师或幼儿自身为例,比较其前后空间位置的客体变化。

在队伍排列中,看某幼儿的前面是×××,后面是×××,则让该幼儿回答自己是排在前面还是后面。通过幼儿的回答,教师加以归纳,帮助幼儿明晰前后是相对的、可变的,对×××来说,某幼儿是在后面;对×××来说,某幼儿是在前面。左右的例子也是同样,可以让幼儿在自己参与的游戏中,转身180度后,再来认识左右方位,发现其相对性、可变性。对于连续性的特点,则可以结合教具的演示、空间方位点的移动变化,以视觉的感知参与为主,让幼儿更直观地感受和理解这一特点。

 集体活动

喜羊羊和灰太狼(中班)①

活动目标

1. 区分远近、中间、旁边的方位,并用简单的方位语言描述位置。
2. 积极参与游戏,享受游戏的乐趣。

活动准备

PPT、喜羊羊和灰太狼的头饰、音乐、场景布置(羊村情景:房子、树、花、小羊若干)、椅子若干把。

活动过程

一、欣赏PPT——说出各种小羊的位置

1. 教师播放PPT的第一张。
2. 提问:羊村里谁来了? 站在房子前的是谁? 房子后面的是谁? 懒羊羊在哪里? 那个是谁? 为什么村长小小的?

小结:美羊羊在房子前,喜羊羊在房子后面,懒羊羊在树的下面,村长在很远的地方,所以看上去很小。

二、羊村做客——寻找小羊,并用简单的语言说出方位

1. 教师出示羊村场景。
2. 提问:村长为了要躲开灰太狼,请小羊们练习一下捉迷藏的本领,请小朋友找一找小羊们躲在哪里。(引导幼儿观察各种参照物)
3. 观察中提问:美羊羊在什么地方? 还可以有什么不同的方法告诉大家她的位置? (引发幼儿尝试从不同的角度说出各种方位)
4. 教师分别引导幼儿观察小羊的位置,并尝试用不同的方法说出小羊们的位置。

---

① 陈杰琦,黄瑾.i思考幼儿核心经验数学游戏资源包3[M].南京:南京师范大学出版社,2012:69.

5. 提问:喜羊羊的边上除了有红花还有什么?那么我们说喜羊羊在红花与黄花的什么位置上。(引出中间的空间概念)

小结:喜羊羊躲在山的上面,美羊羊躲在栅栏的旁边,懒羊羊躲在马和老爷爷的中间,村长躲在最下面。

三、欣赏PPT——区分远近

1. 教师播放第二张PPT。

2. 提问:你们看小羊们是怎么排队的?谁排在最前面?谁排在最后面?正当村长在教大家排队的时候,你们看谁来了?谁离灰太狼最近?谁离灰太狼最远?红太狼来啦!这回谁离她最近?谁离她最远?

小结:懒羊羊离红太狼最远,可是却离灰太狼最近,村长虽然离红太狼最近,可是他却离灰太狼最远。近还是远,我们先要看看是和谁比较才能知道。

3. 提问:我们看看到底灰太狼和红太狼想吃谁?村长和懒羊羊的中间是谁?

四、抢椅子——尝试用简单的方位语言描述

(一)幼儿初步掌握游戏规则,说说自己的位置

1. 将椅子在活动室内散点摆放。

2. 幼儿戴上头饰,教师播放音乐。

3. 音乐停,扮演小羊的小朋友赶紧找一个位置坐下。

4. 幼儿轮流说出自己的位置以及与灰太狼和红太狼的距离。

5. 离灰太狼最远的幼儿为胜者。

(二)教师扮演灰太狼,随机改变游戏的规则

1. 幼儿继续游戏,音乐停后,幼儿找位置坐下。

2. 教师发出指令:我想吃离玩具柜最近的小羊。我想吃美羊羊和喜羊羊中间的小羊。

(三)幼儿扮演灰太狼,发出游戏指令

1. 游戏同前。

2. 由扮演灰太狼的幼儿发出游戏指令,如我想吃××位置的小羊。

母鸡萝丝去散步 2

活动目标

1. 能使用方位词来确定和表述方向,并能根据指示向一定的空间方向移动身体。

2. 能用画图的方式来表征空间关系,并感受为母鸡萝丝设计散步路线图的乐趣。

活动准备

1. 截取绘本相关画面做成的PPT。
2. 用于搭建障碍路线的物体:桌子、椅子、栅栏、圆形地毯、方形地毯等。
3. 白纸、水彩笔、大黑板、图钉。

活动过程

一、回顾故事

提问:还记得母鸡萝丝经过了哪些地方吗?它是怎么经过这些地方的?

小结:萝丝在散步时走过了院子,绕过了池塘,越过了干草堆,经过了磨坊,从篱笆的中间穿过,钻过了蜜蜂房,最后回到了家里。

二、模仿母鸡萝丝去散步

1. 和幼儿一起用桌椅等搭建一个简单的障碍路线。

提问:你觉得这些东西像故事中的什么地方?如果你是母鸡萝丝,你会怎样经过这些地方?

2. 教师指定一条散步路线,请个别幼儿按照路线去"散步"。
3. 请更多的幼儿按照自己的路线自由散步,提问:刚才他是怎么散步的?
4. 请两个幼儿合作,一个幼儿先来设计路线,用语言表述母鸡萝丝要经过的地方,然后请另一个幼儿根据路线来散步。

三、为萝丝绘制路线图

1. 给幼儿提供纸和水彩笔,请他们两人一组,按照刚才故事情节中的地方为萝丝重新设计一条路线。

提问:想一想,你有没有办法设计出和刚才不一样的散步路线?萝丝可以先经过哪里,再经过哪里呢?

2. 请幼儿上前介绍自己画的地图,请他们用手指着地图上的标记,说说萝丝经过了哪些地方。

排队形(大班)[①]

活动目标

能理解简单的示意图,并尝试用身体或其他物体来演示。

---

① 活动方案由上海市长宁实验幼儿园陈青提供。

活动准备

各种排列方式的图纸,见图 7-65。

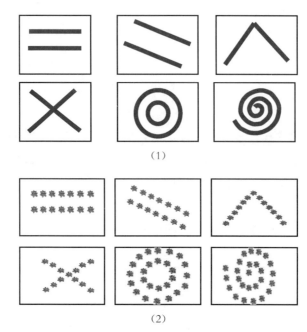

(1)

(2)

图 7-65 各种排列方式的图纸

活动过程

一、介绍图纸、尝试判断

1. 展示所有的图纸,请幼儿观察并判断。

提问:这些图纸上都是些什么样的图形? 你觉得它们像什么?

2. 请幼儿选择一张他们认为简单的图纸排队形。

提问:如果让你们按照图纸上的样子排队形,你觉得哪张图纸排队形最简单? 这是个什么样的图形? 为什么选这张图纸?

3. 教师:那如果要请你把这些图纸按照排队形从简单到难来排个队,你会怎么排呢?

提问:你为什么觉得这张图纸是最难的? 这两张图纸比较起来,哪一张排队形会比较难? 为什么?

二、尝试排队、体验难易

1. 请幼儿按照他们确定的难易程度,依次按照图纸排队形。

提问:

按照这张图纸可以怎么排队?

怎么排可以容易一些?

> 是要一个一个上来排还是一起上来排?
> 第一个上来的孩子可以排在哪个位置?为什么?
> 看看你前面的孩子,你应该排在什么位置呢?
> 平时你们做什么事的时候排过这样的队形?
>
> 2. 幼儿都试过后,引导其判断刚才排列的图纸难易顺序是否正确。
>
> 提问:现在所有队形都试过以后,你们觉得刚才排的图纸难易顺序对不对呢?需要改动吗?为什么?

第五节 学前儿童时间概念的发展与学习

一、学前儿童时间概念的发展

(一) 学前儿童认识时间概念的一般特点

幼儿认识时间是时间知觉问题,是对客观事物运动和变化的延续性及顺序性在意识中的反映。虽然,幼儿较早地表现出了对时间认识的兴趣,并随着语言的发展,开始使用一些表示时间的词汇,但真正理解时间的含义对学龄前幼儿来说并不是一件容易的事,学前儿童在时间概念的认知上,表现出以下一些特点。

1. 易受实际生活经验的影响

幼儿对时间的感知是在感性经验的基础上形成的。对年龄越小的幼儿来说,这种感知往往是与形成它的具体活动相联系的,其应用范围也是较狭窄的。如对"早晨"的理解,就会与"起床、洗脸、刷牙,爸爸妈妈送我上幼儿园"等生活事件相联系,而不是以抽象的、标准时间的单位为支撑来确切感知时间的。因此,学前儿童对时间概念的认知往往表现得不够精确,带有模糊性。

2. 易受知觉影响,把时间和空间等同起来理解

幼儿在理解时间概念中易受知觉的影响,是指在对时间的认知上没有能够将不同速度的运动纳入统一的时空参照系中。对于这一特点,皮亚杰曾经做过实验,把两个布娃娃放在起跑线上,发出一个信号后,两个娃娃开始赛跑,结果一个跑得快些,一个慢些。问幼儿两个娃娃是否在同一时间起跑,同一时间停下。[1] 幼儿的回答就表现出明显的将空间和时间混淆

---

[1] 金浩. 学前儿童数学教育概论[M]. 上海:华东师范大学出版社,2000:50.

等同的特点,会认为一个娃娃要比另一个娃娃晚停下,因为他跑得更远。

3. 更易理解的短周期时间顺序

在对时间顺序和周期的理解上,学前儿童往往较易理解的是短的周期,如一天(早上、中午、晚上)。再逐渐发展到理解更长的时间周期,如一星期→一个月→一年(四季)。这是因为在"早、中、晚"概念的理解上,幼儿容易找到明显的时间参照物和具体事件,而星期、月、年没有较明确的时间参照物,也形成不了自然现象规律性变化的周期,幼儿也缺乏对这些时间概念变化顺序的认知,由此就会给幼儿带来对此类长周期时间顺序理解的困难。

4. 表达时间的词语发展存在一定困难

我国学者曾调查研究发现,幼儿在掌握时间概念上的困难之一表现在:①幼儿言语中表示时间的词汇出现得既晚又少。调查发现在 70 名 2—6 岁儿童所讲的 1313 句有修饰语的简单陈述句中,使用时间词汇的仅占 22.76%;幼儿使用时间的词汇,首先不是使用表示确定时间单位的词汇,大多数使用表示时间顺序的和表示不确定时间阶段的词汇,如"先""然后""后来"(时间顺序),或"有一天""有时候""老早""我小时候"(不确定时间阶段)等;使用时间单位词汇时,也不能确切地理解它们的含义。如一个 4 岁的幼儿往往会用"昨天"泛指过去,用"明天"泛指将来,通常会说:"我明天就要上小学了""我昨天坐过火车了"等。由此可见,在表达时间的词汇使用方面,幼儿往往表现出含糊、不精确的特点,即使使用了单位时间的词汇,也未必真正理解它们的含义。

(二) 学前儿童认识时间概念的年龄特点

学前儿童时间概念的发展特点是:越是与他们的生活有联系的时间单位,如早上、中午、晚上等,幼儿越容易掌握。而那些与幼儿生活联系不紧密的时间单位则较难掌握,如分钟、小时等。幼儿对时间的理解是从和生活紧密联系的"一天"开始,然后逐渐向更长和更短的时间延伸的。

3—4 岁:幼儿一般能掌握一些最初步的时间概念,如早上、晚上、白天、黑夜,但对时间的理解往往和生活中的事件相联系,面对具有相对意义的时间观念,如昨天、今天、明天还不能掌握。

4—5 岁:这一年龄的幼儿已经能够比较准确地确定不太长的时间间隔,借助个人的经验,基本能知道经过早晨、白天、晚上、夜里就是经过了一天,能逐步认识今天、昨天和明天。

5—6 岁:幼儿对时间的认识逐渐向更长、更短的时间段扩展。他们能认识前天、后天,具有"星期几"及"几点钟"的概念。表明在初步建立起时间更替(周期性)观念的同时,还发展着对时间分化的精确性,能区分较小的时间单位(如认识时钟上的整点与半点等)。

---

① 朱曼殊,武进之,缪小春.幼儿口头言语发展的调查研究——幼儿简单陈述句句法结构发展的初步分析[C]//中国心理学会第二届年会——发展心理教育心理论文文集,1978.

二、学前儿童有关时间概念的感知与学习

时间概念的认识与幼儿在日常生活中经常可以体验到的生活情境性问题有着密切的联系,因此,在学前期就对儿童进行有关时间概念认识的教育教学,一方面可以促进他们时间知觉的发展,加深对次序关系、整体与部分关系的进一步理解,另一方面也能够在教学中帮助幼儿潜移默化地形成良好的生活习惯和学习习惯。一般而言,认识时间教学目标和内容的安排是:小班进行"认识早、中、晚""白天与黑夜"的教学;中班进行"认识区分昨天、今天和明天"的教学;大班进行"认识年、月、四季、星期"以及"认识时钟(整点与半点)"的教学。

(一) 认识"早、中、晚""白天与黑夜"

这一认识时间的教学内容与幼儿的生活背景密切相连,教学中,借助日常生活经验的回忆与认识是一种很重要的途径。如何唤起幼儿的生活经验来加强对"白天与黑夜"及"早、中、晚"的认识,教师一般可以调动的教学手段有:第一,借助于视听同步的感知。由于小班幼儿年龄小,思维比较形象、直观,通过形象化的图片以及教师生动的语言情节故事的演绎,可以较好地帮助他们感知与认识。如"白天与黑夜"的教学,教师出示相应的图片,画面上是不同的小动物在白天与黑夜活动,配上一定的情节故事,如"小猫与猫头鹰",让幼儿在图片理解的基础上初步获得"白天与黑夜"的时间认识。也可以通过对比性的图片,让幼儿找出"哪张是白天、哪张是黑夜",当然,图片的内容选择应既符合客观实际,与时间内容相吻合,又要联系幼儿的生活经验。第二,借助于情境谈话。幼儿生活中的一天就包含了一些时间事件,因此,通过谈话、讨论和交流,可以帮助幼儿在生活经验的回忆和梳理过程中形成"早、中、晚"和"白天、黑夜"的正确时间概念。如"认识早、中、晚"的教学,教师可以和孩子们一起讨论"早晨你做些什么事",让幼儿回忆在家里、在幼儿园的情节,"中午吃了什么菜""午饭后做什么""晚上在家都做些什么"等,让幼儿意识到一天中的"早、中、晚"的区别。

(二) 认识区分"昨天、今天、明天"

对于中班年龄段的幼儿来说,这一教学内容是比较抽象、难理解的,因为它不像一天中的具体时间认识那样可以有对应性的具体事件帮助他们去感知,"昨天、今天、明天"不仅时间间隔更长一些,而且与生活事件的联系对应也不容易。因此,对于这一教学,教师要注意把握好以下几个要点:第一,尽量联系幼儿的生活事件。虽然"昨天、今天、明天"的时间概念本身比较抽象,但教学中还是应当注意围绕幼儿生活中的事件出发,以幼儿自身为中心去回忆"昨天、今天、明天"的事件,在帮助幼儿整理生活事件顺序的过程中,获得对"昨天、今天、明天"时间顺序的认识。第二,讲清时间的相对性问题。通过生活事件的回忆和整理,幼儿基本上获得了"昨天、今天、明天"的时间顺序概念,了解到"昨天的事是已经过去的,今天的

事是正在做的,明天的事是还没有做的",同时,幼儿也已经知道了"早、晚"的顺序概念。实际教学过程中,教师可以进一步启发幼儿思考:"早上是不是一定在晚上之前?"根据幼儿的疑问,进一步追问:"昨天晚上和今天早上比,哪个在前呢?""为什么?"在幼儿的讨论和思考基础上,还可以鼓励幼儿自己出题,比一比不同时间段的前后顺序,从而获得对时间的相对性认识。第三,借助多种手段巩固概念。当幼儿初步获得了有关"昨天、今天、明天"的时间概念后,教师可以采用多种教学手段帮助幼儿巩固概念。如采用操作、排序的形式,请幼儿将讨论中出现的反映"昨天、今天、明天"的生活事件(是幼儿熟悉的且有自身体验的)用画笔画下来,将一张张画的小卡片打乱后,以小组为单位进行"卡片排序"的比赛,看哪个小组排得又对又快。

(三) 认识"年、月、四季、星期"

随着幼儿年龄的增长及生活经验的不断积累,到了大班年龄阶段,幼儿已经积累了不少在生活中体验"年、月、四季、星期"(包括认识"月历")的经历,因此,这一部分内容的教学应当充分地与幼儿的生活相联系:与主题相融合。幼儿园课程的整合相融已经打破了原来的学科分界,在整合式课程中,从幼儿的生活出发,围绕生活展开课程本身就是其一大特色,而这一数学领域中涉及时间的内容又可以很自然地融入幼儿的生活之中,因此,在"认识季节(四季)""我的家"等主题中,很自然地渗透相关的内容,帮助幼儿获得概念的认知,与日常生活相融合。在幼儿的日常生活中,诸如观察活动——看看秋天的变化、冬天的特征,结合幼儿观察过后的讨论,渗透相应的年(四季)的概念认识。再如教室里的环境布置——一张统计每星期天气、值日生的表(如图7-66),让幼儿进行简单的记录,由值日生负责填画,每周总结一次,在总结中帮助幼儿进一步巩固"星期"的相关概念等。

图 7-66 星期、天气、值日表

(四) 认识时钟(整点、半点)

时钟的认识是大班年龄段时间概念教学中的一个重点和难点。在教学中可以从以下几步着手。

1. 出示时钟讲解用途

教师可以通过给幼儿猜谜语的方式出示时钟,如会走没有腿,会说没有嘴,它能告诉我们什么时候起来,什么时候睡。幼儿猜对后出示时钟。也可以通过钟的闹铃声响,让幼儿猜是什么声音,再出示时钟。还可以直接出示电子钟、闹钟、电话钟等各种不同的钟给幼儿看,让幼儿知道它们都是钟,然后引导幼儿了解钟有什么作用。通过让幼儿讨论、教师讲解,让幼儿知道钟能告诉爸爸妈妈什么时候上班、小朋友什么时候到幼儿园等。

2. 引导幼儿观察，认识钟面的结构

引导幼儿观察钟面上有什么，让幼儿知道钟面上有 1 至 12 的数字，这些数字是按 1，2，3…12 的顺序排列的。由于幼儿没有认识过数字 11、12，应重点解释这两个数字，并让幼儿学会读这些数字。还应让幼儿知道钟面上有两根针，长的叫分针，短的叫时针，有的钟面上还可能有一根更长的秒针。

3. 演示讲解时针分针转动的方向及规律

教师把时针分针都拨到 12 上，以演示时针分针都是顺着 1，2，3…12 的方向走动的。提醒幼儿看清楚分针走得快，时针走得慢，分针走一圈，时针才走一个数字，表示过了一个小时。

4. 多次演示讲解整点（或半点）

演示整点时要强调分针从 12 开始，沿着 1，2…的方向行走，又到 12 上，时针走在数字 3 上时，就表示 3 点整。同样，多次演示讲解 4 点整、8 点整、10 点整等。由于 12 点整时时针循环了一圈，时针与分针重叠在一起了，所以 12 点整应着重解释。

讲解半点时，强调分针从 12 开始，沿着 1，2…的方向行走，走到 6 上，如果时针处在数字 1 过去一点的位置时，表示一点半。再多次演示 3 点半、7 点半、9 点半等。6 点半应着重讲解。

5. 总结整点、半点规律

教师在多次演示讲解整点的基础上，可告诉幼儿"分针在 12 上，时针在几，就是几点整"，从而让幼儿掌握规律，认识整点。教师在多次演示讲解半点的基础上，可告诉幼儿"分针在数字 6 上时，时针在几过去一点处就是几点半"，让幼儿掌握规律，认识半点。

6. 幼儿练习，巩固对整点（或半点）的认识

教师可以分给幼儿每人一只小钟模型，教师报时间，幼儿拨钟点，通过操作活动巩固对整点、半点的认识。教师可以组织幼儿玩"送钟宝宝回家"的游戏，把钟面为 6 点整的宝宝送到挂有"6:00"牌号的家里，4 点整的宝宝送到挂有"4:00"牌号的家里……使幼儿巩固对时钟整点和半点的认识。

通过以上几个步骤的详细介绍，可以使教师了解到"认识时钟"教学中的一些关键点，尤其是在演示讲解部分中的教具操作，应注意按顺时针方向拨动指针。另外，教学的形式可以结合"演示讲解"，而不一定是以"演示讲解"为主，也可以先尝试让幼儿操作，教师再加以归纳、纠正，通过进一步地"演示讲解"，帮助幼儿掌握正确的概念。也可以借助其他教学形式，提高"时钟认识"的兴趣，如以二进制猜数游戏的形式来猜钟点，引出时钟的相关概念等。

太阳和月亮（小班）①

活动目标

1. 通过欣赏和游戏活动，帮助幼儿了解早、晚及白天、黑夜的时间概念。
2. 培养幼儿积极参与活动的态度及大胆的表现。

活动准备

自制拟人化"太阳"和"月亮"活动教具各一个，如图 7-67 所示；小猫头饰。

图 7-67　太阳和月亮

活动过程

一、教师带领幼儿到公园或操场去欣赏蓝天、白天和大自然

出示活动教具"太阳"和"月亮"，在幼儿欣赏中引起兴趣："小朋友，你们知道太阳和月亮是在什么时候出来的吗？"

幼儿：早晨（白天）——太阳出来了；晚上（黑夜）——月亮出来了。

出示小猫头饰，幼儿扮演小猫，看到教师手里举的"太阳"或"月亮"活动教具的变换，幼儿做相应的小猫动作：白天（太阳出来）——小猫舒服地睡大觉；黑夜（月亮出来）——小猫悄悄地去抓老鼠。

二、幼儿模拟自己在白天和黑夜的不同活动

白天——做操、游戏、上幼儿园等；黑夜——看电视、关灯、睡觉等。

活动建议

此活动可选择在操场或空间较大的活动室进行；在幼儿的动作模拟游戏中，也可以结合小班幼儿的年龄特点，鼓励幼儿用简单的语言加以表达，如："我白天在做操。""我晚上在看电视。"在幼儿的游戏和动作表现活动中，可以适当配上一些表现白天和黑夜场景的音乐作衬托。

---

① 邹兆芳.幼儿数学新编（教师用书）[M].上海：上海三联书店,1996:69.

日历的秘密（大班）①

活动目标

1. 通过故事和游戏，初步了解有关日历的知识。知道一年有 12 个月，一个月有 30 （31）天，一年共有 365 天。

2. 尝试从日历上找到自己和朋友的生日，学会关心身边的人。

活动准备

单张年历(1—12月)幼儿人手一张；日历 PPT；记号笔若干。

活动过程

一、年妈妈来做客

教师：今天有位客人来做客，她是谁呢？（出示"年"字）年妈妈给我们带来一个好听的故事，想听吗？

讲述故事第一段，并出示相关数字与文字：365、12、日、月。

提问：年妈妈有几个娃娃？他们叫什么名字？住在哪里？这 365 个日娃娃都住在哪里呢？

小结：一年有 12 个月，一共有 365 天。

二、年妈妈的日娃娃

1. 教师：年妈妈把她的 12 座房子也带来了，我们一起来看看。

出示 PPT，提问：(1) 这 12 座房子有什么不一样的地方吗？（因为大小不一样，所以看起来有的高、有的低）

(2) 为什么年妈妈的房子有大有小呢？

2. 发给幼儿每人一张日历，请幼儿观察。

提问：365 个日娃娃是怎么住的？这些叫月的房子有什么秘密？为什么 2 月的房子会最小呢？

3. 教师讲述故事第二段：我们把住了 31 个日娃娃的这些房子叫"大月"，住了 30 个日娃娃的这些房子叫"小月"，比大月小月都要小的那个月叫"最小月"，住的日娃娃也最少。

提问：年妈妈的大月是哪些？小月呢？最小月就是？

4. 教师说出某月是大（小）月，让幼儿判断对错。如"5 月是小月吗？"

---

① 活动方案由上海市静安区安庆幼儿园卢世轶提供。

5. 提问:

(1) 你还发现了年妈妈的其他秘密了吗?

(2) 为什么有些数字是黑色的,另外一些是红色的呢?

(3) 你在红色的日子里上幼儿园,还是在黑色的日子里上幼儿园呢?

(4) 一个星期又有几天呢?你是怎么从日历上发现的?

(5) 还有哪些日子也是红色的呢?10月1日国庆节这天怎么也是红色的呢?(节日是红色的)

三、找生日

1. 教师:年妈妈有许多的秘密,她想和我们做朋友,她知道每个朋友都记得自己的生日。你能在日历上找到自己的生日吗?

2. 幼儿探索,在日历上寻找自己的生日。

3. 提问:除了找到自己的生日,还可以找到谁的生日?问问身边好朋友的生日,然后再找一找。

四、活动延伸

教师可在教室中悬挂日历,并让幼儿标注自己的生日。也可以通过值日生记录、天气记录等形式让幼儿每天记录日期。

附故事:

年妈妈的一家

年妈妈的孩子真多呀!她给孩子起了一个奇怪的名字叫做"日"。年妈妈到底有多少个"日"娃娃呢?数呀数呀,一共有365个日娃娃。这365个日娃娃住在一起吗?不不,那么多的日娃娃挤在一起怎么能行呢?于是,年妈妈就为它们盖了12座小房子,让所有的日娃娃分别住到这12座房子里,并且给这些房子起名:一月、二月、三月……十二月。

咦?这些房子怎么看起来有的大,有的小?而且还有一座顶小顶小的房子,这究竟是怎么回事啊?原来,一月、三月、五月、七月、八月、十月、十二月房子住的娃娃多一些。每座有31个日娃娃。四月、六月、九月、十一月房子里住的日娃娃少上点儿,每座有30个日娃娃。那座顶小的二月房子里只住了28个日娃娃(注:该活动开展时该年二月为28天)。

年妈妈是那么地疼爱自己的孩子,它常常担心她的孩子因贪玩而找不到家。于是,房子盖好了以后,年妈妈就从一月房子开始数着己的孩子的名字:一月、二月、三月……从早数到晚。当它数到第十二个月里的最后一个娃娃时,就要带着她的所有孩子到很远很远的地方再也不回来了。到那个时候就会有一位新的年妈妈,带着她自己的孩子又住进这十二座漂亮的月房子里,重复过着同样的生活……

熊猫钟(大班)[①]

活动目标

1. 与日常生活相结合,在动手操作中学习认识整点。
2. 通过猜想游戏,提高幼儿对认识钟点的兴趣。

活动准备

幼儿每人1张可拨猜想熊猫卡片,如图7-68;1—12数字卡1套,演示用熊猫钟卡片1张。

图7-68 熊猫钟

活动过程

一、说说

让幼儿说说:自己家里有钟吗?是什么形状的钟?钟面上有些什么东西?(数字1—12,一根长针,一根短针等)钟有什么用处?

二、比比

出示熊猫钟卡片,引导幼儿比较观察熊猫钟上有些什么不同的地方。(熊猫钟是用不同的几何图形组成的;熊猫钟面上的脸、耳朵和领结中有数字)

三、想想

平时起床、上幼儿园、吃午饭、回家、睡觉大概是几点钟,教师按幼儿所述在熊猫钟上表示出来,让幼儿仔细观察上午6点、8点,中午12点,下午5点、9点在钟面上有什么相同和不同的地方。(长针指向不变,都指向数字12,短针指向变化,分别指向数字6、8、12、5、9)

四、拨拨

幼儿在各自的熊猫钟卡片上将熊猫钟撕下,拨动长短针,分别显示6点、8点、12点、5点、9点,教师巡回帮助。

五、猜猜

一幼儿拨钟,其他幼儿根据拨的钟点,用数字卡表示出来(数字朝下不使他人看见),让教师来猜一猜那幼儿拨的是几点钟,其他幼儿验证自己取的数字卡片是否正确。

---

① 邹兆芳.幼儿数学新编(教师用书)[M].上海:上海三联书店,1996:206.

同前拨钟和猜测,测时可利用耳朵或领结上的数字给出提示。如在领结的两个圆中,将 4 和 8 相加即可猜出是 12 点钟。

活动建议

熊猫钟(长、短针可活动)也可做成立体的或放大版挂在教室里,让幼儿自由拨出各整点、半点。

| 玩图形(小班)|

这个活动在小班的上学期,它指向的核心概念是认识和区分圆形、三角形和正方形,教师通过设计"站图形""说说图形""图形找朋友"等环节,将图形的辨别、匹配、命名层层推进,除了认识、区分和描述图形本身的特征之外,教师还有意地引导幼儿运用已有的关于颜色、计数、几何以及空间等经验,例如,在幼儿站在不同的图形中时,教师会提问"哪个图形上的宝宝最少""圆形上有几个宝宝",这些问题都会激发幼儿综合运用已有的各种核心经验,使这些数学知识在游戏的情境中潜移默化地得到巩固和锻炼,同时也让幼儿在愉悦的情绪中思考、游戏,体验数学学习的乐趣。

此外,在活动中,教师也非常注重用生动、富有情趣的数学语言来营造丰富的活动环境,不仅描述幼儿的活动状态,也增加了整个活动的情趣,更重要的是,为幼儿提供了非常好的语言示范。对于图形的辨识和匹配,大部分幼儿都能较好地完成,但是在对图形进行命名时,由于涉及到图形属性特征、颜色、大小这三个维度,幼儿在表述时往往会出现仅从一个或两个维度进行描述的现象,很少有幼儿能够同时用三个维度进行描述。因此,教师巧妙地设计让一个孩子说出要什么图形,让另一个孩子按照他的描述去找寻这个图形,帮助儿童丰富数学语言表达的经验。

| 双层巴士(中班)|

对于中班幼儿来说,根据方位指令找位置以及分辨"上下前后"等方位是没有问题的,但是如何用语言描述方位却是个难点,在这个活动中,教师巧妙地依托"双层巴士"引导幼儿开展"描述位置找朋友""根据描述选座位""说出位置坐巴士"等一系列活动,刺激幼儿使用方位语言来描述上下、前后等位置关系,从而有效完成了教育目标,突破了活动重难点。同时为了增加活动的趣味性、情境性以及真实性,教师不仅在巴士上装饰了车窗和窗帘,还让一部分幼儿根据自己的意愿坐到巴士里去,充分调动了幼儿对活动的兴趣和参与度。然而,幼儿坐到巴士上更希望是开车或者选座,而教师则希望幼儿使用方位词来描述位置,虽然两者之间有一定的冲突,但教师却通过让幼儿坐一坐、说一说坐巴士的感受,并将方位语言的表述渗透于情境中,巧妙地处理、平衡了幼儿的游戏、情感意愿和教师的教育动机之间的关系,使整个活动在欢乐的游戏氛围中完成了学习内容。此外,教师还鼓励幼儿采用不同的语言表征来描述同一个位置,这就在无形中渗透了"方位相对性"这一核心概念。总之,活动中处处体现着教师的精心设计和良好的师幼互动水平,这些都是我们值得借鉴和学习的地方。

| 好玩的橡皮泥(小班) |

《好玩的橡皮泥》指向核心经验中"量的比较"这一知识点,活动中教师采用儿童熟悉的两种颜色的橡皮泥作为活动的材料,并配合儿歌"捏捏捏、变变变、搓搓搓,搓成一个黄团团"来让幼儿在动手操作中感知物体的大小属性,为接下来的大小比较进行铺垫。在活动中,为了帮助幼儿有效地建立量的比较的感知经验,教师将"大小比较"贯穿于整个活动的始终,如从开始部分教师手中橡皮泥的比较,到教师与儿童手中橡皮泥的比较,再到儿童将自己手中橡皮泥一分为二进行的比较,最后到三块橡皮泥之间进行的比较,整个活动层层递进,不仅让幼儿充分地感知理解物体"大小"的差异,同时教师还使用丰富的数学语言,如"哪个大、哪个小""哪个最大、哪个最小""从大到小或者从小到大的顺序给它们排排队吗"等,来帮助幼儿加强对数学语言的理解和运用。除了量的比较的核心经验之外,教师在过程中为了把握儿童的操作时间,让儿童进行 1—5 以及 1—10 的唱数,使幼儿在潜移默化中巩固了已有的知识经验。最后,在对三个物体进行比较排序中,教师提供了竹签,让幼儿根据自己的喜好对排序的结果进行命名,如"糖葫芦""小火车""冰激凌""毛毛虫"等,不仅增加了活动的趣味性,同时也培养了幼儿的想象力和发散思维能力。

 复习与思考

1. 何谓自然测量?举例说明自然测量教学的一般方法有哪些。
2. 简述学前儿童认识空间形体的发展过程。

3. 试以认识某一立体图形为内容设计一则活动。
4. 学前儿童认识空间量的发展中有何特点？
5. 何谓等分？举例说明等分教学有哪些方法。
6. 什么是排序？排序有哪几种形式？试以一种形式的排序为例设计一则区角活动。
7. 举例说明如何帮助幼儿感知量的守恒。
8. 幼儿空间方位概念的发展有何特点？
9. 学前儿童时间概念的形成与发展有何特点？
10. 儿童在时间概念的认知上具有什么样的特点？举例说说生活中如何让幼儿感知抽象的时间概念。

第八章　学前儿童数学教育的评价

对于学前儿童数学教育的评价,首先要了解评价研究的一般动态,明确评价的主体、评价的对象、评价的内容和方法等。作为管理者、教师、家长,尤其是教师,更应关注与实践密切相关的部分,即如何评价幼儿数学能力、如何评价数学教育活动。基于这个原因,本章先总述学前儿童数学教育评价概述,再分述对学前儿童数学能力的评价和对学前儿童数学教育活动的评价。

第一节　学前儿童数学教育评价概述

教育评价是依据一定的教育价值观,用科学的方法,对教育现象、教育事件进行价值判断的过程,它在整个教育系统中起着自我监测和调节的作用,这种评价更有利于教师认识和调整自我的教育教学工作。而学前儿童数学教育的评价,是依据儿童发展的相关理论,依据《幼儿园教育指导纲要(试行)》(以下简称《纲要》),依据已有的关于学前儿童数学教育的研究结果以及对各国数学教育评价标准的参照等进行的对儿童数学发展能力与水平以及数学活动过程与效果的评价。因此,从内容上看,学前儿童数学教育的评价主要涉及两部分:一是幼儿数学发展状况与能力;二是幼儿园的数学教育活动。

一、评价的意义

数学教育的评价是为更好地促进幼儿的数学认知发展以及提高数学教育的有效性所进行的一项重要活动。依据评价的目的、对象和实施范围、条件等因素的不同,可以体现出不同层面的数学教育评价。但无论是以哪一层次或哪一对象为主体实施的评价,都对改善教育教学质量、促进教育活动的有效性起着重要的推进作用。因此,从评价的意义来看,主要体现在以下几方面。

1. 鉴定与检验教育教学质量

科学的鉴别和判定是衡量与把握一个事件或现象并发现问题、解决问题的基础。在教育评价中,鉴定功能是最基本的,数学教育的评价也不例外。通过针对数学活动、教师、儿童等的评价,可以使评价者获取基本的信息,对教育教学活动中的诸多要素以及各要素相互关系和功能的发挥等作出鉴别与判定。这种鉴别与判定包括对教育活动目标定位和达成程度的鉴定;对教育活动中师幼互动以及幼儿活动状况的评定与鉴别;对教育活动中教师利用环境及材料运用有效程度的鉴别与判定等。

2. 引导与促进教育教学反思

随着教育改革的不断深入和教师教育的发展,在倡导教师专业成长的过程中,教师的专业能力,尤其是在教育实践中所表现出来的设计活动、组织活动、反思教学的能力得到了空前的重视。而教师的反思自然是在对儿童、对自身以及对教育活动中的环境、材料、过程等其他各个要素作出评价的基础上才能够展开的。因此,及时而有针对性的评价,可以有效地促进教师的自我反思,从而促进教育活动的有效性、合理性并适时、高效地促进和提升教学。

3. 诊断与改进教育教学效果

在评价的功能中,对诊断功能的重视几乎已经成为大家的一种共识。确实,评价的展开相对于其选拔性功能来说,现在已经越来越趋向于重视其诊断性功能。这是因为评价的目的和价值认识更倾向于通过评价发现问题,改进教学,促进儿童发展。评价的主要价值不在于对教育活动的结果作更多的横向比较,而在于对教育活动作纵向的、动态性的比较,在比较中发现问题,诊断问题,提出进一步解决问题的方案,以便在找到问题症结的基础上,进行有的放矢的改进。

二、评价的主体

《纲要》中指出,管理人员、教师、幼儿及家长均是幼儿园教育评价工作的参与者。评价过程是各方参与、相互支持与合作的过程。从中可以看出,评价主体呈多元化结构。虽然管理人员、教师、幼儿及家长对同一个教育现象所持的价值观存在差异,但是主体之间平等的对话关系,可以对事实进行全面的评价。需要强调的是,评价人员都应该具备正确的儿童观、教育观和评价观,才能更好地促进儿童的发展、教师的进步以及课程实施的改善。

管理人员(教育行政官员、园长)在数学教育评价中是评价的主体之一,他们可以通过评价幼儿的数学学习情况,以及教师的数学教育活动组织情况、活动效果,来比较、分析、判断、评定教师的表现,进而为教师教学提出建议,并及时调整教学管理。管理人员的评价属于教师教学和幼儿学习的外部反馈。管理人员的评价曾经在教育评价中极具权威性,而现在,管理者已经开始注意到应充分尊重其他主体,与教师、家长和幼儿共同合作,完成评价。

教师是评价的重要主体之一。《纲要》中指出,评价的过程是教师运用专业知识审视教育实践,发现、分析、研究、解决问题的过程,也是其自身成长的重要途径。教师在对学前儿童数学教育能力进行评价的过程中,首先要有科学的儿童观,这样才能客观展示幼儿发展水平。其次,正确、及时地运用评价信息,及时将对幼儿学习能力的评价信息运用到教学中。最后,教师在数学教育活动的过程中,综合运用诊断性评价、形成性评价和终结性评价,随时评价自己的数学教育能力、活动组织情况、幼儿发展水平和接受能力、幼儿的最近发展区等。

家长也可以作为评价主体出现,比如在幼儿园定期开放的家长接待日里,家长被邀请参加幼儿园的活动。一方面,可以了解幼儿的表现;另一方面,也可以评价教师的教育活动,提出自己的见解。家庭也是教育评价的重要合作者,比如全美幼儿教育协会(简称 NAEYC)于 2005 年 4 月正式公布的《幼儿教育方案标准和认定指标》(Early Childhood Program Standards and Accreditation Performance Criteria)中规定了"儿童发展评价"标准。它认为"儿童发展评价"标准,旨在与家庭的互动交流中,系统地通过正式及非正式的评价方法,提供儿童学习与发展的经验等。家长是儿童发展评价的参与者,家长所提供的幼儿相关信息,可以使评价者获知幼儿多方面、真实的表现。

幼儿在评价中的作用常常被大家忽视。其实,幼儿对学习态度的监控、对学习数学的策略调整、对数学现象的疑问、对所从事活动的过程的反思,都离不开幼儿的自我评价。在评价中,幼儿不仅可以培养自我评价能力,认清学习目的,养成反思的思维习惯,形成对自己学习负责任的意识,而且还可以通过对自己学习能力和阶段的认识,更好地计划下一步的学习。幼儿的自我评价一开始较多依赖成人的启发、提醒,随后逐步过渡到自觉进行评价,这个过程值得所有教育者为之欣喜,因为幼儿从中学会了独立、自主地学习。

管理者、教师、家长、幼儿都可以是评价的主体。我国学者张慧和等人依据评价的主体不同,把学前儿童数学教育的评价,分为内部评价和外部评价。内部评价指参与教育活动的人对教育活动或数学能力进行的自我评价,可分为教师的自我评价和幼儿的自我评价。外部评价是第三者(除自评人员之外的管理人员、科研人员、家庭等)从外部对数学教育活动和数学能力发展进行评价。这样的划分有助于我们了解评价发展的一个重要趋势。以往我们国家,对于他人评价,尤其对管理者和科研人员的评价十分重视,而教师的自我评价和幼儿的自我评价相对较少,也就是教师和幼儿作为自我评价的主体没有引起足够重视。

当今,在学前儿童数学教育中,基于教师或幼儿的自我评价已经成为评价的一个重要部分,它将使评价更客观、公正、多元、开放。

三、评价的对象和内容

在数学教育评价中,作为教师,更关注的可能是与实践密切相关的部分,即评价学前儿童数学能力的发展状况和学前儿童数学教育活动。其中,学前儿童数学发展状况的评价一般包括幼儿掌握数学的相关概念的情况、学前儿童的数学思维(解决问题的能力和数学的推理能力等)以及学前儿童对数学的态度和情感等;学前儿童数学教育活动的评价则包括对教育活动的目标、环境创设、活动过程、师幼互动和活动结果的评价。

(一) 学前儿童数学发展状况

1. 学前儿童数学能力的发展

学前儿童数学能力的发展主要是指表现在数概念、运算、空间与几何、测量、模式等方面的数认知发展,它是儿童数学能力发展的基础,也是儿童解决实际问题能力和数学推理能力水平发展的重要前提。比如儿童能独立地操作就代表他达到了这个概念相应的水平。幼儿可以唱数1、2、3、4、5…9、10,能否就认为他已经知道10以内数的含义。对于这样一些涉及数概念能力发展的问题,教师就可以采用一定的评价工具或材料进行评价,如运用按物取数和按数取物的方式,测定幼儿的概念掌握程度——教师提问:"我拿出了一些雪花片,请你从这些卡片中取出相应的数字。""请从这些雪花片中,拿出6个雪花片。"这些问题其实是在测定幼儿数物对应的发展水平,了解幼儿是否真正懂得数字"6"代表6个实物。当幼儿能成功操作出结果,就表明幼儿至少已经掌握了"6"这个数的实际含义。

2. 幼儿对数学的态度和情感

除了掌握数学概念、形成数学思维外,幼儿还应该对学习数学形成积极的态度和积极的情感。幼儿在学习数学时体会到快乐,能自信地参与数学活动,对数学方面的问题产生好奇,对操作活动和解决问题能注意力集中且有一定的坚持性等都是良好的学习态度和习惯的体现。

评价学前儿童数学能力的发展时,不仅评价儿童早期正式的数学知识,还要评价非正式的数学知识。在学前阶段中,我们不仅提倡幼儿学习正式的数学经验,还十分强调让幼儿积累更多非正式的数学经验。他们在上学前,已经通过各种方式获得了大量非正式的数学知识经验。这些非正式的有关数学知识的感性经验,为幼儿在幼儿园乃至今后的小学阶段获得正式数学经验提供了帮助。[①]

幼儿发展评价不仅向评价者提供幼儿数学能力发展的直观结果,而且可以更好地为教育活动服务。教师在活动之前,先了解幼儿是否具有相应的学习准备,个性差异如何,那么教师的教学就更容易把握在幼儿的最近发展区内。分设在一系列活动前后的评价,通过比较两次评价的结果,就可以反映教学效果。在活动过程中,针对个别幼儿和具体情境的随机性评价,可以让教师做到因材施教。

(二) 学前儿童数学教育活动

学前儿童数学教育活动的评价包括评价活动的目标、内容、方法、过程、教师、幼儿、环境以及课程。其目的是及时了解教学效果,帮助教师改进教学,使教师的行为能更好地促进幼

---

① 周欣.儿童数概念的早期发展[M].上海:华东师范大学出版社,2004:295.

儿发展。每次的评价都是下一阶段教学的基础。

对教育目标的评价包括：活动目标是否和学期目标、儿童的年龄特点、儿童发展的总目标一致；活动目标是否符合本班幼儿发展的整体水平和已有经验；活动目标的构成是否包含情感态度、科学的思维方式和知识经验。

对教育内容的评价包括：活动内容是否与目标一致；活动内容是否贴近幼儿生活，并在其最近发展区内；活动有没有提供给幼儿直接参与的机会等。

对教育方法的评价包括：活动方法是否因材施教，适合幼儿年龄特点。比如小班幼儿学习形状，就明显比中、大班的幼儿更喜欢使用比喻法。大部分的小班幼儿看到圆形、正方形，就说成像太阳、像饼干或像手帕。小班幼儿的表现正好说明，3—4岁幼儿的思维特点正处于直观行动向具体形象过渡。那么，教师的方法就要照顾到小班幼儿的思维特点，进行适当的改变。

对教育过程的评价包括：活动过程结构是否严密，层层递进；活动中是否充分考虑到幼儿的个体差异；活动环节间的衔接是否流畅、自然；活动中有没有充分体现师幼互动；教师在活动中所表现出的教育智慧是怎样的，比如有没有很好地处理活动中的意外情况等。

对教育环境的评价包括：活动的氛围是否和谐、宽松、安全、自由；教师是否以积极的态度为幼儿创造良好的心理环境；活动过程有没有提供相关活动的场景和材料等。

总之，学前儿童数学教育评价主要包括两方面内容：学前儿童数学发展状况的评价和学前儿童数学教育活动的评价。以往两者的评价焦点有所差异，比如，幼儿能力发展评价更多关心幼儿发展的总体水平、个别差异，而不太关注实际的教学过程。而在教学评价中，则对教学的过程更为关注，尤其关注教师与幼儿互动的性质，关注教师如何促进幼儿发展。现在发展的趋势更强调两者的融合，比如主张建构主义的学者认为：对幼儿发展水平的评价是活动情境驱动的，评价标准源于丰富而复杂的情境；评价应该依靠学习背景，设计者和评价者必须考虑学习发生的背景；教师应更重视对知识建构过程，而不是结果的评价，并同时注意有效评价和教学的整合。

四、评价的方法

评价的方法有很多种。根据教育评价功能划分，可以把学前儿童数学教育评价分成三个类型：诊断性评价、形成性评价和终结性评价。它们代表着不同时期进行的评价，也代表着教育评价的不同功能。他们分别发生在活动之前、活动之中以及活动结束，在各阶段发挥着各自的诊断功能、改进功能和鉴别功能。

（一）诊断性评价

诊断性评价是在开展数学教育活动之前进行的，是对幼儿进行的预测性评价，具有诊断功能。诊断性评价既可以在学期开始时进行,也可以在一个活动或一系列活动开始时进行。

每个年龄段幼儿在数学能力发展上既有相似的思维特征,也具有明显的个体差异,这些差异可能来自先天遗传和后天的教育。尤其是早期的家庭教育和幼儿早期非正式数学知识的积累,可能极大地影响了幼儿的发展水平,这种差异表现为相较于同龄人,幼儿拥有不同的知识、能力、态度和学习风格。这种差异在小班表现得最为明显。所以对幼儿数学发展水平的了解,可以帮助教师制定有针对性的教育计划,确定活动的教育重点,实施过程也可以因材施教,针对不同幼儿的具体特点进行个别教育。

(二)形成性评价

形成性评价是渗透在教育活动过程中进行的,教师用得频率高。其目的在于,及时了解教育内容和教育策略是否妥当,教育目标是否容易达到,幼儿表现如何,以便及时调整教育策略,优化教育过程。形成性评价的优点是能灵活、高效地作出评价后的调整,使教学活动能随时适应幼儿的反馈;缺点为不是正式的评价,同时,需要评价者不断地积累经验。

形成性评价需要教师在教育活动中,对自己的态度、言语、行为有比较好的监控能力,以使幼儿能最大程度从教师的教育中,激发兴趣、得到启发、敢于尝试、不断探索。只有当幼儿处在这样的情形下,才可以真实地表现出数学能力。所以,形成性评价是教师对幼儿发展水平进行的动态、积极的评价。

开展形成性评价对教师要求较高,需要教师灵活掌握数学教育中涉及的概念,熟知教育策略,游刃有余地对幼儿的不同表现进行反馈,所以形成性评价对新教师来说是一个需要不断积累和磨炼的过程。下面是教师在幼儿园记录的两个活动片段:数灯笼活动和数娃娃活动。开展教育活动的教师已从教13年,她讲述了上课时的体会。

案例分享

一位从教13年教师的上课体会

老师作用很大,老师要看孩子的反应,比如说今天课上的最后一个问题,我让他们数灯笼(数灯笼活动的规则:老师提供数个灯笼图片,请幼儿依照形状为灯笼分类,并数出每个形状的灯笼有几个,比如数出圆形的灯笼有几个,椭圆形的灯笼有几个,三角形的灯笼有几个……)。一起数的时候,好像都数得出。我又让幼儿单独数,就有好多孩子数不出,或者犹豫,那就不适合再上下去,我就把灯笼收上来。当孩子们能明确区分不同形状时,再让他们单独数,情况就好多了。这需要再设计活动时,将形状部分的知识再充实一下。

> 还有进行分类活动的时候,让大家数娃娃(数娃娃活动规则:老师在黑板上展示了 10 个娃娃图片,5 个男孩,5 个女孩,每个娃娃衣着服饰、发型装扮都不同,老师要求依照不同的特点,将娃娃归类,比如穿裙子的娃娃有几个、举手的有几个等),我本来没有想到利用纽扣、鞋子、表情分娃娃,但是他们想到了,那我就要顺着他们的思路让他们做下去。老师的作用就是花心思引导。

以上这两个片段,都是教师进行的形成性评价。在数灯笼活动中,教师的观察发挥了作用。她发现,有些幼儿独立完成数灯笼的活动有困难。经过分析幼儿的回答,她认为幼儿因没有完全掌握形状的特点,不能准确说出形状间的不同,导致回答时模棱两可。依据这样的评价,教师暂时终止数灯笼活动,并准备在下一次的活动中设计认识形状的内容,然后再考虑继续数灯笼的活动。幼儿在活动过程中的各种表现,都是幼儿学习情况的反映,也是可供教师进行形成性评价的信息。在数娃娃的分类活动中,幼儿积极参与了分类标准的讨论,幼儿能最大程度地从教师的教育中,得到启发、激发兴趣、大胆尝试、不断探索,幼儿甚至想到按照纽扣、鞋子、表情来对娃娃分类,并能仔细数出分类后的数量。幼儿提出的分类标准令教师也感到意外,基于教师在教育活动中对自己的态度、言语、行为有比较好的监控能力,她鼓励幼儿按照自己的标准完成分类。教师在这种情境下,对幼儿发展水平进行的评价,是一种动态的、积极的评价,也就是形成性评价的表现之一。可以看出形成性评价能够使教师把握教育过程中的随机教育机会,灵活地、创造性地组织教育活动。

在单个活动中是这样,在一系列教育活动阶段也是如此。教师在教育活动中的态度、言行,对幼儿都具有评价的作用,幼儿在教育活动中的所有表现,亦是教师进行评价的材料,这些评价也能帮助教师更好地组织和指导教育活动。

(三)终结性评价

终结性评价是在完成某个阶段的教育活动之后进行的评价,其目的在于了解这一阶段的教育效果,对达成教育目标的程度进行总结和鉴定,主要发挥鉴别功能。比如幼儿园里某一阶段(如一学期)数学教育活动结束时,对幼儿发展进行的终结性评价。或者一个数学教育活动结束时,了解这次教育活动的效果,评价幼儿有没有理解并掌握相应的概念。终结性评价常针对幼儿的学习结果进行评价,同时也在一定程度上检测了教师教育活动的效果。终结性评价可以通过对幼儿的测查、调查来进行,也可以直接评价幼儿的作业或作品。

除此之外,评价的方法还包括整体评价和个别评价,质性评价与量化评价,这些方法各有优缺点。量化评价可以快速地记录观察项目,通过数据结果来说明教师和幼儿的表现。质性的观察方法主张尽可能翔实地描述教育活动的环境,观察师幼互动的过程,访谈、了解教师的教育观念以及他们对自己的教育行为的反思及解释,这样的资料更加细致、全面。比如对教师教育行为的评价,既可以采用量化的观察系统,也可以采用质性的观察方法。

学前儿童数学教育评价无论采用上述评价中的哪一种,都要依据幼儿的发展特点和评价目标进行。

另外需要强调的是,在使用这些方法的过程中,要注意对评价结果进行合理的解释,每一种评价结果都有一定的适用范围和有限的推广度,有的评价结果甚至只代表个案。所以,要对评价结果进行严格的限定,避免误解。比如,运用质性评价的方法,对某中班教师数学教育活动中的教学行为进行评价,发现:"这位教师组织的活动过于兴奋,教师的表扬次数频繁,表扬内容很笼统,没有指出幼儿的优点。"这个评价结果只能代表对这位教师的教育行为认定,不能推而广之认为,这所幼儿园的教师都可能有这样的问题,或者甚至下结论说,现在的很多教师都有这样的做法。这样处理评价结果就违背了质性评价方法的理论,没有对评价结果进行正确解释。

五、评价的发展

教育评价的根本宗旨是促进儿童、教师、课程三者的成长。《纲要》中指出:"教育评价是幼儿园教育工作的重要组成部分,是了解教育的适应性、有效性,调整和改进工作,促进每一个幼儿发展,提高教育质量的必要手段。"学前儿童数学教育的评价是以发展为导向的评价,评价着眼于促进每个幼儿的发展,促进教师的自我成长,进而促进课程本身的发展。

建构主义教育者认为幼儿在物理世界和社会互动中获得经验,并建构出自己的知识、智能以及道德。建构主义的教学鼓励、激发幼儿探索的兴趣,鼓励幼儿尝试,加强成人与幼儿之间以及幼儿与幼儿之间的合作。依照这样的理论基础,建构主义认为执行有意义的评价需遵循以下原则:第一,评价需融入教师的活动里。第二,运用多元资源搜集评价的例子。第三,保留时间对幼儿作系统的评价。第四,将评价看作长期发生的过程。第五,透过幼儿的一言一行检视他们的认知。第六,借助幼儿的行为与话语来检视课程。第七,同心协力共同完成评价工作。教师所做的最好的评价,应该系统呈现幼儿认知与求知过程,以及灵活运用不同学科知识的能力。[①] 学前儿童数学教育评价也是如此。

全美幼儿教育协会(简称 NAEYC)于 2005 年 4 月正式公布的《幼儿教育方案标准和认定指标》中规定了"儿童发展评价"标准,认为评价是课程的一部分。在评价中注意运用适宜的评价步骤;确定儿童的兴趣和需要;描述儿童的发展进步;评价要适应课程、个别化教学和课程发展;家庭要参与评价过程。可以说对儿童的评价已经不再简单地定义为权威评价、结果评价、测验评价,而是更多地开始平等对话、过程评价和情景性评价。

在学前儿童数学教育评价不断发展的过程中,其实也存在着不足。比如,各国对于学前

---

① [美]Rheta DeVries. 幼儿教育课程发展——理论与实务[M]. 薛晓华,等,译. 台北:学富文化事业有限公司,2002.

儿童数学教育中教师的教育行为和教育观念的研究,总体比较薄弱,这就为制定学前儿童数学教育评价标准带来难度。因为没有标准的评价只能是对事实的揭露,无法进一步评价现象的优劣,这些不足给我们的评价带来很多困扰。

学前儿童数学教育评价的标准的建设正在不断完善,讲求为科学、公正、如实反映被评价者的客观情况所进行的价值判断性评价,需要综合对评价主体、评价对象、内容和评价方法等进行一系列研究,从而使教育评价更合理、更规范。

第二节 学前儿童数学能力发展的评价

学前儿童数学能力评价是数学教育评价的重要部分,在评价学前儿童数学能力的过程中,管理人员和教师应该与家庭积极互动,系统地通过正式和非正式的评价方法,提供幼儿学习与发展的经验,这样的评价可以促进儿童和教学的发展。

一、学前儿童数学能力评价的内容

学前儿童数学能力的发展包括两个方面:第一,从小形成一个坚实的数学概念基础,强调形成解决实际问题的能力和数学推理能力的发展。[①] 第二,幼儿学习数学时的情感、态度、意志,表现为幼儿对数学感兴趣、在学习数学时体会到积极的情感、自信地参与数学活动、对数学方面的问题产生好奇,并存有怀疑的态度、专注地参与到活动中,并保持较好的活动持续性,能很好地接受活动的挑战等。由此可见,对幼儿数学发展的评价,既要评价幼儿的测算结果,还要评价幼儿的数学思维;既要评价幼儿的数学能力,又要评价幼儿的情感态度。此外,评价学前儿童数学能力的发展,不仅评价儿童早期正式的数学知识,还要评价非正式的数学知识。

学前儿童数学能力的评价内容比较丰富,有些方面独立于数学教育活动之外,有些方面又只能在具体的场景中才可能充分发挥出来。比如,幼儿的数学概念掌握情况,既可以单独对幼儿进行测评,也可以在活动中进行观察;而幼儿在活动中是否表现出自信,有没有很好的活动持续性,敢不敢接受挑战,就只能在具体的活动中进行评价。所以,评价要选取适当的场景。

二、学前儿童数学能力评价的方法

科学的评价方法可以帮助我们科学地确定评价目的、设计评价方案、实施评价方案、处理评价结果,这里我们主要介绍收集评价资料的方法,有量化评价、质性评价、正式的评价方

---

① 周欣.儿童数概念的早期发展[M].上海:华东师范大学出版社,2004:295.

法、非正式的评价方法,可以根据具体情况加以运用。

(一) 观察法

观察法就是在自然状态或实验室条件下,对评价对象的行为进行现场观察,并根据观察结果进行分析、作出评定的一种资料收集方法。这种方法在数学教育活动评价中的运用最为广泛,常用的观察的具体方法包括行为检核和事件详录。行为检核属量化的方法,事件详录属质性的方法。

1. 行为检核

行为检核方法就是在观察之前,依据评价的内容确定观察的目标,制成一份观察行为检核表,将要观察的行为列在表中。实际观察时,观察者只要对照行为检核表中的各个项目进行逐条检核,并在符合的项目上做记号即可。行为检核的观察方法对观察者的要求不高,实施起来比较方便,教师甚至可以同时对几名幼儿进行观察和记录。观察到的结果也以数量化的形式呈现,便于教师进行整理和比较。

下面的例子就是行为检核法(见表 8-1)的应用。

表 8-1 儿童概念活动观察列表[①]

儿童姓名_____   年龄_____   班级_____

概念活动(包括概念和活动两项)	观察记录	
	月　日	月　日
选择数学活动区		
选择科学活动区		
选择数学概念的书籍		
选择科学书籍		
选择沙和水		
自然数数		
对材料进行有逻辑的分类		
运用比较词(如,更大、更宽等)		
用积木进行搭建		
利用部分或全部的材料操作		
有证据表明,他(她)理解了规则和顺序		
在环境中,指出数的表征		
在问问题、探索环境、观察时,表现出好奇心		
使用概念词汇		

---

① 此表根据概念活动观察表(Concept Activity Observation Checklist)改编,参见 Rosalind Charlesworth. Experiences in math for young children (4th ed)[M]. Stamford: Thomson Learning, 2000: 42.

用行为检核法,对幼儿数概念以及幼儿参与数活动时表现的态度、情感进行观察。这个表格可以同时对几名幼儿进行观察,也可以长期跟踪一名幼儿的表现。在相应的项目上打钩。

在上面的例子中,教师可以直接在相应的项目上打钩,这样就可以直观了解幼儿的行为表现,为开展个别教育提供事实依据。

2. 事件详录

事件详录,就是详细记录某种特定行为或事件的完整过程,并作评价。事件详录有两种做法:第一,按照一些表格的项目,详细记录幼儿在项目中的表现,比如参照儿童概念活动观察列表(表 8-1)进行的事件详录。第二,没有现成的记录表格,既可以临时对事件进行速记,也可以有计划地进行观察记录。这种做法便于教师灵活地记载观察到的幼儿行为。事件详录方法所获取的资料,比起行为检核方法得到的资料,更加生动、具体,更能完整反映幼儿行为的面貌。

案例分享

数学活动观察记录片段

日期:3月14日

在活动开始10分钟内,洋洋积极举手,情绪状态好……10分钟后,他把手放在小桌子旁边玩,不过他还能完成老师的提问,有时默默说出答案,有时默默计算。又过了一会,他开始左摆右摆坐不住了……

日期:3月26日

今天洋洋一开始注意力集中,积极举手。被老师叫起来回答问题时,他的表现很放松、自信,回答也很正确。但是,下面的活动,他似乎心不在焉。不过,他对自己的情绪、做事控制力较好,依然在老师提问后,很快说出答案。操作也很早完成了……

这个观察是在平时的集体活动中记录的,所有关于洋洋的活动内容都一一记录了下来,经过一学期的观察和分析,汇总得到在自然的情境中有关洋洋表现的客观资料。教师在日常的生活或教育活动中,也可以这样做。在对资料进行有效的整理和恰当的解释和分析后,就可以对幼儿的发展(知、情、意)进行有效的评价。在对洋洋进行了一学期的观察后,对他在数学活动中的表现进行了总结,下面是报告的一部分内容。

> **案例分享**
>
> ### 洋洋数学活动观察分析报告
>
> **一、洋洋是课堂上的积极参与者、活动的主导者**
>
> 洋洋在课堂上是积极的参与者,他通常能保持良好的、放松的情绪状态,积极、自信,专心听讲,有较强的独立性,并运用策略来学习数学,比如默念、主动反复操作。他有很好的抗干扰能力,很明确地知道自己喜欢什么。他尤其很在乎自己的行为能不能引起老师的注意。他能够积极地回答老师的提问,甚至有时能意识到老师出题的顺序和动机。在课堂的小组活动中,洋洋表现出许多主导行为……
>
> 同伴和老师对他几乎全是积极正面的评价,课堂上举手后,被老师叫到的机会很多。即使没有举手,老师也叫他站起来试试。老师有时会把他的作品贴到墙上。他做出一个作品后经常有老师和同伴关心、询问,同伴还投来羡慕的目光……
>
> **二、消极表现**
>
> 很多时候,洋洋是否注意力集中,取决于老师的重视,在老师不重视的时候,便放弃努力,热情也逐渐降低。有时在课堂表现出坐不住,注意力不集中(难度水平低造成的),与他人的合作较少,排斥和拒绝小朋友……

这份报告是通过分析前面的观察记录而得到的,每一句评价都可以在观察记录中找到相应的证明。总之,观察法是教师比较容易操作的一种方法。但是,评价者运用事件详录的方法,会占用较多的时间、精力。尤其当教师作为评价者时,更是经常为此困扰,所以掌握熟练地观察和评价幼儿行为的技能,掌握整理和分析观察资料、有效运用观察资料的评价结果显得十分重要,只有观察评价准确,才能更好地调整下一步教学。

(二) 测查法

测查法,或称测试法,就是通过测试题目对幼儿的发展水平进行调查。它的优点是可以对大量的对象进行标准化的测试,能在较短的时间内获得海量的反馈信息,而且便于进行量化的统计分析。

测查法可以对幼儿的逻辑思维能力、空间想象能力、分析问题与解决问题的能力进行综合评价。测验法的关键是确定评价标准;核心是试题的编制;最后确定评价等级。我国有关幼儿园数学教育的评价标准仍在商议中,其中包含了幼儿大、中、小班幼儿数学能力发展水平的标准,在这些标准和指标没有制定出来的情况下,所有测查只能是评价者自己编制的测查表。这样导致对不同评价者之间的评价,无法直接进行类比。基于这些情况,我们只简单叙述现阶段的一些做法。在运用测查法时,需要做以下几方面的工作。

1. **测查准备**

(1) 编选测试题目。

评价者应根据评价的目的,拟定测试的内容和题目。题目的数量要适当,以不引起儿童的疲劳为界限。在拟定题目的同时,还要拟定相应的指导语,测试员的指导语要一致。测试的问题及指导语都要明确、简练、易懂。

幼儿掌握数学知识的测查比较容易获得,而对于幼儿数学能力的测查同样可以获得。所以在编制时,可以考虑加入能力试题,但需要注意知识的存储量和广度以及知识的迁移,使幼儿在解答能力试题时,就可以展示一个人的数学能力。比如因生活中的实际需要而解决的数学问题,就属于能力问题。以下也是考察幼儿数学能力的题目之一。

> **案例分享**
>
> **剪　纸**
>
> 把备好的 10 cm×10 cm 的白纸拿在手里,对被试说:<u>你仔细看我做,我叠一叠(沿中线对折),再叠一叠(沿另一条中线对折)</u>。然后把折叠角剪去。把剪去的角丢开,把记录纸放在被试面前,对他说:<u>这个四方形(指)就是我手里的这张纸,请你在上面把我剪去的地方画出来</u>。
>
> 时限:1分钟。
>
> 答案:画在中间,而且是斜方的,如图8-1所示。
>
> 成绩:画对即通过。

图 8-1 剪纸

在这个测试题中,有下划线的部分是指导语,其余都是主试的动作。所有施测人的指导语,都不能多于下划线的话,不能作过多的解释,这样才能保证测试公平。幼儿如果顺利完成这个测题,需要能很好地理解主试的语言,看懂主试的动作,需要空间想象力。如果幼儿有类似的操作经验,那么这道题目就相对容易了。

(2) 准备测试材料。

幼儿数学教育评价所用的测试题,需要为幼儿提供操作实物材料:纸、笔、实物、卡片等。准备哪些材料,是由学前儿童的思维特点决定的,这些材料也便于评价者在测试的同时,观察儿童操作的过程,进而了解其思维的过程。

(3) 设计记录表格。

记录表格一般用来记录儿童在操作过程中的行为表现或语言回答,是统计分析的原始材料。因此,在设计记录表格时,要对儿童可能出现的行为表现或回答加以归类,注意在测试表格中加备注一栏,这样可以把测试中的情况进行简单记录。

(4) 拟定评分标准。

拟定评分标准是为了做数据统计而设定的。对不同测试题目,拟定恰当的评分标准。有些题目的答案,只有对和错两种结果。比如加减运算题,可以分别赋值为 1 分、0 分。有的题目可以进行等级评定,那么就对不同的等级赋予不同的值。比如对计数能力可分为目测数群说出总数、手口一致点数说出总数、移动实物点数说出总数、手口一致点数说不出总数、不能手口一致点数五个等级,可以分别赋值为 5 分、4 分、3 分、2 分、1 分。

2. 测试过程

测试过程可以集体进行,也可以单独进行。集体进行的测试的优点是速度快,可以在短时间获得大量数据,但不容易看到每个幼儿的表现。在学前阶段,用得最多的是一对一进行的测试。

在单独测试时,需要将测试地点选择在幼儿熟悉的场所。这种形式的测试,特别适合全方位了解幼儿掌握数概念的情况。在一对一的交流中,评价者可以直接发现一些特殊的信息,评价者提出任务后,观察、记录儿童操作的过程、方法以及结果。幼儿的结果对错与否都没有关系。

> **案例分享**
>
> ——对应的测试[①]
>
> 主试要求 3 岁的凯特进行匹配活动,要求将 4 个碟子和 4 个杯子进行匹配。凯特很容易就完成了。接着主试要求凯特将 5 个杯子和 6 个碟子进行匹配,他说:"这儿有一些杯子和碟子,看看是不是能为每个杯子准备一个碟子。"凯特在每个碟子上放了一个杯子,结果多了一个碟子,她就把多余的一个,随便放到已经放过碟子的杯子下,也就是说这个杯子底下有 2 个碟子。凯特开心地笑了。

这是一个一一对应的测试,第一步凯特完成得很顺利。在第二步里,主试看出凯特在看到有一个碟子多出来时,表现出疑惑的表情,凯特想了一个解决办法,就是在一个杯子底下放 2 个碟子,她明白一一对应的规则,但是却没办法解决多一个碟子的问题,只有当主试看到了这个过程,才能知道凯特"一个杯子底下放两个碟子"这一举动的原因。所以单独测试,不但可以看到结果,还可以弄清来龙去脉。

---

① 引自 Rosalind Charlesworth. Experiences in math for young children (4th ed)[M]. Stamford: Thomson Learning, 2000:42.

(三) 临床法

临床法是皮亚杰独创的一种研究儿童思维发展的方法,皮亚杰发现在标准化测试中,很少能了解到幼儿是如何思考的。比如在测查法中,不能对不同的幼儿提不同的问题,当一个孩子没有听清问题时,不能再重复一遍问题,所有的测试题都一致,没有变化。临床法就可以避免测查法中的一些弱点,用此法能更好地测试幼儿的数学思维,并提供丰富的反馈信息。

临床法的目的就是了解幼儿的数学思维,运用这个方法需要很多技巧。设计的问题要灵活、易引起幼儿共鸣,是开放的问题。开始的问题通常是一般性的问题,比如:"你怎么做出来的?""你刚才和自己说了什么?""你怎么把这个解释给朋友听?"这样的问题可以鼓励幼儿继续地交流,避免限制幼儿的思维。随着幼儿回答的内容和态度变化,评价者决定继续问哪些问题、如何问,问题可灵活调整。评价者在使用时会发现,了解幼儿思维局限性的问题,通常是比较困难的,因为幼儿不可能像成人那样,清楚地表达自我。

临床法能够向我们提供很多丰富、生动而真实的儿童思维的情况。在评价中,评价者不急于教给幼儿什么,而首先应该是研究幼儿,特别是研究他们的错误,这可以使我们获得许多有价值的信息。另外,因为幼儿在平等和轻松的方式中谈话,没有任何顾虑,能真实地进行表达,所以这种质性的评价方法用得越来越多。

但临床法对评价者的素质要求是非常高的。它不仅要求评价者对评价的内容非常熟悉,还要求评价者本人具有较高的语言技巧和敏锐的洞察力,善于倾听对方和理解对方,善于引导对方,不用自己的观点影响对方。在使用临床法的时候,需注意以下几点:第一,评价者要观察幼儿的动作,倾听幼儿的语言。第二,事先准备好多样的问题,最好这些问题都能有具体的实物配合。第三,用不同问题检验同一个概念,最好形式多样。第四,提醒幼儿大声地说出自己是怎么想的。[①]

(四) 作业分析法

所谓作业分析法,就是通过对幼儿的作业进行分析,来了解幼儿的发展水平,或检测教学活动的效果。具体做法可以是设计"作品取样系统发展检核表"(见表 8-2),进行全面的评价,也可以针对教师的教学重点进行评价,以了解教学效果。

[①] Ginsburg H P, Klein A, Starkey P. The Development of Children's Mathematical Thinking: Connecting Research with Practice [M]// Damon W, Sigel I E, Renninger K A. Handbook of Child Psychology IV: Child Psychology in Practice. New York: Wiley, 1998:459—460.

表8-2 作品取样系统发展检核表(4岁)[①]

幼儿姓名_____　　　　　　　　年龄_____岁_____个月
幼儿性别_____　　　　　　　　填写日期_____

数学思考		发展水平		
(一)数学思考方式		开学	学期末	学年末
对数、对量感兴趣	尚未发展			
	发展中			
	熟练			
(二)规律与关系		开学	学期末	学年末
能认出简单的规律,并能复制	尚未发展			
	发展中			
	熟练			
能依据一或两种属性将物体分类	尚未发展			
	发展中			
	熟练			
能依据一种属性将物体依序排列	尚未发展			
	发展中			
	熟练			
(三)数概念与运算		开学	学期末	学年末
对算与数有兴趣	尚未发展			
	发展中			
	熟练			
(四)数与空间关系		开学	学期末	学年末
能辨认说出几种不同形状的名称	尚未发展			
	发展中			
	熟练			
了解并能使用几个位置词	尚未发展			
	发展中			
	熟练			

这样的"作品取样系统发展检核表"可以很方便地记录和了解幼儿学习的状况,使得作业分析法和教学活动的联系也非常紧密。作品分析法适用于教师对教学活动的评价,因为它是在教学后进行,所以教师有充分的时间分析幼儿的发展水平,并能够及时反映教学中存

[①] S J Meisels. Parson Early Learning[M]. London: Person Education, 2002:4—5.

在的问题,因此可以充分发挥评价的改进功能。

作业分析法也有其不足。它较多地反映了当前教学的影响,而不是幼儿稳定的发展水平。为了避免这个问题发生,可以在作业形式上有所变化,如分成熟悉的作业和不熟悉的作业、具体形象的作业和比较抽象的作业,因为在不同的作业任务中,幼儿的表现各有千秋。另外还要将作业评价和观察评价、测查评价等方法结合起来应用。

(五) 展示法

展示法就是让幼儿展示、交流其学习的过程和成果。展示法是在实际生活情境下进行的评价,它和教学情境紧密结合。

展示法和作业分析法最大的不同体现在评价主体上。展示法评价的主体是幼儿。作业分析的主体一般是教师。在展示法中,除了教师之外,每名幼儿(包括自己和同伴)都成了评价的主体。幼儿和成人在价值观和思维方式上有很大的不同,幼儿之间的展示和交流,很大程度上促进了幼儿的积极思考。原因在于幼儿之间的智力发展水平和思维模式相似,可以帮助他们在现有的发展水平上,更好地进行对话,以完善作品。比如,幼儿丰富的想象力,就可以在轻松的状态下,被最大程度地激发出来,无拘无束。

展示法可以真实、完整地记录幼儿的学习过程和成长历程;它使幼儿的学习过程暂时地暴露在自己和同伴面前,增加了同伴的交流,使学习形式多样化;它充分发挥了幼儿的主动性和积极性,促进幼儿在反思中学习。如幼儿停下来,总结和欣赏自己的作品,比较自己作品和他人作品的区别,形成了评价的激励作用。

案例分享

展示法示例

在中一班的教室里,分别有建构区、积木区、棋类区、读写区、折纸区、泥塑区等。每天早晨大家来园后,有大概半小时的自由活动时间,孩子们随意选择区角活动。在折纸区内每天都有几位小朋友在安静地折纸。折纸区有为幼儿准备的折纸书、纸、儿童剪刀,墙上贴有老师折的示范"小鸭",是老师按照步骤,一步步摆出来的。也就是说,幼儿通过看老师贴在墙上的折纸演示,就可以学会折纸。今天共有四位小朋友自愿来到折纸区,三位自主地完成了折纸,老师让他们在折纸的一边写好名字,然后贴在示范折纸的下方。第四位D小朋友在自由活动结束后,还没有完成,所以她将折到一半的作品,也写好名字,放在折纸区的抽屉里。在上午的半日活动里,先后有几个小朋友围着作品评论,他们有的小声窃窃私语,有的只看了一眼,就转身玩其他的游戏,其中也有D的身影,她还在惦记着自己的折纸,中间还拿出来看了看。第二天,又有新的小朋友在折纸区。经过一段时间,有很多小朋友的作品被摆在墙上,但是仍有很多幼儿没有折纸,所以,老师提醒到,所有没折纸的小朋友在今天下午的自由活动时间尝试做一做,并把作品贴到墙上。

在大家折好之后,老师组织了参观折纸的活动,每位幼儿都畅所欲言,有的说了自己折纸的过程;有的谈论自己得意的作品;有的直接指出A小朋友的作品有错误。可以看出,大部分小朋友都对自己的作品很满意,他们是作品的评价者、欣赏者,充分表达了他们对折纸的认识和感受。

在幼儿园,还有经常展示优秀作品的评价方法,展出的优秀作品很多时候是教师选出的。如果让幼儿参与评选的过程,那么就能很好地把教育评价和教育过程融为一体使得幼儿更加主动、积极地投入评价中。幼儿既是展示品的作者和展示的布置者,也是展示的参观者。幼儿在选择和布置展示作品时,他们会自发地将自己的作品和别人的进行比较与交流;当幼儿向别人介绍他们自己的作品时,他们必定会充满自豪感,同时也不可避免地要对自己的学习加以反思。可以说,展示法是能够让每一个幼儿都能积极、主动参与的评价方法,也是能够让每一个幼儿都能体验到成功的评价方法。

教师将幼儿数学学习的成果(作业或作品)收集、保存并展示出来,这样不仅便于教师进行作业分析,还可以让幼儿进行同伴交流。展示的作品忠实地记录了幼儿的进步,为我们了解幼儿发展的过程提供具体的材料。上面这位中班老师在讨论结束后,把这些折纸作品都分别放入了每个小朋友的作品夹。

案例分享

作品夹

一个学期过去了,每个人的作品夹里,都有孩子们平常的很多作品,他们都很珍惜。里面不仅有折纸,还有搭好的积木照片、完成的读写作业等,在部分作品旁,还有老师一些批注,比如:"D,她终于在第三天独立完成了折纸。"简短的评语亦表明了D的一些表现,她坚持不懈地完成了折纸活动,也表明老师注意到D的努力和成长。

(六)自我评价法

幼儿参与评价是评价主体多元化的最好的表现。它的价值在于,尊重了幼儿的话语权,了解幼儿的感受,提醒幼儿进行学习的自我监控。幼儿自我评价应是在更大范围内进行评价,不仅仅是对自己作品的评价。

幼儿的自我评价,可以帮助幼儿更自主地学习,反思活动中自己的表现。教师可以用语言提示,比如:"你这样算,对吗?""你认为这是最好的方法吗?""你觉得今天你在活动中的表现怎么样?"儿童在反问自己的过程中,也在不断学习。因为儿童在自评的过程中,不自觉地要和同伴比较,有时也会积极和同伴探讨问题,和教师与家长商量结果,这些对幼儿形成积极的求学态度和良好的行为习惯无疑是有帮助的。

幼儿的自我评价还可以培养幼儿的任务意识。小班的幼儿开始时是没有任务意识的,很多幼儿操作到一半就走开了,忘记了自己进行的操作任务。那么,教师可以提醒说:"你觉得自己的作品好吗?"通过自我评价,幼儿会意识到自己比别人慢了,中途不做的话,作品就不会完整。这种做法的对与不对,不是教师直接告诉孩子的,而是幼儿通过自我反省意识到的。反省意识得到的想法,最容易坚持和贯彻下去。这个过程经过一定的反复后,幼儿渐渐地就形成了任务意识。

(七)建立档案袋

档案袋是一种综合性的评价方法,它包括对幼儿在较长时间内的发展进行观察与记录、收集并分析幼儿的作品,经过整理后进行评价,以反映幼儿在一段时期内的学习过程和成长轨迹。

前面我们介绍的学前儿童的数学能力进行评价方法的结果和关键素材,都可以作为档案袋中的备选的内容,比如作品、作业评价、访谈的结果、测查结果和家长沟通的资料等。但是,不是所有的材料都需要放进去,事先要对这些材料进行具体分析,选择能反映幼儿的成长轨迹、幼儿优缺点、幼儿发展潜力的内容。这样的档案袋才最有助于全面评价幼儿的数学相关概念基础、解决实际问题的能力和数学推理能力的发展,以及幼儿学习数学时的情感、态度、意志。

以上具体介绍了各种通过收集资料评价儿童数学能力发展的方法。对学前儿童的数学能力进行评价,应注意以下几点:一是要考虑评价目标,根据评价的目标选择评价方法;二是要考虑到幼儿学习的特点和数学学科的特点;三是所有的评价应该以了解和促进幼儿发展为根本宗旨;四是不同的评价方法相互补充、相互印证。总之科学、有效地促进幼儿数学能力发展的评价方法,才是恰当的评价方法。

第三节 学前儿童数学教育活动的评价

学前儿童数学教育活动评价的根本目的是建立促进教师自主发展的评价体系。评价可以及时了解教学效果,帮助教师改进教学,每次的评价都将是下一阶段教学的基础。本节主要介绍学前儿童数学教育活动评价的内容和方法。

一、学前儿童数学教育活动评价的内容

学前儿童数学教育活动评价包括评价活动目标、活动内容、活动方法、活动过程、活动环境、活动中的师幼互动关系、儿童相应能力发展状况评价等。这些方面都是围绕教师的教育行为进行评价,教师的教育行为包括创设教育环境和设计组织教育教学活动(即活动目标、活动内容、活动方法、活动过程以及师幼互动)等。

(一)对数学教育活动环境的评价

学前儿童数学教育活动环境主要从幼儿参与活动的需要出发,具体包括心理环境和物质环境。两者缺一不可,是活动组织的基础和保证。心理环境指教师提供的心理活动环境是不是宽松的、和谐的、安全的和自由的,幼儿是否在这里可以放松地表达和倾诉,不压抑、不紧张。物理环境指教师在时间上和空间上保证幼儿自主开展活动;创设对幼儿有激发性的环境,使环境成为课程的组成部分;在活动过程中,教师是否提供了适宜的活动材料,注重材料的丰富性和功能性,有助于幼儿自由选择、探索、发现。

表8-3是用于评价幼儿园教师在数学活动中使用教材教具的情况。

表8-3 学前儿童数学活动中玩教具使用情况

班级:大一班　　　　　　　　　　班级人数:35
活动时间:早7:50—8:20　　　　　活动主题:自由活动

名称	数量 套或只	幼儿人数	幼儿参与程度			备注
			积极	一般	消极	
积木	6	5	2	2	1	
雪花片	若干	3	2	1		
……						

这一评价表可以相对轻松地记录幼儿使用材料的情况,也可以从侧面反映教师提供的材料能不能引起大多数幼儿的主动参与。

(二)对数学教育活动目标的评价

活动目标应该与学期目标、幼儿的年龄特点以及儿童发展的总目标一致。每一个目标的积累逐渐成为一个螺旋上升的目标体系。

活动目标应符合本班幼儿的发展水平和已有经验,并兼顾不同发展水平幼儿的个体需要。因为,虽然同一个年龄段幼儿的思维发展水平大体相似,但是就数学能力发展而言,发

展的差异就很大。比如同是小班的幼儿,有的只会唱数 1 到 10,有的已经能唱数 1 到 20,对数的含义的理解也大不相同,所使用的数数策略也不同。这样大的差异,使得教师教学必然要考虑幼儿的不同发展水平和幼儿的个体需要。我国学者方格等人的研究也证明了这一点,他们对 4—6 岁幼儿进行了基数、序数、数计算和简单应用题的测试,从对解题策略的分析看出,幼儿解题水平差异不仅表现在不同年龄组间,也表现在同一年龄组内。大多数的数概念发展的研究都表明了数学学习中存在较大个体差异,而且表现在各个方面。

活动目标的构成应该包括情感态度、科学的思维方式和方法以及知识经验。情感态度指幼儿在学习数学时,是否体会到积极的情感,幼儿是否自信地参与数学活动,是否对数学方面的问题产生好奇,并抱有怀疑的态度;科学的思维方式和方法指对探索解决问题策略的感性认识,比如探索过程中的预测、推理、解释、描述和交流;知识经验指对基本数学概念的掌握,以及使用这些数学概念解决实际问题,进行数学推理。值得注意的是,活动目标同时要有利于幼儿的终身学习和发展,即在确定目标的时候,不能把知识本身作为最重要的目标完成,因为态度、情感、意志力对培养幼儿的数学思维和兴趣有很大的促进作用。

比如下例中的数学活动,请分析活动目标的特点,以及优缺点。

 集体活动

大小排序(中班)

活动目标

能对 5 个以内的物体按大小排序,初步理解物体在序列中的位置及双重意义。

活动过程

一、通过操作活动让幼儿积累感性经验

玩各种形状的套杯;给大小差别明显的物体排序;给大小差别细微的物体排序;排几何图形。

二、通过讨论活动,帮助幼儿理解序列中物体之间的关系

1. 出示大小不同的动物卡片让幼儿排序。(三张动物卡片)

提问:为什么××排在最前面,××排在最后,××排在中间?

讨论:(指中间一只动物)它为什么排在中间?(让幼儿初步理解物体在序列中的双重意义,即相比较前一动物,它是小的;相比较后一动物,它又是大的了)

> 2. 出示2张动物卡片,要求幼儿把它们排进刚才的序列中,并讨论是否排得正确。
> 3. 出示5张娃娃卡片,让幼儿思考怎样可以排得又快又对。
>
> **三、通过复习活动为幼儿提供运用系列化观念的机会**
>
> 找错,让幼儿找出排错的物体并纠正;给5个以上的物体排序。

目标主要写明了知识层面的目标:5个以内的物体按大小排序,理解物体在序列中的位置及双重意义。目标总体清楚明了,但是在目标里看不出教师考虑到了不同发展水平和经验的幼儿表现,如果有的幼儿对5以内的排序,以及物体在序列中的位置和双重意义已经理解,那么他参加这个活动很可能比较轻松,完成速度快,在讨论时有想法,也可以帮助别的小朋友完成。可是,这个活动对他们来说,知识的最近发展区表现在哪里呢?显然教师并没有考虑到。目标可改为:能对5个以内的物体按大小排序,理解物体在序列中的位置及双重意义,可根据幼儿能力不同,适当增加或减少排序个数,来增加或降低排序的难度。其实还有其他增加和降低排序难度的方法,教师可以根据幼儿的发展情况和已有经验进行个性化的调整。

活动目标比较单一,不仅只有知识层面的目标,还应该包括思维方法和情感态度的目标,可以作如下的补充:明确给不同物体排序的方法;目测和使用工具测量;遇到困难,独立寻找解决策略、培养独立动手动脑的好习惯;积极地参与讨论,清楚地表达自己的数学思维。

补充目标考虑到了幼儿的思维方法,目测是大部分幼儿使用的比较排序策略,只有部分幼儿会主动提出运用工具测量,所以教师提供了"给大小差别细微的物体排序"的机会,让幼儿尝试使用工具测量。还可以使用其他的办法,促使幼儿使用工具测量。比如,给教室里尺寸不同的事物(最好是分布在教室不同地方的三张桌子、四件衣服)进行排序,但不能搬动这些事物,最后向全班报告排序的方法和过程。幼儿如果想完成教师的要求,就需要运用测量的方法。这是因为目测的方法很有局限性,对于比较差距较小的两个事物容易出现差错,那么,选用工具测量的方法就会较准确,测量工具可以是尺、绳子,也可以是身体的一部分,比如手臂等。

这样的活动目标,基本符合幼儿的发展水平和已有经验,在活动内容和方法上,基本兼顾了不同发展水平幼儿的个体需要。在经过微调的目标结构上,不仅包括知识层面的目标,还包括了思维方法和情感态度的目标。

(三)对数学教育活动内容的评价

活动内容应该与活动目标相一致。相对灵活的,可以探究的活动内容让幼儿有更多直接参与的机会,他们才有可能亲身参与、积极探索尝试。比如,为幼儿提供三角形、正方形、长方形,让幼儿寻找这些图形之间的联系。因为这是一个需要不断比较、操作的过程,所以幼儿的兴趣相对较高。

活动内容应适合幼儿的最近发展区。比如有的幼儿没有上过小班,因为年龄等原因直接插班到中班,所以不能跟上中班的活动进度。对于他的教育目标内容,教师需要单独制定一个计划,从小班的内容一步步补起,才能使教学始终处在他的最近发展区内。

活动内容应和幼儿的生活联系,要从幼儿的生活中选择教育内容。其实,儿童已经很早从生活中体会到了很多数学的概念,比如,吃饭时用的筷子,妈妈常常会让幼儿帮助拿筷子,并让幼儿帮助摆碗筷,这其实就让幼儿了解了一一对应的概念。又如他已经懂得,姐姐8岁了,我4岁了,所以我叫她姐姐。我5岁了,小弟弟才2岁,我要让着小弟弟。教师要及时挖掘这些非正式数学概念,让幼儿更好地把非正式的数学整合进每天的教学活动中。

下文结合一个数学的教案,分析教师在活动前对于教育内容该做哪些准备工作。

集体活动

数　　数

活动目标

1. 能目测5以内数的数群,并会接着往下数。
2. 会用各种方法数排列不规则的物体。
3. 发展思维的灵活性。

活动准备

数字卡,画有不同数目的物体的卡片。

活动过程

一、通过操作活动让幼儿积累数不规则排列物体的经验

1. 图数对应。让幼儿数出卡片上物体的数目,然后放上相应的数字卡。
2. 按数归类。让幼儿把物体数目相同的卡片放在一起。

二、通过讨论活动,帮助幼儿归纳数不规则物体的基本方法

1. 幼儿数出卡片上物体的数目,然后贴在相应的数字卡下面。
2. 分析讨论不同的方法与物体排列之间的关系。
3. 竞赛,训练数数的速度,促使幼儿比较选用更好的方法。出示物体卡片,比谁数得快,胜者向大家介绍数数的方法。

三、通过练习使幼儿加深对各种数数方法的理解

1. 把可以用相同数法的卡片归在一起。
2. 用印章或动物贴纸出数数的题目,让同伴练习。

在这个活动中，活动内容基本与活动目标相一致，三个过程分别是为了配合三点目标进行的。活动内容体现了让幼儿直接参与积极探索尝试的精神。选择的内容相对灵活，可以供幼儿探究。活动内容是幼儿在生活中熟悉的东西，比如各种卡片、印章、贴纸。活动的方法较适应幼儿的年龄特点，直观、形象、借助具体的物体。从教案看，准备比较充分，但是教案准备仍有不足，比如过程一是为了配合目标1进行，但是在过程的表述上，没有清楚地看出来；教师事先没有对不同水平的幼儿的表现，准备好补救措施，比如在活动中，有的幼儿始终不会目测5以内数的数群，该怎么办？有的幼儿发展水平更高，很快做完了，怎么办？

（四）对数学教育活动方法的评价

首先，活动的方法应该适应幼儿的年龄特点，方法应直观、形象、生动，多借助具体的物体。比如，用游戏的形式组织数学教育活动。超市的活动就可以让幼儿有机会计算商品数量和钱，并养成勤记录的习惯。教师也可以带领幼儿，参加正式的购买活动，如到菜场买菜、到超市购物、到食品店买甜品。这些真实的活动，对幼儿有更强的吸引力。总之，数学活动不只是在教室里，它可以在户外进行，可以安静地操作，也可以结合游戏活动进行，活动形式多种多样。数学教育活动是否能促进儿童主动建构评价内容，是评价的一个重要内容。数学活动绝不仅仅是"告诉"幼儿知识，或者简单地让幼儿重复知识，这需要教师结合实物、情境和儿童的经验进行教育互动。教师要观察了解儿童已有水平，运用提问、反问、质疑、小组讨论等方式，促进儿童思维和解决问题的能力，促进儿童间互动，以鼓励为主，根据儿童的个性、水平做出不同的反馈。

其次，活动方法要因地制宜，密切联系生活。比如在乡镇幼儿园，有很好的户外游戏场所，能在大自然中自由地活动。教师就可以利用好这个得天独厚的环境，多让幼儿在户外的运动中整合进数学的内容。活动的材料也可以就地取材，比如数门前有几棵树，家里有几只兔子，石头、木棒甚至玉米都可以作为活动材料，幼儿对这些材料非常熟悉，能很快参与活动，也可达到数学活动的效果。

再次，活动要体现幼儿的主体性。幼儿是活动的主体，在活动中应该充分调动幼儿活动的积极性、主动性并有机会操作，为幼儿提供相互讨论的机会。最好的教学是让幼儿动手操作，因为幼儿在操作的时候，获得了探索的机会。此外，幼儿的认知结构并不是通过教师直接建立的，还必须依赖幼儿和环境之间的相互作用，他们在动作基础上建构起来的数学知识，才符合其年龄特点。以小班幼儿的表现为例，有的幼儿已经可以唱数1到20，但是让他们进行手口一致点数，很多幼儿在10左右的数字就开始胡乱地点，而没有像刚开始时，进行手口一致的点数。这种情况，随着幼儿操作次数的增加，开始有所改变。

（五）对数学教育活动过程的评价

第一，活动过程的结构应该严密、有逻辑性。活动之间的过渡和衔接要自然，减少幼儿无聊的等待,也要避免生硬的罗列,整个过程要流畅、层次清楚。教师在不同的活动环节灵活地发挥着不同的作用,有时观察多一点,有时提问多一点,有时要鼓励幼儿自己动脑,有时提供必要的帮助。

第二,活动过程要尽可能充分地利用好活动环境,给幼儿以足够的时间和空间、环境和材料进行互动,让幼儿在感性经验积累的基础上获得相应的数概念;组织形式应体现丰富和多样性,比如可根据活动内容的不同分别采用集体、小组、个别等的组织形式或相结合的形式等。

第三,在活动过程中,应充分体现教师与幼儿之间的互动,教师充分尊重和接纳幼儿的个体差异(如活动水平、方法、适应性、节奏、强度和心理阈限)。教师要了解幼儿的兴趣点和发展优势,给幼儿自由讨论的时间。教师和幼儿之间的交往应该和谐融洽,找到可以有效促进幼儿数学能力的发展的方式。

通过以上介绍,我们可以知道需要针对学前儿童数学教育活动的哪些方面进行评价,设计组织教育活动,主要看教师目标的设定是否建立在对幼儿的实际需要和现有发展水平了解的基础上;教育的内容选择是否切实可行,适合学前教育机构所在地的文化背景以及幼儿的发展需要;教育教学过程的设计,能否引发幼儿生动活泼、积极主动的活动,促进幼儿自主探索与思考;在教育过程中是否关注、尊重来自幼儿的信息,并能作出相应的反馈;教育活动是否既符合大多数幼儿的发展水平和需要,又顾及幼儿的个体差异,使每个幼儿都有进步和成功的经验。

二、学前儿童数学教育活动评价的方法

(一) 教师的自我评价

《纲要》中提到,评价的过程是教师运用专业知识审视教育实践,发现、分析、研究、解决问题的过程,也是其自身成长的重要途径。在国家二期课改中,十分强调"反思型"的教师,这一类型的教师在组织活动的过程中时时都在了解幼儿的发展水平,随时反思此次活动是太复杂还是太简单,整个活动有没有促进幼儿最近发展区的发展等。问题提出来后,有多少幼儿反馈,幼儿的操作有没有得到启发,教师对活动的总结有没有考虑到幼儿今天探索的新结论或新疑问。教师在活动的整个过程中需随机应变,不断地依照幼儿的表现调整、变化教学策略及教学内容。

教师无论变还是不变,都离不开教师对活动、对幼儿、对自己的评价。一次活动结束后或者一个教学阶段结束后,教师对活动的评价成为下一阶段活动的基础,教师的评价始终处在关键位置。

当前的数学教育活动改革,十分强调教师对自己的教育思想、教育态度、教育行为以及

教育效果的分析与反思。教师通过设计自评卡或反思笔记的方式,对自己的教育理念、教育行为、教育态度等进行理性分析,并贯穿于整个教育过程之中。教师的自我评价与他人评价(如管理者、其他教师、专家、家长)一起,共同促进教师的成长。

教师的自我评价还可以和他人评价结合起来,这样可以更全面地对活动进行评价。比如,有位教师说:"我的课堂能调动幼儿的积极性和主动性,幼儿情绪平稳、放松,这样的上课方式比单纯有热闹效果好得多。"

如何来确定这个评价是客观的呢?在观察其活动的过程中可以发现,在整个活动中,幼儿的情绪普遍比较稳定,没有特别兴奋的时刻,幼儿普遍收放自如,没有出现幼儿大声地喊叫和兴奋得手舞足蹈的时刻。取而代之的是幼儿会心的一笑或者是豁然开朗时的点头。可以看出教师用心良苦,她促使幼儿喜欢数学知识本身,而不是喜欢热闹的上课形式。这种做法有一定的道理,因为中班幼儿已开始奠定理智感的情感基础,"理智感表现在幼儿旺盛的求知欲、对周围环境的浓厚兴趣和获得满足时的愉快形式上"。这种放松的情绪,要远比神经高度紧张、焦虑或者兴奋好得多,它更有利于幼儿的独立思考。通过将教师的自我评价和旁人收集的信息进行比较,发现评价一致。那么,可以断定这个评价是客观的,而客观的评价是认识活动组织情况的第一步。

教师的自我评价为我们提供了初步的线索,而他人评价(管理者、其他教师、家长等)采用的观察活动的方法,也可以很好地促进教师的客观认识,从而更好地为教学服务。

(二)观察法

观察法就是在自然状态或实验室条件下,对评价对象的行为进行现场观察,并根据观察结果进行分析、作出评定的一种资料收集方法。这种方法在数学教育活动评价中较常用,既适用于幼儿发展水平的评价,也可以用于对教育活动的评价。观察法可以采用质性观察法,也可以采用量化观察法。

1. 质性观察法

质性观察法强调详细记录观察资料,其实作为质性观察法的评价方法,与质的研究中的一些方法相似。陈向明认为,质性观察可以分为参与型观察和非参与型观察两种形式。参与型观察要求观察者与被观察者密切接触,直接体验、倾听、观察他们的言行。这种观察比较自然,观察者能得到对被观察者具体的感性认识,还可以深入到被观察者的文化内部,对他们的行为进行有意义的解释。非参与型观察强调观察者在活动之外,在条件允许的情况下,运用多种方式记录,比如使用录音笔和摄像机。这种观察可以较客观地进行,容易操作。同时,就如何做一个详细的观察计划、如何设计观察提纲,提出具体建议。观察计划具体包括:(1)观察的对象、内容、方法。如我想观察什么?我为什么要观察这些内容?通过观察这些,我能获得什么结论或原因?(2)观察的地点。如我在什么地方观察?观察地方有什么特点?我观察的位置在哪里?(3)观察的时间、时间长度、次数。(4)观察时间的确定要保证数据的信度、方式、手段。如我打算怎么观察,隐蔽式还是公开式,观察要借助录音笔和摄像机吗?使用这些工具会影响被观察者的表现吗?(5)观察的效度和伦理问题。如观察的内容如何保证真实有效?如何能获得准确的观察资料?观察会不会影响被观察者的生活?

观察提纲具体包含:观察谁?他(她)在做什么?发生的时间(开始和结束的时间,频率如何)?事件发生的具体地点,如何进展?事件的原因是什么?质性观察法可以根据需要,选择性地记录和观察与目标相关的内容,比如观察教师对待幼儿提问的回答模式,那么就需要记录所有教师和幼儿的对话。然后从观察记录中,选择不同的回答模式,分别列出来,这样就可以初步了解教师对幼儿提问的回答模式。

在实际操作中,评价者可以根据需要选择性地记录,也可以采用全部记下观察内容的方法。全面记录的方法,如实反映了活动过程,包含的信息量最大。比如,评价教师在数学教育活动中的教育行为,那么就可以采用这样的方式,如表8-4是设计的观察表格,记录要求全面、客观。

表8-4 教师行为观察记录表

教师姓名: 园名: 观察日期: 观察内容:数学课 区角活动

观察时间	观察客观记录	分析
0—5分(8:10—8:15)	注:要注明每次片段时间长度	
5—10分(8:15—8:20)		
……		

做质性评价最关键的部分是如何处理观察材料,面对很多观察资料,教师要进行编码登录,逐步抽出围绕问题的关键词语和本土概念,然后汇编,形成被观察者的事实网络。这样就完成了一次简单的观察资料分析。

2. 量化观察法

量化观察法使观察的材料更加容易做统计分析,相应的数据可以直观地说明教师活动组织的过程。比如为了研究师幼互动,学者们发展了许多量化观察系统,适合幼儿教育的观察系统主要为弗兰德尔互动分析系统(Flanders Interaction Analysis System,简称FIAS)。FIAS是最早尝试用来观察师生互动的系统化教学观察方法,但其最大的限制是只能分析师生间语言互动的部分,而不包括其行为,如非语言的沟通、事件本身的背景因素等。同时困难的是,FIAS的测评人员必须是有经验的教学专业人士。表8-5就是由FIAS改变而成的,它可以用来评价数学教育活动中的师幼互动。

表 8-5 学前数学教育活动中师幼互动的评价

园所：	班级：	教师：	时间段：	日期：
教师及幼儿的言语表现			次数	
教师的谈话		1. 接受情感 2. 夸奖或鼓励 3. 接受或运用学生的想法 4. 发问 5. 讲解 6. 指令 7. 批评或辩护权威		
幼儿的谈话		8. 学生反应性言语 9. 学生主动性言语		
安静		10. 安静或混乱		

使用这个评价表的过程，可以直接在表上打钩，当听到教师夸奖某幼儿时，就在"夸奖或鼓励"旁边计数一次；除了现场记录外，还可以先录下活动的经过，然后依次对照表格记录数据。比较起来后者准确性更高，但是成本也相对更高。依据对数据的分析，可以初步总结出教师和幼儿的谈话言语特点。

(三) 问卷法

问卷法由评价者向调查对象提供书面形式材料，填写后，再供评价者进行分析的一种评价方法。问卷比起其他方法，缺少面对面的沟通，获得的信息比较浅。但这种方法简便易行，能在较短时间内获得大量的反馈信息，便于统计分析。比如调查幼儿园教师对数学教育活动的想法和做法，可以采用问卷法。

> **案例分享**
>
> 调查问卷示例[①]
>
> 1. 你是否有幼儿发展的总目标？
>   ① 没有。　　　　② 有自定的。　　　　③ 有参考省和国家级标准制定的。
> 2. 你对幼儿进行认知和数学教育时，注重的是什么？
>   ① 用讲授的方式教给幼儿知识。
>   ② 先给幼儿讲明白。
>   ③ 让幼儿通过自己的探究获得知识经验。

---

① 教育部基础教育司.《幼儿园教育指导纲要(试行)》解读[M].南京：江苏教育出版社，2002：278.

3. 你制定教育活动目标的顺序是什么?
   ① 先选教材,看看教材能实现什么目标。
   ② 按教育计划中的目标确定每日活动目标。
   ③ 考虑幼儿兴趣与教育目标的结合。
4. 你在选择教育内容和教育材料时依据什么?
   ① 教材顺序。　　② 目标。　　③ 目标和幼儿的兴趣发展水平。
5. 当你在维持班级常规或秩序时,你想到的是什么?
   ① 今天幼儿不配合,和你过不去。
   ② 目标和内容太难或太容易,幼儿没办法学。
   ③ 你预想的内容不能引起幼儿的兴趣。
6. 回忆本周你所进行的教育活动,有几次活动是灵活调整在幼儿的兴趣点上生成的?
   ① 没有。　　② 有一次。　　③ 有两次以上。
7. 你在投放材料时,考虑过各区域材料之间或单个材料之间的连续性和层次性吗?
   ① 没有考虑。　　② 有过考虑。　　③ 经常考虑。
8. 你在组织幼儿活动时,是否利用了周围自然环境和社区、社会教育资源?
   ① 很少利用。　　② 利用一些场所。　　③ 尽可能充分利用各种场所。
9. 你能根据幼儿的兴趣和需要增加或变换活动材料吗?
   ① 基本没有。　　② 偶尔。　　③ 经常。
10. 你在与幼儿说话时采用什么方式?
    ① 总是严肃、站着。
    ② 温和、亲切,但没有考虑到身体与幼儿同高度(蹲下或弯下腰来)。
    ③ 温和、亲切,并设法与幼儿身体同高度。

在编制问卷时,应注意问卷的基本结构、问题以及答案设计。

问卷的基本结构是:标题、介绍词、填表说明、调查项目、结语等五个部分。标题是调查的主题。介绍词主要介绍调查单位和调查者的身份,简要说明调查的内容和目的;说明调查对象的选取方式和对调查结果的保密措施。填表说明是对填表的方法、要求、注意事项,语言要简明易懂。调查项目主要是调查对象的基本情况、行为情况、态度情况。结语是简短地对调查对象的真挚合作表示感谢。

问题和答案设计是问卷的主体,一般来说,问题的形式有开放式问题、封闭式问题、半开放式问题。问题设计需围绕调查项目进行,具体明确,避免复合性的问题和敏感性的问题。

在问题表述上,考虑调查对象的知识背景,问题也不要有任何暗示性和倾向性。答案设计的要求要符合实际情况,具有穷尽性和互斥性,答案只能按一个标准分类。问题设计好后,在呈现时注意以下几点:(1)题目的排列顺序要从简单到复杂,以自然的、有逻辑的顺序,或者谈话的方式呈现。(2)题目与答案要集中、靠近,避免漏答。(3)指示语放在明显的位置。(4)同类性质的问题可以排在一起,便于调查对象思考。(5)可以相互检验的问题必须隔开,否则起不到互相检验的作用。[①]

(四)访谈法

访谈法是通过访谈了解教师对教育活动的认识,进行评价的一种方法。访谈法属于质的研究方法。与观察相比,访谈可以了解受访者的所思所想和情绪反应、行为隐含的意义。访谈法与问卷调查相比,具有更大的灵活性,访谈人可以及时地追问不清楚的地方。访谈法可以单独使用,也可以作为观察法和问卷法的补充。因为根据观察获取的有关资料,深入了解当事人的想法,可以使资料更加充实和完整;同理,访谈法也可以为问卷调查提供更进一步的资料。在使用访谈法进行评价的时候,陈向明在质的研究中所使用的访谈法,值得我们借鉴。访谈的步骤包括设计访谈提纲、访谈的过程、整理访谈资料并作出评价。

1. 设计访谈提纲

访谈提纲是粗线条的。谈话过程中,可以不断调整访谈提纲,使谈话不脱离主题,又能得到受访者真实的心声和想法。提纲就是列出认为应该了解的主要问题和应该覆盖的内容,问题大致分为开放型和封闭型的问题。开放型的问题指的是在语句上具有开放的结构、在内容上没有固定的答案、允许受访者有多种回答的问题。这类问题通常以"什么""如何""为什么"的词语为语句的主要提问方式。而封闭型的问题指那些在语句结构上,对回答的方式和内容均有严格限制、回答只有"是"或"否"的回答。比如,你见过幼儿拒绝学习数学的情况吗?提问的问题尽量少用抽象型的问题,而应该根据实际情况,多结合具体事件提问。

访谈提纲应该明白易懂、简要具体、容易操作。访谈提纲可以根据需要,随时进行修改,以获取更多真实的情况。

案例分享

访谈提纲:教师如何看待数学活动中的师幼互动

一、教师和幼儿的基本情况

1. 简单介绍从教的经历。

[①] 张俊.幼儿园科学教育[M].北京:人民教育出版社,2004:325.

2. 简单介绍班里幼儿以及家长的情况。

二、教师对儿童学习数学的看法,从幼儿角度谈与教师的互动

1. 幼儿喜欢学数学吗? 有什么具体表现?
2. 喜欢的原因。不喜欢的表现。
3. 数学水平的差异。

幼儿在数学活动的表现有没有差别? 具体什么差别? 数学水平较好的幼儿在活动中有什么表现? 这些幼儿为什么发展得要好些? 平时他们和教师交流得多不多? 有什么特点? 相对能力不太强的幼儿,有什么表现及其原因?

4. 对于幼儿的不同能力表现,通常有什么办法?
5. 举个令人印象深刻的例子。

三、师幼互动

1. 采取什么方法来进行数学活动?
2. 数学活动有哪些活动类型? 教师通常在活动中做什么?
3. 什么时候用表扬? 表扬的具体方式。幼儿有什么表现?
4. 通常用什么方法和幼儿交流?

语言和非语言的交流方式,请举例具体说明。主要是你找幼儿交流吗? 交流什么呢? 在什么情况下你和他们交流? 幼儿在什么情况下找你? 交流什么?

5. 区角的个别指导

在区角和幼儿交流的时间多不多? 时间怎么保证呢? 幼儿自己不去怎么办? 个别指导怎样进行? 对不同水平的幼儿怎么指导呢?

6. 纪律

你认为的规范是什么? 为什么纪律重要? 你怎么让幼儿遵守规范(纪律)?

2. 访谈的过程

访谈的过程,必须要打消受访者被动的谈话地位,营造和谐、平等的谈话氛围。谈话法很注重访谈人对受访者的人性关怀,所以融洽的关系是访谈成功的重要前提。如每次访谈的时间和地点,都由受访者本人确定,这样对方能感觉到轻松、自在,有利于访谈的进行,为双方的交流创造一个宽松、安全的环境。

访谈中的提问一开始可以按照提纲进行,问题简单具体,每次只问一个问题。问题要清晰,不要含糊不清,比如:评价者想了解教师上班把精力重点放在哪里,那么他这样提问就比较笼统:"你上班一般做什么?"受访者一般不好回答。上班做的事情每个阶段有不同的重点,每天做的事情也不太一样,得到的答案也很笼统,不利于评价者弄清受访者究竟做了什么事情。这样的提问较含糊,如果把问题换成:"你昨天从早晨上班到下班做了什么事情?能给我介绍一下吗?""昨天,你有多少时间在幼儿身边?""今天上班的安排有什么不同?"这样的提问,可以帮助评价者了解一些细节,受访者也有话可说。

倾听是访谈中的一个重要步骤,评价者要做一个积极的听众,要听懂对方表达的意思,及时捕捉言外之意。比如,一位教师讲:"我现在下班很累,比以前累。"那么教师在为我们提供一个重要的信息,累是现在的工作状态,累是有原因的。所以评价者要及时追问下去:"什么事这么累?""累从什么时候开始的?""累可能会带来什么结果?"这样的听才是积极的听。评价者听的时候还要通过自己的目光、神情和倾听的姿态向对方表明:我对你的话很重视,也很尊重你。听的时候不要轻易打断对方,容忍对方的沉默,给对方思考的时间。

评价者的回应一定是客观的重复、重组和总结,避免对对方的话进行论说、评价。因为这样容易显示评价者的价值取向,从而影响受访者的思维和语言。访谈记录可以采用速记和利用录音工具(录音笔和摄像机)的方式,访谈时间不宜太长,访谈以轻松的方式结束。

总之,使用访谈法,应该注意以下几个问题:[①]

第一,使受访者尽快熟悉访谈人,争取他的信任。

第二,如果受访者一时出现情绪低落、心情烦恼时,访谈人必须将谈话的节奏缓和下来,以此调节气氛。

第三,受访对象有各种性格,遇到内向的人,要耐心启发、引出话题;遇到健谈者,应耐心听完对方的谈话,切不可中间打断或表现急躁情绪。

第四,谈话要时刻不离开主题,如遇到与主题无关的内容,可以进行适当的引导。

第五,谈话应选择一个周围气氛有利于谈话进行的场所。

第六,使用访谈法,事先应了解受访者的一些背景资料。

3. 整理访谈资料并作出评价

整理访谈资料时,首先要阅读原始资料,暂时放下主观的看法,寻找客观的观点,然后对这些有意义的词进行登录,一般受访者重复提及的次数多、经常强调的词要进行登录。这样经过几次的反复登录,受访者的观点也清晰地呈现在我们面前。最后把这些观点进行整理分析,即可作出评价。

以上具体介绍了各种收集评价资料的方法,并简单说明了整理资料的方法。在实际评价中,评价方法的选择一定要服从评价的目标,考虑活动的特点、教师的特点以及幼儿的特点。各种方法融合交错、贯穿使用,从而使评价更全面、准确、公正、有效。

[①] 魏超群.数学教育评价[M].南宁:广西教育出版社,1996:97.

复习与思考

1. 简述学前儿童数学教育评价的基本内容。
2. 对学前儿童数学发展状况的评价主要包括哪些方面?
3. 学前儿童数学教育评价的一般方法包括哪些?
4. 试以观察法为例,对一名幼儿进行数学能力的评价。
5. 学前儿童数学教育活动的评价主要包括哪几个方面?
6. 以某一种评价方法为例,对一个数学教育活动作一份评价分析报告。

第九章　幼儿园数学教育活动的设计与实施

所谓教育活动设计,是指依据一定的教育目标,选择一定的教育内容和形式,对儿童施加教育影响的方案。教育活动设计既是某种教育理论、教育观点和课程设计思想的具体体现,同时也是实施、完成教育目标的重要环节和保证。因此,在组织教育活动之前,设计教育活动是教育者必须要做的一项重要工作。

幼儿园数学教育活动的设计并不是随心所欲的,教师必须考虑到数学教育的目标、儿童学习数学的规律和特点、师幼互动的方式等因素,科学、合理而有效地进行活动设计。

第一节　幼儿园数学教育活动设计的依据和原则

幼儿园数学教育活动的设计是教师为促进儿童数概念发展而有计划、有目的展开的一项创造性工作,它是建立在教师把握和分析活动对象的特点,制定适宜的教育活动目标,合理选择教育活动的内容与形式,并充分创设和调动教育活动的环境及其他要素的基础之上的。因此,对于这样一种与教育目标、教育观念、教材教法、教师与儿童以及环境与时空等各项因素紧密相关的设计工作,为了促进其科学、合理而有效,有必要在设计中提出以及遵循一些基本的准则和要求。

一、幼儿园数学教育活动设计的依据

教育目标是培养受教育者的总要求,它规定着把受教育者培养成为什么样人的根本性质问题,它是教育活动设计的出发点和主要依据。学前儿童数学教育的目标是在教育总目标的指导下制定的学前儿童数学教育的目的、要求、依据和准则。从第二章的内容中,在数学教育目标的三层次结构中可以看到每一层次的目标都可以概括为认知、情感与态度及操作技能三个领域的要求。因此,纵横交错的数学教育目标体系可以从不同的层面为教育活动的设计提供依据:为教育活动设计的方向提供依据;影响教育活动设计的范围(即学前儿

童数学教育目标体系中关于儿童发展的要求为确定数学教育活动设计的具体范围提供了依据);影响教育活动设计的难易程度(学前数学教育对数学教育活动设计的内容和要求的难易程度产生一定的影响)。

一个教育活动的设计与安排,看似简单,其实不易。它不仅涉及对教育目标、教育观念的把握和理解,同时还必须涉及对教育对象——儿童的发展水平的认识。因此,教育对象身心发展的特点也是数学教育活动设计的另一条主要依据。当然这里的发展水平,既包括儿童在数学方面的基础和发展水平,也包括儿童在身体、认知、情感、个性、社会性等方面整体的发展水平和特点。只有考虑到儿童发展的共性特点和个性特点,才能在活动设计的过程中做到有的放矢,制定相应的活动设计目标,选择适合的活动内容和范围,采用恰当的活动方式,使活动设计更合理、新颖。

二、幼儿园数学教育活动设计的原则

数学教育活动设计的原则是指设计教育活动应遵循的基本准则,它既是教育思想、教育理论观点的体现,又是教育活动客观规律的反映。在设计学前儿童数学教育活动中,必须遵循的原则有以下几个方面。

(一) 发展性原则

发展性原则是指在设计儿童数学教育活动时应着眼于促进儿童全面、整体的发展。它包括两层含义:一是指数学教育活动的设计应适应儿童的发展水平,考虑儿童的原有基础,教育要求和教育内容应以儿童的身心发展成熟程度及可接受水平为基础,既不可任意拔高,也不可盲目滞后。在活动设计中要从儿童身心发展的现实水平和已有的"内部结构"出发,既从他们现实的需要、兴趣和可能出发,又使他们经过一定的努力能够获得进一步的发展和提高。正如苏联心理学家维果茨基所认为的,教师应确定儿童的两种发展水平即"现有发展水平"和"最近发展区",使教学建立在"最近发展区"的基础上,让教学活动走在发展的前面,从而更好地促进儿童的发展。二是指数学教育活动设计应以促进儿童发展为落脚点,牢牢把握"发展"这个教育活动设计的核心,无论是在数学教育活动目标的制定、内容和材料的选择以及方法和组织形式的运用等各个层面都要以如何有利于促进儿童的发展作为依据和准则。当然,这种发展也应当是全面而综合的,既包括儿童数认知方面的发展,也包括儿童态度、情感和社会性等方面的发展,它们应当是以一个合理的、有机结合的整体体现在幼儿园数学教育活动的设计之中的。

(二) 主体性原则

所谓主体是相对于客体而言的,一般说来,它是指有目的、有意识地从事实践活动和认识活动的个体。教育活动既可视为一种认识活动,也可视为一种实践活动,从幼儿园数学教育活动本身的呈现特点来看,教师和儿童在教育活动中是共同参与、相互配合的,他们理所当然都是教育活动的主体。但是,活动设计的主体性原则是针对教师的角色和工作而言的,应当包含以下两层含义:数学教育活动设计中的主体性原则是指教师必须坚持遵循和体现以儿童作为数学活动的主体,不仅要在活动内容的选择以及活动形式的安排方面注重激发儿童的能动性、自主性、创造性,而且通过为儿童创设具有兴趣性、探索性、可供儿童自由交流和操作的环境与材料,来引发儿童积极主动地与环境相互作用以获得相应的数经验和数概念,在儿童自己发现和解决数学问题的过程中发展他们的数能力和数思维。虽然,教师根据社会的要求和教育的目标可以对儿童施加一定的教育影响,但教师绝不能代替儿童实践和发展。只有当教师的教育影响能够促使儿童真正成为自己学习和发展的主体时,教育的既定目标才有可能得以更好地实现,教育的理想效益和最优化才有可能达成,而数学教育就更凸显出以儿童的自我实践、自我体验和自我建构为主的重要性。

因此,数学教育活动设计中的主体性原则首先是教师在教育观念上的转变和认识,其次才有可能落实和体现在具体活动设计的行动层面。主体性原则是指教师应当在重视儿童主体性和自我建构数概念的同时,适时、适地、适宜地发挥教师的主体性,即在活动设计中正确地认识和把握好教师的角色以及对儿童学习和活动的"指导",在互动中促进其社会建构。教师的主体性发挥,首先体现在活动设计中教师对自身参与活动态度的认识和把握上,应当以饱满的热情和积极的态度融入儿童的活动之中,努力营造一种宽松、平等、自由的活动氛围,在满足儿童需要和意愿的同时潜移默化地发展儿童的自主性;此外,教师的主体性发挥还体现在数学活动设计中教师对介入角色的定位和把握上,教育活动作为一种师幼双边互动的活动,其中教师与儿童的互动方式可以是"指导性的互动",也可以是"引导性的互动"和"中介性的互动"。在与儿童的交流和互动过程中,教师不应当是一个"高高在上"的权威和领导者,而应当是儿童活动和学习的参与者、合作者以及支持者。同时,教师的主体性并不仅仅体现在其对儿童活动的直接指导方面,而且体现在其对儿童数探究、数思维活动的"隐性支持"方面。正是有了这样一种认识,才能够使教师在活动设计中对其"主导"的作用和价值有一个更正确而全面的把握,进而更好地推进儿童的数学学习和数学思维能力的发展。

(三) 渗透性原则

所谓渗透性原则是指在数学教育活动设计中将数学与儿童的生活、各种不同教育领域的内容、各种不同的学习形式与方法加以有机地融合,将其整合成一个互相联系而不可分割的完整体系来看待。虽然,幼儿园的教育活动可以从不同的侧面进行人为的分类,但幼儿园教育活动在促进儿童发展的目标上所涉及和涵盖的是儿童在不同领域、不同层面的整体发展。《幼儿园工作规程》曾提出幼儿园教育的任务之一是使"体、智、德、美诸方面的教育相互渗透,有机结合",提出要"充分发挥各种教育手段的交互作用"等,且幼儿园课程已经转型为整合式的课程,不再有明确的学科分界,因而在数学教育活动的设计和实施中必然会涉及与其他各个领域之间的相互渗透和有机整合。

数学教育活动设计中遵循渗透性原则主要体现在两个方面：一是数学教育内容与其他领域教育内容的相互渗透和整合。幼儿园课程和教育活动的呈现是以儿童的生活经验为基础的综合式、主题式活动，它是以儿童的生活和经验为起点而构建起来的活动，活动的内容涉及科学、艺术、语言、社会、生活等各个方面。对于数学教育的相关内容来说，应当与儿童的生活相联系，从生活出发，将其与其他不同领域的教育内容以一定的主题活动方式加以整合，使其在一个或若干个教育活动中相互渗透、补充。这样的活动设计既符合儿童的年龄特点、认知特点，也有利于儿童对活动的介入和参与。二是数学教育活动的形式应体现渗透和整合。一方面是指将集体进行的、正式的数学教育活动形式与个别选择的、非正式的数学教育活动形式相互渗透和结合；另一方面是指在一个数学教育活动的设计中将不同的学习形式与方法加以相互的渗透和组合，让儿童在操作、实验、游戏、体验、讨论、合作等不同的学习形式下加深对活动内容的把握，更好地获得数的相关经验和概念。

(四) 科学性原则

科学性原则是指数学教育活动设计的内容和所采用的方法必须是科学的。

1. 内容的科学性

数学是具有高度的抽象性和严密的逻辑性的一门学科，而学前儿童的思维主要是以具体形象思维为主，为了帮助儿童能具体、形象地感知、理解有关的抽象数概念，教师在设计活动的过程中往往会对某些知识加以通俗化、形象化。但必须注意，在浅显易懂的用语中还应避免造成语义曲解，有损于知识的科学性。如："倒数"和"倒着数"是两个不同的概念；说"皮球是圆形"也是不正确、不科学的。此外，科学性原则还体现在正确地运用数学词语上，教师在设计活动时必须注意措辞的严谨、规范：如"3朵花""3支花""3束花"的含义是不同的，不能混淆；"比比哪根纸长""比比哪条边大"等也是不正确的，应该是"比比哪根纸条长""比比哪条边长"。再者，内容的科学性原则还必须反映在活动设计中的内容必须符合客观实际。当前，社会发展正处于新的历史时期，高科技不断取得突破性进展，高新技术产业特别是信息产业蓬勃发展。儿童可以通过周围生活环境、媒体宣传等各种途径获得更多新的信息，因而教师在设计数学教育活动时，绝不能仅仅停留在把小狗、小猫、苹果、梨等常规事物作为数概念的认识、理解对象上，而应借助一些最新的、儿童能够感知、理解的内容和信息，加强、加深儿童对数概念的认识和理解。这是知识内容必须符合客观实际的一个方面。另一方面，由于数学知识本身的精确性，要求我们对问题或数据的表述要符合客观实际。如给儿童解答口头应用题时说："计算机厂昨天生产了1台计算机，今天又生产了2台计算机，问两天一共生产了几台计算机？"一个厂家两天内只生产了3台计算机显然不符合客观实际。因此，必须考虑到内容本身的客观性、正确性。

2. 方法的科学性

第一，根据内容性质选择相应的方法。

学前儿童数学教育的内容大致可以分为两种：一种是新授的知识内容，另一种是复习的知识内容。对于这两类不同性质的内容应分别选择不同的教育形式和方法。如复习性质的知识内容就比较适合采用操作法、归纳法、讨论法、游戏法等，而选择讲解演示法显然不够恰当，不仅会使儿童学习的主动性、积极性受到影响，还会直接影响学习的效率。

第二，根据儿童年龄特点选择适当的方法。

我们已经知道，对于较抽象的数理知识，儿童是通过从环境生活中相应材料的"力"作用，逐渐体验、积累并感知而初步习得的，是通过动手操作、游戏和各项活动的积累而发展的。正如美国学者纽勒所言："数学对儿童而言是一个动词，是小朋友在做东西，在从事一项活动。"可见，操作法是儿童数学教育活动最主要的方法。但是，对于不同年龄的儿童来说，操作法运用的具体程度、具体形式可以各不相同，如小班年龄儿童，思维更具体、形象，动手操作中教师的指导、介入可以更具体些，同时还应更多地采用游戏的方法，以游戏的口吻和情节性的内容进行初步的数学启蒙；大班的孩子，其逻辑思维能力已有了初步的发展，同样是操作法，应较多地以鼓励儿童自己探索、发现并归纳整理为主，教师不需要太多的干涉和指导。同样，竞赛性游戏、讨论等方法也可以更多地运用在这一年龄阶段儿童的数学学习中。因此，数学教育活动设计中方法的科学性原则更多地应体现在方法的多元、合理和灵活运用上。

第二节 幼儿园数学教育活动设计的取向

幼儿园数学教育活动设计的取向，反映的是该教育活动的基本价值和性质，表明了此教育活动所依存的数学学习理论以及对儿童数学教育的价值认识。幼儿园的数学教育活动设计和实施是在幼儿园课程实施的背景中展开的，因此，数学活动的价值取向必然会受到不同的幼儿园课程取向的影响和制约。在我国，较为常见的幼儿园数学活动设计取向主要有两类，即学科取向的数学教育活动设计和生活取向的数学教育活动设计。

一、学科取向的数学教育活动设计

学科取向的数学教育活动设计，以数学的学科特性和知识体系为逻辑起点，在活动设计中遵循和体现数学本身的学科系统性、连贯性，以严密、递进而结构化的活动方案落实对儿童早期数学能力的培养以及相关知识概念的获得。

在学科取向的数学教育活动设计中,活动目标的制定、活动内容的选择和规划、活动环境材料的提供以及活动评价的实施都紧紧围绕着数学学科知识体系。在活动目标的定位上,比较凸显的是对儿童数学认知发展和相关数理逻辑概念获得的追求;在活动内容的选择和组织上,根据数学学科中的数、量、形、时间、空间等相关知识点作横向构架,以儿童的年龄特点和发展水平作为内容渐进提升的纵向依据和标准;在活动环境和材料的设计中,也是以数学学科知识为中心,体现以丰富多样的材料操作帮助儿童对数理逻辑概念的建构;而活动评价则是围绕着活动目标而来的,更注重对儿童是否获得了数学能力的发展以及相关知识概念的考量。

以学科为取向的数学教育活动,既可以体现在幼儿园的集体数学教育活动设计中,也可以在幼儿园的数学区角活动的个别或小组的数学活动中有所反映。虽然以儿童个别学习或操作体验为主的区角活动并不像数学集体活动那样具有明确的目标内容和过程实施方案,但活动区的材料选择和投放的重要依据仍然是指向儿童的数概念获得。可见,总体而言,以学科为取向的数学教育活动设计具有如下一些特点:(1)相信儿童数学认知的发展依赖于社会化过程,有计划、有组织的教学可以促进儿童的数学认知发展。(2)数学知识和概念是一个相互联系而前后贯通的系统,循序渐进的教学序列有助于儿童系统而全面地获得相关的数概念。(3)数学教育活动的目标、内容和评价主要关注儿童对数概念的理解以及数学能力的发展。

二、生活取向的数学教育活动设计

生活取向的数学教育活动设计,以儿童的日常生活经验为背景,在活动设计中将蕴含于儿童生活资源之中的有关数、量、形的相关概念渗透在一定的情境中,以联系生活、应用于问题解决的数学学习过程来发展儿童相关的数概念和能力。

在生活取向的数学教育活动设计中,活动目标的制定、活动内容的选择和规划、活动环境材料的提供以及活动评价的实施并不仅仅指向数学本身,而是更多关注和体现儿童的全面、整体发展。在活动目标的定位上,注重在认知、情感和社会性等多方面的发展,关注在一定的情境下对儿童各个方面能力的培养,尤其是数学能力方面更体现在对数学联系于生活并应用于生活中相关问题解决能力的追求上;在活动内容的选择和组织上,体现将数学学科的逻辑隐含于相关的主题内容背景之中,通过与主题内容相互联系的过程中隐性体现学科逻辑;在活动环境和材料的设计中,更关注利用材料的操作和感知帮助儿童将数学的相关概念与生活中的问题情境相联系;在活动评价的实施中,与活动目标所追求的发展儿童运用数学开发逻辑思维能力、解决问题能力、联系与表征等一系列能力相一致,重点关注在活动过程中教师的启发引导以及儿童的活动表现是否达成和实现了活动目标的价值追求。

当前,在幼儿园课程处于从分科走向整合的大背景下,生活取向的数学教育活动设计已成为一种比较主流的价值理念。当然,与学科取向的数学教育活动设计相比,生活取向的数学教育活动设计对教师的专业能力提出了更高的要求。因为在活动设计的过程中,教师需要在理解和消化数学学科本身的概念、知识的基础上,运用联系儿童生活经验的情境和背景展开活动,使儿童在感知和思考特定情境中的数学问题的同时,促进其逻辑思维和多方面能力的发展。同样,在以儿童个别学习和小组学习为主的数学区角活动设计中,源于生活的数学教育也不仅仅从挖掘材料的数学特性出发,而是既关注材料中渗透的数概念和相关知识,又关注材料的选择与儿童生活经验以及主题内容的联系。总体而言,以生活为取向的数学教育活动设计具有如下一些特点:(1)相信儿童数学认知的发展和数学学习是建立在儿童所熟悉的生活经验基础之上的建构,为儿童提供适当的情境和背景有助于儿童的数概念建构。(2)数学知识和概念既是抽象、概括的,具有逻辑的严谨性,又是联系并运用于生活问题解决的工具,具有重要的应用性。(3)数学教育活动的目标、内容和评价更应当关注在培养儿童逻辑思维的同时,发展其解决问题的能力以及联系、表征和应用等多方面问题的能力。

第三节　幼儿园数学教育活动设计的基本过程

幼儿园教育活动设计可以被看成是对教师教学组织行为的一种预先筹划,它是对一系列外部事件进行精心设计和安排的过程,其目的是支持和促进儿童内部的学习。它是由创设一定的学习经历所组成的,通过特殊的转换和发展,以确保学习经历卓有成效并能够达到特定的学习目标。事实上,它是为促进儿童学习而对学习过程和资源所作的系统安排,是分析儿童的学习需要和目标以形成满足学习需要的互动系统的全过程。

幼儿园数学教育活动设计的基本程序包括对活动目标的设定;对学习对象、学习需要的分析;对学习情境的发展;对活动资源的开发和利用;对学习过程的安排和调整以及对学习对象行为的预测和评估等。在数学教育活动设计的进程中,一般可以分为以下几个过程。

一、了解、分析幼儿的发展水平

作为教师,在活动设计之前,必须切实地了解、掌握本班每一个儿童的发展水平(即指儿童表现在数学方面的发展水平),特别应避免从成人的角度来揣摩儿童,而应与儿童保持最密切的联系,真正掌握大多数儿童在数学知识和技能方面的一般发展水平及关注特别有长处或发展迟缓的儿童,这样才能在考虑活动设计的目标和选择活动内容、范围时做到有的放矢,体现不同起点发展性的原则。例如,在为大班儿童设计"3个4道题"的活动时,可以根据儿童的不同发展水平和起点,在设计活动时提出不同的发展目标、选择不同的活动内容——

提供辨数的操作材料(如圈出 3 个可以编 4 道题的数或找出那些写有 3 个可以编 4 道题数的花);提供补数的操作材料(如给 2 个或 1 个有数字套环);提供改数的操作材料(如把 3 只蝴蝶的身上数字改去 1 个,成为可以编 4 道题的 3 个数);提供选数的操作材料(选择写有数字的 3 朵花,把可以编 4 道题的插入花瓶中)。以此体现不同难易程度的操作活动设计,才能使不同发展水平的儿童都能在数学活动中真正得到发展。

在了解、分析本班儿童数学发展水平的过程中,除了根据不同发展水平儿童的个别差异,选择和制定适合其发展的学习内容和材料外,教师还应当在了解、确定儿童发展水平的过程中,采用合理的方法、科学的工具获取信息。如通过观察记录的方式了解儿童在某一数概念内容或某一新材料操作上的已有水平和可能性发展水平;通过个别测试的途径鉴定儿童在某一方面概念发展上的已有水平和表现特点。因此,借助这些手段所获得的第一手资料都是科学合理地设计数学教育活动所不可缺少的重要信息。

二、选择数学教育活动的内容

(一) 数学教育活动内容概述

教育教学内容是指一整套以教学计划的具体形式(如课表和课程)存在的知识、技能、价值观念和行为。它们是根据各种社会需要按照不同教育层次、类型、年级和学科而设计的,它构成了一个具体过程学习的对象。①

幼儿园数学教育活动的内容是指为促进幼儿数概念和数认知能力的发展,为实现数学教育的目标任务而设定的,要求儿童通过学习去获得的,有关数的知识、技能和经验等。虽然,数学有其学科本身的逻辑结构和特殊性,数学教育的内容主要反映的是偏认知层面的知识或概念,但是教育内容是为教育目标服务的,教育内容的选择和编排也应以实现目标为原则,保持与目标的一致性。因此,数学教育活动的内容还应当包括儿童在学习过程中所形成的态度、价值观以及相应的行为方式,以保证儿童身心的全面发展。

从数学的学科特性来看,数学知识本身具有严密的逻辑性和系统性。有关数、量、形的各个知识点是一个系统的结构,彼此之间存在着内容上的联系和层级/递进关系,因此,数学活动内容虽然涉及了纷繁多样的五个方面,但内在的逻辑关系和序列仍然存在。此外,幼儿园数学教育活动的目标和价值取向并不仅在于促进儿童的认知发展,还包括对儿童身体、情感、个性、社会性等全方面和谐发展的作用,为此,教师在选择和确定数学教育活动的内容中,就需要兼顾儿童发展、学科知识结构以及儿童认知特点和环境条件等多方面的因素,合理编排与设置。

---

① 王月瑗.课程使用指导:幼儿园目标教育活动课程教师用书[M].北京:北京师范大学出版社,2001.

（二）数学教育活动内容的编排思路

在幼儿园数学教育活动内容的选择与编排中，通常有两条基本思路。

1. 学科逻辑式结构的编排思路

所谓"学科逻辑式结构"，是指对数学活动内容的构架和编排以数学学科本身的结构系列为逻辑起点，直线式地编排数学活动内容，一般可以将数学活动内容分为数概念与运算、量的比较与测量、空间形体、空间方位、时间、感知集合、分类与模式等几个方面。这一内容编排的思路具有以下几方面的特点。

（1）重认知要求。由于数学活动内容的每个方面都是以学前儿童该领域概念发展的心理特点和一般水平为参照而设置的，因而从数认知发展的角度看，有比较明确的定位和落实。

（2）体现渐进性。由于数学有其学科本身的逻辑结构和特殊性，数学教育的内容遵循由简单到复杂、由易到难的原则，这种编排体现了幼儿渐进式地接触和掌握数学学科的基本结构又不断拓展和加深内容，进而促进儿童对数学学科的有意义理解。

（3）年龄分段要求明确。这种内容编排不仅在结构方面有前后的"序"，而且在某一个内容领域还便于区分出不同年龄阶段的具体要求，以及由简入繁、直线上升、逐步提高的特点。如"空间形体"方面，小班的活动内容和要求是：①认识区分圆形、三角形和正方形。②能用圆形、三角形和正方形进行组合拼搭。中班的活动内容和要求是：①认识长方形、椭圆形和梯形。②能按平面图形角和边的数量正确区分、辨认不同的图形。③初步理解平面图形之间的简单关系。④用6种平面图形进行组合拼搭。大班的活动内容和要求是：①认识区分球体、正方体、长方体和圆柱体。②寻找、区分、理解平面图形和立体图形间的关系。③学习几何图形的二等分和四等分，知道整体和部分间的分合关系。

2. 主题线索式结构的编排思路

所谓"主题线索式结构"是指对数学活动内容的构架和编排以儿童的生活经验为逻辑起点，从现实生活中挖掘数学活动赖以展开的资源，在与主题整合的背景下编排数学内容。在《幼儿园教育指导纲要（试行）》第三部分中提出教育内容的选择应该"既符合幼儿的兴趣和现有经验，又有助于形成符合教育目标的新经验；既贴近幼儿的生活，又有助于拓展幼儿的经验；既体现内容的丰富性、时代性，又注重幼儿学习的必要性、妥当性以及与小学教育的衔接"。这一内容编排的思路具有以下几方面的特点。

（1）重全面发展。虽然数学教育活动的内容应当包括儿童在学习过程中所形成的态度、价值观以及相应的行为方式，以保证儿童身心的全面发展。以"主题线索式"结构来编排和组织幼儿园的数学教育活动内容比较能够凸显促进幼儿在认知、情感、个性、社会性等方面全面发展的目标要求。

（2）体现生活性。幼儿的发展总是离不开所处周围环境的影响，虽然从儿童发展的领域来看是可以进行划分的，但儿童获得的经验，尤其是在日常生活环境中所得到的经验和体验常常是整合的、不可人为分割的。因此，以"主题线索式"结构来编排和组织幼儿园的数学教育活动内容体现了从儿童的生活经验出发，在生活中寻找与数学相关的内容、情境、问题，以儿童的生活经验为基准，创设、模拟生活中的数学问题情境，让儿童在解决问题中发现数的秘密，获得相应的数概念。

(3) 注重联系与应用。以"主题线索式"结构安排活动内容时，选择与编排的基点不再仅仅是数学或与数学相关的经验，而是以"生活中有哪些数学""主题中有没有数学"为切入点，即充分考虑在主题的关键经验点之中蕴含了哪些可以渗透和融合的与数相关的"点"。从幼儿的生活经验出发，在综合各领域要求和内容的前提下，渗透数学的内容，如生活中孩子们经常会碰到需要通过比较来进行判断的问题情境，由此就可以自然地融合数概念中有关数量多少，物体大小、长短、粗细等的比较。这样，也就能促使幼儿借助着一定的情境，加强数学与生活的联系，学习将相关数经验应用于生活实际问题的解决中。

(三) 数学教育活动内容的选择要点

由于当前我国的幼儿园课程改革已经从分科式走向了综合主题式，因此，对于教师而言，数学教育活动的设计，尤其是内容的定位与编排确实是一件比较棘手的工作。这是因为幼儿园课程中的主题来源于儿童的生活，一般反映的是一个整体的、具体的、鲜活的现实世界，在每一个主题中不仅包含着多个领域的内容，而且要能让幼儿对事物获得一个较为整体、全面、生活化的印象。而数学是研究现实世界的空间形式和数量关系的科学，因此，主题活动所表现的整体、具体的世界中，必然包含着数学方面的内容，它可以让幼儿感受到事物的数量、形状、空间位置等特征，体验事物之间的数量关系，但在主题走向的课程架构中寻找和生成与儿童的生活经验及数学能力发展相适宜的活动内容是十分重要而关键的一项任务。作为教师，可以从以下几个要点入手。

1. 分析判定主题中可能涵盖的数学教育内容

应该说任何一个主题都包含着数学教育内容，但这些教育内容如何与主题活动整合，还需要教师做很多准备工作。其中一个重要的问题是教师应对主题中涵盖的数学教育内容进行分析和判定，如"蔬菜"主题中可能涵盖的数学内容就有"学习分类""感知物体数量、形状及物体量的差异（如长短、粗细）""感知时间、空间""感知与学习统计的初浅方法""学习加减运算"等方面；"有趣的水"主题中可能蕴含的数学内容有"感知和比较量的多少""体验量的守恒"等。这种分析和判定的依据是主题经验所包含的内容，它是与幼儿生活中已有经验紧密联系的。

2. 确立相应而合适的数学教育内容

教师在分析判定主题中涵盖着哪些数学教育内容后，还应根据幼儿的发展水平、已有数学经验以及他们的兴趣和需要,进一步考虑和确定应设计哪些数学内容点。例如,"蔬菜"主题中可以融合与涵盖的可能性内容有五个方面,教师就应当从幼儿所处年龄阶段的具体数学能力发展标准出发,利用幼儿园和班级可创设的现有条件和资源来确立相应而合适的具体内容。如中班可以在"蔬菜"主题中设计渗透"分类活动"或"比较数量的多少和物体量的差异"的内容;大班则可以设计渗透"多种分类以及初步的统计活动"或"买菜"(分类摆放蔬菜及学习加减运算等)内容。

3. 考虑与其他领域内容之间的平衡与统整

幼儿园课程中的各个主题是以一定的领域为基础来设计的,如"美丽的春天""夏天的水果""我们做朋友""新年到"等,虽然某个主题明显可能与某一特定发展领域相关,但在主题的设计与实施过程中,往往不只限于某一领域,而是多个领域之间的整合与补充。因此,以"主题线索式结构"编排数学教育活动,教师还应当在确立了相应主题背景下的数学教育内容点后,考虑协调好这些内容点与其他发展领域间的平衡关系。如"超市"主题下,教师设计了"超市购物"的一则教育活动,涉及的数学教育内容有:超市物品分类、到银行取钱、认识人民币、在买卖活动中复习10以内的加减运算等。在此基础上,教师还需要考虑在这一活动中怎样体现与其他领域内容的融合,如认识参观超市(科学领域)、超市里的货物真多(语言领域)、收集各种物品的包装盒(美术领域)、制作商品标价(美术领域)、我们一起去购物(社会领域)等这些相关的领域可以在具体的教育活动设计中加以自然而巧妙地融合,以使教育活动能够促进儿童的多方面发展。

总之,以"主题线索式"结构编排数学教育活动,其核心与实质是将数学融入主题,因此,活动设计时,不是先立足于数学的教学内容体系然后按部就班地插进主题之中,而是立足主题的内容与要求去发掘蕴含于主题关键经验之中的相关数学内容,使数学成为主题学习中不可分割的一个组成部分。

(四)数学教育活动内容中不同编排思路的融合

从以上关于"主题线索式结构"的数学教育活动设计的讨论中我们可以看到,即使是贯穿在主题中的数学教育活动,也不可能只考虑儿童的生活经验而完全抛弃数学学科本身的逻辑体系,只顾表面的整合而忽略了数学本身的学科特性。事实上,综合主题走向的课程实施与教育活动内容的选择编排也需要两种思路的交融和互补,尤其是在具体的活动设计中要处理好两者的关系。

首先,应当在活动设计中把握好兼容与渗透、互补与拓展的原则。当我们对主题中的数学学习有了正确的认识以后,一个更现实的问题就是在主题线索的活动设计中如何挖掘生活中的数学资源,且在融合与渗透中遵循和体现出数学学科的特点。可以说,"学科逻辑式结构"的内容设计和编排较多体现的是以学科为取向的价值观,"主题线索式结构"的设计与编排较多体现的则是以生活为取向的价值观。在此,我们提出兼容与渗透、互补与拓展的原则:兼容与渗透是指主题与数学的关系是你中有我、我中有你的密不可分的关系——在主题中挖掘数学的内容要考虑与生活经验和情境的相融,但也不能忽略了这种相融是以符合数学知识本身的科学性和逻辑性为前提的;互补与拓展是指在活动设计和内容选择中要避免"纯知识性的数学"和"纯生活中的数学"的设计思路,既使数学在主题情境中得到显现和运用,又使主题的内容在数学与其他领域的融合中得到丰富和拓展。

其次,在活动设计时应隐性体现数学学科体系的逻辑线索。由于"主题线索式结构"的活动设计和内容编排思路已经在很大程度上超过了"学科逻辑式结构"的设计思路,因此,数学学科本身的逻辑体系在"主题线索式"的设计中不再是一条"明线",应当是一条"暗线",即内容的选择和编排也需要在各个主题的贯穿和活动中注意数学本身的学科逻辑线索。这是因为儿童各个领域的发展既有它的整体性,也有它相对的独立性,尤其是数学学科领域有着严密的系统性和逻辑性,故其发展是一个循序渐进、由浅入深的过程,在活动设计中从儿童的生活经验出发考虑和建构主题中的数学内容的同时,不能忽视了对这一数学内容的科学性的判定,对儿童年龄适宜性的判定以及对与此数学内容相关的其他数学内容和知识点的联系。譬如,在中班有关"鸟"的主题活动中,幼儿已经进行了在户外一棵棵大树上寻找鸟窝、在书本上寻找不同品种的鸟以及用绘画、手工制作等方法表现各种鸟的活动。在积累了一些相关经验的基础上,教师也可以及时利用幼儿关注的热点,引导他们分成几个小组,运用已有的材料和经验对鸟进行各种不同特征的分类活动,但在设计中,教师除了要考虑分类活动本身与该主题活动的相关性以外,还应当考虑的是这一活动设计中的分类内容和要求对中班幼儿是否适宜? 从分类本身的要求和梯度出发,以前已经进行过哪些活动? 后续还可以安排哪些活动? 这样设计出来的活动才能够显示对主题中的数学学科线索的隐性体现。

三、制定数学教育活动的目标

制定教育活动的目标,是教育活动设计最重要的一环。在幼儿园数学教育活动的实践操作中,也曾存在着只有内容没有目标的盲目性现象。因此,要使幼儿园的数学教育活动能够达到预期的目的,产生良好的效果,就必须在活动设计前先制定好教育活动的目标。

教育活动目标是教育活动的起始环节,是开展教育活动的出发点和归宿,它规定着教育活动预期获得的某种效果。确切的教学目标是教学内容选择、方法运用、效果评价的原则和依据。当前,幼儿园课程的实施已经从原来的分科式课程转向了以主题贯通的整合式课程,是融合在一定的主题背景下的、渗透适合该年龄阶段儿童数学发展和学习的标准与要求的,且与主题关键经验相契合的教学活动。因此,教师在对教育活动目标的制定和表述中既需要避免只有内容没有目标的盲目性数学教育,又需要摒弃和排除"程式化"的目标制定现象、空泛无物的目标表述倾向。为此,教师在制定和表述具体的数学活动目标时必须注意到以下几个要点。

1. 目标的发展性

对于数学活动目标的制定,教师首先应当着眼于儿童的发展,既包括数认知方面的发展要求,也包括在情感、学习态度、个性和社会性方面的发展要求。教师只有在观念上牢牢把握住从儿童的年龄特点和已有发展水平出发,才能在活动设计中体现循序渐进、从简单到复杂、从具体到抽象的特点。在目标制定中从发展性出发,还意味着教师必须清楚地了解幼儿的发展基础及本班幼儿的发展水平,由此才能确定所设计的活动目标对幼儿是否有发展价值,是不是真正体现了发展性。

2. 目标的全面性

所谓目标的全面性是指在设计和制定目标时,一般应尽量地从儿童发展的多个方面去考虑,从认知、情感与态度、操作技能等三个维度去思考能够在本活动内容和情境条件下帮助幼儿达成与实现的目标。这三个方面的目标建立能促使教师去思考"幼儿学会了什么"(知识目标)、"幼儿能学吗"(能力目标)、"幼儿学得有趣吗"(情感目标)。

虽然从数学的学科性质来看,儿童的数学学习可能更多凸显的是一种认知发展上的价值,但是在一个活动方案的设计和实施过程中,会包含和蕴藏其他的教育场景和契机,同样也能够促进儿童在情感、个性、社会性等方面的发展,因此,教师应当综合地从三个方面去分析和思考该教育活动可能帮助儿童达成的目标。一般说来,活动目标应包括学习内容的要求及幼儿行为的养成要求,它主要包括知识概念的学习,认知能力的学习,操作技能的学习,兴趣、态度和行为习惯的学习,而行为的养成应与学习和运用某种内容相联系。

当然,从三个方面出发是一个活动目标思考和制定的前提,但并不意味着每一个数学活动的目标都必须包含三个维度,如果绝对地或者简单地以三个方面作为数学活动目标制定模式和"套路"的话,就有可能导致活动目标中的某一条或两条成为一种"点缀"或装饰,从而也就失去了目标应该具有和达到的功能与价值。因此,在数学活动目标制定上体现全面性应避免两种倾向:一种是对于数学活动的目标,教师往往比较关注的是以知识为落脚点,因而目标的制定会比较偏向于知识概念的学习与掌握,甚至有出现若干项定位在知识和概念掌握层面上的目标。另一种是错误理解"全面性",以脱离了活动内容并以具体情境的形式上的面面俱到代替对目标全面性的理解,凡是每个数学活动必定有认知、情感与态度、操作技能三个方面的目标(虽然在一次教育活动中,活动内容可能对幼儿的发展有多方面的影响,但所提出的目标往往只是选择其主要的方面,不可能也不必要将所有的方面都一一列出),但活动本身并没有真正体现和落实这些目标。

3. 目标的针对性

教育活动的目标可以作为教育活动效果检验的依据之一,因此,作为具有检验的导向和指导作用的目标应当是具体的、可观察的、可操作的、可评价的。也就是说,目标的制定必须是有针对性的,而不是空泛的、笼统的。数学活动目标的表述应具体、可操作,并尽量用行为化的语言加以描述,既能使教师在活动中观察到儿童掌握目标的情况,观察、判断儿童的发展状况,同时又使教师能依据对这一活动的评价设计后面的教育活动,提出相应的、更上一层的教育目标。

> **案例分享**
>
> **家里的数字(中班)目标修改**
>
> 原目标:(1)感受数字与人类生活之间的关系。
> (2)培养幼儿对家庭的美好情感。
> 评价:目标显得比较空洞,没有针对性,无法作为评价活动效果的依据。
> 修改后目标:(1)通过寻找和搜集自己家里含有数字的照片或图片,在交流与分享活动中感受数字与人们生活的密切关系,理解数字的应用。
> (2)愿意与同伴交流,尝试大胆表述。
> (3)在集体参与的观察和交流活动中进一步激发幼儿对自己家庭的美好情感。
> 评价:修改后,具体而有针对性。

4. 目标的统一性

美国课程专家布鲁姆认为:"教师所期望的学生的变化便是教学目标或教学目的。""阐述教学目标,就是要以一种较特定的方式,描述在单元或学程完成之后,学生应能做(或产生)些什么,或者学生应该具备哪些特征。"也就是说,教师可以用儿童外在的行动形式来表述教学目标(行为目标),如以幼儿"能够""说出""会用"等,或者以教师对儿童的教育影响和具体教学行为的发出为主体来表述教学目标,运用"使幼儿……""启发幼儿……""引导幼儿……"等句式进行表述。但是在目标的制定和表述中必须是统一的,即或以儿童为主体表述,或以教师为主体表述。

一般来说,在表述数学教育活动目标时,可以从教师角度出发提教育目标(如培养儿童的数数能力),也可以从儿童角度出发提发展目标(如在"造花坛"的游戏情境中学习10以内的点数和目测数),还可以从评价的需要出发提评价目标(如能手口一致点数5以内的实物)。为了让教师在教育活动中将注意的焦点集中在关心儿童变化、研究儿童发展上,在教育活动目标的制定中较多提倡的是从幼儿主体的角度进行表述(即发展目标),因为这种表述可使教师从幼儿行为变化中观察到他们的发展状况。

> **案例分享**
>
> **我和影子捉迷藏（大班）目标修改**
>
> 原目标：(1) 通过活动使幼儿知道影子比较与测量的一般方法。
>
> (2) 在观察和比较中初步学会思考和探究问题，尝试大胆地提出问题。
>
> 评价：以上目标的表述缺乏统一性，而且目标定位比较空泛、不够具体，过分突出了认知领域的目标，缺乏目标的整合性和针对性。
>
> 修改后目标：(1) 尝试用同一种材料首尾相接测量的方法比较影子的长短，解决在影子比较与测量过程中产生的问题。
>
> (2) 在画影子与比较测量影子的活动中，产生对探究活动的兴趣，学会提出问题。
>
> 评价：调整后的目标就比较统一，都是从儿童的角度出发进行的表述。

5. 目标的适宜性

所谓目标的适宜性是指教师在活动目标的设定中必须从三个方面着手考虑目标是否适宜。首先，从幼儿的年龄特点和本班幼儿的实际情况出发，判定所规划的活动目标是否适合儿童的水平和基础，是否能体现在儿童"最近发展区"之上的教育教学。其次，从该活动目标是否能与上一层级目标（年龄阶段目标及数学教育总目标）保持联系与统一，能体现出对上级目标在具体化和系列化的角度进行审视，使总的教育目标、年龄班目标和具体的教育活动目标能够在一个互相贯通和联系的基础上充分发挥目标导向的作用。因为只有相互衔接，才能使儿童在系统而有序的数学学习活动中由简到繁、由易到难、由具体到抽象、由低级到高级地获得数认知的渐进发展，在从融合于生活和情境问题之中的数学学习与交流互动中获得其他相关领域的综合发展。

再次，数学教育活动目标的提出还应与活动的知识内容紧密联系，也就是说，教师在引导儿童学习某一知识内容时，应充分调动儿童学习的主动性和积极性，让儿童在活动中，通过自己的探索与发现，获得有关的数学经验。在探索与发现的过程中，儿童的认识、情感与态度、操作技能也就能获得相应的发展。对于融合于主题背景之下的数学教育集体活动而言，数学知识点的把握和确定相对分科教学活动要更难，因为主题之下的"数学"学科线索需要教师去把握和提炼，而不是现成的、已经设置好的，而且在有的主题内容中，数学的知识点可能是多个的、隐性的，更需要教师判断、分析，进而确立合适的知识点定位。

总之，学前儿童数学教育活动目标的设置和表述不仅要与活动内容相联系，体现系统性和逻辑性，也要与活动方式相联系，体现多样性和灵活性；活动目标的设置和表述应涵盖儿童发展的各个方面,且要关注各领域、各方面的平衡,既不能偏重某一方面,也不能遗漏另一方面,以促进儿童各方面素质的全面、和谐发展。

四、设计数学教育活动的方案

(一) 集体的数学教育活动

集体的数学教学活动方案的构成,一般包括以下几个要素。

1. 活动名称

活动名称是对活动目标、活动内容的概括性反映。为了引起儿童的活动兴趣,活动名称应简单明了且生动形象,如"踩图形""小猫捉鱼""水果娃娃"等。因此,活动名称的取向多是按活动内容和选用的材料或游戏,用生活的语言加以定名。当然,也可以采用数学术语直接定名,如学习"7"的组成、认识圆形等,简单直接。

2. 活动目标

集体的数学教育活动目标是数学教育活动预期达到和将要实现的目标,反映儿童在数学概念及思维能力、兴趣习惯等方面所应获得的发展。因此,数学教育活动目标的表述应具体化、行为化,体现可操作性。

3. 活动准备

数学教育活动的准备既包括知识上的准备,即幼儿的已有经验准备,也包括环境、材料等物质上的准备。它也是数学教育活动设计中的一个重要方面,与活动的进程及目标的达成有关。因此,"活动准备"应写明实施活动所必须具备的条件,包括数学活动所需的环境和材料。环境一般可以包括空间场地、位置等;材料通常包括教具和学具两种。教具是指教师向幼儿演示讲解时所用的直观材料,学具是指幼儿在活动中操作、摆弄的材料(有实物、图片、几何图形、各类卡片等)。幼儿已有的经验准备,即为了达到提出的数学活动目标需要幼儿先期具备的知识、经验或能力。

4. 活动过程

数学教育活动的过程是指活动进程的顺序和步骤,它是活动设计的中心环节。活动过程的设计应从儿童年龄特点和思维发展水平出发,从儿童感知、理解数概念的特点出发,从数学学科本身的规律出发,循序渐进、层层递进地考虑活动进程,同时更多地体现儿童对抽象数学知识的感性操作,在反复体验中感知内化,促进儿童数概念的形成与发展。活动过程的设计一般应包括活动的基本流程,构成活动进程的主要教学事件和环节,活动采用的主要形式和方法以及每个活动环节具体如何展开等。因此,在表述活动的过程中,教师应当以清晰的条理、概括的文字来加以体现。在每个环节的表述中,要注意突出重点,即内容重点、形式重点和实施重点。同时,应当特别注意各活动环节之间的衔接和过渡,使各活动之间体现层次性、递进性。

5. 活动建议

活动建议一般是指针对数学教育活动中需要注意的问题或要点所提出的建议。活动建议的提出可以根据幼儿的年龄特点、班级实际、时空条件、教师因素、材料选择等多方面着手考虑,但要注意体现其合理性和有效性。

(二)小组或区角的数学教育活动

区角数学教学活动方案的构成,一般包括以下几个要素。

1. 活动名称(内容)

指概括性地反映活动内容和活动材料的文字命名。如"穿彩链"(按一种特征排序)、"小猫钓鱼"(复习10以内的加减运算)等。要求语言简练,形象概括,突出重点。

2. 活动材料

指幼儿操作中所需用的实物、图片或其他学具。一般应注明材料的名称和制作方法。在材料的选择和提供中,不仅要求能够满足不同发展水平幼儿的学习需要,同时更要体现材料的丰富性、多功能性,有助于幼儿思维的抽象和概括。

3. 活动规则

指活动材料如何使用和操作的要求与实施步骤。活动规则的制定和表述一方面应当体现出规则所蕴含的数学概念属性、关系、规律等,另一方面应当注意能够使幼儿明了活动的目的和怎样使用材料。

4. 活动指导

指在幼儿活动过程中教师所给予的支持、启发和回应。活动指导既可以是向幼儿介绍讲明材料、玩法与规则等的直接性指导,也可以是通过观察、提示、交流中的间接性指导。

5. 活动评价

指教师对幼儿操作、摆弄材料的活动效果的评价,可以包括对目标达成情况、材料操作情况、互动交流情况、参与态度情况等效果的评价。

第四节 幼儿园数学教育活动的组织与实施

数学教育活动的设计是教师根据数学教育的目标与任务、儿童发展的特点与水平以及数学学科本身的逻辑发展顺序等因素的综合考虑而作出的对数学活动的预先安排和计划，这种预设的活动是否能真正成为促进儿童发展的有效的活动，达到预期设定的目标，不可缺少的重要环节就是活动的实施进程。由于教育活动是由师生双方、环境、材料、时空等多种因素构成的，带有特定情境性的一种动态性的活动。因此，对教育活动的组织与实施就成为教师一项具有重要意义且带有一定复杂性的工作。本节将对数学教育活动组织与实施中，教师的一般组织策略与指导重点加以讨论，以引起教师对活动实践的思考与审视。

一、集体数学教育活动的组织与实施

集体的数学教育活动是一种儿童集体参与的有计划的数学活动，教师作为活动的设计者、组织者和指导者，在活动的进程中起着举足轻重的作用。教师对活动的组织和指导策略主要有以下几个方面。

（一）创设恰当的问题情境，促进幼儿主动的探究

儿童的兴趣往往是探究的有效起点，在儿童兴趣点上生成的探究活动能够激发起儿童内在的学习动机，它是儿童进入主动学习的前提。在幼儿园的数学教育活动中，教师应当充分地利用日常生活场景中的数学问题，敏锐地捕捉儿童在实际生活中产生的、对蕴含数学问题的情境的兴趣点，凭借着教师对活动目标的准确判断，积极地为幼儿营造一个基于真实或模拟的生活情境的数学学习活动。譬如，测量的概念和技能对5—6岁的儿童来说，往往离他们的生活经验甚远，同时儿童也很难通过自我学习、自我探究而习得。那么教师在相关内容活动的组织中，如何更好地将这一新的知识点给儿童？比直接的传递和讲解更科学更有效的方法是适时地抓住一个融于儿童的生活背景之中的真实情境问题——如量教室、量身高、量桌子等，将儿童引入到一个积极探索、讨论交流、迁移经验并共同建构的学习氛围中，通过同伴之间的相互学习、交流与沟通、分享与有效反馈使儿童获得对测量工具和测量单位的初步认知。

对于学前儿童来说，数学就存在于周围现实生活中，能从真实的生活和游戏中感受事物的数量关系并体验到数学的重要和有趣，使他们觉得数学学习是一种最自然、轻松而愉快的学习。把儿童的数学学习活动置于有意义的、真实的社会情境中，不仅可以激发儿童主动建构的动机，引起意义建构的心向，促进儿童以已有的知识和经验去归属和固着新知识，从而赋予其某种意义。而且，真实情境也为儿童提供了将数学知识与其他知识加以整合，实现"生活化数学""应用性数学"的过程。事实上，儿童相当多的数学学习是发生在非正式的学习情境中的，教师为儿童提供关于日常问题的故事，将需要解决的数学问题蕴含在情境之中，将有助于他们建构丰富的数学环境，在与他人的社会互动中促进对数学知识的理解和习得。

因此，作为教师，应当明白对于儿童来说，每一个科学概念的建构，往往都要基于其前期有价值的生活经验；应当善于思考并发现生活中，尤其是儿童生活中所蕴藏的数学问题，把数学的问题镶嵌在一定的情境之中，通过解决情境中一系列问题的过程引导儿童主动地探究数的相关知识；更应当清醒地认识到，当我们把儿童置于一定的社会情境中时，更能增加引起儿童认知冲突发生的可能性，为儿童在"学校数学"与"日常数学"之间架设起一座桥梁，使他们在有意义的情境背景中加深并丰富对数概念的深层理解。

（二）积极关注幼儿的活动，及时地加以绎解和回应

在幼儿园的正式数学教育活动中，儿童的数学学习和探究并不只是以一种个体的孤立的方式和状态而存在的，而是置身在一个群体互动和交流的社会性情境中，在数学学习发生的过程中，学习者的参与是以共同体的形式出现的，学习可以被看作是一种共同体的实践，是一种互动的、以某种相互关系为基础的社会建构过程。儿童的数认知发展是深受成人、同伴以及环境因素所提供的导向和中介影响的，它既依赖于教师的支持，也依赖于有能力同伴的帮助。而其中，教师在儿童意义建构过程中的及时介入和互动回应是十分必要的。

在基于学习者共同体间交流和社会互动的学习氛围中，在对儿童合作学习和共同建构的支持和推动中，教师首先应当对儿童的学习活动给予积极的关注和倾听。因为教师对活动自始至终的全神贯注以及以欣赏姿态投入式的倾听，不仅表达了对儿童的尊重、理解和期望，能让儿童体会到满足和自信，而且通过观察儿童在不同问题情境中的行为表现、倾听并记录儿童的具体反响，可以使教师通过分析儿童的数认知水平和数概念发展特点寻找适时的教育契机，从而为有效地促进儿童的自我学习和相互学习提供有价值的依据。

在积极关注数学活动中幼儿的行为表现和参与态度时，教师还应当从恰当的透视点入手，依据儿童的认知水平和表现方式对儿童的数概念建构进行积极而有立场的解读，并给予及时的回应。如在"分饮料"（帮助幼儿初步感知量的守恒）的数学集体活动中，教师在观察各个小组幼儿用不同形状、大小的杯子给不同的小动物倒饮料的操作活动中发现，有一部分孩子始终无法很好地确定两个不同外形杯子中"饮料"的等量，此时应及时地与幼儿展开对话和讨论，并取出和其中一个杯子形状相同的杯子让幼儿进行分步骤、分层次的比较……从教师作出的这一调整和回应策略中我们可以看出：教师作为一个绎解者，在伴随着关注和观察的过程中，及时地捕捉到了推进儿童概念建构的一个关键性教育契机，通过及时的绎解，寻找到了一个了解和分析儿童思维水平和概念建构特点的突破口，并以此去解析儿童建构活动的大致脉络、透视儿童的概念立场。同时，通过及时而有效的绎解，教师也进一步地理解和揭示了儿童的思维过程并以此为据去证实和修正自己的观念和看法，进而及时地给幼儿以"回应"。这种回应，有时是一种质疑，有时是一种求证，有时是一种建议，有时是一种挑战，但它绝不是一种自上而下的"倾泻"或灌输，而是建立在不干扰和破坏儿童自主建构前提下的，与儿童在合作学习、共同建构基础上的"垂直性互动"。它为儿童的学习和意义建构起

到了"推波助澜"的作用——不仅为儿童的意义建构提示线索,推动着儿童的活动和思维,同时也能进一步地帮助儿童去发现和生成新的问题,甚至使儿童某些偶发性的、目的性并不明确的学习活动,在与教师的互动对话和回应交流中成为一个有意义的、促进儿童概念建构的学习过程。

(三) 支持幼儿的发现和探究,适时给予"支架"和提携

儿童数概念的学习和建构是一个依赖于主体与环境、材料的积极互动以及在解决问题过程中与他人的社会性合作和互动的基础上的自我调节的学习过程,它要求儿童有学习的主动性,能积极地探索,大胆地发现。但是,数概念本身的抽象性和概括性特点又决定了儿童不可能在感性经验的获得和抽象概念的建构之间划上简单的等号。从数的经验积累到数的抽象概念之间的过渡需要有教师的点拨和提升。但是,在这种点拨和提升式的指导中,教师的角色和作用不是一个传递者、讲解者,而应当是一个默默的"支架者"、提携者。

这种支架和提携功能的实现首先要求教师能够了解儿童的原有发展水平,能从儿童的角度出发,为儿童着想。其次要求教师能够对已经发生和即将发生的学习情境通过建议、提示和部分介入等方式给予支持,加速和推动儿童的学习进程。维果茨基提出的"鹰架教学"的概念和策略就是对其观点和意义的生动解释与演绎。在有效的鹰架式教学中,教师并不是告诉儿童解决问题的方法,而是随机地、巧妙而隐蔽地使用问题情境中可利用的资源,及时捕捉儿童将要向学习跨出一步的微妙时刻给予适时提携,引发、支持儿童自己解决问题。此时,教师的暗示和提携无疑能为儿童的问题解决提供有益的认知背景,能促进儿童认知的有效迁移,并推进儿童的数概念建构。

这种支架和提携的功能经常发生在当一个新的问题呈现在儿童面前,并且是儿童的已有经验不能解决当前问题的时候,教师对儿童的支持和帮助并不是及时地提示儿童或告知答案,而是隐藏起自己的自主性,把问题再抛回给儿童,完全开放地鼓励或者说"迫使"儿童自己面对问题并尝试着解决。有的时候,让儿童经历失败并不是一件坏事,失败能使儿童产生认知冲突,它对于儿童获取经验,并在此基础上经由抽象而形成概念是不可或缺的。因此,不轻易地将答案告诉儿童,而是鼓励儿童在尝试错误中解决问题,也是教师"支架"在儿童的概念获得和学习中经常运用的一种策略。因为一名智慧的教师清楚地知道,对于儿童来说,在体验错误后的顿悟往往比直接的接受来得更有意义和价值。

数学活动中这种支架和提携就是一种隐性的、间接的"指导",是在不断"支架"、支持儿童主动探究、思考的前提下完成的,如幼儿讨论活动发生争执时的一句提醒;幼儿探究过程中思维受阻时的一个质疑性提问;幼儿解决问题中发生认知偏差时的一个看似不经意的建议等,实际上都可以说是教师独具匠心的适时"支架",它能够为儿童学习任务的完成、问题情境的进一步思考提供一种暂时的支持,使得儿童在新的发现和探究中获得新的认识、新的经验,从而修正以往的经验。这是一个儿童自身感受和体验的过程,而不是教师直接给予的

过程,因此,它对于儿童概念的建构是十分有益的,清晰的数概念也正是其在经历许多次尝试经验的过程中逐渐形成和发展起来的。

二、区角数学教育活动的组织与实施

区角数学教育活动通常是指教师为幼儿提供和创设特别的数学学习材料,让幼儿在自由选择的操作性活动中建构相应数概念的活动。教师对活动的组织指导主要体现在对幼儿活动的观察、记录以及对幼儿的个别化指导和教师的自我反思方面。

(一) 观察与记录

观察与记录是教师在幼儿的非正式数学活动中首先要做到的一项基本工作。通过观察与记录,能够及时地了解幼儿在操作中对操作材料的适应状况、幼儿的操作态度、数学思维发展水平、与同伴的合作交往能力等多方面的信息,从而为制定针对个别幼儿的指导方案提供有价值的依据。

(二) 个别化指导方案

由于非正式数活动主要是以幼儿的个别活动和个体操作为主的一种活动形式,而幼儿的数概念发展水平是有着明显的个体差异的。因此,教师对于非正式数学活动的指导主要体现在为个别儿童制定有针对性的、促进其数概念发展的个别化指导方案上。

(三) 评价与反思

评价与反思是教师在非正式数活动实施过程中,针对个别化指导方案的施行情况所作的自我鉴定和评价。这一工作的价值在于通过教师自身参与的自主性评价,寻找和发现在个别化指导过程中存在的问题,尤其是对于方案制定的可行性、有效性的分析,以此更好地提高教师工作的有效性,真正促进儿童发展。

以下提供的一则个案记录,是教师在非正式数学活动中所作的关于某幼儿"有关集合概念建构"方面的观察记录、个别化指导方案和反思。[①]

案例分享

区角活动观察记录

一、观察与记录

(1) 幼儿基本情况。

---

① 此个案记录由上海市中福会托儿所许敏霞老师提供。

姓名：贝贝

性别：男

出生年月：2016 年 12 月

家庭情况：该幼儿父母均离开家乡去外地经商，因此他自出生至两岁都由其外祖父母抚育，两周岁进入托儿所全托班。

幼儿平时的行为表现、性格特点：该幼儿在区角活动中，对建构区的积木、探索区的小汽车等表现出强烈的兴趣，并且操作的时间也相对较长。但对数学区的内容常常摆弄几下就不再继续，继而选择别的材料（可能摆弄后对材料没有了兴趣，或遇到了困难）。在活动后的评价中他常常只专注于自己感兴趣的操作，或者表现出不耐烦，根本不关心也不尝试了解别人的活动情况或教师的总结。

（2）幼儿现有数概念发展水平。

表9-1 贝贝现有数概念发展水平

内容	观察项目	评价				
集合	① 按物体的一维特征分类。能形成一个同名称的集合。（实物→图片→图形）	1	[2]	3	4	5
	② 能运用分析区分已知集合。（视觉、听、触摸、运动）	1	[2]	3	4	5
	③ 感知个数5以内集合中的每个元素，会把不属于集合中的元素找出来。	[1]	2	3	4	5
	④ 会一一对应，比较2个等价集合元素间的对应关系。（5以内的同类物体）	1	2	[3]	4	5
其他	① 能自行操作区域内提供的材料。	1	2	[3]	4	5
	② 喜欢从事有关数字、数学的游戏。	[1]	2	3	4	5

注：1分：表示完全不能完成；5分：表示熟练完成。然后按具体情况从"不能—熟练"划分5档。

（3）在非正式数活动中的情况。

表9-2 贝贝的活动情况

幼儿表现	教师指导	分析
区角活动开始了，贝贝站在教室中央来回观望，最后将目光锁定在数学区中的"分冰淇淋杯"上。	观察幼儿操作。	"冰淇淋杯"是新增设的内容，基于该幼儿对新鲜事物总是表现出较强的兴趣，并且"冰淇淋杯"的材料选用的是幼儿所喜爱的建筑区的雪花片，所以引起了幼儿的兴趣。

续表

幼儿表现	教师指导	分析
贝贝进入了数学区,选择了运用雪花片进行颜色分类的"冰淇淋杯"。他将4个透明的塑料杯一个个翻看了一遍,然后开始按杯子外的蓝色标记装蓝色雪花片,不一会儿他就完成了;又拿起了一个贴着红、黄两色标记的杯子看了半天后又放下了。接着贝贝开始东张西望了,还站了起来准备离开。	走过去,告诉他还未全完成不能离开。	幼儿根据已有经验完成了较简单的内容,但他并没有因此而形成分类的经验,并建立集合的概念。
贝贝接受教师的提醒又返回座位继续摆弄杯子和雪花片。接着开始拼搭雪花片了。	教师走过去先表扬:"贝贝做的蓝色冰淇淋杯真好!帮我再做个'红、黄'冰淇淋吧!"	及时提醒幼儿遵守游戏的规则。
贝贝开始往里装红色雪花片。	看见贝贝只装红颜色的雪花片,教师及时提醒道:"我要的是红、黄两种颜色的啊,等会儿来拿!"	正面鼓励幼儿,保持幼儿的信心和兴趣,同时运用游戏的口吻提供暗示。
迟疑了一会儿,开始装两种颜色的雪花片了。大概将近十分钟,他装满后来找教师看,并说:"这是红、黄冰淇淋。"	教师点头表示正确,鼓励幼儿继续巩固:"谢谢,请你把剩下的两个也装满吧!"	
游戏结束时贝贝将剩下的绿色及蓝、绿色冰淇淋杯也完成了。		在获得成功后,幼儿对这一操作内容积累了初步的经验,并且顺利运用于以后的操作中。

(4) 活动后分析。

贝贝自小由外祖父母带大,与父母接触甚少,受其外祖父母影响很大。外祖母是退休教师,十分重视孩子的早期教育,因此,幼儿对颜色、相等、多少等概念的认识经验较多,并且对有关集合的感性经验较丰富,但这些概念与经验基本上是内隐的,事实上贝贝也还不会用口语明确表达,更不知如何应用。贝贝活泼好动,思维活跃,有较强的动手能力;性格外向而情感外露,不善于控制自己的情绪,表现为难以遵守活动规则;并且极易受兴趣导向的影响,对感兴趣的事物主动探究、积极参与,对不感兴趣的事物则会表示不愿参与的想法,并且会随意离开。

二、个别化指导方案

(1) 个案指导思路。

根据该幼儿在性格、行为习惯及数概念水平方面表现出的特点,以及在学习中表现出较大的随意性,但对动手操作的活动却能保持较长时间兴趣的特点,并依据幼儿缺乏感性经验向理性认识提升的过程,因此,通过区角活动的个案指导方式予以适当指导。改进数学区的材料投放,增设该幼儿感兴趣的材料,吸引幼儿进入数学区中进行各种分类的操作;发挥在整个区角活动中各个环节的数教育功能,将数经验的运用过程渗透在整个区角中(如美工区的材料整理、建构区的"停汽车"等),帮助幼儿将积累的有关数的感性经验经过观察及比较,抽象出初步的数的概念。

(2) 活动记录。

第一次活动记录:

表9-3 活动记录1

幼儿表现	教师指导	分析
这一次贝贝进入了建筑区,开始摆弄起他那些心爱的小汽车。不久他发现在边上有两块板,上面画着格子,于是跑来问教师:"这是干什么的?"	教师回答道:"这是停车场,需要按标记停车。"	贝贝一向喜欢建筑区的小汽车,因此教师有意提供了一些停车板,旨在让幼儿随意的摆弄车子之余能尝试按某一属性进行分类。
他拿着板回去翻来覆去看了半天。接着他将小汽车一辆辆地停在了板上,并且每格停一辆。停满后,他突然发现板的上端有几块方形标记,开始自言自语:"这块是红的,是要停红色的车子啊?"边说边抬起了头,目光正好与教师相遇。	教师点头表示认同。	在幼儿停汽车的过程中可以看出,幼儿一一对应的关系掌握得较好。但教师先前的暗示并未起到作用,反而幼儿在操作中自己发现了标记,并正确理解了标记的意义。
于是他开始重新停车。在汽车堆里他找到了三辆红色的车子,停在格子里后,又开始寻找白色和黄色的汽车。但在白色车子中他找到了两辆很大的厢式车,而停车板上的格子根本停不下,于是他把车子全拿开,将这块停车板翻来覆去看了一会儿,又照原来的样子停好车,并且把那两辆较大的厢式车硬挤进了停车板,然后找教师来看。	教师看了看,说:"这两辆车子好像停错了吧?"	幼儿找到标记后,尝试按颜色属性开始分类,并且在分类中发现了问题,在教师的指导下又开始按大小的属性开始分类。
他说:"车车太大了。"	教师鼓励道:"那你想想办法吧!"	
贝贝满脸困惑:"我想不出。"	教师提示贝贝:"那儿还有一块停车板,你去试试吧!"	

续表

幼儿表现	教师指导	分析
贝贝又坐了回去,并开始摆弄另一块板。没多久他又开始停车,他把两辆白色大车停在了"大"的一格,把筐里剩下的汽车停进"小"的一格。看了一会儿又把"小"的一格中的两辆车停进了"大"的一格。然后满意地点点头来找教师看。	 教师点头示意他完成了。	另一张板上写着"小"和"大"两个字,虽然贝贝并不认识字,但从他接着停车的过程中,发现幼儿理解了标记的意思。

第二次活动记录:

表9-4 活动记录2

幼儿表现	教师指导	分析
贝贝进入美工区活动,选择了字母涂色游戏,前几次他已经涂过"A"和"B"。他先用蜡笔涂字母"C",涂完后,又用剪刀把它剪下来,接着用固体胶黏到展示板上。黏完后他发现了手工纸,拿了一张准备折。	教师保持距离进行观察。	该幼儿对感兴趣的活动不仅能保持较长时间的兴趣,并能完全按照教师的要求一步步进行操作。
贝贝放下手工纸开始整理,他把所有的东西放进了装固体胶的篮子,然后又取出剪刀插在了剪刀架上,又从篮子里找出了刚放进去的蜡笔,放进了装蜡笔的箩筐,然后来找教师。	教师示意他把用过的东西都放回原处。 教师点头表扬:"你整理得不错!"	及时运用整理物品的机会,培养幼儿归类的能力。开始幼儿急着整理并未注意到所有东西都是分类放置的,但不久幼儿就发现了其中的规律,并按照物品的不同属性收拾好了。

第三次活动记录:

表9-5 活动记录3

幼儿表现	教师指导	分析
贝贝这次选择了数学区的"分小鱼"游戏,他先取了标有数字"1"的托盘。托盘里分别有"红、黄、蓝、绿"四个鱼盘和一箩筐塑料小鱼。贝贝开始装鱼,很快贝贝将筐里的鱼按颜色分别装进了四个鱼盘里。	教师保持一定距离观察。	幼儿在多次的操作后已熟悉地掌握了按物体的颜色属性进行分类。

续　表

幼儿表现	教师指导	分析
然后贝贝取了标有数字"2"的托盘,盘子里有"大、中、小"三个鱼盘和一筐塑料小鱼。贝贝很快将大鱼和小鱼分好,但"中"鱼盘却空着,而箩筐里已经没有鱼了。贝贝又翻弄了一会已经分好的大鱼和小鱼,见他在大鱼盘中找出了一条稍小一点的鱼,放进了小鱼盘。放进去后他又拿了出来,自言自语地说:"好像不大对。"接着贝贝又在鱼盘里翻弄了一会,但始终没有将那条体型适中的鱼放进任何一个鱼盘里。大约十分钟左右贝贝把大小鱼盘里体型适中的鱼都找了出来,可是却没有放进那个空着的"中"鱼盘里。这时,他指着这个"中"鱼盘里的"中"字走过来找教师:"老师,这是什么字?"	幼儿在比较中发现了问题,并处于思考的过程中,因此教师并未干预幼儿,在一旁继续观察。	虽然在鱼盘里"大""小"两个字并没有大小的差别,但从幼儿的操作来看,幼儿已经认识并理解。("大""小"两个字在建筑区停车时曾经出现过。)
贝贝好奇地问:"'中'是什么意思?""那是不是比大的小点。"	教师回答:"这是'中'字。""'中'就是中间的意思。""喔,也可以这么说。"	
贝贝拿着鱼盘回去了,坐下后又开始翻弄那些从大小鱼盘里找出来的体型适中的鱼,抬头问教师:"那可以放在这里吗?"	教师说:"你看呢?"	
"可以的吧?!"贝贝并不很确定地说。	教师鼓励:"你试试吧!"	
贝贝将那些体型适中的鱼装进了"中"鱼盘,然后来找教师看: "这是小鱼。" "这是中鱼。" "嗯,就是,中鱼就是不大不小的鱼呀!"	"这是大鱼,这个呢?" "哦,这是什么鱼呢?" "中鱼是什么鱼啊?" 教师表扬:"哦,不错。你分得很棒啊!再试试别的吧。"	
贝贝并未接受教师的提议,仍然操作"2"的材料。		说明幼儿仍然想体验操作完成后的成功感,从中获得自我满足。

（3）评价与反思。

在区域活动的各种分类游戏中渗透着"集合"的概念。从以上记录可以看出数概念的建构不仅仅局限于区角活动中的数学区或是集体的数学游戏,而是可以渗透在日常生活中,尤其是区角活动的各个环节当中。例如:在建筑区提供贝贝所喜爱的小汽车的同时,提供停车板创设情境,促使其运用已有的颜色及分类经验进行

"停车"(即分类和计数活动)。又如在美工区的材料整理,也渗透了分类的操作。在一系列的分类操作过程中,引起幼儿对集合概念较大的兴趣,并逐渐尝试确定集合中元素的数量,促使贝贝建立起有关"集合"的感性经验,并得到运用和梳理,帮助他获得以某一特征为条件的一个整体,即集合的概念。在数学的非正式活动中,可以使幼儿把感知到的材料,经过一番观察和比较、分析和概括,抽象出初步的数概念。此外,教师对儿童活动的观察和及时给予指导也是非常重要的。只是在实际操作中,时间的保证上存在一定的困难。

三、幼儿园数学教育活动的案例与评析

集体活动

大象爸爸过生日(小班)①

活动目标

通过情境游戏复习按物体大小排序;培养合作能力及爱父母的情感。

活动准备

"大象"头饰1个;气球(大、中、小)2束;大、中、小礼盒、袋糖、橡皮泥、蜡烛各5份;生日小蜡烛;打火机。

活动过程

教师扮演大象妈妈,幼儿扮演小象。

教师:我们要为大象爸爸过生日,先要布置房间,再为他祝福生日。

一、布置房间

1. 挂气球。

(出示气球两束)大象妈妈:"先要把气球挂起来装饰房间,气球挂得要又整齐又好看,怎么办呢?"

幼儿操作:挂气球(从大→小或从小→大)(如图9-1)。

---

① 邹兆芳.幼儿数学新编(教师用书)[M].上海:上海三联书店,1996:56.

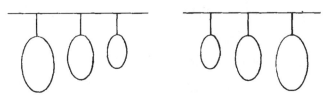

图 9-1

2. 摆礼物。

大象妈妈："每人都有礼盒送给爸爸,我们要把礼盒也摆整齐,怎么摆呢?"

幼儿操作:摆礼盒(从小→大或从大→小)(如图 9-2)。

图 9-2

3. 分袋糖。

大象妈妈："开庆祝会还有许多袋糖,我们也来放整齐,怎么办呢?"

幼儿任意排列,并说出排的规则(从大→小或从小→大)(如图 9-2)。

4. 做"蛋糕"。

大象妈妈："用橡皮泥做'蛋糕','蛋糕'也有三种大小,大家看看,怎么排呢?"

幼儿自由摆放,并说出摆的规则(从大→小或从小→大)。

大象妈妈："蛋糕上还有蜡烛呢!它们一样吗?"(幼儿发现蜡烛也有大、中、小之别)

大象妈妈："蜡烛怎么插呢?"(教师引导幼儿将大蜡烛插于大蛋糕内、小蜡烛插于小蛋糕内……)

二、生日庆祝会

1. 大象妈妈："爸爸回来了,看见房间那么漂亮,还有礼物、糖和蛋糕,很高兴!"(出示生日小蜡烛)大象爸爸给每一组小象插上蜡烛并点燃。

2. 大家拍手齐唱《生日快乐》歌,并吹灭蜡烛,大家真高兴!

活动建议

1. 还可提供幼儿一些木珠,串成糖葫芦,庆祝大象爸爸的生日。

2. 大象爸爸亦可给每组幼儿插上不同颜色的蜡烛,供幼儿按颜色进行分类或排序。

评析：

此活动是为小班幼儿设计的一则在情境性游戏中学习按物体的大小进行排序的数学集体活动。此活动设计的特点和主要价值反映在：第一，选取了符合小班幼儿年龄特点的活动样式。活动主要以"大象爸爸过生日"的情境线索为主展开此次活动，这一活动的形式符合小班幼儿喜爱小动物、喜爱游戏的年龄特点，"过生日"的情境也来自小班儿童的生活经验，它为幼儿展开情境中的相关数字问题的学习提供了一个恰到好处的游戏氛围。第二，体现了数学思维发展上的要求和层次性。虽然活动引用了游戏的形式、游戏的情节和游戏的口吻，但在活动各个环节的安排上，教师没有忽略目标定位，始终把数学概念要求贯穿其中，如根据游戏的情节，安排了几种不同材料的大小排序任务，使小班幼儿在不同材料的操作中多次体验了物体的大小特征以及正逆排序，为幼儿深入掌握序列的概念打下了扎实的基础。第三，注重幼儿的非智力因素和情感培养。整个活动的设计即使是围绕着数学这一核心，但在活动中教师也有机地融合了语言、艺术、情感、社会性等方面的培养。如组织大家一起布置房间过生日的喜庆气氛、唱生日歌、点蜡烛等，都在活动的进行之中潜移默化地丰富了幼儿有关的生活经验，使其体验了合作、友爱的快乐以及尊敬长辈的情感。

集体活动

动物乐园（中班）[①]

活动目标

在欣赏活动中感知椭圆形，并能区别椭圆形与圆形的不同；培养观察力、想象力。

活动准备

PPT 6 张，如图 9-3、图 9-4、图 9-5、图 9-6、图 9-7 和图 9-8 所示，一样大小的铅丝圈 2 个。

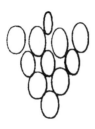
图 9-3 葡萄

图 9-4 兔子与蘑菇

图 9-5 娃娃脸

---

① 邹兆芳.幼儿数学新编(教师用书)[M].上海：上海三联书店，1996：73.

图9-6 泡泡　　　　图9-7 海底世界　　　　图9-8 手拉手

活动过程

一、感知椭圆形

教师逐一播放PPT,让幼儿欣赏在日常生活中见过的椭圆形状组成的东西,如葡萄、兔子与蘑菇、脸、泡泡等。

二、认识椭圆形

教师出示2个一样大小的铅丝圈,用把其中1个用拉长和压扁的方法,使其变形成椭圆形。教师提示:长长的或扁扁的圆,我们叫它椭圆形。

三、欣赏椭圆形

教师播放PPT,即图9-7,启发幼儿想象椭圆形组合的图形(如螃蟹、小鱼、大虾、水草、气泡等),看图讲故事。

四、比较圆形和椭圆形

1. 比较相同点:让幼儿摸圆和椭圆的边缘,引导其发现相同点(都是没有角的)。
2. 区别不同处:教师放映PPT,即图9-8,引导幼儿观察虚直线,虚直线一样长的是圆形,虚线不一样长的是椭圆形。再分别找出圆形脸和椭圆形脸的小朋友。

活动建议

亦可让幼儿找出大小不同的圆形、椭圆形片,重叠放置,观察、比较其相同与不同。还可让幼儿将彩色的圆形和椭圆形进行分类、排序、组合等。

评析:

形的概念相对于抽象的数概念来说要更具体、直观一些。在幼儿的日常生活中,也往往积累了一些有关形体识别的基本经验,因此,对于中班年龄的幼儿来说,识别几何图形并不是太困难,尤其是让幼儿仅仅记住形体的命名。本则活动中教师的设计没有只简单地定位在帮助幼儿辨别认识形体的特征上,而是通过一系列由各种椭圆形拼搭而成的几何图案让幼儿在有趣生动的欣赏和感知中加深对椭圆形特征的认识。同时,这种几何图案的呈现,不仅让幼儿直观地感知到一种图案美、比例美、数学美,也可以在欣赏中进一步体会数形结合中的有关数概念,如要求幼儿数数不同大小的形状各有多少,或让幼儿用自己的语言表述一幅幅抽象的图案,在由抽象到形象的转化中,发展幼儿的想象和思维。尤其值得一提的是,这则活动的设计中把椭圆形和圆形加以比较区分,一方面可以进一步巩固幼儿对椭圆形特征的认识,另一方面也可以让幼儿学习到一种比较的思维方法和思路,这对于幼儿抽象逻辑思维的发展是极其重要的。

  集体活动

购物①

活动目标

通过游戏认识货币的种类,在购物中学习算账,懂得货币面值的换算;联系日常生活内容培养初步使用货币的能力。

活动准备

收集各种"货物"的图片、卡纸、彩色笔。

活动过程

一、制作商品

幼儿合作将"货物"图片黏贴于卡纸上,制成立体商品,并贴上数字标价,如图9-9所示。

图9-9

二、制作货币

合作用卡纸制作游戏货币,每组制成2张5元,2张2元,6张1元。

三、布置超市

将商品按类别分成几个购物区,并将商品陈列整齐,相应标好价。

四、逛超市

1. 全班幼儿自由组合分成3人一组(爸爸、妈妈、小孩子)及收银员2—3名(一般为能力较强的幼儿,可以由教师指定)。每"家"持游戏货币10元(5元1张,2元1张,1元3张)。

---

① 邹兆芳.幼儿数学新编(教师用书)[M].上海:上海三联书店,1996:211.

2. 购买货物时"父母"和"孩子"共同商量如何使用手中的货币。
3. "营业员"应根据标价算清"账目",买卖双方可以相互验算。
4. 买东西时,应说出想买东西的名称和数量。

活动建议

"营业员"和"家长"可轮换角色,购物"回家"后可以算算一共用了多少钱,还剩多少,"收银员"则可以算算"收入"有多少。若整"元"的货币游戏熟练后,可以制作"角"币进行游戏,可以练习找零钱和兑换。在本活动前亦可再增加一次认识货币的活动,让幼儿认识1元、2元、5元、10元、50元、100元不同面值的纸币和1角、5角、1元等不同面值的硬币及其兑换:5张1元可换1张5元;2张5元可换1张10元;10张1元可换1张10元;2张50元可换1张100元;5个1角硬币可换1个5角硬币;10个1角硬币可换1个1元硬币。

评析:

在幼儿的日常生活中,孩子们已经初步积累起了有关货币使用的一些感性经验,在家长带领孩子们逛商店、去超市购物的过程中也初步认识了一些货币,而货币的使用和不同面值间的换算既是与幼儿的生活经验相联系又与幼儿复习巩固数的运算相联系的一项内容,通过集体教育活动的设计可以进一步增进幼儿对数概念以及相关生活经验的提升。此活动模拟了一个生活场景——超市,在这个幼儿较熟悉的情境中,通过几组活动让幼儿应用数的知识解决一些情境问题。在整个活动的设计中,始终体现了幼儿的活动主体地位,从制作商品、写标价,到布置商店和购物买卖,都是幼儿自身参与的活动,而不是教师预先的布置和安排。在整个活动的设计和安排中,也较好地体现了幼儿间的互动和合作。对于大班幼儿来说,在活动中促进幼儿的社会性交往是非常重要且有意义的,活动中的合作和交往,可以使幼儿在互动中产生认知冲突。在解决问题的争执、讨论、协商、妥协、接纳等过程中既促进了幼儿的思维,又发展了幼儿的交往技能。

集体活动

我家的电话号码(中班)[①]

活动背景

当今时代,电话(手机)已成为普通家庭常见的电信设备,不少幼儿已在家里接听和

[①] 徐苗郎. 我的幼儿园数学活动模式[M]. 上海:上海社会科学院出版社,2004:209. 有修改.

打过电话,他们通话的对象有他们的家人、亲戚,也有小伙伴,但对自己家或父母的电话号码却不是人人都能报得出来。为了让幼儿了解并记忆自己家或父母的电话号码(也是一种自我保护的需要),并满足幼儿想了解同伴家的电话号码的需要,组织这样一个"猜猜我家的电话号码"的集体活动,既可满足幼儿与亲友、同伴交往的情感需要,又能让幼儿在认数、辨数以及数点对应方面,积累一些相关的经验。

活动目标

1. 通过游戏活动,让幼儿认数、辨数以及进行数与点对应,了解并积累有关数经验。
2. 知道、关心自己家和好朋友的电话号码,激发与亲友同伴交往的愿望和情感。

活动材料

数字卡0—9,点子卡片0—9(其中0为空白卡片);父母写的电话号码及相应的空表格每人两份。

活动过程

一、了解电话的用处

1. 电话的用处有哪些?跟谁打电话?有什么事打电话?
2. 电话的用处这么大,要记住自己家的电话号码。

二、变电话号码

1. 父母帮我们写好了电话号码,直接玩游戏太简单了,怎么办?(把数字变成点子)
2. 数字1变成几个点子?数字5呢?
3. 认读自己家的电话号码,数数有几个数字。
4. 遇到0该找什么点子卡片表示?
5. 把写有电话号码的表格与空的表格对整齐后黏牢,变电话号码。

三、游戏活动:"猜猜我家的电话号码"

1. 两位幼儿结伴,互相交换对方的点子电话号码。
2. 打电话游戏:将对方的点子电话号码变成数字的电话号码,逐一报出来,或在电话机上边按边报。拨通对方家的电话号码,接听者听到所报的是自家的电话号码,必须迅速发出"叮铃铃"的声音,并"接听"电话,问:"你是哪一位,我是……"

评析:

出于自我保护和与同伴交往的需要来记忆自家的电话号码和了解同伴家的电话号码,是在"我爱我家"主题活动开展中延伸出来的阶段活动。幼儿向家人询问电话号码,让家人写电话号码,幼儿认读写下的电话号码。此次活动,有通过数点对应,按数字用点子对应记下电话号码,这一过程为幼儿记忆自家电话号码提供了多次机会。幼儿在这一过程的实践中,也就记住了自家的电话号码。同时,在活动中通过与同伴交换用点子记录的电话号码,把它变成数字,又运用了幼儿已有的数数经验,同时促进幼儿目测数群能力的发展,而这些都是融在活动之中,由幼儿自主完成的。

活动中,幼儿在已认读基础上对电话号码中的"0",讨论了用点子如何表示,从幼儿所说的"寻找没有点子的卡片来表示"说明幼儿对"0"的实际意义已理解与接受了。由于解决问题的需要,中班初期幼儿已提前认识了原来要到大班才认识的"0"。

本次活动准备的材料中有家长为孩子所写的电话号码及孩子把它变成点子表示的电话号码两张纸,用相同的有8个格子的纸作为辅助工具,它既为幼儿按数字找点子卡提供了方便,又引起了幼儿对数字中"0"的实际意义的认识,为幼儿进一步提出问题、思考问题、解决问题创造了条件。同时,活动中的情境性与游戏性进一步激发了幼儿学习的积极性,使幼儿的情感和心理需要得到满足。

集体活动

和影子捉迷藏①

活动背景

在开展"我自己"主题活动的过程中,一次户外的"踩影子"游戏引发了幼儿对自己影子的观察兴趣。他们互相辨认影子是否像自己,他们自由结合成三人小组,用教师提供的粉笔画影子,并比较所画好的影子的长短。长短差异不十分明显的影子常引起幼儿的争论,因为靠目测比较困难。于是,教师建议幼儿保留画好的影子,第二天用量一量的办法来作比较。为此,教师提供了绳子、小木棒、铅笔等材料,预设了"自然测量比长短"的活动。

活动目标

1. 尝试用同一种材料首尾相接测量的方法比较影子的长短,解决在影子比较过程中产生的问题。

2. 鼓励幼儿继续进行画影子及测量比较活动,激发幼儿观察与比较的兴趣,学会提出问题。

活动过程

一、对前一天画好的影子进行自然测量的比较活动

幼儿按需选择教师所提供的材料,尝试量影子有多长,然后再来比较影子的长短。（可能幼儿会出现争论）

---

① 徐苗郎.我的幼儿园数学活动模式[M].上海:上海社会科学院出版社,2004:225.

二、集中幼儿进行交流,提出活动中争论的问题

有的幼儿说:"他量自己的影子时,量出了好几根绳子长,量我的影子时一会儿就量好了,我觉得他量得不对。"有的则说:"用铅笔量两个影子的长短,比出来是我的影子长,他的影子短;用绳子量的时候,却是他的影子长,我的影子短,真搞不懂!"还有的说:"明明是我比他高,怎么量出来的影子会是我比他矮(短)呢?"

三、幼儿学习首尾相接测量的方法

1. 请在活动中能用小木棒首尾相接测量影子的长短的幼儿进行过程重试,让幼儿看后对"你是不是用和他一样的方法量影子长短的""他为什么量了一次后移动小木棒时另一只手要按住一个点,然后将木棒从这个点开始继续量……"等问题进行思考。

2. 教师:我很想学习用这个方法来量一量,他用的是木棒,我想用绳子试一试。(教师用绳子演示首尾相接测量的方法)

3. 幼儿自选材料尝试首尾相接测量的方法。

四、进一步测量

提问:为什么有的小朋友还是比不出谁的影子长,谁的影子短?

幼儿演示两次用不同材料测量两个影子的首尾相接测量的方法,并讨论:在他量好后帮他将两个影子长度比一比。

让幼儿发现不同的材料测量两个影子时是不能比较的,得出要用同一测量材料量两个或更多的影子,才能比较出影子长短的结论。

五、思考

进一步提出思考问题,激发幼儿再次画影子和进行影子测量比较的兴趣。

幼儿:个子高的人的影子是不是一定比个子矮的人的影子长?

教师:去画画上午和下午你的影子,比一比是一样长的吗?

评析:

以往让幼儿学习自然测量,先要布置一个特定的场景(设定一些需要测量的物体,并教会幼儿首尾相接测量的方法),然后让幼儿测量那些设定要测量的物体,将测量的结果进行核对,比较所测量物体的长短、宽窄等。整个活动由教师预设、指挥,孩子的自主性不易发挥。而这次测量和比较影子的长短的活动是处于主题情境之中,由看自己的影子到关注同伴的影子,很自然地进行影子长短的比较,并从比较中产生了问题。在尝试利用自然物测量影子长短中,幼儿又生成了新的问题,由于有求知解惑的需要,幼儿学习的自主性增强,能较快地学会首尾相接测量的方法。而掌握了测量方法也就解决了在影子比较中产生的问题关键,从而又一次激发幼儿再去画影子、测量影子和比较影子长短的兴趣,促进幼儿思考有关影子探索的其他问题。这就让我们体会到主题活动中是幼儿的需要促进了幼儿数学的学

习,数学的学习又促进了主题活动的进一步开展。所以,整合在主题活动中的数学活动的价值,不仅是数教育本身的价值,而且是有利于孩子发展成长的多方面的价值。

 复习与思考

1. 幼儿园的数学教育活动设计应遵循哪些原则?为什么?
2. 如何理解数学活动设计的科学性原则?
3. 以"10 以内数概念"发展中的某一内容为主,设计一则集体的数学教育活动方案,并简单说明设计思路。
4. 数学教育活动中,教师的组织和指导策略主要体现在哪些方面?试举例说明。
5. 在区域数学活动的组织与实施中,教师的作用主要体现在哪些方面?为什么?
6. 试结合幼儿园的数学活动,从活动目标、材料准备和过程实施等方面加以评析。

附 录

学前儿童数学教育课程教学（考试）大纲

学前儿童数学教育是研究学前儿童初步数学概念的形成发展、学前儿童数学学习的一般规律和特点的一门学科。本学科为研究学前儿童数学教育的可能性和不同年龄幼儿的特殊性、为确定学前儿童数学教育的内容、方法提供理论依据。同时还根据学前儿童初步数学概念发展的理论和教育的实践经验，探讨从教育目标开始进而寻求达到目标的基本途径及教学方法。

从研究对象可以看出，学前儿童数学教育是一门理论与实践结合的应用学科。

学前儿童数学教育与数学、学前儿童心理学、学前儿童教育学等学科有着密切的联系。学前儿童所要掌握的一些粗浅的数学知识，包括数量关系、空间关系、时间关系等都是以数学中的数量关系、空间关系、时间关系的理论为基础的；学前儿童心理学阐述的幼儿认知特点、学前儿童教育学阐述的教学原则与方法为学前儿童数学教育提供了理论和科学的依据。而学前儿童数学教育的学习又有助于学生进一步掌握数学理论，有助于加深对心理学、教育学理论的理解与具体运用。

学前儿童数学教育作为学前教育专业的一门必修课程，本课程的学习能帮助学生在掌握基本理论的同时，融会贯通地将课程中的相关理论与幼儿园实践相联系，从而提高学生应用知识和从事实践的专业能力及素养，使学生能更好地胜任幼儿园数学教育工作。

一、教学要求

（一）知识体系

（1）数学是现代科学技术的基础和工具，是普通教育中的一门重要的基础课程，是每个人应具备的文化素养之一。学前儿童数学启蒙教育对于幼儿更正确地认识周围世界、开发智力及今后的学习都具有重要的意义。

(2) 幼儿学习数学存在从具体到抽象、从个别到一般、从外部动作到内部动作、从同化到顺应、从自我中心到社会化等特点。

(3) 学前儿童初步数学知识的形成发展包括集合观念的形成发展，数概念的形成发展，加减运算能力的发展，度量、空间、时间观念的形成与发展等。

(4) 学前儿童数学教育包括认知、情感和动作技能等教育目标。

(5) 学前儿童数学教育涉及的内容面很广，包括数量关系、空间关系等。具体包含有集合分类、模式排序、数的概念、加减运算、几何形体、度量、空间观念、时间观念等方面。要根据幼儿的认知特点来选择一定的数学教育内容。

(6) 学前儿童数学教育目标是通过专门的数学集体教学活动、区角数学活动以及渗透性数学活动等形式来完成的，主要教学方法有操作、游戏、比较、寻找、讨论、发现等。

(7) 要重视学前儿童数学教育的科学研究，处理好心理与教育、理论与实践、数量与质量、求实与创新的关系。可从数学教育的基本理论、内容方法等方面入手，采用观察、测验、实验等手段进行教学。

(8) 有关学前儿童数学教育的主要流派有列乌申娜的数学教育思想、皮亚杰有关儿童数教育和数认知能力发展的研究以及蒙台梭利、凯米等的数学教育课程体系。

(9) 学前儿童数学教育教材教法涉及如下几方面：

① 数前的教学：包括集合、物体的分类、模式排序、比较两组物体相等与不等。

② 10以内数的教学：包括数数、数的实际意义；数字符号的认读与表征、10以内数的组成和以实物为基础的10以内简单加减运算。

③ 认识几何形体的教学：包括圆形、三角形、正方形、长方形、梯形等平面图形和球体、正方体、长方体、圆柱体等立体图形，同时学会物体的二等分和四等分。

④ 度量的教学包括大小、长短、粗细、厚薄、轻重等。

⑤ 空间方位的教学包括上下、前后、左右等。

⑥ 时间的教学包括早晨、晚上、白天、黑夜；昨天、今天、明天；星期；时钟的整点、半点等。

(10) 学前儿童数学教育活动设计应注意科学性、渗透性、主体性与发展性等原则。数学教育活动设计包括了解、分析儿童的发展水平、选定数学教育活动的内容、制定数学教育活动的目标和设计数学教育活动的方案等工作。

(11) 数学教育活动的实施中，教师的组织和指导策略主要体现在：创设情境、关注幼儿、及时回应、适时支架等方面。对于非正式数学活动的指导，教师的观察记录、个别化指导和评价反思亦是至关重要的。

(二) 能力结构

(1) 能够记住和理解教材中有关数学及数学教学法方面的主要概念及幼儿数学知识形成发展的特点。

(2) 能根据幼儿数学知识的认知特点分析相应的教学方法。

(3) 能按教学法的一般原理设计数学活动,分析活动效果。

(三) 课时安排

表附-1 课时安排

章次\进修类型	二年制高职进修	三年制业余进修	四年制学习		
			总数	面授	自学
一	4	4	8	3	5
二	4	4	8	3	5
三	8	8	16	6	10
四	6	6	12	4	8
五	6	6	12	4	8
六	8	8	16	6	10
七	6	6	12	4	8
八	6	6	12	4	8
九	6	6	12	4	8
总课时	54	54	108	38	70

(四) 教与学的方法

1. 教学方法

(1) 讲述法。整个教学以讲述为主。讲清理论观点等内容,在具体教材教法部分还可采用演示性讲解。

(2) 讨论法。教学活动的设计、教学方法的应用等内容可适当组织讨论。

(3) 实践活动。可适当组织学员参与数学教育的实践活动,以进一步探讨教育方法,更好地掌握所学知识。

2. 自学方法

(1) 根据考纲要求全面系统地通读教材;在通读的基础上对教材各章节的要点逐一理解与消化;在学习每一章的基础上加强分析、综合、比较,以掌握教材的内在联系。

(2) 学前儿童数学教育是一门应用性强的学科,因此不能为了应付考试而只学理论知识,只有主动争取和参加教育实践,在实践过程中熟悉幼儿学数特点并尝试运用各种方法以增加感性认识,才能融会贯通地运用所学的理论知识。

(3) 根据要求寻找教材以外的相应参考资料,如教案、评析等作为辅助学习材料,以帮助理解和扩展思路。

二、教学内容与目标分类

(一) 有关内容与目标分类的说明

本大纲所列的各章、节及其细目的全部内容均为教学内容,其中大部分为考试内容。

教学内容各条目后括号内的提法是学员对所学内容在学习时应掌握的不同目标层次,同时也作为本学科的考核要求。目标分类各层次之间的关系是递进累积关系,即一方面较高层次的行为建立在较低层次行为的基础之上,另一方面较低层次的行为又可转化为较高层次行为的必要组成部分。它们的关系可表述为:

第一层次:记忆;

第二层次:在记忆的基础上正确理解;

第三层次:在记忆和理解的基础上学会应用。

目标分类中提法的含义:

1. 记忆。仅从文字上掌握所学的知识。考试时,在与教材情境、文字基本相同的情况下,通过适当地再认、回忆或自动反应完成作业。

2. 理解。从知识的内涵、外延及互相联系上掌握所学的知识。考核时,在所学内容相同、文字不同或表达方式不同的情况下通过一定的思考、组织完成作业。通常表现为对所学知识能作出相应水平的解释,对其意义能作出简单的直接归纳或演绎性推断。

3. 应用。从本质上或某种抽象水平上掌握所学的知识。考试时能运用所学的知识在相同水平、相同难度的新问题或新情境中完成作业。

(二) 教学内容、教学要求及目标定位

第一章 学前儿童数学教育概述

教学目的:使学生掌握学前儿童数学学习的一般心理发展特点,了解儿童数认知发展的一般规律,明确学前儿童数学教育的意义和主要任务。

教学重点:学前儿童数学教育的任务。

教学难点:学前儿童数学学习的心理特点。

教学的具体内容与目标定位:

第一节 学前儿童数学教育的意义(理解)

一、有助于幼儿对生活和周围世界的正确认识(理解)

二、有助于培养幼儿的好奇心、探究欲及对数学的兴趣(理解)

三、有助于幼儿思维能力及良好思维品质的培养(理解)

四、有助于幼儿日后的小学数学学习(理解)

第二节 学前儿童的早期数学认知发展(理解)

一、数学知识的本质(理解)

二、学前儿童逻辑思维发展的特点(理解)

三、学前儿童学习数学的心理特点(理解)

第三节 学前儿童数学教育的任务

一、培养幼儿对数学的兴趣和探究欲(理解)

二、发展幼儿初步的逻辑思维能力和解决问题的能力(理解)

三、为幼儿提供和创设促进其数学学习的环境和材料(理解)

四、促进幼儿对初浅数学知识和概念的理解(理解)

教学建议:可结合学生在幼儿园的所见所闻,引发学生对学前阶段数学教育意义和任务的讨论,从而加深学生对此问题的认识与思考。

第二章 学前儿童数学教育的目标和内容

教学目的:帮助学生掌握学前儿童数学教育的目标、内容及各年龄段的要求。

教学重点:学前儿童数学教育的目标。

教学难点:学前儿童的数学教育在动作技能方面的目标。

教学的具体内容和目标定位:

第一节 学前儿童数学教育的目标

一、学前儿童数学教育目标制定的依据(理解)

二、学前儿童数学教育目标的结构分析(理解)

三、学前儿童数学教育目标的内容(理解)

第二节 学前儿童数学教育的内容

一、选择学前儿童数学教育内容的依据(理解)

二、学前儿童数学教育的内容及各年龄段的要求(记忆)

教学建议:在讲解数学教育在认知、情感、动作技能等方面的目标时,还应讲清这三者的关系。

第三章 有关学前儿童数学教育的理论流派与研究动向

教学目的:通过对国外有关学前儿童数学教育理论的介绍,使学生在分析、比较和借鉴的学习过程中进一步加深对数学教育基本理论问题的认识。

教学重、难点:皮亚杰的儿童数学学习研究与建构主义数学教育。

教学的具体内容与目标定位:

第一节 列乌申娜的数学教育思想与苏联的学前儿童数学教育

一、列乌申娜的数学教育思想(理解)

二、苏联学前儿童数学教育大纲及特点(理解)

第二节 皮亚杰的儿童数学学习研究与建构主义数学教育

一、皮亚杰理论的基本要点(理解)

二、关于儿童数学概念发展的研究(理解)

三、建构主义数学教育的基本主张(理解)

第三节 蒙台梭利与蒙台梭利课程中的数学教育

一、蒙台梭利数学教育的基本思想(理解)

二、蒙台梭利数学教育的内容和方法(理解)

三、蒙台梭利数学教育的教具(理解)

第四节 凯米、格里芬的数学教育思想与美国的学前儿童数学教育

一、凯米的数学教育思想和课程方案(理解)

二、美国的学前儿童数学教育(理解)

三、格里芬的数学教育思想和课程方案(理解)

第五节 有关学前儿童数学教育的发展和研究动向

一、重视数学学习中的操作和多感官体验(理解)

二、重视问题解决,学习"应用性数学"(理解)

三、重视提供基于情境的数学学习和交流(理解)

四、重视儿童对数学概念的自我建构和社会建构(理解)

五、重视儿童非正式数学能力的培养(理解)

六、重视数学交流,倡导多元表征(理解)

教学建议:在学生掌握各种不同的理论观点和思想的基础上,可以启发学生进行联系实际的分析、思考与讨论,探究每一种理论所倡导的价值观念和取向。

第四章 学前儿童数学教育的途径与方法

教学目的:了解幼儿园数学教育活动的各种形式;掌握学前儿童数学教育的基本方法;能用教育基本方法分析教学实例。

教学重点:数学教育的基本方法。

教学难点:理解几种基本教学方法之间的内在联系,提高分析问题的能力。

教学的具体内容与目标定位:

第一节 学前儿童数学教育的途径

一、专门的数学教育活动(理解与应用)

二、渗透的数学教育活动(理解与应用)

第二节 学前儿童数学教育的方法

一、操作法(应用)

二、游戏法(理解)

三、比较法(应用)

四、讨论法(理解)

五、发现法(理解)

六、寻找法(应用)

第三节 学前儿童数学教育的环境创设

一、感受数学美,使儿童"亲近数学""喜欢数学"(应用)

二、渗透数形结合,变"抽象数学"为"形象数学"(应用)

三、充分利用空间与材料,引发儿童自发、自主的探究与学习(应用)

教学建议:对于数学教育方法与途径的理解和把握,可以结合具体的活动案例分析,展开进一步的讨论。

第五章 学前儿童感知集合与模式的发展和学习

教学目的:掌握学前儿童集合与模式概念发展的一般特点与规律,掌握物体分类、比较多少以及集合间运算、模式感知的有关教育教学要点。

教学重点:学前儿童感知集合的教育。

教学难点:模式学习对学前儿童数学认知发展的意义与价值。

教学的具体内容与目标定位:

第一节 关于集合与模式的基本知识

一、集合及其元素(记忆与理解)

二、集合的分类与表示方法(记忆与理解)

三、集合间的关系与运算(记忆与理解)

四、模式及其基本特性(记忆与理解)

五、模式能力的结构(记忆与理解)

六、模式与排序的关系(理解)

第二节 学前儿童感知集合发展的特点

一、学前儿童感知集合的意义(理解)

二、学前儿童集合概念发展的阶段(记忆)

三、学前儿童感知集合发展的特点(理解)

第三节 学前儿童有关集合概念的感知与学习

一、物体的分类(应用)

二、区别1和许多(应用)

三、两个集合元素的一一对应比较(应用)

四、感知集合间的关系与运算(应用)

第四节 学前儿童模式概念发展的特点

一、学前儿童模式概念发展的阶段(记忆)

二、学前儿童模式概念发展的特点(理解)

第五节 学前儿童有关模式概念的感知与学习

一、有关模式概念学习的基本内容(记忆)

二、有关模式学习活动的设计要点和案例分析(应用)

教学建议:首先要帮助学生梳理清有关集合与模式的一些概念,在涉及集合、模式相关方面的具体教育内容时,可以与儿童集合、模式概念发展的特点联系起来,以进一步帮助学生加强对所学知识的理解和应用。

第六章 学前儿童数概念与运算能力的发展和学习

教学目的:使学生掌握数与运算的基本知识,了解学前儿童数概念以及运算能力发展的一般过程和特点,并能根据发展特点掌握各年龄阶段儿童在数概念和运算能力方面的教学目标要求、教学方法形式等关键性要点。

教学重点:有关数组成与运算的教育。

教学难点:有关数概念发展的特点和教育教学形式。

教学的具体内容和目标定位:

第一节 关于数与运算的基本知识

一、数(记忆)

二、数字(记忆)

三、计数(记忆)

四、数制(记忆)

五、数的组成(记忆)

六、数的运算(记忆)

第二节 学前儿童数概念发展的特点

一、学前儿童计数能力的发展(理解)

二、学前儿童 10 以内数概念的初步发展及特点(理解)

三、学前儿童数概念形成的标志(理解)

第三节 学前儿童有关数概念的感知与学习

一、10 以内的数(应用)

二、计数(应用)

三、数字符号(应用)

四、数的组成教育(应用)

第四节 学前儿童运算能力发展的特点

一、学前儿童加减运算能力发展的一般过程(理解)

二、学前儿童加减运算能力发展的年龄特点(理解)

三、口述应用题在学前儿童学习加减运算中的作用(理解)

第五节 学前儿童有关加减运算的感知与学习

一、实物加减的教育(应用)

二、口述应用题的教学(应用)

三、列式运算的教学(应用)

四、二进制数学猜想游戏(应用)

教学建议:本章的内容涉及范围较广,在教学中,首先要帮助学生理清有关数概念和运算方面的基本知识,尤其是数概念所包含的基本内容,再进入到对学前儿童数概念发展所包含的相应方面的教育教学的讨论和学习。对于教育教学部分,应更多地结合具体的案例分析来帮助学生掌握知识要点。

第七章 学前儿童空间与时间概念的发展和学习

教学目的:使学生掌握有关空间和时间概念方面的基本知识,了解学前儿童在空间形体、空间量以及空间方位、时间等方面的发展特点和一般规律,掌握有关空间形体、空间量以及空间方位、时间等的教育教学要求和具体方法途径。

教学重点:有关空间量和时间的教育教学。

教学难点:空间方位中有关左右的认识与区分。

教学的具体内容和目标定位:

第一节 有关空间、时间的基本知识

一、有关空间形体的基本知识(记忆)

二、有关空间量的基本知识(记忆)

三、有关空间方位的基本知识(记忆)

四、有关时间的基本知识(记忆)

第二节 学前儿童空间形体概念的发展与教育

一、学前儿童认识空间形体的发展特点(理解)

二、学前儿童有关空间形体的感知与学习(应用)

第三节 学前儿童空间量概念的发展与学习

一、学前儿童认识空间量的发展特点(理解)

二、学前儿童有关空间量的感知与学习(应用)

第四节 学前儿童空间方位概念的发展与学习

一、学前儿童空间方位概念的发展(理解)

二、学前儿童有关空间方位的感知与学习(应用)

第五节 学前儿童时间概念的发展与学习

一、学前儿童时间概念的发展(理解)

二、学前儿童有关时间概念的感知与学习(应用)

教学建议:对于本章中的教学重点和难点可以组织学生进行讨论或以学生参与设计具体的教育教学方案为形式,通过对活动方案或游戏设计的分析加强学生对知识的理解。

第八章 学前儿童数学教育的评价

教学目的:帮助学生掌握有关数学教育评价的基本问题,了解幼儿园数学教育活动的一般原则、方法和内容;掌握学前儿童数学能力发展评价的内容、手段和工具等知识,能够与前面各章的内容交融渗透、加深巩固对相关知识的理解。

教学重点:学前儿童数学教育评价的内容、方法和一般原则。

教学难点:有关幼儿园数学教育活动的评价。

教学的具体内容和目标定位:

第一节 学前儿童数学教育评价概述

一、评价的意义(理解)

二、评价的主体(理解)

三、评价的对象和内容(记忆)

四、评价的方法(记忆)

五、评价的发展(理解)

第二节 学前儿童数学能力发展的评价

一、学前儿童数学能力评价的内容(记忆)

二、学前儿童数学能力评价的方法(理解)

第三节 学前儿童数学教育活动的评价

一、学前儿童数学教育活动评价的内容(理解)

二、学前儿童数学教育活动评价的方法(应用)

教学建议:本章内容尤其是第三节内容的领会和学习可以让学生对幼儿园的数学活动作相应的观察记录,并通过对活动中儿童行为、言语等的分析、评价,帮助学生更好地掌握数学活动评价的内容、方法等问题。

第九章 幼儿园数学教育活动的设计与实施

教学目的:使学生掌握幼儿园数学教育活动设计的基本原则,掌握幼儿园各类数学活动设计的步骤程序以及活动组织与实施的关键点,能运用相关的知识,结合前面各章节的内容设计出较好的教育活动方案,提高学生设计与组织活动的能力。

教学重、难点:幼儿园集体、区域数学活动的设计与实施。

教学的具体内容和目标定位:

第一节 幼儿园数学教育活动设计的依据和原则

一、幼儿园数学教育活动设计的依据(理解)

二、幼儿园数学教育活动设计的原则(理解)

第二节　幼儿园数学教育活动设计的取向

一、学科取向的数学教育活动设计(理解)
二、生活取向的数学教育活动设计(理解)

第三节　幼儿园数学教育活动设计的基本过程

一、了解、分析幼儿的发展水平(应用)
二、选择数学教育活动的内容(应用)
三、制定数学教育活动的目标(应用)
四、设计数学教育活动的方案(应用)

第四节　幼儿园数学教育活动的组织与实施

一、集体数学教学活动的组织与实施(应用)
二、区域数学教育活动的组织与实施(应用)
三、幼儿园数学教育活动的案例与评析(理解)

教学建议:可以安排学生自己设计教育活动方案,并作交流分析;第三节内容的学习与领会,可以选取具体的活动实录或录像加以分析说明,帮助学生加深认识与理解。

三、考试

(一) 考试依据及有关说明

考试以本大纲及教材为依据。本课程为考查课程。既要考核知识又要考核能力,因此要求考生在学习本课程时应注意理论联系实际,一方面应掌握数学教学法的基础知识和基本方法,另一方面应注意把所学的知识用以分析、指导教育的实践活动,在教育实践的应用中加深对教学法基础知识的理解,以提高教学实践的能力。

(二) 考试时间:120 分钟。

(三) 考试方式:本课程考试形式为闭卷、笔试,评分采用百分制,60 分为及格线。

(四) 内容比例

考题所占比例根据章节的重要性及各章内容量的多少安排,具体出题内容的范围大致为:第1—2章15%、第3章10%、第4—7章50%,第8—9章25%。

(五) 难度比例

容易10%;较容易15%;适中50%;较难15%;难10%。

(六) 题型比例

填空25%;单项选择10%;判断(或概念)20%;简答25%;活动设计20%。

（七）样题及目标定位示例

1. 填空题
例：学前儿童认识物体轻重的基本方法是（　　）和（　　）。
（考查对基本知识的记忆）

2. 单选题
例：教学前儿童二等分的教具可以有（　　）。
A. 苏打饼干　B. 各种颜色的五角星形纸片　C. 各种三角形纸片
（考查对原理的理解）

3. 判断题
例：幼儿园的加减运算教育是从列式题运算开始的。（　　）
（考查对观点的记忆）

4. 简答题
例：根据写出 5 的部分组成的完整讲解内容。
（考查对所学知识的应用）

5. 分析题
例：举例分析幼儿园小班儿童数数教学有哪些基本方法。
（考查对多个知识点的综合应用）

主要参考文献

1. 黄人颂.学前教育学[M].北京:人民教育出版社,1989.
2. 邵瑞珍,等.教育心理学——学与教的原理[M].上海:上海教育出版社,1983.
3. 王振宇.儿童心理发展理论(第二版)[M].上海:华东师范大学出版社,2016.
4. 朱家雄,张萍萍,杨玲.皮亚杰理论在早期教育中的运用[M].上海:世界图书出版公司,1998.
5. [苏联]A·M·列乌申娜.学前儿童初步数概念的形成[M].曹筱宁,成有信,朴有馨,译.北京:人民教育出版社,1982.
6. [美]埃德·拉宾诺威克兹.皮亚杰学说入门:思维·学习·教学[M].杭生,译.北京:人民教育出版社,1985.
7. [美]R·W·柯普兰.儿童怎样学习数学——皮亚杰研究的教育含义[M].李其维,康靖镰,译.上海:上海教育出版社,1985.
8. [英]帕梅拉·利贝克.儿童怎样学习数学——父母和教师指南[M].方未之,译.北京:人民教育出版社,1986.
9. [美]玛丽·霍曼,伯纳德·班纳特,戴维·P·韦卡特.活动中的幼儿——幼儿认知发展课程[M].郝和平,周欣,译.北京:人民教育出版社,1995.
10. [瑞]B·英海尔德,H·辛克莱,M·博维尔.学习与认知发展[M].李其维,译.上海:华东师范大学出版社,2001.
11. 邹兆芳.幼儿数学新编(教师用书)[M].上海:上海三联书店,1996.
12. 林嘉绥,李丹玲.学前儿童数学教育[M].北京:北京师范大学出版社,1994.
13. 金浩.学前儿童数学教育概论[M].上海:华东师范大学出版社,2000.
14. 周欣.儿童数概念的早期发展[M].上海:华东师范大学出版社,2004.
15. 张慧和,张俊.幼儿园数学教育[M].北京:人民教育出版社,2004.
16. 王志明,张慧和.科学[M].南京:南京师范大学出版社,1997.
17. 徐苗郎.我的幼儿园数学活动模式[M].上海:上海社会科学院出版社,2004.
18. 钱莹臻.童心里生长的数学[M].北京:中国少年儿童出版社,2005.
19. 陈向明.教师如何作质的研究[M].北京:教育科学出版社,2001.
20. 魏超群.数学教育评价[M].南宁:广西教育出版社,1996.
21. 夏力.学前儿童科学教育活动指导(第三版)[M].上海:复旦大学出版社,2014.
22. 方格,田学红,毕鸿燕.幼儿对数的认识及其策略[J].心理学报,2001(01):30—36.
23. 吕静,王伟红.婴幼儿数概念的发生的研究[J].心理科学通讯,1984(03):3—9.
24. 幼儿数概念研究协作小组.国内九个地区3—7岁儿童数概念和运算能力发展的初步研究综合报告[J].心理学报,1979(01):108—117.
25. [美]Rheta DeVries.幼儿教育课程发展——理论与实务[M].薛晓华,等,译.台北:学富文化事业有限公司,2002.

26. Constance Kamii. Number in Preschool and Kindergarten: Educational Implications of Piaget's Theory[M]. Washington: National Association for the Education of Young Children, 1982.
27. Juanita Copley. The Young Child and Mathematics[M]. Washington: National Association for the Education of Young Children, 2000.
28. Constance Kamii, Rheta DeVries. Group Games in Early Education[M]. Washington: National Association for the Education of Young Children, 1980.
29. Ginsburg H P, Klein A, Starkey P. The Development of Children's Mathematical Thinking: Connecting Research with Practice [M]//Damon W, Sigel I E, Renninger K A. Handbook of Child Psychology IV: Child Psychology in Practice. New York: Wiley, 1998.

后 记

党的二十大报告指出:全面贯彻党的教育方针,落实立德树人根本任务,培养德智体美劳全面发展的社会主义建设者和接班人。聚焦为党育人、为国育才,教材是学校教育教学、推进立德树人的关键要素,是国家意志和社会主义核心价值观的集中体现,是解决"培养什么人、怎样培养人、为谁培养人"这一根本问题的核心载体。《学前儿童数学教育与活动指导(第四版)》是适用于学前教育专业学生学习和在职教师进修的一本专业必修课教材。本教材是在原有教材(《学前儿童数学教育》)基础上的第4次修订。本次修订主要针对国家颁布的《3—6岁儿童学习与发展指南》《幼儿园教师专业标准(试行)》,以及有关学前教育专业课程标准的精神与内容,结合本人近年来所承担的幼儿园数学课程实践研究中取得的部分成果,从幼儿园课程改革和发展的需要出发,对幼儿园整合式课程模式下的数学教育和数学活动的设计与实施进行了补充、调整及完善,力求全面、系统地反映课改信息,体现理论性、系统性、针对性、应用性、反思性。同时,为帮助学生和教师更好地领会和掌握幼儿园数学活动的设计与实施等问题,本教材在每个知识点上新增了相应的活动案例,特别是针对教学重点、难点部分的全新活动案例。

本教材的再次修订得到了华东师范大学出版社的大力帮助和支持,内容也吸收借鉴了一些来自国内外同行的研究成果,搜集采纳了一些来自一线幼儿园教师的数学活动案例设计和环境创设,书中均有注明出处,在此一并表示感谢。时间仓促,书中若有不当之处,敬请批评指正,以便不断修正完善。

黄 瑾

2023 年 5 月